DISPUTAS POLÍTICAS
PELA ABOLIÇÃO
NO BRASIL

Dados Internacionais de Catalogação na Publicação (CIP)
(Câmara Brasileira do Livro, SP, Brasil)

Santos, Cláudia
  Disputas políticas pela abolição no Brasil : nas senzalas, nos partidos, na imprensa e nas ruas / Cláudia Santos. – Petrópolis, RJ : Vozes, 2023.

  ISBN 978-65-5713-951-6

  1. Abolição 2. Escravidão – Brasil – História 3. História do Brasil 4. Política – Brasil I. Título.

23-153884   CDD-981.04

Índices para catálogo sistemático:
1. Abolição da escravidão : Brasil : História 981.04

Eliane de Freitas Leite – Bibliotecária – CRB 8/8415

DISPUTAS POLÍTICAS PELA ABOLIÇÃO NO BRASIL

Nas senzalas, nos partidos, na imprensa e nas ruas

Cláudia Santos

Petrópolis

© 2023, Editora Vozes Ltda.
Rua Frei Luís, 100
25689-900 Petrópolis, RJ
www.vozes.com.br
Brasil

Todos os direitos reservados. Nenhuma parte desta obra poderá ser reproduzida ou transmitida por qualquer forma e/ou quaisquer meios (eletrônico ou mecânico, incluindo fotocópia e gravação) ou arquivada em qualquer sistema ou banco de dados sem permissão escrita da editora.

CONSELHO EDITORIAL

Diretor
Volney J. Berkenbrock

Editores
Aline dos Santos Carneiro
Edrian Josué Pasini
Marilac Loraine Oleniki
Welder Lancieri Marchini

Conselheiros
Elói Dionísio Piva
Francisco Morás
Gilberto Gonçalves Garcia
Ludovico Garmus
Teobaldo Heidemann

Secretário executivo
Leonardo A.R.T. dos Santos

Editoração: Rafaela Milara
Diagramação: Raquel Nascimento
Revisão gráfica: Lorena Delduca Herédias
Capa: Lara Gomes
Ilustração de capa: Revista Ilustrada (RJ)

ISBN 978-65-5713-951-6

Este livro foi composto e impresso pela Editora Vozes Ltda.

Sumário

Prefácio, 7

Introdução, 13

1 Imprensa, associações e abolicionismo, 33
2 O ativismo republicano na origem dos movimentos sociais da década de 1880, 65
3 A Revolta do Vintém e os seus desdobramentos, 97
4 "Às armas, cidadãos": resistência republicana à Lei Saraiva, 113
5 Conflitos e dissidências na construção da frente abolicionista, 141
6 A Confederação Abolicionista e a permanência de outros abolicionismos, 167
7 "Comunistas em ação": a reação escravista e a ascensão do Gabinete Dantas, 188
8 O Club Tiradentes contra o Projeto Dantas, 203
9 A queda de Dantas e a republicanização do movimento abolicionista, 228
10 A oposição ao Governo Cotegipe e a confluência entre as questões social, militar e religiosa, 255
11 As fugas dos escravizados, a queda de Cotegipe e a monarquização da Confederação Abolicionista, 278
12 Os heróis da abolição e os caminhos para a República, 309
13 "Golpe ou revolução?" O protagonismo do Partido Republicano na proclamação, 326

Bibliografia citada, 403

Fontes citadas, 419

Para Maria Amélia.

Prefácio

A história do Brasil, desde sempre, se caracterizou como um campo de batalha no qual lutas, políticas, movimentos sociais e disputas culturais encarniçadas foram esgrimidas por personagens imbuídos de poderes desiguais. Embora os despossuídos, ao longo do tempo, tenham lutado de variadas maneiras para estabelecer as necessárias reformas estruturais para a inclusão dos africanos e seus descendentes, dos indígenas, das mulheres e dos pobres, tiveram que enfrentar o silenciamento de suas vozes e a desqualificação de suas agendas. Na arena de enfrentamentos, uma das armas principais a soldo do *status quo* foi a desqualificação da capacidade política, da participação e mesmo da humanidade daqueles que se localizavam fora dos cânones vigentes. Ignorantes, carentes de civilização e de capacidades intelectuais, perigosos, violentos; assim foram etiquetados todos os que, por impossibilidade ou opção, não aderiam aos padrões dominantes. Se nossa história ficou marcada pelo acolhimento de estratégias de desqualificação da voz do outro, a nossa historiografia, por vezes, consolidou narrativas que mimetizaram as versões dominantes.

Se a historiografia é o campo de batalha no qual as histórias são contadas, as suas narrativas, mesmo que indiretamente, fluem para o tecido social, reiterando versões dominantes ou abrindo espaço a novas interpretações sociais. E, embora a historiografia se caracterize como uma arena limitada aos especialistas, não há como negar que os seus produtos alimentam tanto a dimensão fluida das identidades sociais quanto aquilo que se concebe como características nacionais e como os diferentes segmentos e as classes sociais dimensionam a si mesmos e aos outros na escala da cidadania.

Mirar o passado com o olhar crítico do pesquisador dedicado ao detalhamento das fontes, confrontar diferentes versões dos fatos, ampliar as vozes narrativas, com um olhar sempre atento para o que não foi explicitado, inquirindo os silenciamentos, as omissões e os vazios narrativos, tornam-se, assim, estratégias poderosas abraçadas pelo(a) historiadora(a) na busca de uma visão mais ampla. É uma tarefa desafiante, que exige do(a) pesquisador(a) uma dedicação superlativa à leitura das fontes que permita a recuperação de muitas vozes, as quais, apesar de todos os esforços, sempre se mantêm incompletas e limitadas.

Dentre a profusão de temas que temos enfrentado, um se destaca por ainda necessitar de uma profunda revisão: a história do movimento abolicionista e da abolição, a cuja difícil realização se dedicou, neste livro, a historiadora Cláudia Santos. Em *Disputas políticas pela abolição no Brasil*, a autora apresenta, por meio de uma pesquisa comprometida com a amplitude do tema, uma leitura dos jornais que circularam na última década da vigência da escravidão.

Desse esforço historiográfico, surge uma interpretação renovada do movimento abolicionista e de seus participantes. O esforço de integração de dezenas de jornais – nos quais se incluem tanto os de grande circulação quanto os de pequena monta que desapareciam em pouco tempo – permitiu à pesquisadora trazer à baila novas vozes, as quais Cláudia Santos reconhece como pertencentes a um movimento social de caráter nacional, e cuja característica de frente ampla abriu espaço para a inclusão formalizada das vozes sociais tradicionalmente silenciadas pelas fontes. Mais do que uma história da imprensa abolicionista ou do republicanismo no Rio de Janeiro, o livro de Cláudia Santos se caracteriza como uma história da emergência de extensos movimentos sociais e políticos no período que precedeu a abolição e se estendeu até a Proclamação da República, realizada por meio da análise da imprensa. Ao privilegiar a dimensão política do movimento social pela abolição, com ênfase nas análises conjunturais, muitas e importantes novidades surgem desse esforço de pesquisa.

O primeiro deles é a comprovação da importância estratégica da participação popular na década da abolição, aqui enunciada não como a resposta a um parlamentarismo atuante, mas como detonadora de respostas políticas e soluções sociais urgentes. A autora argumenta que foi a pressão dos populares nas ruas, nos *meetings* combatidos pela polícia e criticados pela própria imprensa consolidada, o motor do movimento social pelo fim da escravidão na sociedade brasileira.

De maior importância ainda é o fato de este livro documentar a participação definitiva e decisória dos escravizados na abolição, longe de referendar explicações elitistas que permearam a nossa historiografia até bem recentemente. Pelo desconhecimento do seu papel social e sob o argumento de que, no sentido jurídico do termo, não eram nem pessoas nem cidadãos, tais interpretações anularam o papel político das massas escravizadas na nossa história.

Esta obra, no entanto, nos revela outra história. Embora a participação dos escravizados na superação da escravidão não seja uma novidade absoluta, o livro de Santos avança no esclarecimento de tal fato ao estabelecer com clareza os elos entre a resistência escrava e o mundo da ação política.

A superação de interpretações excludentes deve renovar a nossa maneira de compreender tal momento histórico e, esperamos, auxiliar a superação das muitas lacunas deixadas pelo fracasso político das pautas reformistas que alimentaram o movimento pela abolição. Esse primeiro movimento social de caráter nacional, apropriado por aqueles que abraçaram a estratégia do silenciamento a respeito da participação política dos que se mantinham fora do círculo dos bem-pensantes, deu origem à narrativa do caráter parlamentar e essencialmente senhorial da nossa abolição.

Estabelecendo como marcos temporais o período que vai da Revolta do Vintém à Proclamação da República, Cláudia Santos refaz a história da emergência do movimento abolicionista apontando a centralidade da pauta de reformas que subjazia a certos setores do movimento. Embora possuísse temas comuns, o rol de reformas preconizadas pelo movimento abolicionista enveredou por caminhos ideológicos e políticos diversos, a depender da aderência de seus militantes aos partidos – conservadores, liberais e republicanos – e da facção ou da aliança política sempre instável de cada um deles.

A autora apresenta uma visão renovada da composição política do movimento social da abolição, sublinhando os embates entre monarquistas – liberais e conservadores, cada um a seu modo – e republicanos. Mais uma vez, o livro demole mitos, sobretudo o já consagrado pela historiografia, que reza que os liberais foram abolicionistas convictos e os republicanos, em resposta à adesão dos fazendeiros paulistas desejosos de manter o trabalho cativo, escravistas. A análise da participação de ativistas e militantes republicanos junto aos setores populares e, sobretudo, junto aos escravizados, na década que antecedeu a abolição, já permitia visualizar a incorreção de tal visão. Mesmo em São Paulo, cujo Partido Republicano mais estruturado acolheu fazendeiros escravistas, republicanos históricos – como o próprio Luiz Gama – militaram de maneira radical pela abolição.

Se o republicanismo popular de São Paulo ficou, muitas vezes, escamoteado em sua importância política e em seus laços com revoltas de escravizados, fugas em massa e abandono de fazendas, no Rio de Janeiro, de modo geral, a historiografia desclassificou o republicanismo, etiquetando-o como pouco estruturado, ineficiente e aderente aos cânones escravistas de São Paulo. Como observa Cláudia Santos, foi a atuação dos republicanos que radicalizou o movimento abolicionista, tornando-o popular. A iminência de uma "revolução," como propunham parte dos abolicionistas republicanos, fazia com que os seus militantes fossem classificados como petroleiros, anarquistas e comunistas.

Este livro mostra que, de fato, o que estava no centro da disputa política era "o povo" que estava nas ruas, nos *meetings* e nos comícios. Liberais e republicanos se enfrentavam na definição do quanto era possível avançar, sendo o fim da escravidão apenas a primeira das mudanças. Pautas reformistas mais avançadas – como o imposto territorial, o estabelecimento da pequena propriedade e a mudança do sistema eleitoral e do regime mesmo – se seguiam. Apesar do acolhimento de muitas dessas reformas pelos monarquistas, a autora argumenta que essa pauta era, verdadeiramente, a base da militância republicana. Apesar da tão propalada popularidade do monarca e da monarquia, a realidade não escapava "ao povo". Para muitos, claro estava que o esteio da escravidão havia sido – e ainda era – a monarquia.

Disputas políticas pela abolição no Brasil presta atenção especial ao Partido Republicano do Rio de Janeiro, enfocando, de maneira detalhada, a atuação dos seus militantes, especialmente os seus ativistas negros. O livro lança um olhar atento aos embates entre evolucionistas e revolucionários, à pauta de reformas mais estruturais, ao ativismo popular, recuperando um perfil político republicano popular, radicalizado e aberto à aderência dos subalternos e mesmo dos escravizados. Confrontando versões estabelecidas, esta obra abre caminho para a consideração do movimento da abolição como momento crucial da história de nosso país e aponta como a apropriação da abolição pelo isabelismo e a derrota das pautas reformistas – abraçada principalmente pelos republicanos radicais, fossem eles do Rio de

Janeiro, de São Paulo ou de outras províncias – produziram uma República conservadora.

Feita a República, monarquistas de longa data e republicanos de última hora aderiram ao novo regime, moldando-o. O refluxo das pautas reformistas acabou por abrir a vereda para a manutenção da exclusão dos africanos e dos seus descendentes, agora tornados elementos nacionais, das benesses de uma cidadania fragilizada. Tal derrota continua a nos perseguir, fragilizando a nossa representação política, inviabilizando a execução das nossas ainda essenciais reformas.

Disputas políticas pela abolição no Brasil permite uma reavaliação da nossa história política, demolindo verdades estabelecidas e versões bem arquitetadas a respeito do monopólio da voz política em nosso país. Uma lufada de ar fresco em nossa historiografia!

Maria Helena P. T. Machado
Professora titular do Departamento de História da Universidade de São Paulo (USP)

Introdução

Os indicadores do Brasil do século XXI apontam para uma sociedade extremamente desigual e violenta, apesar das oscilações entre as dez primeiras posições do *ranking* econômico. Por sua vez, esses dados sobre as desigualdades estão articulados à ausência de certas reformas estruturais que puderam, em outros países, compensar, dentro dos limites de uma economia liberal, os efeitos da concorrência capitalista. As reformas tributárias com elevadas alíquotas para os altos salários e as grandes fortunas; a construção de um sistema público de ensino, de qualidade razoável e não exclusivo das classes populares; e a democratização do acesso à terra foram algumas das medidas que, no fim do século XIX e na primeira metade do século XX, permitiram uma modernização menos excludente a alguns países capitalistas. Se o mundo contemporâneo, incluindo os países que passaram por essas reformulações, assiste a um acirramento das desigualdades, com taxas recordes de concentração de riqueza, o que dizer de países como o Brasil, que nunca passaram por uma revolução distributiva[1]?

Os padrões de desigualdade da sociedade brasileira vêm desafiando historiadores e sociólogos que, ao longo do tempo, procuraram identificar as suas principais causas. Além disso, as desigualdades socioeconômicas continuam servindo para "camuflar" as enormes desigualdades raciais e o racismo, apesar dos dados estatísticos indiscutíveis.

---

1. A expressão é utilizada por Pierre Rosanvallon no livro *La société dês égaux* (2011) para se referir, entre outras medidas, às alíquotas progressivas sobre o rendimento que, na França e em outros países do Ocidente, inclusive nos Estados Unidos, passaram de 3% em 1880 a mais de 60% no início do século XX. O autor situa essa revolução distributiva no início do século XX e se refere a uma contrarrevolução em curso, a partir dos anos 1980, que coloca em xeque o ideal de uma "sociedade de iguais".

Numa perspectiva histórica, muitos estudiosos voltaram-se para o processo abolicionista e buscaram explicar a permanência dessas estruturas pela forma como a abolição da escravidão se realizou no Brasil[2]. Afinal, as disparidades da sociedade escravista não foram alteradas com a abolição. Num certo sentido, o futuro do liberto e a continuidade dos mesmos níveis de desigualdade social e racial já estariam inscritos na forma como o abolicionismo se constituiu, isto é, como um movimento direcionado pelos interesses das classes proprietárias e brancas, que não reivindicou nada além da liberdade. Além disso, a República, instaurada apenas um ano e meio depois, teria sido uma estratégia dos escravistas para manter as mesmas estruturas de exploração.

Algumas mudanças na historiografia foram importantes para transformar essa visão. A primeira diz respeito ao papel fundamental dos escravos e dos libertos na desestruturação da ordem escravista. Apesar das controvérsias sobre as relações entre a resistência escrava e as lideranças do movimento abolicionista, é, hoje, inegável o papel decisivo das lutas dos escravizados. Além disso, a ênfase no protagonismo das lideranças negras – dentre elas, Luiz Gama, José do Patrocínio, Ferreira de Menezes e Vicente de Souza, todos "homens de cor" (PINTO, 2018)[3] – permitiu refutar a ideia do movimento abolicionista como um "negócio de brancos"[4] e recuperar a centralidade da questão racial nesse contexto. Em terceiro lugar, a caracterização do abolicionismo como o primeiro movimento social do Brasil – que reuniu amplos setores da população em todo o imenso território nacional – foi um passo definitivo para desconstruir a ideia de uma abolição feita pelas elites brancas ou pela monarquia (MACHADO, 1994; ALONSO, 2015).

---

2. No campo da sociologia, cf., dentre vários outros: Cardoso (1977); Beiguelman (1978); Ianni (1988).

3. Essa categoria "homens de cor" é uma referência constante nos discursos produzidos na imprensa, em torno da qual várias associações foram construídas ao longo do século XIX e início do século XX. Os debates políticos desse período não podem ser plenamente compreendidos sem a menção à centralidade dessa categoria identitária. Desse modo, a "questão racial" – que, nos debates políticos desse período, se estrutura em torno dessa noção – será abordada em vários momentos deste trabalho.

4. Essa caracterização faz parte do esforço de Otávio Ianni e de outros sociólogos das décadas de 1960 e 1970 de mostrar a existência do racismo e de identificar as razões para os padrões de desigualdade racial no Brasil contemporâneo. No entanto essa tese sobre o caráter racista e elitista do movimento abolicionista vem sendo, constantemente, desconstruída pela pesquisa histórica.

Por fim, a existência de vários projetos de reformas socioeconômicas nesse período permite-nos relativizar a tese de que o único objetivo do abolicionismo foi a emancipação jurídica do escravizado e a sua transformação em trabalhador assalariado nas grandes propriedades (PESSANHA, 2005; CARVALHO, 1998; SALLES, 2002)[5].

Apesar dessas significativas alterações na historiografia sobre o tema, algumas questões merecem reformulações e aprofundamento, como a ênfase na participação dos monarquistas em detrimento da atuação republicana. Além disso, no campo de uma história política, é necessária uma maior articulação entre a abolição e o pós-abolição, por meio da investigação sobre o ativismo político dos abolicionistas no início da República.

* * *

Do ponto de vista da história social, a referência à noção de movimento social para caracterizar o abolicionismo cumpre um papel importantíssimo, ao evidenciar a sua coesão e extensão como condições imprescindíveis para o seu sucesso. Contrariamente a certas interpretações, a "abolição imediata e sem indenização" não foi o desdobramento natural de um processo emancipacionista. Em primeiro lugar, porque esse período deve ser definido muito mais pelos riscos de reescravização e de precariedade da liberdade do que pela "transição para o trabalho livre"[6]. Em segundo lugar, porque, na perspectiva dos grandes proprietários escravistas e dos seus representantes no Parlamento, o fim da escravidão estaria condicionado aos efeitos das leis de 1871 e de 1885, com fidelidade absoluta ao princípio da indenização. Desse modo, foi a coesão e o caráter nacional do abolicionismo que, unidos às lutas dos escravizados, impuseram uma derrota ao escravismo na forma como a lei áurea foi escrita. Mas, se o movimento abolicionista reivindicou muito além da liberdade jurídica, quais as razões para o seu insucesso na aprovação de outras reformas?

---

5. Cf. Pessanha (2005); Carvalho (1998); Salles (2002). Vários dos meus artigos também se dedicaram ao mesmo tema: "Projetos sociais abolicionistas: ruptura ou continuísmo?" (SANTOS, 2000); "Abolicionismo e desigualdades sociais" (SANTOS, 2002); "Abolicionismo e visões de liberdade" (SANTOS, 2007); "Um retrato do Império. Abolição e propriedade na trajetória de Henrique Beaurepaire Rohan" (MOTTA; SANTOS, 2010); "A questão fundiária na 'transição' da monarquia para a República" (SANTOS, 2011).

6. Atualmente, impõe-se cada vez mais a caracterização do período pela noção de precariedade da liberdade em detrimento da referência a um processo de transição do trabalho escravo para o trabalho livre (LIMA, 2005; CHALHOUB, 2010).

No quadro de uma história política que procura entender, por um lado, os obstáculos à organização e à manutenção desse movimento social e, por outro, as razões políticas para o seu insucesso na execução das reformas, a noção de "frente ampla" parece-nos mais fecunda do que a própria noção de movimento social[7].

Ao privilegiar a noção de frente ampla, adotamos, ao mesmo tempo, as de militância ou de ativismo político em detrimento de outras categorias importantes, como a de cultura política, por exemplo, que, como ponto de partida, parece-nos menos operacional para a análise conjuntural[8]. Antes de identificar os elementos de uma cultura republicana, nosso objetivo é recuperar os posicionamentos de uma linhagem republicana dentro do movimento abolicionista. De forma alguma, a referência à noção de ativismo político significa minimizar as articulações socioeconômicas, as redes de sociabilidade ou as inserções numa certa cultura política. No entanto, apesar de compactuar com o pressuposto de que o debate, a ação e o posicionamento político (na esfera dos discursos impressos, parlamentares e associativos) não são inteligíveis fora das suas articulações econômicas, sociais e culturais, consideramos que a análise conjuntural, no tempo curto,

---

7. No seu livro *O plano e o pânico* (1994), Maria Helena Machado foi, talvez, a primeira a se servir dessa noção de "Frente Ampla" para caracterizar o abolicionismo. Sem minimizar a amplitude, a abrangência e a unidade desse primeiro grande movimento social em terras brasileiras, a referência à categoria de "Frente Ampla" permitiu recuperar a multiplicidade de tendências políticas e ideológicas, assim como as suas diferentes origens socioeconômicas: do positivismo ao socialismo; dos abolicionistas "de elite" aos abolicionistas da "arraia miúda".

8. Nos anos 1980-1990, os projetos de renovação da história política se estruturaram pela necessidade de abandonar a curta duração dos eventos político-parlamentares na esfera do Estado e dos indivíduos e, com isso, reafirmar a importância da dimensão política para a compreensão dos processos históricos. A obra coletiva organizada por René Rémond (1996) se tornou uma referência nesse movimento de valorização da história política a partir do diálogo com outros campos da História, mas também com a Ciência Política, a Sociologia e a Antropologia. Nesse sentido, os estudos sobre partidos, opinião pública, intelectuais, biografias, associações e mídias, dentre outros, ganharam destaque. No mesmo contexto, a noção de cultura política propiciou a abordagem desse campo pela análise das representações, dos valores e dos significados construídos e reconstruídos na estreita relação com as divisões e as tensões sociais. Para uma reflexão sobre o uso da noção de cultura política, sua fecundidade e dificuldades, cf. Berstein (1998). Do mesmo modo, a noção de sociabilidade e o método prosopográfico permitirão recuperar a dimensão social da ação política não exclusivamente pela determinação dos interesses de classe, mas também pelas articulações profissionais, intelectuais, associativas, políticas etc. Sobre o método prosopográfico, cf. Charle (2013). Todas essas contribuições conceituais e metodológicas terão importância nas interpretações propostas, mas, em razão dos nossos objetivos, a abordagem das fontes foi orientada, prioritariamente, pela noção de ativismo político. A questão metodológica será discutida mais à frente. Para uma abordagem que privilegia a dimensão do ativismo político em detrimento de outras noções, cf. Winock (2006). Para uma análise do republicanismo no Império, a partir da noção de cultura política, cf. Mello (2007).

é imprescindível para a compreensão desse contexto que deve ser considerado pela noção de crise[9].

Da mesma forma, apesar de julgarmos que a noção de repertório contribui para o entendimento dos movimentos sociais, a intenção aqui não é elencar os procedimentos utilizados pela militância para, em seguida, estabelecer um tipo específico de repertório[10]. Os procedimentos e os métodos serão analisados num campo de disputas entre as diferentes linhagens políticas e compreendidos, principalmente, na relação com a conjuntura político-parlamentar e as ações repressivas. Desse modo, procuramos identificar os tipos de manifestação que foram selecionados ou rejeitados num dado contexto pela referência à eclosão da violência, ao espaço de sua realização (público ou privado) e às suas conexões com as culturas letrada e iletrada.

* * *

Assim como vários outros pesquisadores, nossa tendência inicial foi destacar o papel dos monarquistas no abolicionismo e na elaboração das propostas mais radicais para a inserção do liberto no pós-abolição[11]. A trajetória do engenheiro monarquista André Rebouças, que dedicou a sua vida ao movimento e lutou para transformar o liberto em pequeno proprietário por meio do "seu" projeto de Democracia Rural, era um argumento forte em favor da centralidade dos monarquistas. Essa versão se fortalece quando identificamos as oscilações do republicano José do Patrocínio, que se tornou aliado do Terceiro Reinado, não só contra os "republicanos do 14 de maio", mas também contra os republicanos históricos, pela crença de que só a monarquia seria capaz de aprofundar as reformas. Proclamada apenas um ano e seis meses depois da Lei Áurea e preparada em segredo conspiratório, a República aparecia, claramente, como um golpe contra os projetos

---

9. A referência à noção de crise para a compreensão do período não é apenas uma construção historiográfica, mas também uma interpretação gerada pelos próprios atores do século XIX.

10. Sobre a noção de repertório, cf. Tilly e Tarrow (2008). No que diz respeito à abordagem sobre os movimentos sociais, aproximamo-nos da perspectiva adotada por Michel Pigenet e Danielle Tartakowsky, organizadores do *Histoire des mouvements sociaux en France* (2012), que, sem rejeitar "as contribuições conceituais e metodológicas da 'sociologia dos movimentos sociais', propõe uma 'perspectiva fundamentalmente histórica', na medida em que visa identificar os processos concretos de mobilização coletiva, não para estabelecer os tipos de movimento social, mas para identificar o seu peso num certo contexto histórico, compreendido na confluência de múltiplos processos" (p. 7).

11. Cf. os nossos artigos citados anteriormente.

de reforma dos monarquistas. A obra produzida por Joaquim Nabuco após a República serviu para firmar, com brilhantismo, essa explicação[12].

Do mesmo modo, a análise dos discursos proferidos por José do Patrocínio, logo após o 13 de maio, induz a duas conclusões complementares: o papel determinante da monarquia no decreto da abolição e a posição retrógrada do ativismo republicano, identificado, exclusivamente, no ódio dos escravistas contra o empenho da monarquia em reformar as estruturas socioeconômicas[13].

Com crescente interesse nos aspectos políticos desse movimento social, passamos à análise da imprensa, procurando identificar os posicionamentos de algumas lideranças com muito destaque no século XIX, mas pouco conhecidas dos historiadores. Essa investigação evidencia a centralidade do ativismo republicano pela abolição e permite relativizar a visão de um republicanismo majoritariamente conservador[14].

Nesse sentido, contrariamente a muitas outras histórias da abolição, os personagens principais dessa narrativa não são os monarquistas Joaquim Nabuco ou André Rebouças. Sem minimizar a importância dos dois abolicionistas, além de vários outros monarquistas[15], nossa intenção é recuperar a ação republicana pela abolição, não por uma opção política, mas pela convicção de que a compreensão desse contexto exige o aprofundamento das conexões entre o republicanismo e o abolicionismo.

* * *

---

12. Cf., dentre outras, Nabuco (1981). A sua edição é de 1900, mas, como explica o próprio autor na introdução do livro, "a maior parte de *Minha formação* apareceu primeiro no Comércio de São Paulo, em 1895; depois foi recolhida pela Revista Brasileira [...] a data do livro para leitura deve assim ser 1893-1899" (1981, p. 26), portanto num contexto de disputas importantes sobre a abolição e a República. A questão das disputas entre memórias republicanas e monarquistas será um dos eixos centrais da análise proposta neste livro.

13. Cf. Patrocínio (1996). Essa coletânea de artigos convida-nos a explorar a história política do pós-abolição, mas induz a essa interpretação, na medida em que contempla apenas os artigos até maio de 1889, deixando de fora os escritos entre o mês de junho e o dia 15 de novembro. Os artigos publicados, nesse segundo contexto, remetem-nos, necessariamente, a uma outra interpretação sobre o tema e serão explorados no decorrer deste livro.

14. Além de vários outros fatores, a inexistência de referências à abolição da escravidão no Manifesto de Fundação do Partido Republicano em 1870; o Manifesto do PRP em 1873, que federalizou a discussão sobre a questão escravista; e a lentidão de certas lideranças do partido em se integrar oficialmente ao movimento abolicionista serviram para ocultar a radicalidade da ação republicana tanto em prol da abolição quanto em favor de uma República antioligárquica.

15. Dentre eles, os liberais Joaquim Serra, José Mariano, Silveira da Motta, Manuel de Dantas e Rui Barbosa, ou o conservador Beaurepaire-Rohan.

Diante da impossibilidade de analisar o ativismo republicano-abolicionista[16] em todas as províncias, limitamo-nos às fontes produzidas na cidade do Rio de Janeiro, nos seus jornais e nas suas associações. A sua cronologia é diferente da maioria das histórias do abolicionismo, que, normalmente, termina no dia 13 de maio de 1888.

Como ponto inicial, o ano de 1879 é considerado um marco importante para o estudo do tema, em razão de dois acontecimentos: por um lado, a discussão sobre o estabelecimento de um prazo final para a instituição escravista foi levada ao Parlamento pela primeira vez[17]; por outro, várias lideranças republicanas e abolicionistas da década de 1880 – tais como Lopes Trovão, Vicente de Souza, José do Patrocínio, Ferro Cardoso, Almeida Pernambuco, Alberto de Carvalho, Plácido de Abreu e Ernesto Senna – apareceram, com destaque, na cena pública, devido ao envolvimento com a Revolta do Vintém.

De certo modo, esse marco já é objeto de disputas, inclusive pela conexão – ou pela ausência dela – entre os dois acontecimentos. Um dos objetivos de Joaquim Nabuco – na sua militância monarquista no início da República – foi "estabelecer" a origem parlamentar do movimento abolicionista contra outras versões que apontavam para a "origem popular e republicana", com ênfase no pioneirismo dos ativistas negros Luiz Gama, José do Patrocínio e Ferreira de Menezes[18].

Ao contrário de outros estudos que desvincularam ou minimizaram as conexões entre as duas questões, o artigo de Sandra Graham intitulado "O

---

16. Como veremos ao longo deste trabalho, a oposição entre "republicano abolicionista" e "abolicionista republicano" foi construída pelos próprios ativistas e constantemente rediscutida durante o período. Na maior parte do tempo, a identidade "abolicionista-republicana" esteve articulada à militância que se constituiu em torno de José do Patrocínio; já a identidade "republicana-abolicionista" é construída numa dupla oposição: contra os republicanos que negavam a centralidade da questão abolicionista; e contra o "abolicionismo-republicano" de José do Patrocínio pela "excessiva" proximidade com os monarquistas. Alguns "republicano-abolicionistas" tornaram-se membros da Confederação Abolicionista (1883); outros acabaram se desligando dessa associação.

17. Projeto apresentado pelo liberal Jerônimo Sodré em 1879.

18. "É reivindicar para a Câmara, para o Parlamento, a iniciativa que se lhe tem querido tirar nesta questão, dando-se-a ao elemento popular, republicano. O movimento popular só veio depois" (NABUCO, 1981, p. 139). "O movimento começou na Câmara em 1879, e não, como se tem dito, na Gazeta da Tarde de Ferreira de Menezes, que é de 1880, nem na Gazeta de Notícias, onde então José do Patrocínio, escrevendo a Semana Política, não fazia senão nos apoiar e ainda não adivinhava a sua missão" (p. 138-139). "Esse movimento começa, fora de toda dúvida, com o pronunciamento de Jerônimo Sodré em 1879 na Câmara [...] Ao ato de Jerônimo Sodré filia-se cronologicamente a minha atitude dias depois" (p. 139).

Motim do Vintém e a cultura política do Rio de Janeiro 1880" (2011) tem o grande mérito de identificar, nesse episódio, um fator determinante para um novo tratamento da "questão abolicionista".

Discutida no ambiente "fechado" dos debates parlamentares, dos tribunais e das conferências em clubes e teatros, a reivindicação emancipacionista vai, a partir desse episódio, conquistar o espaço das ruas, transformando-se, principalmente a partir de 1883, em luta pela abolição imediata. Na medida em que o engajamento popular e as ruas são ingredientes imprescindíveis à construção de um movimento social, é preciso recuperar a formação desse novo republicanismo, que concebe o povo como o principal agente das reformas, diferentemente das lideranças monarquistas que, como Joaquim Nabuco, sempre conceberam a abolição como uma questão parlamentar. Desse modo, a história da abolição que queremos contar é inseparável da história de um novo republicanismo constituído a partir de alguns signatários do Manifesto de 1870 – como Lopes Trovão e Jerônimo Simões – e dos militantes do Club São Cristóvão e do Club Tiradentes.

Essa narrativa inicia-se em 1875, quando já é possível seguir pela imprensa o ativismo político das lideranças do Vintém, e termina no ano de 1904, com a Revolta da Vacina. A análise da história política e social da Primeira República – com os seus próprios marcos e discussões historiográficas e teórico-metodológicas – representa um desafio para o pesquisador condicionado pelas questões do Império. No entanto, a hipótese de que a instabilidade dos primeiros anos da República é inseparável da continuidade do ativismo político republicano e abolicionista, colocado em funcionamento no fim da década de 1870, levou-nos a enfrentá-lo. Nesse caminho, seguimos a trilha da história social, na sua referência ao "pós-abolição", que também permitiu à história do movimento operário flexibilizar os marcos entre Império e República (MATTOS, 2008)[19].

A permanência do ativismo republicano-abolicionista, nos primeiros anos da República, constitui-se em fator de instabilidade, porque o movimento não visava apenas à liberdade jurídica do escravizado. Se o 13 de maio não representou uma descontinuidade significativa com a ordem escravista, isso não se explica pela ausência de projetos de transformação

---

19. Ana Flávia Magalhães Pinto (2018) também adota essa perspectiva na sua análise do ativismo político de algumas lideranças negras em São Paulo antes e depois da abolição e nos anos iniciais da República.

das estruturas socioeconômicas e políticas. A extinção da escravidão gerou a expectativa do fim do modelo econômico baseado na grande propriedade exportadora, e não somente para promover a imigração europeia, mas para modificar a condição dos trabalhadores nacionais, na sua maioria, "homens de cor".

Além disso, estava em pauta a construção de um sistema político no qual a descentralização e o federalismo se desdobrariam em maior participação política. Se, no fim do processo, encontramos uma República oligárquica, que manteve os padrões de desigualdade socioeconômica e racial, isso não se explica pelo desinteresse do povo pela política, pela inexistência de projetos de reforma ou pela "confusão teórica" dos setores reformadores. A maioria das questões do debate público europeu foi discutida pelas lideranças abolicionistas, como: a separação da Igreja e do Estado; a escola pública; a igualdade de condições; a reforma tributária; a questão racial; o sufrágio universal; e a emancipação feminina. Além de todos os outros fatores já indicados para a instabilidade inicial da República, é preciso levar em consideração o embate entre a "militância reformadora" e o "ativismo conservador", que se mobilizou pela manutenção das estruturas socioeconômicas e políticas do Império[20].

No entanto, ainda são raros os trabalhos que procuram compreender a crise político-institucional dos primeiros anos da República a partir da continuidade da militância dos republicanos abolicionistas pelos seus projetos de reforma.

A pesquisa sobre a trajetória dos abolicionistas, no pós-abolição, revela-nos a permanência desse ativismo e a sua articulação com os vários conflitos dos anos iniciais da República, como: a primeira e a segunda Revolta da Armada (1891 e 1893); a Revolta Federalista no Rio Grande do Sul (1893-1895); a tentativa de assassinato de Prudente de Morais (1897); as greves operárias (1902 e 1903); e, finalmente, a Revolta da Vacina (1904). Além disso, eles são os protagonistas de várias associações nesse período,

---

20. Ao longo do texto, e para o caso específico do Brasil, vamos nos servir da dicotomia entre "setores reformadores" e "setores conservadores ou reacionários", em lugar da oposição esquerda e direita. A denominação "setores reformadores" abarcaria os ativistas atrelados a um programa de reformas ao mesmo tempo sociais, econômicas e políticas, visando a uma maior igualdade social. Nele, encontramos tanto republicanos quanto monarquistas. Já a denominação "setores conservadores" designaria os agentes empenhados em impedir qualquer reforma social e econômica relativa à distribuição de riqueza e propriedade, mesmo admitindo mudanças políticas na forma de governo.

com duração mais ou menos longa, dentre elas: o Club dos Repórteres, a Sociedade Nacional de Agricultura, a Central Operária e a União dos Estudantes. Enfim, é possível recuperar as diferentes tentativas de organização partidária empreendidas por esses militantes e as dificuldades encontradas na luta contra a "República dos Cafeicultores".

Nesse sentido, a nossa proposta é apresentar evidências do envolvimento do ativismo republicano-abolicionista nos principais debates, embates e revoltas, tanto no período anterior quanto posterior à abolição, entre 1875 e 1904, defendendo as mesmas propostas e os mesmos procedimentos políticos.

* * *

Qual é o interesse de uma "história dos derrotados"? Pois se a importância da militância republicana em prol da República democrática[21] e das várias "reformas de base"[22] é inegável, a simples constatação de que a maioria delas se conserva na pauta de todos os movimentos sociais e crises dos séculos XX e XXI é a prova cabal da "incapacidade" dos republicanos abolicionistas de fazerem da abolição algo mais do que a emancipação jurídica dos escravizados.

O nosso objetivo é recuperar os fatores políticos que desempenharam um papel relevante na derrota desses projetos e contribuíram para a longa permanência das mesmas estruturas socioeconômicas. Nessa história da abolição, destacam-se: o uso da violência contra os movimentos sociais, as divisões entre republicanos e monarquistas, as diferentes concepções sobre a participação popular, assim como as disputas por posições numa sociedade com extrema concentração de riqueza, de propriedade e de oportunidades.

---

21. Ao longo do texto, utilizam-se as expressões "republicanismo popular" e "República democrática" – termos usados no próprio contexto – para identificar uma linhagem do republicanismo dentro do campo reformador. Esse setor defendeu reformas sociais e econômicas visando a uma sociedade menos desigual e à ampla participação política dos setores populares, afirmando que a escola para a política era a própria atividade política, em contraposição aos evolucionistas que, além de vincularem a instauração da República à morte do imperador, acreditavam que a escolarização era condição fundamental para a vida política. As diferenças entre evolucionistas e não evolucionistas no movimento republicano serão exploradas durante todo o trabalho.

22. Referência às reformas propostas pelos movimentos sociais e incorporadas pelo governo de Jango em 1961, das quais algumas já estavam em pauta – certamente, com aspectos diferentes – no século XIX e no início do século XX, como a democratização da terra e as reformas eleitoral e tributária.

A militância republicana pela abolição e pela "República democrática" fracassou não apenas no próprio contexto, mas também na luta pela história, já que a maioria dos nomes que a compuseram desapareceu, assim como os seus combates e as suas reivindicações. O silêncio a respeito desses embates também pode ser considerado um fator dessa "inevitável derrota"[23]. Nesse sentido, as disputas pela história serão analisadas como parte indissociável e fundamental dessa história política da abolição.

Além do interesse político, a análise dos programas "derrotados" obedece a razões epistemológicas, pois ela é tão importante para a compreensão histórica quanto o estudo dos acontecimentos ou das estruturas políticas que, de fato, se consolidaram[24]. Em alguns casos, esses programas mantêm-se por meio de conexões e de redes com fraca expressividade e visibilidade, irrompendo com relevância, e com aparente descontinuidade e originalidade, em outros contextos[25]. De fato, a análise que incorpora, também, os discursos e projetos sem nenhum desdobramento efetivo permite-nos construir uma história menos retrospectiva[26].

---

23. Se, por um lado, a visão monarquista registrada por Joaquim Nabuco após a instauração da República (principalmente em *Minha formação* e *Um estadista do Império*) se tornou chave incontornável para as interpretações historiográficas, o mesmo não se pode dizer das várias memórias republicanas que foram elaboradas no mesmo período, dentre elas, a *História Constitucional da República dos Estados Unidos do Brasil*, de Felisbelo Freire, que explicava, no prefácio da sua segunda edição, de 1894, que o seu objetivo era "enfrentar" a propaganda monarquista. Em relação a essa batalha em torno da memória e da história, cf. Costa (1985), que mostra os seus episódios, identificando, nos anos 1820, a vitória da versão monarquista, dentre outros fatores, pelos próprios descaminhos da República.

24. Essa é uma das contribuições importantes da história "vista de baixo" que pode ser transposta para a construção de uma "nova história política". Apesar de não ser identificado como um "historiador de história política", o livro de Christopher Hill sobre a revolução inglesa, *O mundo de ponta-cabeça* (1987), exemplifica bem essa proposta de abordar um determinado contexto a partir dos projetos ou dos programas derrotados. Numa abordagem cultural das tensões sociais da Primeira República a partir dos literatos, Nicolau Sevcenko (1985, p. 21-22) escreveu: "A literatura portanto fala ao historiador sobre a história que não ocorreu, sobre as possibilidades que não vingaram, sobre os planos que não se concretizaram. Ela é testemunho triste, porém sublime, dos homens que foram vencidos pelos fatos. [...] Portanto, pode-se pensar numa história dos desejos não consumados, dos possíveis não realizados, das ideias não consumidas. A produção dessa historiografia teria, por consequência, de se vincular aos agrupamentos humanos que ficaram marginais ao sucesso dos fatos".

25. Para recuperar a história do retorno desses projetos, é interessante, do ponto de vista metodológico, renunciar à noção de unidade da obra, do autor ou do sujeito histórico. Sobre esse ponto, cf. Foucault (1972), principalmente o capítulo "As regularidades discursivas". Para um exemplo interessante da história dessas conexões e redes que, subterraneamente, mantêm em cena projetos aparentemente derrotados e irrelevantes, cf. Israel (2009).

26. Num certo sentido, toda história é retrospectiva, na medida em que a construção dos problemas e dos objetos é resultado das escolhas e dos recortes do próprio historiador relacionados aos

Ao mesmo tempo, contemplar esses projetos não significa ignorar ou minimizar o papel das estruturas sociais ou econômicas na história da sua "inevitável" derrota. Conceder à vida política certa autonomia em relação às determinações socioeconômicas e compreender o terreno político a partir da sua própria dinâmica não significa, de forma alguma, negligenciar o peso dos conflitos sociais e econômicos. Pelo contrário, o retorno de certos temas, assim como a repetição dos mesmos procedimentos na cena política, só é explicável a partir da referência aos conflitos socioeconômicos e culturais[27]. Mas, se os atores políticos e suas ações devem ser entendidos na sua dimensão social, isso não significa considerá-los exclusivamente a partir dessas determinações, sem o aprofundamento da dinâmica política.

Nesse sentido, para se compreender as ações, as ideias e os discursos políticos, é necessário considerar a hipótese das múltiplas vinculações e da imprevisibilidade dos seus posicionamentos[28]. A relevância atribuída, atualmente, às biografias e ao estudo das trajetórias individuais e dos pequenos grupos está articulada ao reconhecimento de certo grau de liberdade e de autonomia da ação política[29]. As sociedades construídas em torno do modo de produção capitalista têm histórias políticas muito diversas. Além disso, a resolução dos problemas econômicos não leva, necessariamente, à superação dos problemas políticos de dominação[30]. Desse modo, o desafio

---

seus aportes teóricos e aos problemas do seu próprio tempo histórico. Ainda assim, a abordagem de um contexto histórico pela referência ao seu próprio quadro conceitual e às disputas entre os diversos discursos e projetos socioeconômicos e políticos permite minimizar esse aspecto (ROSANVALLON, 1992; 1999).

27. "Certains projets, un moment enterrés, reviennent sous des habits neufs quelques années plus tard. Cette permanence relative fait supposer que derrière ces thèses qui s'affrontent, ce sont des forces sociales qui s'opposent dontil conviendra de délimiter les contours pour en trouver le sensréel" (CHARLE, 1987, p. 40). Em tradução livre: "Certos projetos, enterrados num determinado momento, reaparecem sob uma nova roupagem alguns anos mais tarde. Essa permanência relativa sugere que, por trás dessas teses que se afrontam, existem forças sociais de resistência que precisam ser delimitadas no sentido de identificar o seu verdadeiro significado".

28. Sobre essa discussão, num terreno mais filosófico, cf. Arendt (2001, p. 197), que, por um lado, define a condição humana por essa "surpreendente imprevisibilidade da ação e do discurso" e, por outro, chama a atenção para o fato de que a imprevisibilidade não é resultado da ação de um autor: "as histórias, resultado da ação e do discurso, revelam um agente, mas esse agente não é autor nem produtor. Alguém a iniciou e dela é o sujeito, na dupla acepção da palavra, mas ninguém é o seu autor".

29. Essa discussão está presente nos vários textos que compõem o livro *Por uma história política* (1996), organizado por René Rémond, sobretudo no capítulo de Philippe Levillain sobre a biografia.

30. A renovação do interesse pelo campo da política, principalmente a partir dos anos 1860, articula-se, entre outros aspectos, à crítica de certos intelectuais aos regimes políticos dos países ditos socialistas. De certo modo, a constatação de que a promoção da igualdade – pela resolução das

de uma nova história política se mantém: recolocar o indivíduo na história, na imprevisibilidade de suas ações e discursos, sem negligenciar as suas vinculações e determinações culturais, sociais e econômicas.

Antes de tudo, é preciso indicar uma certa definição de política que abarca tanto a atuação dos indivíduos ou dos grupos nas esferas formais e institucionais dos partidos e do Estado quanto as suas ações e reflexões em espaços e lugares não institucionais. Existe produção de pensamento e de ação política em todas as esferas sociais, da mesma forma que todas as relações sociais e mesmo pessoais são perpassadas por relações de poder[31]. Existe vida política em todos os lugares onde os homens se reúnem para a discussão e a tomada de decisões em comum (ARENDT, 2001). Porém essas ações e ideias políticas têm maior ou menor repercussão na macropolítica, assim como possuem maior ou menor visibilidade para os historiadores. No entanto uma maior ou menor visibilidade não é, em si, um critério para definir o grau de importância ou de repercussão de um projeto ou de uma ação política. Como ponto de partida, é preciso considerar a eventual relevância tanto dos projetos derrotados quanto de atores e de ações "secundárias".

Apesar de considerar que o "homem comum", nos espaços públicos e privados, é, em princípio, produtor de pensamento e de ação política (WINOCK, 1996) – ainda que a ausência ou a dispersão dos seus indícios sejam fortes obstáculos à sua detecção –, o nosso objeto de análise é, principalmente, o ativismo político dos republicanos abolicionistas do Rio de Janeiro pela imprensa e pelas associações. No entanto considerar a atividade abolicionista e republicana a partir dos seus vestígios escritos na imprensa não significa desconsiderar as conexões dessa militância com grupos que tiveram atuação importante em outros espaços, mas não deixaram indícios escritos de suas ações e reflexões (MACHADO, 1994). Aliás, um dos elementos de ruptura do movimento abolicionista, na vida política do Império, foi exatamente a articulação entre setores médios, setores populares e es-

---

contradições econômicas – não era suficiente para gerar a liberdade contribuiu para a reflexão sobre os mecanismos políticos e de poder também responsáveis pela dominação e submissão dos indivíduos. Sobre essa discussão, é interessante a análise de Falcon (1997).

31. Cf. sobretudo Foucault (1979). Cf., também, a entrevista "A ética do cuidado de si como prática da liberdade" (FOUCAULT, 2004), na qual o autor esclarece a sua distinção entre "relações de poder" e "relações de dominação". Se a relação de dominação pressupõe uma relação de poder, nem toda relação de poder se desdobra numa relação de dominação.

cravizados, entre cultura letrada e cultura iletrada, unificando a participação política das ruas, das associações, da imprensa e do Parlamento.

Além disso, um estudo mais direcionado para a história da imprensa e da vida associativa mostra-nos, claramente, que é preciso considerar esse contexto a partir dessa dupla expansão, característica dos momentos de crise[32]. Nessas redes que interligam imprensa e associações, é possível identificar muitas outras lideranças em torno das quais gravitam grupos provenientes de diferentes estratos sociais e profissionais, englobando os libertos e os escravizados.

Como definir esses republicanos abolicionistas? Como caracterizá-los? A noção de intelectual pode servir para compreender esse grupo, desde que se atribua mais importância ao engajamento político – no terreno da produção e da difusão de ideias – do que às obras publicadas[33]. Eles são produtores de ideias políticas e, nesse sentido, intelectuais, mesmo quando essa reflexão não adquire a forma de "grandes obras", mas a de artigos, panfletos, manifestos, petições, considerados como intervenção numa dada conjuntura[34]. Dessa forma, na análise proposta, a distinção entre a atuação de Lopes Trovão, Vicente de Souza e Ferreira de Menezes (com os seus artigos, panfletos e manifestos) e a ação de Joaquim Nabuco e André Rebouças (pela publicação de livros) se dilui[35]. Todos são considerados como intelectuais, na medida em que são produtores de ideias políticas – em jornais, livros, panfletos, manifestos etc. – que se engajam diretamente nos debates do período.

---

32. Os historiadores – sob a inspiração dos cientistas políticos – têm procurado estabelecer relações entre os movimentos da "vida associativa" e a dinâmica da vida política. Assim, parece existir, em diferentes contextos, uma relação direta entre o número de associações e a efervescência do debate político. O mesmo tipo de conexão pode ser estabelecido entre vida política e imprensa periódica. Momentos de grande efervescência política, períodos de crises e de revoluções são também períodos de criação de um grande número de jornais. Para essa discussão, cf., dentre outros, Rioux (1996); Naquet (2009); Popkin (2011).

33. Dentre os trabalhos sobre os intelectuais que priorizam o engajamento político, cf. Sirinelli (1996); Winock (2000). No entanto, o próprio Sirinelli esclarece sobre as formas diferentes de se tratar o tema, segundo uma definição mais ampla – abarcando todo criador e mediador cultural – ou mais restrita – pelo engajamento político.

34. A respeito dessa discussão, cf. Winock (1996).

35. Nesse ponto, distanciamo-nos da compartimentação entre "movimento intelectual" e "ativismo político" que, de certa forma, orientou a caracterização proposta por Ângela Alonso, da "geração de 1870". Para a autora, "um movimento intelectual também limita os seus membros, por definição à elite e mais especificamente a indivíduos com alta escolaridade". Por isso, a autora excluiu "aqueles que não passaram pelas faculdades imperiais e/ou não publicaram obras" (ALONSO, 2002, p. 46).

Nesse sentido, este trabalho volta-se, prioritariamente, para a análise dos discursos produzidos no âmbito da imprensa e das associações, no intuito de compreender a instabilidade política do período a partir da referência à militância republicano-abolicionista. Mais do que intelectuais, os termos "ativista" ou "militante" caracterizam melhor a dimensão privilegiada. No entanto é preciso considerar que esses ativistas são, ao mesmo tempo, produtores de pensamento político e, nesse sentido, intelectuais.

* * *

No que diz respeito aos discursos desses ativistas, vale a pena retomar a discussão sobre a história da influência das ideias estrangeiras no Brasil. Normalmente, as análises sobre o século XIX referem-se, majoritariamente, ao liberalismo, ao positivismo e ao racialismo e caracterizam os sujeitos históricos pela vinculação às ideias de modernidade e de progresso.

Ora, caracterizar um homem do século XIX pela adesão a esses paradigmas não nos permite aprofundar a compreensão dos diferentes posicionamentos em relação aos temas do debate público. Na maioria dos autores, a posição crítica frente a certos aspectos do capitalismo imperialista, por exemplo, não significou nenhuma desconfiança em relação à noção do progresso[36].

Desde o século XVIII, essa ideia construiu-se pela referência à difusão do conhecimento e ao domínio do homem sobre a natureza[37]. Tema central do Iluminismo, o combate contra "a ignorância e a superstição" associava-se à expansão da escrita e da leitura, à imprensa e à noção de opinião pública e ao desenvolvimento técnico-científico. Se os filósofos previam uma luta

---

36. Michel Foucault, em *As palavras e as coisas* (2000), se refere a uma "quase impossibilidade" no século XIX de se pensar fora desse quadro de referência ao progresso. Na introdução do seu livro, o autor esclarece que um dos seus objetivos era identificar os diversos tipos de acontecimentos (discursivos, mas também econômicos) que tornaram possível a construção da noção de progresso que, a partir do século XIX, passou a estruturar todos os campos de conhecimento.

37. Novos trabalhos sobre o Iluminismo têm destacado a importância de se recuperar o debate filosófico e científico do século XVII como fundador de um "Iluminismo primitivo", em que já seria possível identificar os principais temas dos autores do século XVIII. Nesse caminho, o autor Jonathan Israel (2009) identifica duas linhagens do Iluminismo a partir de duas respostas filosóficas diferentes à "crise da consciência europeia" do século XVII. No "Iluminismo radical", sob a influência da filosofia spinozista, a reforma necessária das instituições e a expansão do pensamento científico tinham como primeiro objetivo a construção da liberdade; ao contrário do "Iluminismo moderado" – vitorioso – que, na trilha da filosofia cartesiana, identificava a ciência e o domínio "do homem" sobre a natureza (pensada exclusivamente como "extensão") como fins em si mesmos. Se, no horizonte discursivo das luzes, as referências ao "progresso" e às reformas são incontornáveis, não se pode esquecer que essas mesmas noções estão no centro de um debate acirrado.

incessante das "luzes contra as trevas", da "civilização contra a barbárie", a aceleração do avanço técnico, no século XIX, parece ter contribuído para transformar a própria noção de progresso. A ênfase iluminista na necessidade de um esforço continuado pelo progresso, pela expansão do conhecimento e da educação, é substituída pela ideia do avanço linear e irreversível, comprovável pelo domínio concreto da técnica sobre a natureza. A crítica aos efeitos da indústria e da técnica sobre a vida dos operários – que se configurou na elaboração de uma "questão social" – só muito excepcionalmente se desdobrou na oposição à concepção do progresso.

Somente no fim da década de 1950 essa ideia começou a perder o seu magnetismo, gerando fissuras em cujos estilhaços ainda nos debatemos. Mas, entre 1870 e 1904, poucos discursos se construíram na oposição à noção de progresso, ainda que ela estivesse no centro de um acirrado debate. Criticar um homem do século XIX pela adesão a essa ideia, seus projetos de modernização em relação às culturas tradicionais, seu eurocentrismo e seu positivismo não nos permite avançar na compreensão dos debates políticos do período.

A renovação do campo da história das ideias políticas, na década de 1960 – segundo diferentes abordagens –, estruturou-se em torno da necessidade de contextualizar os discursos políticos dos "grandes autores" a partir dos problemas do seu próprio tempo. Em todas as vertentes, a distinção entre "grandes autores" e "autores secundários" é minimizada, assim como as hierarquias quanto ao veículo de expressão[38]. Como construções *a posteriori*, essas divisões podem ofuscar a complexidade do contexto. Do mesmo modo, rotular um "personagem" pela sua vinculação a doutrinas ou correntes – ao positivismo, ao liberalismo ou ao socialismo – não nos ajuda a avançar no entendimento do debate político nos seus próprios termos e significados. Se a análise histórica se estrutura, necessariamente, pela referência a noções, conceitos e categorias formuladas no tempo do historiador,

---

38. Numa história das ideias tradicional, os autores de diferentes tempos históricos são apresentados numa "história galeria", sem nenhum diálogo com os temas e os discursos produzidos no seu próprio contexto. Nesse tipo de abordagem, Maquiavel dialoga com Jean Bodin e com Thomas Hobbes sobre a formação do conceito de Estado, mas dificilmente com os seus próprios contemporâneos, os seus dilemas, as suas questões sociais e políticas. As diferenças entre a história dos conceitos, a história conceitual do político ou o contextualismo linguístico não devem ofuscar o esforço comum de repensar o campo das ideias na relação com o próprio contexto político, social, econômico e cultural no qual esses discursos são produzidos. Cf., dentre outros textos, Koselleck (1992); Rosanvallon (1995); Skinner (2005).

a inteligibilidade do "outro" pode ser aprofundada com a investigação dos significados orientadores da experiência dos próprios "sujeitos históricos". A síntese entre a compreensão, segundo os nossos próprios termos, e os significados do "outro" pode ser vista como o grande desafio lançado pela história cultural – no seu diálogo com a Antropologia – às investigações dos demais campos históricos.

Do ponto de vista metodológico, em lugar de caracterizar, de antemão, os atores políticos pelo seu pertencimento a uma ou outra doutrina, é preferível considerá-los a partir dos seus posicionamentos no debate público. Desse modo, a unidade necessária à compreensão viria não da identidade do sujeito e das doutrinas, mas dos temas que se desenham na esfera pública a partir de questões sociais, econômicas, religiosas e outras. O século XIX, herdeiro, nesse sentido, do XVIII, caracteriza-se pela ampliação da esfera do debate público em que diversos projetos sociais e de "utopia" se confrontam[39].

Para se entender o debate político, no Brasil, a partir da referência à história da influência das ideias estrangeiras, é preciso identificar a complexidade e a heterogeneidade do próprio debate europeu[40]. A "confusão teórica" ou de doutrinas não é uma característica dos "países importadores". A contradição, a falta de coerência, a miríade de propostas e posicionamentos caracterizam, também, os "países exportadores". Apenas a referência aos temas debatidos no espaço público – elaborados na confluência das questões sociais, econômicas e políticas – pode auxiliar-nos na contextualização desses posicionamentos[41].

No horizonte teórico-discursivo do debate político – tanto no Velho Continente quanto no Novo Mundo –, é importante destacar a centralidade da ideia de revolução. Em relação a esse marco, impõe-se uma primeira grande divisão: os que aceitam a noção de igualdade e os que se aferram à noção de hierarquia natural entre grupos e indivíduos. Entre os que aderem à revolução como marco inicial de uma nova sociedade em ruptura com

---

39. Pela formação de "clubes", associações, partidos, jornais e movimentos sociais em que alguns indivíduos se destacam, mas cujas ações e pronunciamentos não podem ser compreendidos fora desse ambiente. Dentre as diversas reflexões sobre a construção da noção de opinião pública, cf. Chartier (2009).

40. Cf., dentre outros, Winock (2006).

41. Um ótimo exemplo da história política a partir do debate público em torno de um tema específico é o de Dealande (2014).

as "divisões naturais" do antigo regime, identificamos dois campos: o do liberalismo e o do socialismo. Ao romper com a visão corporativa da sociedade, o primeiro campo vincula a defesa da liberdade individual à defesa da propriedade privada. O segundo campo, nem sempre homogêneo em relação a uma concepção individualista da sociedade, associa o tema da igualdade à distribuição da propriedade e da riqueza[42].

Ainda que essa visão esquemática sirva para uma primeira localização dos atores políticos, ela não deve ofuscar o peso de outras variáveis: as conjunturas econômicas; os movimentos sociais; a dinâmica político-institucional; o desenvolvimento do associativismo; as transformações da imprensa; as trajetórias individuais[43]. Certamente, nenhuma análise consegue reunir informações sobre todas essas variáveis. No entanto considerar a hipótese da confluência desses fatores pode gerar uma melhor compreensão da história política, tanto do ponto de vista das medidas de fato empreendidas pelo Estado quanto dos projetos derrotados ou engavetados.

Um ponto de partida interessante, principalmente no que diz respeito aos momentos de crise, é a identificação dos grandes temas do debate público na imprensa, nos Parlamentos e nas associações. Desse modo, em vez de considerar os indivíduos ou os jornais como unidades coerentes, privilegiaríamos a **análise conjuntural** dos seus posicionamentos públicos sobre as questões cruciais do XIX, como: da tributação; da educação pública; das mulheres; do sufrágio; da laicização; da representação e da democracia; do colonialismo; do racialismo; e das relações de trabalho.

Por último, mesmo aceitando o argumento de que as ideias socialistas tiveram fraca repercussão e adesão no Brasil desse período, não podemos ignorar a sua presença no debate público sobre a escravidão e a República. Se considerarmos que a repressão exerce, de fato, um papel dissuasivo em relação à propaganda republicana, talvez esse impacto seja um pouco maior, pois, mesmo enfrentando o risco da perseguição ou do descrédito, algumas folhas e lideranças se vincularam, diretamente, às ideias socialistas[44].

* * *

---

42. Para essa discussão, cf., dentre vários outros: Todorov (1998).
43. Cf., dentre outros: Rosanvallon (1992).
44. Poucos autores se referem à circulação das ideias socialistas, no Brasil do século XIX, dentre eles: Sodré (1999).

Neste livro, a imprensa é analisada como fonte de informação, mas, principalmente, como ator político. Por um lado, mediante a comparação entre os periódicos de posições políticas diferenciadas, é possível: identificar os temas do debate público e obter dados biográficos das lideranças, atas das assembleias e informações sobre as associações, as manifestações públicas etc. Por outro, todas essas informações e, sobretudo, os artigos e opiniões dos publicistas nos remetem, necessariamente, ao papel político dessas folhas. Desse modo, os discursos da imprensa foram tratados como posicionamentos políticos.

A longa história deste livro é inseparável das transformações profundas da pesquisa com a imprensa que foi – e está sendo – gerada pela progressiva digitalização do enorme acervo da Biblioteca Nacional (BN). Alguns historiadores vêm propondo uma reflexão sobre o impacto dessas mudanças, assim como nos advertindo sobre certos problemas, principalmente no que diz respeito ao tratamento excessivamente fragmentado dos periódicos pela utilização dos instrumentos de busca (BRASIL; NASCIMENTO, 2020). No que diz respeito à análise pelas ocorrências, é preciso considerar que estamos diante de uma amostra e não da totalidade das informações sobre o termo pesquisado. Inclusive, em algumas modalidades de busca, é importante levar em consideração o caráter impermanente do acervo da Hemeroteca Digital, que vem sendo, continuamente, acrescido de novos títulos desde 2006.

Com todas as precauções necessárias no sentido de contextualizar as ocorrências em relação a uma análise mais ampla do documento, o acesso a esse novo formato foi fundamental para a proposta deste trabalho. Tendo como principal objetivo identificar as razões políticas que impediram o encaminhamento das várias reformas propostas pelo abolicionismo, procuramos, em primeiro lugar, identificar a atuação de certas lideranças republicanas frequentemente citadas em posição de destaque na imprensa da época, mas com pouca relevância nas análises sobre o período. Com a busca de informações sobre os nomes Jerônimo Simões, Alberto Víctor, Ennes de Souza, Vicente de Souza, Mathias Carvalho, Aquino Fonseca, Almeida Pernambuco, Rosa de Senna, Luiz Leitão e Campos da Paz, além de vários outros termos[45], conseguimos mapear as redes de sociabilidade, os diferentes

---

45. A busca foi realizada tanto em jornais abolicionistas quanto em não abolicionistas, que serão identificados no prosseguimento do trabalho. Além da busca dos nomes indicados anteriormente,

grupos políticos, as suas associações, os jornais e os seus posicionamentos nas diferentes conjunturas. Na interseção entre a política parlamentar, as manifestações públicas e o engajamento político pela imprensa, foi possível aprofundar a análise conjuntural sobre a frente abolicionista, não somente a partir da perspectiva de José do Patrocínio, Joaquim Nabuco e André Rebouças, por meio da *Gazeta da Tarde*, do *Abolicionista* e do *Cidade do Rio*, mas também pela referência a associações e jornais de um campo republicano muito importante no próprio contexto, apesar de pouco explorado pela historiografia.

Além disso, ampliamos a leitura das edições em certos contextos específicos, tais como: a Revolta do Vintém; a reforma eleitoral de 1881; o assassinato de Apulcho de Castro; a fundação da Confederação Abolicionista; a ascensão e a queda do Ministério Dantas; as fugas de escravizados no ano de 1887; a Proclamação da República; a primeira e a segunda Revolta da Armada; a tentativa de assassinato de Prudente de Morais; as greves operárias de 1903; e a Revolta da Vacina.

O projeto que deu origem a este livro divide-se em duas partes. A primeira, associada à presente obra, engloba os capítulos relativos ao período entre 1875 e 1889, com ênfase na análise pontual das diferentes conjunturas por meio dos posicionamentos dos ativistas na imprensa. Na segunda parte, ainda em fase de redação, analisa-se a continuidade da militância política republicano-abolicionista nos anos iniciais da República, até 1904. Nos capítulos que compõem essa segunda parte, os dados biográficos dos ativistas serão integrados de uma forma mais sistemática às análises conjunturais.

---

a digitalização do acervo permitiu investigar, também, a ocorrência de outros termos, dentre os quais, Clube São Cristóvão, Club dos Libertos contra a Escravidão, Club Tiradentes, Confederação Abolicionista, Sociedade Central de Imigração, Irmandade do Rosário, Partido Republicano Constitucional, Novo Centro Operário, Comícios rurais, Guarda negra, Club radical da Lagoa.

1
Imprensa, associações e abolicionismo

A partir do século XVIII, com a construção da noção de opinião pública e da sua constante reinvenção, a criação de periódicos e de associações tornou-se um signo de modernidade e de adesão ao espírito das Luzes[46]. Dessa forma, no mundo contemporâneo, a compreensão de um certo período histórico, no que diz respeito à sua dimensão política, passa pela análise da vida associativa e da imprensa.

Se a imprensa e o associativismo eram, dentro do quadro das Luzes, os meios desejáveis, legítimos e confiáveis para a "reforma" e o "progresso da humanidade", as revoluções do fim do século XVIII impuseram a participação popular como ingrediente necessário à transformação das instituições do Antigo Regime. A partir daí, uma das divisões no campo reformador foi a adesão ou não à participação popular como meio indispensável às mudanças.

Apesar da força da contrarrevolução em toda a Europa, as manifestações públicas com a participação popular em prol de mudanças sociais, políticas e econômicas foram um fato incontornável da cena pública do século XIX. No Brasil, não foi diferente. A sua história política do século XIX, os seus debates parlamentares e as suas disputas partidárias devem ser

---

[46]. A discussão a respeito da noção de opinião pública, no século XVIII, como um dos pilares da Ilustração e do mundo contemporâneo, é bastante rica e engloba significados diversos. Dentre outros aspectos, discute-se a sua abrangência: ela é constituída pela maioria das opiniões a respeito de um tema; enunciada nos diversos espaços de sociabilidade e por meio de diferentes modos de expressão ou apenas pela opinião dos "esclarecidos" e pela escrita? A esse respeito, Roger Chartier (1991) analisa a posição de Kant, que é partidário dessa última concepção de opinião pública. Cf., também, Israel (2009); Chartier (2009). Sobre essa discussão no Brasil, cf. Morel (2005); Basile (2009).

compreendidos na interlocução com a história da imprensa, das associações e das manifestações públicas.

* * *

Com o objetivo de aprofundar a dimensão política do movimento pela abolição, os protagonistas dessa história são os jornais fundados pelos republicanos abolicionistas entre 1875 e 1904.

Essas folhas, na sua maioria, circularam por um período muito curto e estiveram articuladas a um campo de opinião numa determinada conjuntura política. Vários republicanos abolicionistas tentaram manter o seu próprio jornal, mas nem todos tiveram o êxito de Ferreira de Menezes e de José do Patrocínio por meio da *Gazeta da Tarde* e do *Cidade do Rio*. De certo modo, esse sucesso ofuscou o "insucesso" de outras iniciativas, como as de Jerônimo Simões, Mathias Carvalho, Lopes Trovão, Ennes de Souza, Vicente de Souza, Ferro Cardoso, Pardal Mallet, Almeida Pernambuco, Aristides Lobo, Saturnino Cardoso e Luiz Leitão.

Para a análise dessas folhas, nas suas diferentes conjunturas, é preciso, antes de tudo, situá-las em relação à história da imprensa, nos seus múltiplos aspectos: social, cultural, político ou econômico. Além disso, é preciso entendê-las não como mero reflexo de estruturas socioeconômicas, mas como protagonistas importantes de certos processos históricos.

A análise do catálogo de periódicos da Biblioteca Nacional, referente ao Rio de Janeiro no século XIX, permitiu-nos estabelecer relações importantes entre a história da imprensa e a história do ativismo republicano e abolicionista[47].

Antes de tudo, convém destacar a potência dessa imprensa do século XIX, comparativamente aos números da segunda metade do século XX, mesmo antes dos meios digitais. Um número aproximativo de 1.260 jornais circulou no Rio de Janeiro entre 1808 e 1900, mas a maioria deles encontrou grandes obstáculos para se projetar por um período superior a um mês. Certamente, um dos aspectos marcantes da imprensa do século XIX foi o seu caráter declaradamente episódico. Muitas publicações nasciam com o

---

47. Esse levantamento quantitativo foi realizado no catálogo impresso da BN, antes da criação da Hemeroteca Digital, com a colaboração da Kátia Gomes da Silva, no âmbito do projeto de iniciação científica "Imprensa e História". A metodologia e as conclusões dessa pesquisa foram apresentadas em "Imprensa" (SANTOS, 2011).

objetivo de intervenção no debate público, sem a pretensão de continuidade, articulando-se à concepção da imprensa pautada no seu papel político.

De fato, a história da imprensa no século XIX pode ser entendida por meio da oposição crescente entre duas concepções: uma que concebia o jornal como um ator político responsável pela formação da opinião e que se constituía abertamente como uma imprensa formativa; outra que, procurando alcançar um grande público, se estruturava a partir da referência à imparcialidade e ao seu caráter informativo e não partidário (CHARLE, 2004).

A questão econômica, assim como as questões técnicas, teve grande importância nesse embate. A imprensa que se definia pelo seu papel formador e se instituía como fórum de avaliação e de crítica do poder encontrava problemas financeiros estruturais. Alijando-se dos subsídios oficiais, responsáveis pela continuidade da imprensa áulica, os recursos disponíveis aos formadores de opinião eram as assinaturas, as vendas avulsas, os anunciantes e as seções "A pedidos", além do financiamento de particulares. O posicionamento direto oferecia menos possibilidades de atingir um grande público do que a pretensa imparcialidade política. Ou seja, o jornal que vendia notícias, informações e divertimento tinha mais chances de se transformar numa mercadoria rentável do que o jornal partidário[48].

Num círculo vicioso, quanto maior o público e a tiragem, maior o interesse dos anunciantes nas seções de anúncios e "A pedidos", peça-chave para a permanência das folhas. No entanto, a vitória da imprensa imparcial e "noticiosa" sobre a parcial e política dependia de mudanças técnicas tanto da própria imprensa quanto dos transportes e das comunicações. Afinal, no início do século XIX, com a "lentidão" estrutural das comunicações e dos transportes, como imaginar que a imprensa teria como função principal o fornecimento de informações sobre as novidades do mundo?[49]

Portanto, para entender o fato de que grande parte dos jornais catalogados só circulou num período máximo de um mês, é preciso fazer

---

48. Na análise do perfil editorial das 215 publicações arroladas para a Regência (de um total de 461 publicadas entre 1808 e 1850), Marcelo Basile (2014, p. 46) verificou que mais de três quartos dos jornais tinham tendência política, mas os periódicos mais duradouros eram, "em geral, os que não se atrelavam a uma determinada facção política e seguiam linha comercial, como o *Jornal do Comércio...*".

49. Essa questão é abordada por Christophe Charle (2004) na sua análise sobre a imprensa francesa no século XIX. O impacto da rede de comunicações e dos serviços de correios sobre a distribuição dos jornais no Brasil é analisado por Nelson Werneck Sodré (1999).

referência a todos esses aspectos. No sentido de avaliar o peso desses fatores, seria necessário analisar o projeto do jornal no momento de sua fundação, se voltado para uma intervenção pontual ou se orientado para um tempo mais longo. De qualquer forma, é preciso constatar a enorme dificuldade de se ultrapassar esse patamar. Num total de 1.260 jornais, 544 (43,17%) só se mantiveram durante um mês. Se acrescentarmos a esse número os 288 jornais que conseguiram chegar a seis meses, temos que 66,03% dos jornais não ultrapassaram a fronteira de um semestre. Após essa barreira do primeiro semestre, o número decresce drasticamente a cada ano, sobretudo após três anos. Assim, 141 jornais se mantiveram até um ano; 129, até dois anos; 34, até três anos; mas só 9 jornais chegaram a cinco anos.

Para estabelecer conexões entre o número de jornais e as conjunturas políticas, identificamos – em cada uma dessas faixas relativas à duração dos periódicos – os anos e as décadas com maior quantidade de publicações[50]. Na primeira metade do século XIX, a década de 1830 concentrou o maior número de publicações[51]. A conjuntura de grande instabilidade que levou à abdicação de D. Pedro I e às Regências foi, simultaneamente, a época da "explosão dos impressos"[52], da expansão de novas sociabilidades e do ativismo político empenhado na construção da "opinião pública", com os seus múltiplos e antagônicos significados. E, no seu insuperável *História da imprensa no Brasil* (1999), Nelson Werneck Sodré já tinha atribuído

---

50. Em primeiro lugar, é preciso reconhecer uma curva ascendente estrutural da primeira para a segunda metade do século XIX. Assim, na maioria das faixas, os jornais da primeira metade correspondem a 30%, enquanto os da segunda metade ficam em torno de 70%. Portanto é preciso analisar as informações relativas à quantidade de jornais por década e por ano tendo em vista essa curva ascendente.

51. Entre os 544 jornais que circularam durante um mês e que publicaram de um a quatro números, o período de maior concentração de jornais na primeira metade do século XIX (até 1850) foi a década de 1830. Dos 141 jornais, 67 – isto é, 47,51% – foram impressos na década de 1830, sendo 14 no ano de 1831 e 23 no ano de 1833. Para uma exposição mais detalhada desse levantamento, cf. "Imprensa" (SANTOS, 2011), que confirma as conclusões de Morel (2005). No artigo "Inventário analítico da imprensa periódica do Rio de Janeiro na Regência: perfil dos jornais e dados estatísticos" (2014), Marcelo Basile apresentou os resultados preliminares de um projeto de pesquisa que pretende fornecer um inventário da imprensa periódica do Rio de Janeiro (Corte e província) ao longo do período entre 1808-1850 a partir do levantamento em outras instituições de pesquisa, além da Biblioteca Nacional. Nesse artigo, além do levantamento quantitativo, o autor fornece uma análise qualitativa que permite caracterizar melhor a imprensa periódica do período, assim como as suas alterações ao longo do tempo.

52. Expressão utilizada por Morel (2005).

bastante ênfase a esse período, destacando o papel dos pasquins com os seus variados projetos socioeconômicos e políticos[53].

Na segunda metade do século XIX, a década de 1880 apresenta uma segunda "explosão dos impressos", concentrando 40,9% dos jornais que circularam até um mês, tendência que se confirma em todas as outras faixas[54].

Assim como nos anos 1830, a proliferação de novos periódicos, na década de 1880, é um dos aspectos do dinamismo da vida política que, ao adquirir força e visibilidade fora da esfera do Parlamento, configurou a imprensa como ponto de interseção privilegiado entre os intelectuais e as camadas populares. Inclusive, o retorno dos pasquins, no início da década de 1880, é outro aspecto que nos leva a aproximar os dois períodos[55].

53. Apesar das críticas que recebeu, principalmente em razão da sua compreensão da imprensa como "simples reflexo" das estruturas socioeconômicas, o seu livro continua sendo uma referência obrigatória para todos os trabalhos que se servem dos periódicos. Publicado pela primeira vez em 1966, em plena ditadura militar, a sua análise não podia, obviamente, incorporar as atuais abordagens sobre a imprensa. No nosso entendimento, essa interpretação não deve ofuscar nem a riqueza do levantamento – num período em que não se contava com os meios disponíveis atualmente –, nem as análises instigantes que oferece sobre certos períodos, como no caso da Regência. Em relação à importância dos pasquins durante o período regencial, Nelson Werneck Sodré (1999, p. 180) se contrapôs a uma visão depreciativa sobre esse tipo de publicação: "Na verdade, o período de 1830 a 1850 foi o grande momento da imprensa brasileira. [...] O papel do pasquim na história da imprensa brasileira foi, assim, muito ao contrário do que tem sido indicado, de inequívoca e fundamental importância". Do mesmo modo, Emília Viotti da Costa (2008, p. 20-21) vira nessas publicações a "expressão das lutas de classes e de raças que nos anos que se seguiram à Independência, com frequência se traduziam em ataques às elites e ao governo [...] ao latifúndio improdutivo, críticas à escravidão, proposta de emancipação dos escravos, denúncias dos preconceitos raciais". Na sua análise sobre a imprensa da Regência, Marcelo Basile (2014, p. 60) conclui: "A despeito de toda a sua amplitude e multiplicidade, a imprensa regencial era de fato caracterizada, fundamentalmente, pelos célebres *pasquins*, jornais de pequeno formato, periodicidade irregular, duração efêmera, conteúdo político doutrinário e linguagem virulenta".

54. Entre os jornais que circularam até um mês (num total de 403), 165 foram fundados na década de 1880. Acrescentando-se a esse número o ano de 1879, com os seus 19 títulos, temos 45,6% dos jornais da segunda metade do século XIX e 33,8% do total do século XIX. Levando-se em conta a média de 8,5 jornais por ano, no período de 1850 a 1900 (num total de 47 anos que apresentaram novos jornais), temos que o período que vai de 1873 a 1888 apresenta uma curva ascendente acima da média. Considerando-se apenas os anos que publicaram acima da média, num total de 17, temos uma média de 14,5 por ano. Nesse novo patamar, é possível avaliar melhor o crescimento expressivo da imprensa no início dos anos 1880. O ano de 1879 apresenta 19 novos jornais; o ano de 1881 dá origem a 44 novos títulos; e o ano de 1882, a 21. Esse período acima da média de 14,5 prossegue até o ano de 1888 com os seus 19 jornais, terminando em 1889, que volta a apresentar números abaixo da primeira média de 8,5 jornais por ano, num total de 8 títulos. Cf. "Imprensa" (SANTOS, 2011).

55. Apesar das diferenças significativas em relação às técnicas, às comunicações e ao processo de mercantilização, Nelson Werneck Sodré (1999, p. 223) aproxima os dois períodos pela força da imprensa política. No início dos anos 1870, o autor vê "a abertura, realmente, da segunda fase destacada e fecunda da história da imprensa brasileira – a primeira fora a da Regência. Nessa primeira fase, já distante, é que a segunda vai buscar as suas melhores tradições, superando, a pouco e pouco a estagnação imperial". Em relação aos pasquins, apesar de ter reconhecido o seu retorno,

Além disso, ao propiciar certa autonomia socioprofissional, a imprensa fortalecia o ativismo político desvinculado dos interesses da grande propriedade e do grande comércio, ao mesmo tempo que impunha aos seus proprietários e redatores a lógica da competição extremamente acirrada pela permanência no mercado. Ao analisar a trajetória de quatro literatos negros – Ferreira de Menezes, José do Patrocínio, Luiz Gama e Machado de Assis –, a historiadora Ana Flávia Magalhães Pinto (2018, p. 147-154) identificou a importância "pessoal, política e profissional" do investimento na imprensa, ao mesmo tempo que ressaltou os conflitos inerentes à conquista de reconhecimento nesses "espaços inéditos aos seus pais e avós"[56].

De fato, a busca por autonomia inscrevia-se num espaço de disputa pelos investimentos, inerente à continuidade de qualquer periódico. O *Jornal do Commercio*, visto por todos os atores políticos como o maior representante da "grande imprensa", do grande comércio e da grande propriedade, indicava, claramente, o segredo da sua permanência: a referência à neutralidade; a defesa de todos os governos; a seção "A pedidos" com uso de pseudônimos e com preços altos; o anúncio de todo tipo de mercadoria; além dos financiamentos públicos e privados[57].

Como situar os jornais abolicionistas e republicanos no processo de constituição da grande imprensa? Como conciliar a função política e formativa com as necessidades financeiras num país com um pequeno número de leitores? Qual o raio de ação desses escritos num país majoritariamente iletrado?[58] Enfim, quais as condições para a continuidade de um jornal exclusivamente dedicado à causa republicana e abolicionista?

---

na década de 1880, o autor minimiza a sua importância política demarcando-os dos pasquins da Regência, ao passo que, mais recentemente, Rodrigo Cardoso Soares de Araújo (2012) recuperou a centralidade dessas publicações no Rio de Janeiro entre 1880 e 1883. Neste trabalho, também analisaremos a importância dessas publicações.

56. Além de redatores em vários jornais, esses ativistas negros também apostaram nos seus próprios periódicos. Outros negros abolicionistas e republicanos enfrentaram esse mesmo desafio e serão analisados no decorrer deste trabalho, como no caso de Apulcho de Castro e Vicente de Souza, também mencionados pela autora.

57. O termo "grande imprensa" era utilizado pelos próprios ativistas do século XIX e estava no centro de disputas relativas ao seu significado e à sua abrangência e que serão analisadas ao longo deste trabalho. Sobre o *Jornal do Comércio*, cf. Silva (2021). Como afirma Nelson Werneck Sodré (1999, p. 190), é "curioso assinalar como os órgãos de vida longa, no Brasil, foram sempre conservadores, o *Diário de Pernambuco*, o *Jornal do Comércio*, o *Correio Paulistano*".

58. Em 1872, o total de *alfabetizados* no Município Neutro era de 35%, enquanto em São Paulo não chegava a 25%.

Antes de começar a discutir essas questões, perguntamo-nos se, como ponto de partida, a categoria "imprensa abolicionista" contribui para a compreensão dos embates políticos e sociais desse contexto. No caso do abolicionismo do Rio de Janeiro, classificamos dessa forma, principalmente, as folhas dirigidas por José do Patrocínio, ou que contaram com a sua participação – *Gazeta da Tarde*; *Cidade do Rio* e *Gazeta de Notícias* –; *O Abolicionista* (publicação mensal da Sociedade Brasileira contra a Escravidão); *Revista Ilustrada*, de Ângelo Agostini; e, com menos relevo, *O Paiz*, apesar do seu importante papel na frente abolicionista, inclusive como espaço privilegiado da atuação dos liberais Joaquim Nabuco e Joaquim Serra[59]. Muitos jornais republicanos que defenderam a abolição, mas num campo diferente da *Gazeta da Tarde* ou do *Cidade do Rio*, não são incluídos nessa categoria ou têm pouca visibilidade, como *Atirador Franco*, *Jornal da Noite*, *Gazeta da Noite*, *Corsário*, *O Grito do Povo*, *Gazeta Nacional*, *Carbonário*, *O Combate*, *O Republicano*, *O Socialista*, dentre outros[60].

Mesmo no contexto do século XIX, o uso da expressão "imprensa abolicionista" pouco nos esclarece sobre os jornais que a integravam ou sobre os critérios usados na classificação. Essa imprecisão é identificável tanto nos jornais que lutavam contra a escravidão quanto na imprensa comprometida com a sua manutenção. Num certo sentido, é possível argumentar que a ausência dessas informações apenas atesta o amplo conhecimento dos leitores da época a esse respeito. No entanto, também nos parece plausível

---

[59]. Esses títulos são os mais citados na história da imprensa no que se refere ao "jornalismo abolicionista". Apesar das diferenças relativas ao papel de cada um, os jornais com mais destaque são os de José do Patrocínio. Cf., por exemplo, Martins e Luca (2015); Barbosa (2010); Barros e Morel (2003). No livro pioneiro sobre a imprensa abolicionista no Rio de Janeiro, Humberto Machado (2014, p. 18) incluiu os jornais *Gazeta de Notícias*, *Gazeta da Tarde*, *Cidade do Rio*, *O Abolicionista*, *Revista Ilustrada*, *O Paiz*, *A República*, *Carbonário* e *O Combate*. Apesar de citar *O Paiz* e três jornais republicanos, a sua análise constrói-se, majoritariamente, pela referência aos três primeiros e aos discursos produzidos por José do Patrocínio e Joaquim Nabuco, segundo esclarecimento do próprio autor. Mesmo concordando com vários aspectos da análise proposta sobre a atuação de José do Patrocínio, consideramos que o uso da categoria "imprensa abolicionista", vinculada, majoritariamente, ao discurso produzido por esse ativista, traz problemas para a compreensão do papel dos republicanos na frente abolicionista.

[60]. Apesar dessa tendência ainda majoritária ou, pelo menos, com maior visibilidade, cumpre destacar contribuições importantes no sentido de recuperar a atuação dos jornais republicanos ou dirigidos por membros do Partido Republicano, dentre elas: Pessanha (2006); Araújo (2012); Bogéa (2019). Mesmo sem aprofundar a sua análise sobre os jornais republicanos abolicionistas, Nelson Werneck Sodré (1999, p. 234) já tinha caracterizado a imprensa dos anos 1870-1880 da seguinte forma: "A imprensa era, por isso, abolicionista e republicana, pelos seus melhores jornais, pelos seus melhores jornalistas". Cf., também, Sodré (1999, p. 236).

que, no início da década de 1880, essa indefinição fosse um dispositivo utilizado pelas lideranças empenhadas na construção da frente abolicionista.

Uma das primeiras ocorrências do termo foi encontrada na *Gazeta da Tarde*, em novembro de 1880, no âmbito de um banquete organizado por Joaquim Nabuco para homenagear o ministro americano Henry Washington Hilliard[61]. No discurso de Joaquim Serra, a imprecisão dos termos "partido" e "imprensa abolicionista" convinha perfeitamente ao seu projeto de construir uma frente política contra o escravismo[62]:

> É assim que vemos no Senado os srs. Jaguaribe e Cândido Mendes, dois conservadores, Saldanha Marinho, Menezes, Luiz Gama, ilustres nomes republicanos, e com eles tantos outros de todas as seitas e matizes políticos, trabalhando no mesmo sentido, e pelejando estas santas pelejas contra a escravidão. Saudemos, pois, o acordo de todos os homens de boa vontade em favor desta causa: o **nascente Partido Abolicionista do país**! (*Gazeta da Tarde*, 22 de novembro de 1880 – grifo nosso).

Em 1880, o "Partido Abolicionista" – representado por uma "imprensa abolicionista" – estaria aglutinando correligionários "do extremo norte, aos limites do sul", incluindo "conservadores, liberais e republicanos": "Aqui na corte todos os jornais, com exceção de um só, veem com satisfação a nossa atitude. […] Regozijemos com a nossa força, ou antes com a fraqueza dos que nos querem mal e saudemos a **imprensa abolicionista** do país" (grifo nosso).

Apenas dois meses depois, um dos signatários do Manifesto Republicano de 1870, Jerônimo Simões, fundou o *Atirador Franco*, que, apesar de trazer em todos os seus números o programa abolicionista, foi conclamado a justificar o seu investimento na propaganda republicana num momento

---

61. As declarações do ministro americano sobre as consequências positivas da abolição da escravidão em seu país foram interpretadas pelas autoridades brasileiras como intervenção estrangeira nos negócios internos. Em decorrência disso, Joaquim Nabuco – que tinha sido eleito para a Câmara dos Deputados em 1879 – organizou um banquete em homenagem ao ministro.

62. Joaquim Serra nasceu no Maranhão em 1838 e morreu no Rio de Janeiro, logo depois da abolição da escravidão, em 29 de outubro de 1888. Foi reconhecido como uma das principais lideranças do abolicionismo, destacando-se pela sua atuação na imprensa, na sessão "Tópicos do Dia" de *O Paiz*. Como veremos na sequência dos capítulos, nesse contexto, estava em curso a construção de uma frente política pela abolição da escravidão liderada sobretudo por alguns liberais e republicanos. No entanto, desde o início, a aliança com os liberais foi uma fonte de conflitos entre os republicanos.

em que todos deviam estar unidos pela abolição. Afinal, o novo jornal era abolicionista ou republicano?[63]

Em resposta ao seu interlocutor, Jerônimo Simões afirmou que, "como órgão republicano, o *Atirador Franco* não podia ser senão abolicionista", mas, ao mesmo tempo, rechaçou a posição dos liberais de que "a República era prematura ao lado da causa da emancipação". Se "a ideia abolicionista [estava] acima de qualquer outra", ela não podia ser colocada "pelos republicanos em plano superior à ideia democrática", porque, se a abolição "podia ser e era efetivamente abraçada por todos os cidadãos de todos os credos políticos do país", o "mesmo não acontecia com a ideia republicana" (*Atirador Franco*, 29 de abril de 1881).

Será que a explicação do *Atirador Franco* foi suficiente para integrá-lo à "imprensa abolicionista" durante o seu curto período de circulação? Se a questão permanece sem resposta, é necessário constatar que nem esse jornal nem outros "órgãos republicanos" têm muita visibilidade na historiografia sobre o tema.

De fato, como veremos no prosseguimento deste trabalho, as próprias definições dos termos "abolicionismo" e "imprensa e partido abolicionistas" estão sendo construídas e reconstruídas nas disputas políticas em torno da liderança do movimento contra o escravismo.

Outra condição importante para contextualizar esses jornais é relativizar a visão retrospectiva, que já percebe, nesse período, a passagem inexorável da imprensa de opinião para a grande imprensa, pois, se é possível caracterizar a história da imprensa do século XIX pela referência a essa

---

63. Esse jornal foi fundado por Jerônimo Simões, Luiz Leitão e Mathias Carvalho em janeiro de 1881, com periodicidade semanal, e circulou durante três meses. Em todos os seus números, trazia a seguinte frase: "O *Atirador Franco* não reconhece a escravidão, qualquer que seja na sociedade a forma de sua existência". Além disso, trazia: poemas de Mathias Carvalho contra o escravismo; denúncias de reescravização; críticas à monarquia na referência ao seu papel na manutenção da escravidão; críticas aos jornais – inclusive à *Gazeta de Notícias* – que ainda anunciavam fugas de escravizados; notícias dos eventos abolicionistas etc. Seu programa e sua intervenção no debate abolicionista e republicano serão analisados com maiores detalhes no capítulo 8. Quanto ao autor da carta publicada na Seção Livre do *Atirador Franco*, sob o pseudônimo Spartacus, tudo leva a crer que fosse um republicano. Inclusive, parece que Luiz Gama foi um dos ativistas a usar esse pseudônimo. Nela, Spartacus felicitava Jerônimo Simões pela criação do jornal, mas assinalava que a "ideia abolicionista [estava] atualmente acima de qualquer outra". Além de criticar a existência de "republicanos escravagistas", como os de São Paulo, conclamava o seu "amigo" a fazer parte do Partido Abolicionista: "Só há um meio para fazer desaparecer essa liga de muitos, de milhares de bárbaros contra uma ideia boa [...] e esse meio é fortalecer mais e mais, constantemente, o **Partido Abolicionista**" (17 de fevereiro de 1881).

transição, é preciso admitir que a década de 1880, período da campanha pela abolição e pela República, é também uma primavera da imprensa de opinião. Sem negligenciar o processo de "mercantilização da imprensa" nesse período, é preciso que ele não oculte o investimento, ao mesmo tempo, político, profissional e financeiro numa imprensa formativa[64].

No embate entre a "grande imprensa" e a imprensa de opinião, que se processou durante todo o século XIX, a *Gazeta da Tarde* pode ser vista como um raro exemplo de sucesso, pois, ao contrário da maioria dos seus correligionários, durou vinte e um anos, a partir de julho de 1880, quando foi fundada pelo advogado republicano Ferreira de Menezes, logo após a Revolta do Vintém. Assim como no caso dos outros jornais citados, o objetivo de Ferreira de Menezes era claramente político, procurando dar voz a um setor do republicanismo carioca, apesar de nunca ter definido a *Gazeta* como um jornal partidário. No entanto, para realizá-lo, precisou enfrentar os desafios financeiros, técnicos e políticos inerentes à luta por "leitores--consumidores" num mercado extremamente competitivo.

No fim de 1880, momento em que se anunciava o preço das assinaturas para o ano seguinte, Ferreira de Menezes exprimiu as dificuldades do empreendimento e as suas expectativas em relação à continuidade da *Gazeta*. Até a edição de 24 de dezembro de 1880, após seis meses de circulação, o periódico ainda não tinha aberto assinaturas "para não tomar compromissos, pois sendo uma simples e despretensiosa tentativa jornalística, à custa de um só homem, sem proteções de seita ou partido algum, guardava a liberdade de fechar as portas quando e como bem o entendesse". Porém, no editorial desse número, explicava que já podia aceitar o compromisso, pois "tinha conseguido esse favor do público e já vivia sem impor sacrifícios" (*Gazeta da Tarde*, 24 de dezembro de 1880).

Esse não foi o caso da *Gazeta da Noite* – com proposta editorial muito parecida com a da *Gazeta da Tarde* – nem do *Combate*, de Lopes Trovão, que também surgiu nos rastros do Vintém e se dedicou, nos primeiros meses de 1880, à luta contra o projeto de reforma eleitoral proposto pelo governo

---

64. A ênfase nessa transição é bem perceptível no livro de Barbosa (2010), que acaba minimizando o caráter político e formativo da imprensa dos anos 1870-1880. A expressão "mercantilização da imprensa" é utilizada por Nelson Werneck Sodré, que, apesar de analisar a imprensa do Segundo Reinado pela referência a esse processo – em oposição ao caráter "artesanal" do periodismo da Regência –, aproxima os dois períodos pelo vigor da imprensa política. Cf. Sodré (1999, dentre outras, p. 223-227).

liberal[65]. Depois de cinquenta e dois números, e após a tentativa de abrir uma tipografia própria para assegurar a sua impressão diária, o *Combate* deixou de circular. Apesar de ter "ressurgido do silêncio", em maio de 1881, com uma proposta de circulação às terças e às sextas-feiras, foi obrigado, por razões financeiras e políticas, a fechar as suas portas.

Era possível saber, naquele contexto, sobre o sucesso ou o insucesso de tais iniciativas? Os jornais podem ser classificados, *a priori*, como representantes da "grande imprensa" pela sua capacidade – só comprovável posteriormente – de manter investimentos e longa existência? Quais são, de fato, os critérios para se incluir um jornal nessa categoria? O não posicionamento político era mesmo uma garantia de mercado?

Depois dessas colocações, podemos aprofundar um pouco mais a reflexão sobre os critérios para a definição da imprensa abolicionista: ela inclui todo jornal que tomou partido pela abolição ou apenas os que visavam, exclusivamente, à luta pela abolição? Reúne todas as folhas que se posicionavam pela abolição ou só as que assumiam a proposta da "abolição imediata, sem indenização e sem condições"?[66]

Se nos limitarmos aos jornais voltados, exclusivamente, à propaganda abolicionista, é possível que não possamos incluir nem mesmo os conhecidíssimos *Gazeta da Tarde*, *Revista Ilustrada* e *Cidade do Rio*, pois, interessados na continuidade, adotaram estratégias para expandir o seu público e a sua tiragem, comuns a todo jornal comercial. Aliás, é preciso insistir que todos os jornais citados, à exceção de *O Grito do Povo* e do *Abolicionista*, mesmo com declarados posicionamentos políticos, não abdicaram de outras funções da imprensa "comercial" da época, pois também vendiam informações (sobre crimes, policiamento, corridas de cavalo, vida artística etc.), além dos folhetins, dos anúncios e da famigerada seção "A pedidos". Inclusive, os seus títulos não indicavam qualquer vinculação com o abolicionismo, ao contrário do *Vinte e Cinco de Março*, em Campos dos Goy-

---

65. A *Gazeta da Noite* foi fundada em abril de 1879 e, a partir de outubro, passou a ser dirigida pelo Tenente Pedro da Costa, que, junto a Lopes Trovão, desempenhou importante papel na Revolta do Vintém. Tanto a *Gazeta da Tarde* quanto a *Gazeta da Noite* eram diários, tinham quatro páginas, eram vendidos a 40 réis e apresentavam, praticamente, as mesmas seções: noticiário; notas sobre atos do judiciário e do legislativo; informações sobre teatros, espetáculos etc.; folhetim; "A pedidos"; e uma página de anúncios.
66. Parte do programa da Confederação Abolicionista divulgado ao público em maio de 1883.

tacazes[67]. Nesse sentido, a análise dos jornais abolicionistas não deve ser isolada do conjunto da imprensa do século XIX, pois as mesmas folhas que veiculavam "os discursos e pronunciamentos dos intelectuais" (BARROS; MOREL, 2003, p. 88-89) em prol da abolição, também faziam circular, em algumas das suas seções, mercadorias, valores e preconceitos de uma sociedade escravista[68].

Desse modo, para discutir a dimensão política do abolicionismo, talvez seja interessante renunciar tanto à categoria de grande imprensa quanto à de imprensa abolicionista como pontos de partida[69]. Pode ser mais produtivo identificar os posicionamentos das folhas numa certa conjuntura, comparar os diferentes discursos nos momentos de conflito, no espaço público e no Parlamento, tratando o jornal, ao mesmo tempo, como ator e fonte de informação. Depois disso, a inclusão na categoria "imprensa abolicionista" teria uma fundamentação mais clara.

Na perspectiva da história da imprensa, acreditamos que é mais promissor abordar o período fazendo referência à disputa acirrada entre concepções diferentes da função do periódico na sociedade. Entre elas, destacamos uma que, ao se autoatribuir a responsabilidade pela formação política, se constitui abertamente como uma imprensa de opinião e mesmo partidária, mas que encontra dificuldades estruturais de permanência no mercado, devido justamente à sua declarada parcialidade. A outra promete a neutralidade e a imparcialidade no plano político e se define pela oferta de informações, distrações e anúncios. Por último, existe aquela concepção que tenta conciliar as duas propostas. Apesar de todos os artifícios empregados para definir o papel da imprensa pelo seu caráter exclusivamente informativo, sabemos da impossibilidade efetiva de uma imprensa neutra, principalmente nos momentos de crise. Além disso, é importante considerar os limites à

---

67. O título é uma referência à data da abolição da escravidão no Ceará, no ano de 1884.
68. Cumpre lembrar que, apesar de se vincular ao abolicionismo, a *Gazeta de Notícias*, por exemplo, veiculou anúncios de escravizados fugidos durante toda a década de 1870. Cf. Machado (2014, p. 178).
69. Em certas análises, o caráter conflituoso e múltiplo da imprensa do século XIX e início do século XX é minimizado em afirmações como: "Nesse contexto, figura com destaque a imprensa, capaz de amplificar as múltiplas falas dos grupos dominantes, construindo ao mesmo tempo uma unidade discursiva em torno de um só projeto político" (BARBOSA, 2010, p. 119). Na perspectiva de uma história cultural da imprensa, talvez as diferenças associadas à cronologia de curta duração não tenham muita relevância, mas não é esse o caso de uma análise interessada em articular a história da imprensa e a história política.

liberdade de imprensa no que diz respeito à circulação dos jornais declaradamente republicanos.

A partir de uma abordagem jurídica, é possível afirmar que a liberdade de expressão no Império brasileiro – regulada pelo Código Criminal de 16 de dezembro de 1830 – não esteve sujeita à censura, mas a um regime repressivo característico dos estados liberais do século XIX[70]. Ao contrário do regime preventivo ou de censura, a regulação implementada pelo código de 1830 não impunha controle prévio para a circulação das obras, mas medidas punitivas contra os infratores[71]. Dentre os delitos sujeitos à pena de prisão de três a nove anos estavam os ataques contra o sistema monárquico e as provocações contra a pessoa do imperador. Como a propaganda republicana foi claramente construída pelos jornais sem que os seus redatores, impressores, editores ou vendedores fossem punidos **judicialmente**, parece correto afirmar – a exemplo dos monarquistas do século XIX e de alguns estudiosos do século XX – que, no Brasil de Pedro II, reinou a plena liberdade de imprensa[72]. Nesse caso, a constante alusão dos republicanos

---

70. Se o Século das Luzes se definiu pela referência à liberdade de expressão, também se caracterizou pela acirrada disputa – ao mesmo tempo, política e conceitual – em torno dos seus limites. Para Laurent Martin, no texto "Les censures: une histoire ancienne, des formes nouvelles" (2016, p. 14), o tema da censura – na sua relação com a liberdade de expressão – tornou-se, a partir do século XVIII, um eixo diretivo do mundo ocidental e foi recentemente atualizado pela difusão, nos países ocidentais, de um "espírito de censura" no final dos anos 1990. O mesmo autor, no artigo "Penser les censures dans l'histoire" (2016, p. 336-338), propõe-nos uma tipologia das diferentes abordagens conceituais a respeito do tema: jurídica; linguística e sociológica; literária e psicanalítica; antropológica e filosófica; e também uma abordagem conceitual a partir de historiadores e cientistas políticos. Numa abordagem jurídica, só existiria censura nas sociedades e nos contextos em que um controle, baseado num conjunto de normas e procedimentos, é exercido *a priori* e **preventivamente** para impedir a circulação de uma obra. A partir dessa abordagem, é possível falar de uma oposição entre o regime de censura – preventivo – e o regime repressivo, predominante nos Estados liberais. No regime repressivo, as normas sancionariam, *a posteriori*, a difusão de uma obra, tomando as "medidas cabíveis" – segundo um "conjunto de leis e textos constitucionais" – para impor penas aos delitos.

71. Segundo Tássia Toffoli Nunes (2010, p. 50), desde a instalação das Cortes em Portugal, a referência à liberdade de imprensa tornou-se uma referência incontornável dos debates políticos no Brasil, já que o fim do absolutismo e a construção de um Estado monárquico constitucional passava, necessariamente, pelo fim da censura prévia. Com a efetiva abolição da censura, em 28 de agosto de 1821, os atores políticos – da Independência até a elaboração do Código Criminal de 1830 – voltaram-se para a construção dos dispositivos jurídicos capazes de controlar a liberdade de opinião pelo regime repressivo. Nesses debates, "nenhum deputado nunca ousou discursar em sentido contrário" ao da liberdade de expressão como condição essencial para um Estado monárquico constitucional, ao mesmo tempo que se propuseram penas rigorosas aos delitos fixados pela lei.

72. A ausência de processos judiciais contra os jornalistas é indicada por alguns autores do século XIX, como Carl von Koseritz, que, em 1883, lamentava a não observância do código de 1830, "pois não há no país um magistrado que tenha coragem de com ela se meter" (apud SODRÉ, 1999, p. 232). Em razão dessa ausência de perseguições judiciais – e apesar da referência às "punições"

à perseguição às suas folhas deve ser lida como um exagero sem nenhum fundamento?

Se a perseguição judicial contra os jornalistas foi, de fato, rara, mesmo os historiadores que enfatizam a ampla liberdade de imprensa no Segundo Reinado não deixam de indicar a existência de limites à circulação dos jornais – dentre eles, o empastelamento e as ameaças de morte[73]. Em oposição a essa "contradição", investiram os republicanos para mostrar que a alusão à absoluta liberdade de expressão no Império – com base na ausência de prisões e processos – era mera fachada para encobrir a *"justiça* sumária da polícia d'El Rei" (*Atirador Franco*, 2 de fevereiro de 1881)[74]. Se a repressão não era acionada pela justiça, era decretada, de fato, pelas ameaças e pelos empastelamentos patrocinados pelas próprias autoridades.

Apesar da dificuldade de se encontrarem outros registros, além das denúncias dos próprios jornais, para embasar a perspectiva republicana sobre o envolvimento das autoridades, não é plausível ignorar o peso dos empastelamentos e das ameaças de morte na configuração da imprensa abolicionista e republicana, pois, como veremos ao longo deste trabalho, a maioria

---

extralegais – alguns historiadores caracterizaram o Segundo Império pela ampla liberdade de imprensa, como José Murilo de Carvalho (2007, p. 84), que afirma: "A imprensa nunca foi tão livre no Brasil".

73. Humberto Machado (2014, p. 146 e 160), por exemplo, afirma que "a censura não agia com extremo rigor", "talvez refletindo o tão apregoado espírito bonachão e conciliador do Imperador Pedro II". Por outro lado, o autor considera que "ocorreram tentativas de calar as palavras da imprensa abolicionista do Rio de Janeiro através de meios legais ou violentos" (MACHADO, 2014, p. 159). Ao passo que a perseguição extralegal no Primeiro Reinado tem grande relevância na historiografia sobre o período – provavelmente, devido ao envolvimento direto de D. Pedro I e dos seus ministros nas devassas contra a imprensa de oposição –, não conhecemos muitos trabalhos que tenham investigado esse tema em relação ao Segundo Reinado. Apesar de ter identificado, na repressão e na violência, um fator fundamental para o enfraquecimento progressivo da imprensa política, a partir da vitória do regresso, Nelson Werneck Sodré (1999) não nos oferece muitas referências documentais para o aprofundamento da questão. Em relação ao período de 1821-1840, Tássia Toffoli Nunes (2010) procurou analisar as diferenças entre as medidas repressivas adotadas no Primeiro Reinado e na Regência. No primeiro contexto, a repressão pode ter se estruturado em torno de "medidas extraordinárias", extralegais, enquanto, na Regência de Feijó, ela teria se organizado como "um instrumento legal regulamentado constitucionalmente". Para a autora, a razão central para a diferença estaria na consolidação da legislação por meio do Código Criminal de 1830. Sem contextualizar o peso da legislação, é preciso ponderar as razões de ordem política, pois, com a mesma base jurídica, parece que a perseguição à imprensa republicana, no Segundo Reinado, foi sobretudo uma "repressão policial", sem amparo judicial. Em relação à historiografia sobre a imprensa, no segundo reinado, o excelente trabalho de Rodrigo Cardoso Soares de Araújo (2012) permite recuperar a centralidade da repressão extralegal na perseguição aos pasquins que retornaram à vida política no início da década de 1880.

74. Nesse artigo, o jornal denunciou as violências que, nesse contexto, cerceavam a circulação do *Corsário*. Cf. capítulo 3.

dos periódicos que se definiu como órgão de propaganda republicana foi, de fato, atingida por esses procedimentos. Em razão disso, os republicanos, na edição de 18 de dezembro de 1871 do periódico *A República*, pediram, insistentemente, que a lei fosse aplicada para que os seus jornais não ficassem sujeitos à "jurisdição de funcionários do governo e de seu beneplácito" (apud MACHADO, 2014, p. 145)[75].

No início dos anos 1880, a perseguição aos pasquins – "de forma geral, republicanos e abolicionistas" (ARAÚJO, 2012, p. 54) – mobilizou os ativistas contra a violência extralegal que estaria sendo conduzida pelo próprio ministro da Justiça[76]. Se considerarmos que, para muitos republicanos, o jornal era, ao mesmo tempo, um investimento político, profissional e financeiro, é plausível admitir que o medo da destruição dos seus equipamentos tenha funcionado como um mecanismo de autocensura, além do temor dos atentados contra a vida. Depois do empastelamento do periódico *A República*, Quintino Bocaiuva – que, ao contrário de outros signatários do Manifesto de 1870, sobrevivia, basicamente, do seu trabalho jornalístico – recusou-se a investir formalmente numa imprensa partidária, apesar dos clamores dos seus correligionários[77].

Do mesmo modo, o sucesso dos jornais abolicionistas de José do Patrocínio – que também foram o seu meio de vida – não pode ser separado da sua imparcialidade partidária e do seu compromisso com a "revolução pelo alto". Como veremos nos capítulos a seguir, diversas vezes, José do

---

75. Esse trecho extraído do periódico *A República* vem logo depois de críticas contundentes ao Império. Com isso, Humberto Machado procurou mostrar que as críticas à ausência de liberdade de imprensa não tinham muito fundamento, pois os jornais republicanos criticavam abertamente a monarquia. Desse modo, o autor acaba minimizando os obstáculos que, de fato, entravaram a imprensa republicana. A nossa interpretação desse trecho é diferente: ele exprime o anseio de que a circulação dos jornais fosse regulada pela lei e não por "capricho e benevolência" dos funcionários, pois, dessa forma, era impossível saber os limites da liberdade e garantir a permanência dos seus empreendimentos. Uma prova disso é que esse mesmo jornal foi empastelado em 1873, sem que os autores do "crime" tivessem sido identificados e punidos.

76. Manuel Pinto de Souza Dantas, ministro da Justiça entre março de 1880 e janeiro de 1882, foi acusado, pelas folhas republicanas, de comandar a perseguição aos pasquins. No capítulo 4, analisaremos essa conjuntura e a mobilização republicana contra a repressão. A citação no texto é de Rodrigo Cardoso Soares de Araújo, que explora as denúncias contra o envolvimento da polícia nas constantes agressões contra essas publicações, mostrando que elas foram veiculadas não só nos próprios pasquins, mas também nos representantes da "grande imprensa", como o *Jornal do Comércio* e a *Gazeta de Notícias*.

77. Dentre os signatários mais atuantes nesse contexto e que fundaram periódicos, Saldanha Marinho e Aristides Lobo exerciam a advocacia, e Jerônimo Simões era contador. Já Lopes Trovão, apesar de ter se formado em medicina, atuava, principalmente, na imprensa.

Patrocínio foi criticado por moderar os seus posicionamentos visando à permanência da sua *Gazeta da Tarde* no mercado. Por esse motivo, o jornal – ainda sob a direção de Ferreira de Menezes – foi objeto das insinuações do *Atirador Franco* em 29 de abril de 1888, quando foi obrigado a justificar o seu investimento na campanha republicana: "Demais quando o *Atirador Franco* apareceu em campo a *Gazeta da Tarde* estava defendendo com ardor a causa abolicionista [...]. Por isso, o *Atirador Franco* não se sentiu obrigado a mostrar-se mais abolicionista do que político. Não sei por que desde certo tempo abandonou a *Gazeta da Tarde* a causa dos infelizes cativos, guardando sobre a questão o mais absoluto silêncio. Lamento com sinceridade esse fato que sobremodo me entristece, vendo mais uma vez a que contingências e perigos está exposta neste país a causa dos fracos e oprimidos" (grifos nossos). Obviamente, esse tipo de afirmação deve ser contextualizado em relação às disputas políticas, mas serve para nos ajudar a compreender que não existe uma oposição entre "imprensa abolicionista" e "imprensa mercadoria".

Se a "bonachice de Pedro II"[78] permitiu que a "imprensa abolicionista" de José do Patrocínio e de Joaquim Nabuco circulasse com relativa liberdade na cidade do Rio de Janeiro, esse não foi o caso dos órgãos republicanos abolicionistas. Além das dificuldades comuns a todo jornal partidário, não podemos desconsiderar as ameaças à vida e à propriedade como um fator inibidor da ampliação das tiragens e da permanência das folhas republicanas no mercado.

* * *

Apesar da crítica à ausência de linhas editoriais bem definidas, nos jornais desse período, a maioria das folhas dedicava a sua primeira edição à apresentação dos seus programas[79]. A leitura dos seus primeiros números mostra: as diferentes concepções sobre a sua função na sociedade; a diversidade de propostas políticas; e as divergências sobre os projetos gráficos e de financiamento. Vejamos três exemplos de programas em jornais que defenderam a causa abolicionista.

---

78. Referência à afirmação de Humberto Machado (2014, p. 160): "A censura, talvez refletindo o tão apregoado espírito bonachão e conciliador do Imperador Pedro II, fazia vista grossa".

79. Como a do francês Max Leclerc, redator do *Journal des Débats*. Sobre os artigos de Max Leclerc sobre o Brasil no *Journal des Débats*, cf. Santos (2013). A mesma crítica sobre a ausência de programas é feita por Carl Von Koseritz. Cf. Sodré (1999, p. 232).

A *Gazeta da Tarde*, cujo sucesso de vendas parece ter surpreendido o seu primeiro proprietário, apresentava, na edição de 10 de julho de 1880, os seus objetivos da seguinte forma: "Se ousassem levantar uma bandeira confessariam ser: em política, oportunistas[80]; em religião, tolerantes; socialmente, homens do povo e advogados dos pequenos, dos perseguidos, dos que sofrem e não têm padrinhos. Para com os grandes, os fortes, com os poderosos, serão justos. [...] Na política do dia, todos e tudo pelas eleições diretas [...] sem chapas e sem capangas". Junto aos pontos de caráter mais geral, convém ressaltar o caráter conjuntural da campanha pelas eleições diretas, quando estava em discussão nas Câmaras o projeto de reforma eleitoral que, em 1881, reduziria ainda mais a participação política[81].

Aparentemente, esse tipo de declaração opunha-se à proposta de *O Paiz*, que se apresentou ao leitor pela noção de imparcialidade[82]. Entretanto essa referência deve ser contextualizada segundo os termos da época, pois não parece significar a neutralidade política ou uma função exclusivamente informativa. Em 1º de outubro de 1884, ao lançar o seu programa, *O Paiz* defendeu a "verdadeira imparcialidade" em oposição à "falsa imparcialidade":

> Seguir com vigilância, sem disposições preconcebidas, a vida política e social da Nação, praticando não a falsa imparcialidade, que, por medo, ou pessimismo, se traduz numa espécie de maledicência convencional ou sistemático descontentamento, mas a imparcialidade verdadeira e isenta, que diz o que pensa, agrade ou desagrade a oposições ou governos.[83]

Logo em seguida, na mesma edição, *O Paiz* anunciou o seu apoio às reformas – dentre elas, a da abolição – como forma de manter a ordem. Além

---

80. A vinculação de Ferreira de Menezes ao "oportunismo" é um dos inúmeros exemplos da interlocução constante desses ativistas com a história política francesa. Diferentemente do seu atual significado pejorativo, o termo "oportunista" denominou um movimento político organizado na Terceira República em torno de Léon Gambeta e Jules Ferry, que defendiam as reformas sociais pela intervenção do Estado – na oposição aos liberais –, mas num campo diferente dos radicais e socialistas. A reforma da educação e o sufrágio universal foram dois pontos importantes do "programa oportunista". Cf. Ewald (1992).
81. Essa questão será analisada no capítulo 3.
82. No momento da sua fundação, o redator-chefe era Rui Barbosa, mas Quintino Bocaiuva assumiu essa posição apenas um mês depois.
83. Andréa Pessanha (2006) também discute a noção de imparcialidade professada pelo jornal *O Paiz*. Segundo a autora, essa referência só pode ser compreendida no contexto da controvérsia de Quintino Bocaiuva com o jornal *O Brasil*, fundado em 1883 para combater o abolicionismo, como veremos no capítulo 7.

disso, a "verdadeira imparcialidade" não eximiu o jornal de declarar a sua vinculação socioeconômica, pois afirmou com todas as letras: "O *Paiz* tem a sua origem no comércio; nele assenta o apoio das simpatias a que deve a sua existência; com ele honra de associar-se na devoção aos eminentes interesses nacionais que esta nobre classe representa"[84].

Para enfatizar a necessidade de contextualizar as noções empregadas no debate político, voltemos à *Gazeta da Tarde*, que, em 24 de dezembro de 1880, apesar de não se ter definido pela imparcialidade, explicou o seu sucesso junto ao público após seis meses de circulação "por ter se mostrado livre, imparcial e honesto". No entanto, logo depois dessa afirmação, apresentou o seguinte texto:

> O escravagismo está, pois, morto: o combate agora é contra o landlordismo, contra o monopólio territorial; é contra essa aristocracia espúria e absenteísta, que usurpou todo o território nacional, impossibilitando a imigração e a propriedade da democracia rural brasileira. [...] Guerra, guerra de morte, sem tréguas e sem descanso ao monopólio territorial, ao hediondo landlordismo!

É possível associar semelhante texto, na primeira página do jornal, encabeçando a seção dos "Noticiários", à ação de uma imprensa neutra, imparcial e informativa, segundo o nosso entendimento desses termos? De fato, as próprias noções de imparcialidade e de neutralidade estavam no centro das disputas travadas entre esses jornais e precisam ser contextualizadas e problematizadas. Nesse ponto, é interessante retomar o processo de reformulação do campo da história das ideias ou do pensamento político nos anos 1860, independentemente da corrente em questão, ancorado na exigência de contextualização dos termos do debate político. A linguagem empregada pelos atores políticos deve ser objeto de questionamento, pois a permanência das palavras não nos deve iludir sobre a permanência dos significados e das intenções. Assim, as palavras "liberdade", "Estado", "democracia", "progresso", "modernidade", "partido" e "imparcialidade", tão importantes para uma história das ideias, dos discursos políticos e da história política *tout court*, devem ser analisadas a partir dos seus contextos de enunciação.

---

84. Apesar dessa declaração, a vinculação de *O Paiz* e seu redator-chefe, Quintino Bocaiuva, ao comércio foi contestada pela Associação Comercial do Rio de Janeiro. Cf. capítulo 11.

A leitura desses programas indica-nos duas condições para a definição de imparcialidade no próprio contexto: o caráter não partidário e a interdição de levar para o debate público questões de ordem privada. Nesse sentido, a noção de imparcialidade estava sendo definida e delimitada na oposição aos pasquins que, com "linguagem virulenta", usavam dos "segredos da vida privada" para desqualificar os adversários políticos, lembrando que esse tipo de publicação – com ampla difusão nos anos iniciais do Império e na Regência – estava de retorno no início da década de 1880. Em contrapartida, a imparcialidade defendida pela maioria dos jornais aqui analisados não excluía o posicionamento claro a respeito dos temas polêmicos ou mesmo a defesa das ideias republicanas e abolicionistas.

No caso de *O Grito do Povo*, o seu programa foi apresentado num formato totalmente diferente dos dois periódicos anteriores. Enquanto, nos dois primeiros, o programa era parte da primeira página, em *O Grito do Povo*, todo o primeiro número, publicado em 18 de junho de 1887, composto de oito páginas, foi dedicado à exposição dos ideais republicanos e das críticas à monarquia, numa composição muito mais próxima à de um panfleto: "É entre nós a monarquia uma dessas híbridas concessões ao caduco regime, proclamada por **oligarcas de contrabando**, parasitas opressoras do mísero escravizado africano [...]. Que importa, pois, que 500 mil de nossos compatriotas ainda gemam e morram sob o azorrague dos senhores? [...] Que importa ao governo monárquico que os atos civis da família continuem entregues à superstição e ao monopólio clerical? Que importa estacione viciada e incompleta a instrução do povo? [...] O regime republicano promulgará e manterá na lei as liberdades plenas da discussão [...] sem escravização de qualquer espécie, então, poderemos mostrar-nos, nós brasileiros, americanos" (grifo nosso). Como veremos na sequência deste trabalho, essa é uma das inúmeras referências republicanas ao papel do regresso/da monarquia na "legalização" do tráfico de escravizados proibido pela lei de 1831.

Essa publicação mensal, depois de circular durante toda a segunda metade de 1887, identificou-se, no seu primeiro número de 1888, como um panfleto republicano, convocando os seus assinantes à colaboração para transformá-lo em diário. Apesar do seu caráter exclusivamente formativo e político e dos entraves à sua venda, a publicação teve uma duração relativamente importante, pois se manteve de junho de 1887 a janeiro de 1889, num contexto em que muitos dos seus correligionários não circularam mais de um mês, mesmo com propostas muito mais interessantes do ponto de vista comercial.

Para concluir essa questão, tomamos emprestadas as observações do pesquisador Grégory Hû (2015, *on-line*) sobre a imprensa socialista na França, no início do século XIX:

> O jornal da época não deve ser entendido pelas categorias atuais. Não se trata somente de um instrumento de comunicação da elite política com uma abordagem globalizante da ideia de povo. Ele serve também para mobilizar e instruir os cidadãos. [...] Ele se mantém como um fórum aberto de debates internos, congrega os militantes, levanta fundos ou ajuda a fundar grupos.

Os jornais fundados por republicanos abolicionistas exerceram todas as funções destacadas acima. Aliás, nunca é demais enfatizar suas múltiplas ações, principalmente no caso da sociedade brasileira do século XIX, constituída pela articulação de códigos, de referências e valores de diferentes culturas orais e escritas. Os métodos empregados pelos abolicionistas – dentre eles, o uso dos impressos – exprimiam a complexa relação entre letrados e iletrados, várias vezes examinada pela história cultural. Esses historiadores têm insistido bastante nas diversas modalidades de leitura, de maneira a realçar a importância do jornal num país onde a população permanece, na sua maioria, iletrada. Nesse sentido, têm destaque as leituras coletivas nas vendas, nos cafés e nas associações; as publicações ilustradas etc.

No entanto, talvez seja um pouco exagerado afirmar que as letras impressas geravam, gradativamente, um público leitor e que a leitura passava a ser um hábito nas cidades na relação direta com o aumento expressivo do número de jornais (BARBOSA, 2010). Entretanto, as múltiplas formas de leitura e o aumento do número de leitores, talvez, não sejam os argumentos mais importantes para estabelecer a grande influência dos impressos além dos limites estreitos da cultura letrada.

A sede de um jornal desse período possuía funções inexistentes no mundo contemporâneo, pois ela organizava associações e acolhia as suas reuniões semanais ou quinzenais; recolhia subscrições para diferentes fins; arrecadava donativos para fins políticos; era ponto de organização e de partida para as manifestações públicas; e travestia-se em palanque para os oradores e até mesmo em refúgio para escravizados fugidos.

A partir do fim dos anos 1870 até o início da República, as sedes dos jornais na Rua do Ouvidor, na Rua Uruguaiana e em outras ruas do Centro foram lugares de encontro entre os populares e os intelectuais, entre a cultura iletrada e a escrita. Em razão dos seus posicionamentos políticos numa determinada conjuntura, essas sedes eram ovacionadas ou vaiadas nos inúmeros "préstitos cívicos" que desfilavam pela cidade.

Mesmo sem acesso ao conteúdo das matérias pela leitura direta, os populares procuravam proteção para a defesa das suas causas nas sedes dos jornais, pois ali encontravam os redatores e os proprietários, que eram também os promotores das conferências e das manifestações públicas e os criadores de escolas para libertos e escravizados. E para a expansão dos jornais entre os iletrados, muito contribuíram os quiosques, além dos gazeteiros, que gritavam as "manchetes" e os nomes dos redatores famosos pelas ruas da cidade[85].

Os "jornalistas", homens de letras ou intelectuais, foram protagonistas de um tipo de militância política que era indissociável da presença de "grande massa do povo" em passeata ou em frente às sedes dos jornais para os seus discursos. Essa foi a função de Lopes Trovão na *Gazeta da Noite* e no *Combate*; de Ferreira de Menezes na *Gazeta da Tarde*; de José do Patrocínio na mesma *Gazeta da Tarde* e, depois, no *Cidade do Rio*. Esses jornais não apenas descreviam os eventos; eles produziam acontecimentos e depois noticiavam. Portanto, literalmente, eles criavam a notícia. Em razão disso, e apesar de todas as dificuldades para mantê-los, os ativistas insistiram na fundação dos seus próprios jornais, num investimento, ao mesmo tempo, financeiro, profissional e político.

* * *

A análise das informações do *Almanak Laemmert* sobre as associações, entre os anos 1840-1889, permite identificar a correlação estreita

---

85. Os quiosques eram pontos de aglomeração e de discussão, "enfeitados de bandeiras coloridas e cobertos de cartazes e tabuletas também em cores, nos quais se vende café e bebidas. Em todas as praças e esquinas, do Rio Comprido até Botafogo, existem desses quiosques" (VON KOSERITZ, 1980, p. 74). Ainda na óptica de Von Koseritz (1980, p. 56), "perambulam pela rua milhares e milhares de rapazinhos italianos, negros e mulatos, que nos deixam quase surdos com a sua gritaria: '[...] O *Corsário* [...] 40 réis, [...] *Gazeta de Notícias*, [...] *Jornal do Comércio*'". Sobre a importância dos quiosques e dos gazeteiros, cf. Machado (2014).

entre a dinâmica da vida associativa e a expansão do ativismo político extraparlamentar[86].

De 1843 a 1888, passou-se de doze para duzentas e setenta e cinco associações, num crescimento que é, na maior parte do tempo, contínuo. Nesse levantamento, consideramos a variação de duas a dez, de um ano para o outro, como um crescimento normal, dentro da média. No entanto, alguns períodos devem ser destacados em razão de significativas variações. A primeira grande alteração ocorre no ano de 1874-1875, quando se passou de setenta para noventa e sete associações. Nesse período, cresce o número de sociedades beneficentes de categorias profissionais com caráter mutualista e assistencialista, algumas com referências diretas às "classes operárias" como a Associação de Socorros Mútuos da Liga Operária e a Sociedade Propagadora da Instrução às Classes Operárias da Freguesia de São João Batista da Lagoa. Além disso, quatro novas sociedades são criadas visando à expansão da instrução. No ano de 1877, é fundada a primeira sociedade com referência à emancipação, a Sociedade Emancipadora Vinte e Oito de Setembro.

O ano de 1879-1880 também mostra um salto significativo, passando de cento e oito para cento e quarenta e sete associações, que, apesar de não se apresentarem pela vinculação à questão abolicionista, exprimiam a expansão do associativismo das "classes laboriosas" em sociedades de socorros mútuos: ourives, alfaiates, construtores navais, marceneiros, carpinteiros, sapateiros etc., além de novos "clubes", como o Clube dos Economistas ou o Clube dos Girondinos.

Na sua investigação sobre a formação da classe trabalhadora carioca, Marcelo Badaró Mattos (2008) identifica a continuidade entre o ativismo

---

86. Os resultados dessa pesquisa foram apresentados no artigo intitulado "Na rua, nos jornais e na tribuna: a confederação abolicionista do Rio de Janeiro, antes e depois da abolição" (SANTOS, 2015). Para o presente trabalho, corrigimos algumas datas relativas à fundação das associações. No *Almanak Laemmert*, procuramos os seguintes itens: academia, associação, centro, clube, confederação, congresso, ginásio, grêmio, instituto e sociedade com o principal objetivo de situar as sociedades emancipacionistas/abolicionistas/libertadoras em relação a um quadro mais amplo do movimento associativista. Esse levantamento é anterior à publicação do livro de Ângela Alonso, *Flores, votos e balas* (2015), que recolheu informações sobre as associações abolicionistas criadas em todo o país entre 1850 e 1888. Em relação às associações criadas no Rio de Janeiro, é possível identificar algumas disparidades, possivelmente em razão do fato de que a fonte utilizada para essa pesquisa foi, exclusivamente, o *Almanak*, mas, mesmo assim, os dois levantamentos aproximam-se na identificação do início da década de 1880 como período de criação do maior número de sociedades abolicionistas no Rio de Janeiro.

político do abolicionismo e as lutas operárias na Primeira República, enfatizando, justamente, a importância da dinâmica associativa na referência ao seu aspecto mutualista e assistencialista. Além disso, o autor mostra o forte envolvimento de certas categorias profissionais na propaganda abolicionista, como no caso dos tipógrafos[87].

No ano de 1880-1881 – que apresenta um total de 165 sociedades –, surgiram as primeiras associações que se denominavam abolicionistas[88]. Mas, no ano de 1881-1882, registramos um decréscimo significativo no número de associações, que cai de 165, em 1881, para 129, em 1882, menor do que os números de 1880 (147). É preciso uma análise comparativa desses dados para a formulação de hipóteses consistentes, mas não podemos esquecer que a Revolta do Vintém, no início de 1880, gerou várias medidas repressivas[89].

Após esse declínio, entramos no período de maior crescimento do número de associações, entre os anos de 1882 e 1883, com grande destaque para os "clubes" e os grêmios. De doze clubes, em 1882, passamos para vinte e nove, em 1883, e quarenta, em 1884. Entre 1882 e 1883, passamos de cento e vinte e nove para cento e noventa e nove associações, com a criação de mais sete propriamente ligadas ao abolicionismo. O ano de 1883 apresenta vinte associações diretamente relacionadas à defesa da abolição da escravidão, além da criação da Confederação Abolicionista, que, apesar de ter sido fundada em 12 de maio de 1883, só aparece no *Almanak* de 1885. Nos anos de 1883-1884, passamos de cento e noventa e nove para duzentas e setenta e três, com mais dez novas associações abolicionistas. Entre os anos de 1880 e 1888, foram criadas trinta e cinco associações com esse objetivo, incluindo as sociedades criadas em comemoração ao fim da escravidão.

---

87. Cf. Mattos (2008, p. 90-116). O autor identifica a presença dos abolicionistas em algumas dessas associações, destacando, ainda, a importância da "classe" dos tipógrafos no movimento. Em 1880, além dos membros efetivos ("operário, artista, ou executor de algum trabalho manual"), o Corpo Coletivo União Operária contava com "corpos consultores", dos quais participaram, dentre outros, André Rebouças e Vicente de Souza. Sobre a importância da atuação política dos tipógrafos nesse contexto, cf., também, Rodrigues (2020).

88. A Associação Central Emancipadora, presidida por Vicente de Souza; a Associação Emancipadora da Escola Politechnica; o Club Abolicionista José do Patrocínio; o Club Abolicionista da Escravidão; o Club dos Abolicionistas do Riachuelo; a Sociedade Académica de Emancipação; a Sociedade Central Emancipadora; e a Sociedade Libertadora Sergipana. Sobre a tensão entre a denominação emancipacionismo/abolicionismo na formação da frente ampla pela abolição, cf. capítulo 5.

89. Cf. capítulo 2.

Em resumo, a análise quantitativa do *Almanak Laemmert* mostra a expansão da vida associativa na década de 1880 – predominantemente, com caráter mutualista e assistencialista – na vinculação estreita com a intensificação dos debates públicos sobre a abolição e com o ativismo político dos setores populares. E, certamente, os números do *Almanak* constituem uma amostra limitada, pois incorporam certos tipos de associação, com endereços e registros, excluindo as que nunca tentaram obtê-la ou as que não conseguiram a licença para funcionamento. Esse foi o caso da Associação Beneficente de Socorro Mútuo dos Homens de Cor e de outras entidades negras, que tiveram os seus pedidos de registro negados pelo Conselho de Estado entre os anos 1860 e 1870, indicando tanto o esforço associativo desses segmentos quanto a forte censura a esse tipo de iniciativa[90].

Se, nos anos 1860-1870, esses projetos "não receberam apoio algum das autoridades", no fim dos anos 1880, o associativismo negro desempenhou papel fundamental na política, não só por meio da propalada Guarda Negra, mas de várias outras sociedades dos Homens de Cor[91]. Nessas associações negras, assim como nos estatutos dos clubes abolicionistas – dentre eles, o dos Libertos de Niterói –, estavam presentes "os dois objetivos clássicos das associações de trabalhadores daquele momento: auxílio mútuo e instrução" (MATTOS, 2008, p. 113)[92]. E, por último, convém lembrar que essas associações, assim como as escolas e as conferências públicas, eram importantes espaços de sociabilidade entre libertos, escravizados e ativistas, letrados e iletrados.

Outro aspecto importante da vida associativa desse período foi o seu referencial religioso, que, incorporado ao abolicionismo, contribuiu para a sua feição popular no Rio de Janeiro, como no caso da Irmandade de Nossa

---

90. Cf. Mattos (2008, p. 110) e, também, Chalhoub (2003, p. 241-254).
91. Sobre a importância das organizações negras no final da década de 1880, cf. Pinto (2018). Essa questão será discutida em outras partes do trabalho como um dos aspectos que indica, claramente, a centralidade da referência identitária – "homens de cor" – nos debates políticos do período.
92. Vários clubes também criaram escolas, como no caso do Club dos Libertos de Niterói e do Club Guttemberg – este criou, em 1883, a Escola Noturna Gratuita, que recebia "nacionais e estrangeiros, livres, libertos e escravos". O Centro Abolicionista Ferreira de Menezes também exprimiu a sua preocupação com a educação: "Trata de abolir a escravidão e de educar o maior número possível de escravos". Em relação à Sociedade Cooperativa da Raça Negra, fundada em 8 de abril de 1888, Ana Flávia Magalhães Pinto (2018, p. 320) escreve: "Surgia com três propósitos rigorosamente definidos: Como prioridade número um, objetivava 'encaminhar os descendentes da raça africana ao trabalho' [...] A segunda frente de atuação passava por 'promover a instrução primária, comercial, artística e agrícola'. Por último [...], 'garantir sustentabilidade às atividades de auxílio mútuo'".

Senhora do Rosário e São Benedito, em direta vinculação com a população negra da cidade[93]. Como teremos ocasião de verificar, desde as suas primeiras ações públicas em prol da emancipação, algumas lideranças abolicionistas incorporaram certos procedimentos da vida religiosa que, apesar de suas reformulações "cívicas", conservaram símbolos, rituais e imagens das procissões e das romarias.

Desse modo, o ativismo das lideranças abolicionistas, construído, majoritariamente, em torno de referenciais laicos, do positivismo ao socialismo, interagiu com a dinâmica associativa em estreita vinculação com uma cultura popular religiosa[94]. Se o repertório abolicionista não se estruturou na interlocução com a religião católica oficial, ele incorporou elementos da religiosidade popular e negra. Essa convergência foi um importante fator para a expansão da ideia abolicionista, além de atestar a interlocução entre segmentos sociais diversos[95].

* * *

A cidade é o lugar das associações, das tipografias e das redações, dos teatros, das conferências públicas, dos préstitos cívicos e dos *meetings*. Se a configuração do abolicionismo como movimento social é impensável sem esses procedimentos, isso significa que ele só existiu na cidade e pela cultura letrada? Essa afirmação pode levar-nos a relativizar a abrangência desse movimento quando constatamos que a população livre e escravizada estava, majoritariamente, no mundo rural e, predominantemente, inserida numa cultura iletrada.

De fato, os setores médios praticamente só existiam nas cidades e só elas ofereciam uma perspectiva de autonomia em relação aos grandes proprietários, mesmo se num ambiente de competição socioprofissional extremamente acirrado[96]. Em *Visões da liberdade* (1990), Sidney Chalhoub

---

93. Cf. Mattos (2008, p. 156). Para as referências religiosas do abolicionismo dos caifazes de São Paulo, cf., dentre outros, Azevedo (1987); Machado (1994).

94. Conforme definição proposta por Abreu (1999). O associativismo exprimiu-se, ainda, na multiplicação e no fortalecimento das Sociedades Carnavalescas, em expansão na década de 1880, com papel importante no tipo de propaganda estruturada no âmbito da Confederação Abolicionista, à qual se integraram os Tenentes do Diabo, os Democráticos e os Fenianos. Sobre essas sociedades carnavalescas, cf. Nepomuceno (2011).

95. Nesse ponto, afastamo-nos da caracterização do repertório abolicionista proposta por Ângela Alonso (2015) a partir do referencial predominantemente laico.

96. A vinculação entre a expansão das ideias abolicionistas e a expansão dos setores médios e populares urbanos, principalmente a partir da década de 1870, é central na argumentação da Emília

caracterizou o Rio de Janeiro como uma cidade negra onde, na década de 1880, já não era possível distinguir livres e escravizados pela cor. Na cidade, apesar da precariedade, se respirava um ar mais puro da liberdade pela oferta, mesmo que restrita, de condições para um "viver sobre si" (p. 239).

Se só as cidades reuniam as condições para a formação dos movimentos sociais, qual o papel dos escravizados, majoritariamente concentrados no mundo rural? Na historiografia, permaneceu, durante muito tempo, a versão dos proprietários de escravizados e das elites políticas de uma abolição realizada na mais perfeita ordem, pela benevolência dos próprios fazendeiros, da Coroa e de um abolicionismo branco. Essa versão foi totalmente revista nos anos 1880 por uma historiografia que recuperou a agência dos escravizados muito antes das fugas do ano de 1887, considerando os atos de violência – individuais/coletivos – e as ações de liberdade nos tribunais como aspectos fundamentais da desestruturação da ordem escravista.

No entanto, os historiadores ainda se dividem quanto às relações entre as lutas dos escravizados e o abolicionismo, como também divergem na

---

Viotti da Costa (2008, p. 75), que se empenhou em evidenciar a base social das lutas políticas pela abolição da escravidão. Além disso, a concentração não só regional, mas também social da propriedade escrava após o fim do tráfico em 1850, foi, sem dúvida, fundamental para a expansão da opinião antiescravista entre os setores médios: "Foram as várias formas de pressão exercidas por esses grupos urbanos que forçaram, no início da década de 1880, o Parlamento a reabrir a questão da emancipação dos escravos". De certo modo, essa articulação tornou-se uma referência incontornável, apesar das dificuldades relativas à definição do termo "classe média".

Para a caracterização e a definição dos setores médios, muitos são os aspectos considerados pelos historiadores e sociólogos, dentre os quais, as relações com as outras classes sociais; os valores; as atividades profissionais; e a renda. Apesar das dificuldades em se caracterizar de uma forma unívoca o termo "classe média" ou "setor médio", é inquestionável que a segunda metade do século XIX assiste à expansão da vida urbana, do setor terciário, de atividades profissionais com maior grau de autonomia em relação aos grandes proprietários, mesmo se esse desenvolvimento continua sendo condicionado pelos interesses econômicos da grande propriedade escravista exportadora e do grande comércio. No entanto, apesar dessa expansão, convém destacar a permanência de uma estrutura socioeconômica na qual os setores médios praticamente só existem no mundo urbano que, por sua vez, continua abarcando uma parcela muito minoritária da população, já que, em 1872, essa população era de apenas 5,9% e, em 1890, ela não passava de 6,8%. De acordo com Rodrigo Goyena Soares (2019, p. 446-489), "as classes médias mostraram-se praticamente inexistentes no mundo rural, com exceção do Rio Grande do Sul".

Em relação às classes sociais dos abolicionistas republicanos considerados neste trabalho, é possível identificá-los como membros dos setores médios em função das atividades profissionais, da renda e da defesa da meritocracia que se constituiu nesse período como uma noção identitária contra a estrutura social baseada no nascimento e nos privilégios. Quanto ao posicionamento em relação às outras classes sociais, esses militantes ora se identificaram como representantes das classes populares e dos escravos, ora se aproximaram das classes dominantes na defesa da ordem, sobretudo pelo temor da difusão da violência que podia resultar da mobilização das "camadas subalternas". Sobre as controvérsias em relação à definição e à caracterização dos setores médios no Império e na Primeira República, cf., dentre outros, Pinheiro (1994); Luz (1964); Soares (2019).

forma de caracterizar o movimento abolicionista. No nosso entendimento, as lutas dos escravizados pela liberdade, individual ou coletiva, com violência ou por outros meios, é inseparável da própria escravidão. No caminho trilhado por Clóvis Moura (1990), Lana Lage da Gama Lima (1981), dentre outros, a escravidão é impensável sem a violência, os instrumentos de tortura, castigo e suplício que nenhum discurso sobre paternalismo, negociação ou acomodação tem o poder de apagar. Do mesmo modo, a pujança e o dinamismo da escravidão – que resultou, nas áreas de maior desenvolvimento econômico, numa densidade populacional inteiramente desfavorável à população livre – impuseram a concessão de direitos aos escravizados também como mecanismo fundamental na manutenção das relações escravistas.

Nesse mesmo sentido, a elasticidade na oferta de escravizados foi capaz de gerar a ampla adesão social e geográfica à instituição escravista, reduzindo, desse modo, as possibilidades de emergência do discurso antiescravista[97]. Com maior ou menor peso, a coerção pela violência ou a submissão pela "concessão de direitos" foram mecanismos fundamentais que orientaram as relações escravistas que, por sua vez, não podem ser compreendidas sem os diferentes significados que os próprios escravizados – provindos das diferentes regiões da África e das diversas etnias – atribuíram à liberdade, ao trabalho, à vida, à religião etc.

Nesse caminho, o historiador, necessariamente, será obrigado a reconhecer a diversidade das lutas contra a escravidão, seja no próprio mundo do escravizado, seja entre os libertos e livres (MACHADO; GOMES, 2015). As diferentes lutas contra a escravidão – dos diferentes escravizados ou grupos de escravizados, dos livres, dos libertos – provavelmente têm cronologias, lógicas, significados e repertórios diferentes com movimentos de aproximação, de identificação ou de afastamento e podem ser recuperadas com maior ou menor dificuldade pelo historiador. Apesar das especificidades e das divergências, nas formas de luta contra a escravidão, é inegável que a construção de um amplo movimento social e de uma frente política pela abolição foram fatores decisivos para a abolição da escravidão no dia 13 de maio de 1888[98].

---

97. Cf., dentre outros, Marquese (2006).
98. Cf. Alonso (2015); "Abolição no Brasil: resistência escrava, intelectuais e política (1870-1888)" (SALLES, 2011); "Resistência escrava e abolição na província do Rio de Janeiro. O partido do aboli-

Um caminho importante para a compreensão das articulações entre o abolicionismo (como fenômeno urbano) e as ações dos escravizados (nas senzalas) foi traçado pelo livro de Machado intitulado *O plano e o pânico* (1994), ao retomar e aprofundar o uso da categoria "abolicionista anônimo". Para a autora, a dificuldade em estabelecer os fatos dessa conexão deve-se, entre outros aspectos, à tenacidade dos vários atores envolvidos — das autoridades policiais aos próprios abolicionistas — em negar esse procedimento[99].

A dicotomia campo-cidade, cultura letrada-iletrada só pode ser relativizada com o aprofundamento desses vínculos. Nesse sentido, identificar o abolicionismo à vida urbana, às associações e à imprensa não significa diminuir a importância ou o significado das lutas dos escravizados — no campo ou nas cidades — por meio de outros ritmos e significados, ao mesmo tempo em que permanece o desafio de recuperar as redes que conectam o abolicionismo (como fenômeno urbano) e a resistência dos escravizados no mundo rural.

A geografia do abolicionismo, nos últimos anos da escravidão, é uma chave bastante acionada para estabelecer o caráter urbano do movimento. No entanto, é preciso constatar que somente a sua conexão com o mundo rural foi capaz de impor "a abolição imediata e sem indenização" no dia 13 de maio de 1888.

De certo modo, essa tensão entre a cidade — que permitia o desenvolvimento das associações e de jornais que lutavam pela abolição — e o campo — atrelado ao poder dos grandes proprietários de escravizados — foi um dos elementos constituintes do próprio sistema escravista que, integrado plenamente ao capitalismo, era inseparável da vida urbana, comercial e financeira. A exploração da mão de obra escrava nas grandes propriedades exportadoras — vinculadas ao crédito, ao progresso técnico-científico, às ferrovias e aos portos — articulava-se, necessariamente, à cidade com os seus jornais, teatros e *meetings*, em que circulavam ideias, ao mesmo tempo, contra a escravidão e o próprio capitalismo.

---

cionismo" (SALLES, 2018); "O ativismo político da Confederação Abolicionista antes e depois do 13 de maio de 1888" (SANTOS, 2018).

99. Os "abolicionistas anônimos" têm grande relevância na análise de Emília Viotti da Costa (2008) e é essencial no trabalho de Maria Helena Pereira Toledo Machado (1994), que tem como um dos principais objetivos estabelecer os fatos desse abolicionismo da "arraia miúda" na sua conexão com o mundo dos escravizados.

Ao enfatizar a compatibilidade econômica entre o escravismo e o capitalismo, a noção de "segunda escravidão" permite compreender melhor o empenho dos proprietários de escravizados em blindar o sistema político contra qualquer representação fora dos vínculos oligárquicos. Com forte e lucrativa projeção no mercado internacional, a grande lavoura cafeeira precisava do Estado para impor a "sua" versão do liberalismo centrada na garantia da propriedade privada (escrava) em detrimento do direito à liberdade[100].

Nesse sentido, o domínio inconteste dos grandes proprietários do primeiro Vale do Café esteve associado a limitações sociais e políticas de certos aspectos da vida urbana[101]. Vassouras, cidade que acolhia os sobrados dos grandes barões do café – muitos deles "ilustrados" com vastas bibliotecas – foi a última a incluir, na sua paisagem, as tipografias e as redações dos jornais. Apesar de abolicionista, o dono do principal jornal de Vassouras não pôde, até 13 de maio de 1888, mostrar a sua adesão ao movimento

---

100. Em vez de se pensar o fim da escravidão pela incompatibilidade econômica entre a escravidão e o capitalismo e, consequentemente, considerar o processo abolicionista como um dos aspectos inevitáveis da transição do trabalho escravo para o trabalho livre, a noção de "segunda escravidão" permite aprofundar a dimensão social e política desse processo sem, no entanto, isolá-lo da sua dimensão econômica. No nosso entendimento, esse é um aspecto importante da discussão historiográfica, que se desenvolve em torno dessa noção, que procura analisar a conexão entre a expansão do escravismo, principalmente no Sul dos Estados Unidos, no Brasil e em Cuba entre 1800-1860, e a expansão do próprio capitalismo, já que "a industrialização e o advento da modernidade não representaram automaticamente o fim da escravidão, mas, ao invés disso, a intensificaram e a difundiram" (BLACKBURN, 2016, p. 13). No entanto, o contexto da segunda escravidão é, também, o da expansão das contestações políticas, filosóficas, ideológicas e judiciais contra a escravidão. Em razão disso, ela exigiu um "Estado que a apoiasse; desdobrou-se num acesso privilegiado dos proprietários de escravizados ao poder" (p. 19) como dispositivo para garantir a propriedade escrava contra as ameaças do abolicionismo (cf. BLACKBURN, 2016). No caso do Brasil, a expansão da lavoura escravista do centro-sul exigiu uma "política da escravidão", constitutiva do Estado saquarema. Cf. Parron (2011).

101. Como mostrou Ricardo Salles (2008), o processo de formação e expansão da classe senhorial, a partir da experiência dos fazendeiros da região de Vassouras, implicou, além da acumulação de riquezas, o investimento num estilo de vida senhorial – *éthos* senhorial escravista – que integrou a vida urbana. Esse *éthos* senhorial, como um dos eixos da consolidação das relações escravistas, exprimiu-se na suntuosidade e no requinte das sedes das fazendas que incorporavam os mais modernos produtos da indústria capitalista (energia hidráulica, iluminação a gás etc.); mas também nas luxuosas residências na cidade de Vassouras com os seus pianos, as suas imensas salas de jantar, os seus palcos de bailes e saraus. Como parte fundamental desse *éthos* senhorial, o autor destaca o papel do investimento "no processo de urbanização, que acentuava o componente estético urbanístico da cidade" (p. 147); a existência de hotéis, hospedarias, colégios, teatros etc. No entanto, ao mesmo tempo que investiram na vida urbana como dispositivo fundamental para a consolidação das relações escravistas, os proprietários de escravizados desenvolveram uma política de controle dessa mesma vida urbana, principalmente no que diz respeito à expansão da cultura letrada e da imprensa. Cf. Santos (2018).

(SANTOS, 2018). Os fazendeiros da região parecem ter seguido à risca, e com sucesso, uma das determinações dos Clubes da Lavoura de impedir o nascimento de jornais abolicionistas[102].

Se, por um lado, a modernização do Império – vinculada à integração da escravidão ao capitalismo – impunha a difusão da cultura letrada, por outro, a circulação dos impressos encontrou inúmeras barreiras na "capital" do vale fluminense. Os regulamentos para a instalação de bibliotecas públicas, por exemplo, foram burlados em Vassouras[103], assim como as medidas relativas à instrução dos ingênuos parecem ter sido desconsideradas em todo o Império. O discurso do deputado Martins Francisco, que se opôs à ampliação do fundo para a educação dos ingênuos, em 1882, exprimiu, claramente, o empenho em impedir a expansão da instrução pública: "Se eles sem educação sabem tanto, imaginem educados" (*Gazeta da Tarde*, 6 e 7 de setembro de 1882, edições 204 e 205 apud URRUZOLA, 2019, p. 112)[104].

A vinculação entre a difusão da propaganda abolicionista e o dinamismo dos setores médios urbanos aparece, claramente, na comparação entre duas cidades da província do Rio de Janeiro. Em Vassouras, o projeto de manter a imprensa sob controle deu excelentes resultados, ao passo que, em Campos dos Goytacazes – ao se constituir como núcleo urbano mais diversificado do ponto de vista socioeconômico –, se transformou num ambiente

---

102. Referimo-nos, aqui, aos estatutos dos Clubs da Lavoura, no âmbito da resistência ao governo Dantas, em 1884, que, no seu artigo 10, se referia, diretamente, à imprensa abolicionista: "A comissão permanente fica autorizada a despender do fundo social o necessário, não só para a *execução* das medidas consignadas nos artigos precedentes, **como para empregar as providências que julgar eficazes contra aqueles que criarem imprensa abolicionista no município e que entretiverem correspondência com os abolicionistas de fora dele**" (*Gazeta da Tarde*, 16 de maio de 1884 – grifo nosso). Sobre a atuação dos Clubs da Lavoura nesse contexto, cf. Lima (1981, p. 104). Não parece que essa questão tenha sido colocada explicitamente nos estatutos dos Clubs da Lavoura fundados em 1871. Na sua análise sobre os clubes de 1871 e as petições dos proprietários de escravizados do centro-sul, no contexto da reação ao projeto do Ventre Livre, Bruno da Fonseca Miranda (2018) mostra que, por um lado, os peticionários viam na propaganda abolicionista o único fator capaz de gerar a desobediência do escravizado, normalmente obediente e pacífico; mas por outro, para provar que o governo estava se separando da Nação e criando uma "opinião pública artificial" (p. 185), essas petições normalmente guardavam silêncio sobre a resistência escrava e só reconheciam uma "opinião abolicionista" (p. 185) no âmbito do próprio governo.

103. A criação de bibliotecas públicas e os procedimentos para mantê-las fizeram parte da modernização conservadora do governo de Rio Branco e foram sutilmente burlados pelos grandes "ilustrados" de Vassouras. Cf. Santos (2018).

104. A proposta visava à aplicação do dispositivo da lei de 1871 relativo à instrução dos ingênuos. Nesse contexto, foi levada à Câmara dos Deputados uma proposta de se elevar para $ 340.000 os recursos destinados ao ensino desses menores.

relativamente propício à difusão dos impressos e talvez o único a manter uma folha claramente voltada à propaganda abolicionista[105].

Se a dinâmica do abolicionismo do *Vinte e Cinco de Março* não era a mesma da luta dos escravizados pela liberdade, somente a interação entre os dois movimentos foi capaz de colocar fim à ordem escravista (LIMA, 1981; MONNERAT, 2015). Aliás, um dos principais eixos do combate de Paulino de Souza contra a propaganda abolicionista foi, justamente, a conexão entre: os abolicionistas e os escravizados; o mundo rural e o urbano; a cultura escrita e a iletrada. Em 1884, com exageros à parte, o grande representante dos fazendeiros do Vale do Paraíba fluminense denunciou:

> O órgão do abolicionismo **circula em profusão** [...] o jornal é **lido em toda parte e em roda de escravos**, é **levado para o interior pelos pequenos negociantes, os recoveiros, os vendelhões e os mascates**, que estando em contato com os escravos e fazendo com eles o seu negócio, procuram captar-lhes as simpatias. Mesmo entre os escravos muitos sabem ler e naturalmente se deleitam em ver tais doutrinas e tais conselhos em letra redonda (*Brazil*, 6 de junho de 1884 – grifos nossos).[106]

* * *

É no ambiente da cidade, com a sua diversidade de ocupações, as suas associações mutualistas e assistencialistas, as suas tipografias e redações, que se estruturou o movimento abolicionista. Por sua vez, a ele se integraram diferentes correntes políticas que divergiam quanto a uma maior ou menor conveniência em dialogar com o próprio escravizado, *in loco*.

Do ponto de vista de uma história política do movimento, podemos identificar esse aspecto como um dos principais fatores de divisão. A propaganda abolicionista devia se dirigir aos escravizados ou somente aos ho-

---

105. Sobre a vinculação entre o abolicionismo e a ampliação dos setores médios em Campos dos Goytacazes, cf. Monnerat (2015). Além disso, foi na cidade de Campos que, em 1870, se formou uma das primeiras sociedades emancipadoras na província do Rio de Janeiro, a Associação Emancipadora Campista (ALONSO, 2015). Contra as várias petições dos proprietários de escravizados enviadas ao Parlamento em reação ao projeto da lei de 1871, com o argumento de que não havia no país uma opinião abolicionista, três petições exprimiram apoio ao projeto: duas de sociedades abolicionistas da Bahia e uma subscrita pela Câmara Municipal de Campos (MIRANDA, 2018).

106. A importância dos mascates e viajantes foi analisada por Machado no livro *O plano e o pânico* (1994). Paulino de Souza está se referindo, principalmente, ao jornal de José do Patrocínio, *Gazeta da Tarde*. No capítulo 7, retornaremos a essa questão, pois analisaremos o jornal *Brazil*, financiado por Paulino de Souza, a partir de 1883, para combater a propaganda abolicionista.

mens livres e à elite política? Devia permanecer na cidade e na cultura letrada ou adentrar o campo e se conectar à cultura iletrada?

Na grande frente política, que se constituiu em torno do abolicionismo, essas e outras questões permaneceram latentes, ameaçando, constantemente, a unidade. Quais reformas devem ser vistas como "consequências lógicas do fim da escravidão"? O abolicionismo deve se estruturar em torno da "questão racial"? Reforma ou revolução?

Antes de abordar cada uma dessas questões, o nosso primeiro objetivo é mostrar que a organização do movimento abolicionista, no Rio de Janeiro, não pode ser separada de um novo ativismo republicano que apostava, pelo menos desde 1875, nas associações, na imprensa e na participação popular para realizar as reformas sociais e políticas.

2
O ativismo republicano na origem dos movimentos sociais da década de 1880

No primeiro dia da década que transformou o abolicionismo em movimento social, demarcando-o definitivamente do emancipacionismo, o povo do Rio de Janeiro foi protagonista de uma grande manifestação pública contra um imposto sobre a passagem dos bondes que, reprimida violentamente, passou à história como o Motim do Vintém.

Nos primeiros dias de 1880, muitos contemporâneos do Vintém fizeram a mesma pergunta que ouvimos em junho de 2013: "Tanto barulho por centavos?" Tanto lá quanto aqui, a questão foi colocada por pessoas muito distantes da realidade dos usuários dos bondes. Tanto lá quanto aqui, a percepção do exagero da repressão policial mobilizou ainda mais manifestantes e acabou gerando a adesão de outros setores da população.

Ainda no calor dos acontecimentos, desenrolava-se a disputa pela narrativa dos fatos: baderneiros violentos manipulados por republicanos radicais? Manifestação legítima dos populares apoiada pelos republicanos e violentamente reprimida pela polícia? Essas e outras questões prosseguiram na discussão historiográfica sobre o tema.

Atualmente, a Revolta do Vintém é considerada um marco fundador de uma nova cultura política constituída em torno da participação conjunta de intelectuais e populares na cena pública em prol de mudanças sociais[107]. Se, por um lado, a participação política – além da esfera formal do Parlamento e dos partidos, na interseção das ruas e da imprensa –

---
107. Para essa interpretação, cf. Graham (2011).

representou uma ruptura no Segundo Reinado, por outro, é possível pensá-la como a reativação de uma cultura política que esteve no cerne dos acontecimentos implicados na abdicação e nas revoltas regenciais. Os novos estudos sobre a Regência têm enfatizado o papel dos exaltados e dos seus projetos reformadores, num contexto caracterizado pela expansão da participação popular. Além disso, tanto a história da imprensa quanto a do associativismo permitem aproximar esses cinquenta anos, ao mesmo tempo que trazem, para o primeiro plano, a história da polícia, da violência e da repressão (SODRÉ, 1999; BASILE, 2001; MOREL, 2008).

* * *

Nos dias do Vintém, dois grupos – não diretamente envolvidos nas manifestações públicas – se constituíram e se posicionaram contra a violência da repressão aos manifestantes (GRAHAM, 2011; PINTO, 2018). Na Rua do Carmo, no escritório de advocacia do Senador Silveira da Motta, reuniram-se Joaquim Nabuco e outros políticos liberais, junto ao senador republicano Saldanha Marinho, que negou qualquer conotação republicana à revolta. Já a "Comissão da paz" foi criada por dois militantes republicanos, Ferreira de Menezes e Almeida Pernambuco, para negociar com o governo o fim do uso da repressão e do imposto.

Apesar de o Vintém ter contado com a participação de três republicanos importantes para a organização do abolicionismo – José do Patrocínio, Vicente de Souza e Ferreira de Menezes –, alguns estudos minimizaram a relevância do republicanismo nessa conjuntura, individualizando-o na personalidade de Lopes Trovão[108].

No entanto, as dificuldades de organização do Partido Republicano do Rio de Janeiro não devem ofuscar a importância do republicanismo na formação do movimento abolicionista.

Em contraste com o posicionamento dos evolucionistas, que definia a esfera parlamentar como única instância para o encaminhamento das reformas, postulando a necessidade da expansão da instrução pública como

---

108. Como no estudo de Boehrer (2000, p. 64) sobre o Partido Republicano, por exemplo: "O republicanismo em si não representou nenhuma parte nos distúrbios. Geralmente, os chefes republicanos mais responsáveis não se associavam à propaganda muitas vezes abusivas de Lopes Trovão". A respeito da controvérsia sobre o papel dos republicanos no Vintém no próprio contexto, cf. Resende (2009). A análise de Ana Flávia Magalhães Pinto (2018) enfatiza a participação da arraia miúda nesse cenário.

condição para a participação política[109], convém recuperar a história de um "republicanismo popular" que, invertendo os dados do problema, afirmava que só a ação política era capaz de educar e preparar o povo para a democracia. Essa tensão acompanhou toda a história do republicanismo no Império, pois, ao definir a linha do partido pela adesão "ao terreno legal", o Manifesto de 1870 não eliminou a discussão sobre a oportunidade da revolução: "Num regime de compressão e violência, **conspirar seria um direito**. Mas no regime das ficções e da corrupção, em que vivemos, discutir é o nosso dever" (Manifesto Republicano de 1870 apud PESSOA, 1973, p. 39-62 – grifo nosso).

Apesar de se definir pelo evolucionismo, é preciso admitir que a declaração do manifesto remetia, necessariamente, a uma análise conjuntural. E se "as armas da discussão, os instrumentos pacíficos da liberdade e os amplos meios do direito" fossem desrespeitados? Os ataques aos jornais e às conferências seriam lidos como indicativos de que o regime se transformara em "regime de compressão"? E se o sistema eleitoral impedisse completamente a representação republicana?

Das respostas a essas perguntas dependia a manutenção com o evolucionismo do Manifesto de 1870 ou a ruptura com essas ideias. Nesse sentido, a história do Partido Republicano deve considerar não somente os posicionamentos dos evolucionistas, liderados por Quintino Bocaiuva, mas também as decisões de outros signatários de 1870, dentre eles, Aristides Lobo, Jerônimo Simões e Lopes Trovão, além dos militantes que se incorporaram posteriormente[110].

Esse republicanismo popular – que adquiriu visibilidade na Revolta do Vintém – estava em marcha, pelo menos, desde 1875 e foi muito importante para o envolvimento das camadas populares no movimento pelo fim da escravidão. Na *Gazeta de Notícias* de 22 de março de 1876, um republicano, servindo-se do anonimato da sessão "A pedidos", publicou

---

109. Para a corrente evolucionista, cujo principal representante foi Quintino Bocaiuva, o partido conseguiria, pela propaganda, angariar a adesão da opinião pública, e, pelas eleições, se chegaria à "convocação de uma assembleia constituinte com amplas faculdades para instaurar um novo regime" (Manifesto Republicano de 1870 apud PESSOA, 1973, p. 39-62). Além disso, na maior parte do tempo, o fim da monarquia foi vinculado à morte do Imperador Pedro II.

110. Em 1872, Ferreira de Menezes fazia parte da Comissão do Partido e da redação de *A República*. Como veremos mais à frente, em 1877, várias lideranças do republicanismo abolicionista assinaram o "Termo de Compromisso e Adesão ao Partido Republicano".

uma pequena história sobre a fundação do Partido Republicano na qual destacava o seu dinamismo inicial em todo o país, pela criação de clubes e escolas noturnas, ao mesmo tempo que enfatizava o papel da repressão na sua desarticulação. O empastelamento dos jornais, os entraves à atividade profissional, as ameaças de morte não eram episódios sem importância, mas determinantes do tipo de atuação possível no campo republicano. Convém assinalar a referência à iniciativa de formação das escolas noturnas, importantes espaços de sociabilidade e pontos de convergência entre intelectuais e populares, que tiveram um papel essencial no movimento abolicionista na década de 1880.

Por sua vez, as memórias republicanas publicadas após a Proclamação da República (CARMO, 1922; ESTRADA, 2005; MORAES, 1986; 1985) identificaram, em meados de 1870, a organização de um "republicanismo popular" em torno da atuação de Lopes Trovão, Ferro Cardoso, Vicente de Souza, Almeida Pernambuco, Alberto de Carvalho, Jerônimo Simões, Plácido de Abreu, Mathias de Carvalho, dentre outros. Cumpre distinguir, com clareza, dois tipos de registros que precisam ser analisados, cada um deles, na relação com o seu próprio contexto de produção: o dos artigos da militância para intervir num debate político e o das memórias escritas e publicadas muito depois dos acontecimentos. No caso das memórias escritas depois da instauração da República, a referência à organização de um republicanismo popular, em meados da década de 1870, inscrevia-se na luta dos republicanos contra a versão monarquista sobre a Proclamação. No entanto, a análise dos jornais da década de 1870 confirma, em muitos aspectos, a expansão do republicanismo em torno das lideranças e associações citadas nessas memórias. Um dos procedimentos usados por essa militância teria sido a criação de associações de caráter literário como álibi para burlar a censura. "Criaram-se *clubs*, na aparência literários, mas que no fundo eram puramente republicanos" (CARMO, 1922).

A história da *Ensaios Literários* e da sua *Revista Mensal*, que começou a circular bem antes do Manifesto Republicano, pode ser vista como um exemplo importante desse uso político das associações literárias[111]. Dentre

---

111. Segundo o *Almanak Administrativo, Mercantil e Industrial do Rio de Janeiro*, essa sociedade foi fundada em 1860 com o fim de "propagar as letras e a instrução popular". Com esse objetivo, a sociedade mantinha "aulas secundárias, curso de taquigrafia e escrituração mercantil" na Rua do Hospício, 174.

os seus membros, encontramos lideranças do republicanismo abolicionista como o já citado signatário de 1870, Jerônimo Simões; os menos conhecidos Timótheo da Costa, Mathias Carvalho, Júlio de Lemos e Aquino Fonseca; mas também um dos principais nomes do abolicionismo, José do Patrocínio. Inclusive, a confluência desses ativistas numa associação de guarda-livros[112], que começou a funcionar em 1860, levou-nos de volta à afirmação do fotógrafo Victor Frond nos funerais do republicano francês Charles Ribeyrolles, que morreu nesse mesmo ano no Brasil: "O **partido republicano**, sobretudo, lamentará a perda de um dos seus devotos mais sinceros, um de seus grandes talentos, uma de suas forças mais ativas" (RIBEYROLLES, 1861, p. 234 – grifo nosso)[113].

Se não podemos levar ao pé da letra tal alusão, é interessante relacioná-la à existência de núcleos republicanos que, tais como a Sociedade Ensaios Literários, já reuniam as suas futuras lideranças. Ademais, na *Revista Mensal da Sociedade Ensaios Literários*, esses "literatos" não só defendiam o republicanismo, como também discutiam o emancipacionismo, muito antes do debate em torno da lei de 1871, que, numa certa interpretação historiográfica, teria sido propulsionado pela Coroa[114].

Outro integrante da Sociedade Ensaios Literários foi o Capitão Ernesto Rosa de Senna, que, bem antes do Vintém, já coordenava a Escola da Cancela "para a alfabetização gratuita de adultos e menores em São Cristóvão", que reuniu vários professores republicanos (MAGALHÃES JÚNIOR, 1969, p. 28)[115].

---

112. Pelo menos até 1960, os contadores e profissionais contábeis eram chamados de "guarda-livros".

113. Entre os amigos republicanos de Charles Ribeyrolles, Victor Frond referiu-se a Quintino Bocaiuva e a Saldanha Marinho. Sobre a trajetória desse viajante no Brasil, cf. Santos (2013). Em 1860, Saldanha Marinho e Quintino Bocaiuva estavam à frente do jornal *Diário do Rio*, que também contava com a colaboração de Salvador de Mendonça e Machado de Assis. A primeira tradução do livro de Ribeyrolles para o português foi feita por Machado de Assis.

114. Como Conrad (1975). Nos artigos "Revolução Pernambucana de 1817" e "República dos Palmares", por exemplo, além de defender o republicanismo, Teixeira Leitão criticava a instituição escravista (*Revista Mensal da Sociedade Ensaios Literários*, 1° de junho de 1863; *Revista Mensal da Sociedade Ensaios Literários*, n. 9, 1866).

115. Desde o final da década de 1870 e durante toda a década de 1880, a *Gazeta de Notícias* trouxe referências ao funcionamento da Escola da Cancela. O Capitão Rosa de Senna, que entrou para história como sogro de José do Patrocínio, foi uma importante liderança republicana até o momento da sua morte, em 1896, como veremos no decorrer deste trabalho.

Na análise sobre o Vintém, voltaremos a falar da Sociedade Ensaios Literários e da Escola da Cancela, mas podemos adiantar que, durante o motim, em meio à repressão policial instalada na cidade, foi na Rua do Hospício, 174, na sede da Sociedade Ensaios Literários, que Ferreira de Menezes foi procurado para a entrega de uma correspondência por um menino de doze anos que, sem sucesso no seu intento, foi preso pela polícia[116].

Entre os lugares de sociabilidade que abrigaram os adeptos desse republicanismo popular, devemos destacar também a Escola de Medicina e de Farmácia, por onde passaram, mais ou menos na mesma época, Lopes Trovão, Vicente de Souza, Campos da Paz, José do Patrocínio, Júlio Diniz e Ernesto Senna[117].

Na Escola de Medicina, funcionou, desde 1875, o grupo Ateneu Acadêmico e a sua revista *Ensaios Acadêmicos*, que, sob a direção de Campos da Paz, reuniu, durante toda a década de 1870, importantes lideranças republicanas "camufladas" pela referência à literatura (*Gazeta de Notícias*, 24 de dezembro de 1880)[118]. Num artigo publicado na *Gazeta de Notícias* em 1880, Augusto Cezar de M. Azevedo referiu-se à circulação de três jornais republicanos em meados da década de 1870 – dentre eles, o *Radical Acadêmico*,

---

116. "Às 10 horas da manhã de ontem um amigo do Sr. Manoel José Vieira pediu-lhe o favor de mandar um filho, de cerca de 12 anos, entregar uma carta ao Dr. Ferreira de Menezes, dizendo que procurasse-o na Rua do Hospício, casa onde funciona a Sociedade Brasileira Ensaios Literários, em mão própria entregasse a carta. De fato, o menino ali foi ter, e não encontrando o Sr. Menezes, ia sair, quando foi preso." Essa notícia foi recolhida por Ana Flávia Magalhães Pinto (2018) das edições do *Cruzeiro* e do *Jornal da Tarde* do dia 3 de janeiro. A autora analisa a participação de Ferreira de Menezes e de Patrocínio no Motim do Vintém, chamando a atenção para as medidas de repressão que foram colocadas em marcha contra os setores populares. Para ilustrar essa situação, Pinto (2018, p. 205) apresenta, também, uma charge da *Revista Ilustrada*.

117. Com vinte e sete anos, Lopes Trovão foi um dos primeiros a se formar em 1875, mas em 1871, como quartanista, já aparecia em manifestações públicas. Alguns anos depois, também passaram pela escola os abolicionistas republicanos Olavo Bilac e Pardal Mallet, como também os republicanos abolicionistas Barata Ribeiro, Érico Coelho, Brício Filho e Alexandre Stockler. Cf. Moraes (1985, p. 49). Enfim, convém recuperar a presença de Ezequiel dos Santos da *Nova Luz Brasileira* como professor do curso de Farmácia. Ao concluir a biografia do personagem, Marcelo Basile (2001) mostra que, com a vitória do regresso, a sua atuação política foi completamente silenciada, restando apenas a sua trajetória como farmacêutico e professor da Escola de Medicina. É bem possível que, mesmo adaptando-se à vitória do regresso, a sua prática docente na Escola de Farmácia não fosse completamente destituída de conotação política. De todo modo, ele foi professor da turma de José do Patrocínio e um dos únicos a apoiar o futuro abolicionista na sua passagem pela escola. "A minha carta de Farmácia tinha três distinções, dadas por Morais e Vale, Domingos Freire, Ezequiel Corrêa dos Santos [...]" (MAGALHÃES JÚNIOR, 1969, p. 28).

118. Cumpre notar que a "confusão" entre o câmpo literário e o ativismo político é um aspecto importante no século XIX e que transcende, portanto, a questão da "censura". Cf., dentre outros, Winock (2006).

redigido pelos estudantes de Medicina "Ferreira Leal, Manoel Felizardo de Azevedo, Lopes Trovão, João da Matta Machado, Ramiro Fortes de Barcellos, Costa Senna, e muitos outros, todos republicanos, entre os quais o autor deste esboço"[119].

As conferências públicas foram outro importante espaço de sociabilidade e vetor fundamental desse ativismo político. Nos anos de 1877-1878, tanto Vicente de Souza quanto Lopes Trovão foram oradores em várias conferências públicas em escolas, teatros e associações profissionais.

No mês de maio de 1877, teve início uma série de conferências em prol das vítimas da seca do Norte, com ampla repercussão na imprensa e organizada pelos estudantes do quarto ano de Medicina, dentre eles, Vicente de Souza[120].

Os discursos de Vicente de Souza e de Lopes Trovão, num "teatro ginásio completamente lotado", foram noticiados na *Gazeta de Notícias*, que, mesmo destacando o isolamento dos "jovens revolucionários" em relação aos "homens notáveis do Brasil pela diferença de crenças", ressaltou a inteligência e a erudição dos oradores (*Gazeta de Notícias*, 21 de maio de 1877)[121]. Pela reação do monarquista José Tito Nabuco de Araújo – em cartas publicadas na mesma *Gazeta* –, tomamos conhecimento do teor republicano das conferências e da forte oposição provocada nos meios oficiais. Nessa polêmica entre o monarquista e os republicanos, vale a pena recuperar três aspectos principais: a grande repercussão das conferências, o clima

---

119. Augusto César de M. Azevedo publicou, na seção "Folhetim" da *Gazeta de Notícias*, no dia 24 de dezembro de 1880, uma pequena história do republicanismo no Brasil.

120. Em 1877, diversas províncias do Norte sofreram com uma grande seca, principalmente o Ceará, a Paraíba e o Rio Grande do Norte. Nas memórias de Júlio do Carmo, foi esse "acidente cósmico" que, após o empastelamento de *A República*, trouxe de volta a ideia republicana para a esfera pública. Ferro Cardoso e José Leitão "tomaram uma atitude franca e louvável na obtenção de socorros para as vítimas do acidente cósmico e desse acidente se aproveitaram os republicanos para a propaganda em comícios nos teatros. [...] Lopes Trovão, José do Patrocínio, Vicente de Souza e, mais tarde, Alberto Carvalho resolveram iniciar uma série de conferências públicas. Nessas reuniões populares, assistidas por milhares de pessoas, de todos os credos e camadas sociais, foi que a sociedade carioca se familiarizou com as doutrinas republicanas" (CARMO, 1922, p. 29). No ano de 1877, José do Patrocínio viajou para o Ceará no intuito de coletar informações sobre a seca. As suas impressões sobre a calamidade foram publicadas na forma de folhetins – "Os retirantes" – na *Gazeta de Notícias*. "As notícias ocuparam um lugar de destaque nas primeiras páginas dos jornais da Corte" (MACHADO, 2014, p. 97).

121. A *Gazeta* transformou essas conferências, com os seus "sonhos de mocidade revolucionária", em tema do folhetim. Esse é um dos inúmeros exemplos do papel fundamental da *Gazeta de Notícias* e de Ferreira de Araújo na expansão do republicanismo, mesmo não se definindo como órgão de propaganda.

de insatisfação com o ministério conservador e a reativação do discurso dos regressistas contra a República.

O posicionamento de José Tito Nabuco de Araújo contra os "jovens republicanos" recuperou a dicotomia entre o Império da Ordem, da tolerância e do pacifismo e as repúblicas vizinhas, prisioneiras de revoltas, golpes de estado e violência[122]. Apesar de entender o "anseio reformista", o monarquista considerava que a opção republicana era "um remédio pernicioso e fatal ao porvir e integridade do Brasil", podendo levá-lo à mesma situação "caótica" das repúblicas vizinhas (*Gazeta de Notícias*, 19 de julho de 1877).

Em relação à expansão das conferências públicas nessa conjuntura, Augusto de Castro, nas suas "Cartas de um caipira", publicadas no *Jornal do Commercio*, permite-nos entrever o seu caráter erosivo das estruturas políticas tradicionais:

> Desde que me entendo, nunca vi o Rio de Janeiro em tamanha ebulição [...] dir-se-ia uma casa de marimbondos [...] **todos falam**; [...] e até há quem pregue o seu sermão nos teatros aos domingos [...] Muita de indústria evitei desde o princípio servir-me da palavra – **conferência** – tão **escabrosa** atualmente, substituindo-a por sermão [...] risquemo-la, mano, quanto antes (*Jornal do Commercio*, 27 de julho de 1877 – grifos nossos).[123]

Apesar das polêmicas e da acusação de radicalismo, os republicanos prosseguiram as suas conferências em diversas instâncias. Em agosto de 1877, sob a iniciativa de Aristides Lobo, vários republicanos – dentre eles, João Ferreira Polycarpo, Pedro Tavares, Ferro Cardoso, Esteves Júnior, Mathias Carvalho, João Clapp, José do Patrocínio, Vicente de Souza, Júlio Diniz, João Maria do Amaral e Luiz Leitão – assinaram um termo de adesão ao Partido Republicano[124]. Um mês depois, no dia 15 de novembro de 1877, Lopes Trovão, junto a Almeida Pernambuco, Ferro Cardoso, Emiliano de

---

122. Na argumentação monarquista, plenamente desenvolvida pelo historiador Francisco Adolfo de Varnhagen, o republicanismo representava um fator desagregador do principal legado da colonização portuguesa que teria sido a unidade e a integridade do imenso território brasileiro. Para uma análise que enfatiza a oposição entre "fatores agregadores" e "fatores desagregadores" no pensamento do historiador, cf. Guimarães (2001).

123. Augusto de Castro nasceu em 1833 no Rio de Janeiro e faleceu em 4 de agosto de 1896 em Niterói. Formou-se advogado pela Faculdade de Direito do Recife em 1857. Escreveu mais de quatrocentas crônicas por mais de dez anos para a Seção "Cartas de um caipira" (1871-1883) do *Jornal do Commercio*. Sobre a obra de Augusto de Castro, cf. Ribeiro (2013).

124. Esse documento será analisado no capítulo 8.

Rosa Senna, dentre vários outros, fundaram a mais importante das associações do período, o Club Republicano de São Cristóvão (CRSC).

Mesmo com o seu papel fundamental na organização do republicanismo do Rio de Janeiro, a associação é pouquíssimo citada nas poucas histórias sobre o Partido Republicano no Império. A ausência do clube no livro que continua sendo o mais importante sobre o tema talvez explique a interpretação de que o período entre 1873 e 1878 foi de "anos sem importância nos anais do republicanismo" (BOEHRER, 2000, p. 58). A frase é de George Boehrer, que, apesar da sua ampla pesquisa documental, não identificou a existência do clube. Como veremos no capítulo 4, o clube teve um papel fundamental na campanha contra a reforma eleitoral proposta pelo governo liberal e foi visto retrospectivamente, em muitas memórias republicanas, como o núcleo da resistência do republicanismo após o empastelamento de *A República*, em 1873.

É possível que a história dessa associação também tenha sido perpassada pela preocupação dos republicanos em escapar da censura, pois só sabemos que o clube foi fundado em novembro de 1877 porque, em 15 de novembro de 1880, a *Gazeta de Notícias* nos informou sobre o seu terceiro aniversário[125].

Nesse ponto, vale um retorno às ruas do Rio de Janeiro, poucos dias antes do Vintém, num confronto entre a polícia e os populares, analisado pela pesquisadora Ana Flávia Magalhães Pinto (2018). Esse episódio nos fornece uma oportunidade para retirar Lopes Trovão do seu "isolamento" postulado em algumas interpretações[126].

Um "homem de cor", que observava o movimento das ruas nas proximidades do Largo da Cancela em São Cristóvão, foi abordado e preso pela polícia. A arbitrariedade provocou descontentamento e gerou uma aglomeração, que, por sua vez, atraiu "a patrulha [...] que prendendo a torto e a direito homens **que saíam da Escola Gratuita da Cancela** ameaçava-

---

125. Já o jornal do bairro de São Cristóvão, fundado em 1882, *O Espinho*, diz que o clube havia sido fundado em 1876. Somente em meados de 1879 a vinculação entre as sociedades literárias e o republicanismo foi explicitada, como no caso da associação "Ensaios Literários", que, sob a presidência de Jerônimo Simões, anunciou uma reunião para a organização do Partido Republicano na sua sede. George Boehrer (2000, p. 58) cita a repressão da polícia aos republicanos e aos seus jornais, mas não incorpora esse dado às suas considerações sobre as dificuldades e mesmo "desimportância" do partido.

126. "Naturalmente Lopes Trovão tornou-se herói popular, mas o republicanismo em si não representou nenhuma parte nos distúrbios" (BOEHRER, 2000, p. 64).

-os com exercícios de capoeiragem, mostrando canivetes e navalhas". À *Gazeta de Notícias*, os populares teriam dito que essas arbitrariedades se repetiam continuamente no lugar (PINTO, 2018, p. 187-188). Que lugar era esse? O mesmo local onde, desde 1877, pelo menos, funcionava a Escola da Cancela e o Club Republicano de São Cristóvão que reunia libertos e escravizados junto a vários ativistas – dentre eles, Lopes Trovão, Capitão Ernesto Rosa de Senna, Vicente de Souza, José do Patrocínio, Ernesto Senna, Ferro Cardoso, Almeida Pernambuco, Alberto de Carvalho, Mathias Carvalho e Padre Trindade[127].

2.1 O retorno dos liberais e a radicalização do ativismo republicano

Apesar de legítima, a decisão do imperador de dissolver o ministério liberal, em 1868, rompeu com a "normalidade" vigente do sistema político no segundo reinado[128]. Por sua vez, a revolta dos liberais contra a intervenção do Poder Moderador desdobrou-se em novos periódicos, conferências públicas, na reativação das referências à revolução, inclusive pela célebre frase "Reforma ou revolução", culminando com a fundação de um Partido Republicano[129].

Na oposição, os liberais criticaram, insistentemente, o sistema político, que teria permitido, dentre outros "absurdos", conceder aos conservadores a possibilidade de realizar – de uma forma incompleta e deturpada – o programa do partido liberal, inclusive a Lei do Ventre Livre.

Agora, em janeiro de 1878, os liberais eram chamados justamente para implementar uma reforma eleitoral que permitisse o aperfeiçoamento do sistema político[130]. Mas, enquanto na esfera parlamentar o debate se limi-

---

127. À afirmação de Pinto (2018, p. 206), "no início dos anos 1880, um grupo relativamente coeso de abolicionistas negros a travar o combate de ideias em nome da liberdade e da cidadania", acrescentaríamos "abolicionistas republicanos negros", dentre eles, Alberto de Carvalho, Vicente de Souza e José do Patrocínio.

128. Ante a crise do ministério Zacarias, como os liberais tinham maioria na Câmara, o "normal" teria sido a composição de um novo governo pelos próprios liberais. Em relação a essa conjuntura, parte da historiografia explica a intervenção do Poder Moderador em prol da formação de um ministério conservador pelo papel desempenhado por Caxias num momento crucial da Guerra do Paraguai.

129. Cf., dentre outros, o texto "Radicalismo e republicanismo", de Carvalho (2009).

130. Na oposição, os liberais insistiram na necessidade das eleições diretas. Em 1874, teve início uma série de conferências sob a liderança de Manuel de Souza Dantas, na Bahia, para exigir a reforma eleitoral.

tava à questão da qualificação do voto e do melhor encaminhamento para a medida, nas conferências, nas associações e nos jornais republicanos, a discussão pautava-se pela necessidade de ampliar a esfera de decisão pela ativa participação popular[131].

Com a volta do Partido Liberal ao poder, em janeiro de 1878, esse republicanismo popular serviu-se do antigo grito de guerra dos liberais – "Reforma ou revolução" – para radicalizar os seus discursos e as suas ações.

2.1.1 A militância pela imprensa

Do ponto de vista da história da imprensa, a hegemonia saquarema representou a expressiva diminuição de títulos, o enfraquecimento da sua conotação política e o fim dos pasquins. A contestação da Ordem – num certo sentido, inseparável da ruptura operada em 1868 e traduzida na fundação do Partido Republicano em 1870 – desdobrou-se no renascimento da imprensa política, ainda que dentro de um novo quadro da própria história da imprensa.

Depois do empastelamento de *A República*, outros republicanos investiram na fundação de jornais. Em 1875, Ferreira de Araújo fundou a *Gazeta de Notícias*, que, apesar do republicanismo do seu proprietário, não se estruturou como um jornal de propaganda, mas pretensamente neutro e informativo, inclusive aderindo à famigerada seção "A pedidos", sem assinatura, uma das condições do sucesso do sempre oficial *Jornal do Commercio*[132]. Com venda avulsa, preço acessível de 40 réis e assinaturas bem mais baratas do que as do *Jornal do Commercio*, a *Gazeta* transformou-se num diário de grande sucesso, atingindo, em 1880, a tiragem de vinte mil

---

131. Sobre as discussões parlamentares em torno da reforma eleitoral, cf., dentre outros, "Capítulo IV – Novo sistema eleitoral" (HOLANDA, 1985).

132. Após o empastelamento de *A República*, Quintino Bocaiuva fundou, em 1875, o jornal *O Globo*, que, assim como a *Gazeta de Notícias*, não se definiu como órgão de propaganda republicana. Em relação ao jornal *O Globo*, a consulta foi bastante limitada em razão da sua não disponibilização no formato digital. Pelo jornal do republicano Quirino dos Santos, a *Gazeta de Campinas* (publicação diária), sabemos que, em 1877, circulou um outro periódico intitulado *A República*, que, do mesmo modo que o primeiro, sofreu perseguição da polícia, mas não obtivemos maiores informações a respeito dessa segunda folha. No editorial do dia 31 de julho de 1877, intitulado "A liberdade de imprensa ameaçada", o outro redator do *Gazeta de Campinas*, Carlos Ferreira, escreveu: "O fato de ter querido a polícia proibir a venda de um folheto e do jornal *A República* nas ruas da capital do Império, tem causado dolorosa impressão em grande parte da imprensa brasileira".

exemplares[133]. Ainda que não se tenha definido como um jornal de opinião e de propaganda, a *Gazeta* foi um importante veículo dos republicanos, abrindo espaço em suas colunas aos seus discursos e eventos[134].

Esse também foi o caso da *Gazeta da Noite*, que, a partir de novembro 1879, incorporou Lopes Trovão à sua redação, mas sem se apresentar como um órgão de propaganda republicana. Na difícil tarefa de manter um diário, a referência à imparcialidade, o caráter informativo, o preço acessível, a venda avulsa e o recurso aos quiosques e aos gazeteiros asseguraram ao jornal uma duração relativamente longa no quadro da imprensa do período, atingindo, em 1880, a tiragem de dez mil exemplares. Apesar de não se ter definido como um jornal partidário, o envolvimento crescente nos debates políticos pela óptica republicana foi um dos motivos para o fim do diário logo após o Vintém[135].

No período anterior à revolta, identificamos alguns jornais de propaganda republicana no Rio de Janeiro, mas só tivemos acesso a dois deles: *O Republicano*, que circulou em 1875; e *O Socialista*, em 1878, depois da ascensão dos liberais. Como a maioria dos periódicos do século XIX, eles fizeram parte de uma imprensa política, de curta duração e de periodicidade irregular.

A fundação de *O Republicano*, em 1875, foi divulgada e aplaudida na *Gazeta de Notícias*, mas em nenhum dos seus exemplares os seus proprie-

---

133. Ao comentar o preço dos jornais da Regência, Marcelo Basile (2014, p. 53) indica o preço de 80 réis para a maioria das publicações, mas indicando, também, jornais de 40 réis. Para avaliar o preço desses jornais, o autor lembra que a renda necessária para a condição de votante (eleitores de primeiro grau) era de 100:000$ por ano, que se desdobrava em 274 réis diários. Usando da mesma contextualização dos preços utilizada pelo autor e lembrando que essa renda seria de 200:000$ a partir da reforma eleitoral de 1881, podemos concluir que também os jornais da segunda metade do século XIX eram "mercadorias relativamente baratas, acessíveis à maior parte da população fluminense".

134. Inclusive, foi por meio da *Gazeta de Notícias* que se obteve a maior parte das informações sobre o ativismo republicano – os seus eventos, periódicos e conferências – antes da Revolta do Vintém. Em relação à importância da *Gazeta de Notícias* nesse contexto, Júlio do Carmo (1922) observou: "Nessa época [das conferências para as vítimas da seca] a *Gazeta de Notícias*, fundada por Ferreira de Araújo e Manuel Carneiro, exercia benéfica influência popular. [...] Ferreira de Araújo imprimiu ao seu jornal uma feição toda especial **democratizando a imprensa**, não só da capital, mas de todo país, que, mais tarde, preparou essa força que fez a insurreição por causa do imposto do vintém". Em relação ao papel da *Gazeta* na propaganda republicana, afirmou: "Também Ferreira de Araújo pelas colunas da *Gazeta de Notícias*, **coopera, direta e indiretamente para incrementar o movimento republicano**" (p. 30-31) – grifos nossos. Interessante observar que Júlio do Carmo, apesar de reconhecer a importância de Quintino Bocaiuva, não menciona o papel do jornal *O Globo*.

135. Esse periódico será analisado com maior profundidade no capítulo 3. Ele circulou entre abril de 1879 e março de 1880.

tários ou redatores foram nomeados[136]. Com periodicidade bissemanal, *O Republicano*, assim como vários outros jornais do período, apresentou, no seu primeiro número, um programa ou uma plataforma política.

Pela revolução, propunha romper com as estruturas políticas do Império amparadas no favoritismo, apesar de questionar o uso da violência como meio para as reformas[137]. Mesmo definindo o campo da propaganda como o único legítimo e repudiando o "jacobinismo", *O Republicano* advertia os seus interlocutores, na edição de 25 de dezembro de 1875, de que "os povos, como os indivíduos, sofriam e se cansavam de sofrer"[138].

Quais eram as reformas necessárias para impedir o "fulgido das armas e o clarão avermelhado dos archotes"? (*O Republicano*, 29 de dezembro de 1875). As mesmas de várias outras folhas republicanas que, por sua vez, se aproximavam das realizações da Terceira República francesa. Dentre os pontos mais importantes estava a defesa da instrução pública, da escola laica e gratuita, que, por sua vez, impunha a separação entre a Igreja e o Estado (*O Republicano*, 21 de dezembro de 1875)[139].

Contrariamente ao silêncio do Manifesto Republicano de 1870 em relação à questão escravista, o programa de *O Republicano* pedia a "lavoura sem escravos e as herdades sem os feitores" (21 de dezembro de 1875). Diversos poemas publicados no jornal procuravam gerar a compaixão do leitor pelos escravizados como pessoas que sofriam com a violência, os castigos e a impossibilidade de manter os seus laços afetivos. Além disso, a folha criticava a posição do imperador, que se mostrava liberal e progressista nas suas viagens à Europa – divulgando a "falácia" da libertação dos escravizados pela lei de 1871 – enquanto, no Brasil, nem ao menos cobrava a efetiva aplicação dos seus dispositivos. Por fim, o periódico trazia a rei-

---

136. Segundo Marcelo Basile (2014, p. 57), o anonimato foi uma prática generalizada durante todo o Império, sobretudo na primeira metade do século XIX, pois garantia "uma sensação de proteção e liberdade para publicar ideias proibidas". No período analisado, também era muito comum o anonimato, o uso de iniciais ou pseudônimos. Ainda segundo Basile, a explicação estaria nas disposições do Código Criminal e da Lei de Imprensa de 1830, que afirmava o princípio de liberdade, estabelecia a criminalização dos "abusos da imprensa", responsabilizando, primeiramente, o impressor; em segundo, o editor; depois, o autor; e, por último, os vendedores.

137. Sobre a centralidade do tema da violência política no debate público dos séculos XIX-XX, cf. Braud (2004).

138. Todos os números traziam referências diretas à revolução como "único e absoluto meio de regeneração e salvamento".

139. As duas reformas estiveram no centro das disputas políticas na própria "pátria da revolução" pós-comuna de Paris. Cf., dentre outros, Chevallier (1981).

vindicação da maioria dos republicanos, de descentralização administrativa e federalismo (*O Republicano*, 25 de dezembro de 1875)[140].

Três anos depois, já sob o ministério liberal, vem a público outro título do campo republicano, *O Socialista*, ao qual foram vinculados Vicente de Souza e Lopes Trovão, que, no entanto, negaram essa informação. No mesmo momento em que Vicente de Souza foi ao *Gazeta de Notícias* para dizer que não fazia parte da redação, *O Socialista* desmentia, no dia 29 de julho, o "boato" de que Lopes Trovão era um dos seus integrantes[141]. No mês seguinte, voltou ao assunto afirmando que *O Socialista* gostaria muito de contar com a colaboração de Vicente de Souza, Lopes Trovão, José do Patrocínio, Júlio Gama e Bento Cortez, mas que, apesar de alguns se definirem como socialistas, não integravam o seu corpo de redatores.

Esse jornal começou a circular em julho de 1878, um mês após o segundo atentado contra o Imperador Guilherme I da Alemanha, tema do seu primeiro editorial, assinado Hödel[142]. Com escritório e redação na Rua Primeiro de Março, 15, definindo-se como "político, chistoso e comercial", com periodicidade semanal, apresentava-se como órgão do Club Socialista, mas sem fornecer informações sobre os seus membros, proprietários ou redatores.

---

140. O último número desse jornal disponível para a leitura foi o de 29 de dezembro de 1875. Pela *Gazeta de Notícias*, sabemos que um quarto número foi publicado no início de 1876. Essa informação está na *Gazeta de Notícias* do dia 1º de janeiro de 1876. Depois disso, mais nenhuma menção a essa publicação. O jornal seguiu, portanto, o padrão da maioria dos jornais de opinião, com um período de curtíssima existência. Pela mesma *Gazeta* (do dia 12 de janeiro de 1876), é possível saber que, logo em seguida, começou a ser publicado outro "órgão republicano", o *Rebate*.
141. Na seção "A pedidos" da *Gazeta de Notícias*, no dia 12 de agosto de 1878, com o título "Prevenção", Vicente de Souza escreveu: "Declaro que não sou redator do hebdomadário – *O Socialista*".
142. Entre 1877 e 1878, os anarquistas partidários da doutrina da "propaganda pela ação" praticaram diversos atentados na Europa, dentre eles, os de 11 de maio e 5 de junho de 1878 contra o Imperador Guilherme I da Alemanha; o de 25 de outubro de 1878 contra o Rei Afonso XII da Espanha; e o de 11 de novembro de 1878 contra o Rei Humberto I da Itália. Max Hödel foi o autor do primeiro atentado fracassado contra o Imperador Guilherme I da Alemanha, no dia 11 de maio de 1878, condenado e decapitado no dia 16 de agosto de 1878. Uma segunda tentativa foi realizada pelo anarquista Karl Nobiling, no dia 2 de junho de 1878, que atingiu o imperador com um tiro. Após a ação, disparou contra a sua pessoa, morrendo na prisão três meses depois. Sobre a "propaganda pela ação" e os atentados anarquistas, cf. James (1977). Nas suas poucas edições que circularam entre julho e agosto de 1878, *O Socialista* voltou repetidamente aos atentados e à política repressiva de Bismark contra os socialistas. Na *Gazeta de Notícias*, o termo "socialismo" aparece poucas vezes antes de 1875 e cinquenta e três vezes entre os anos 1875 e 1879, mas somente a partir de 1877. No ano de 1878, a palavra foi mencionada na associação com o contexto alemão. Em 1878, o maior número de ocorrências está relacionado ao movimento socialista alemão e, sobretudo, ao atentado e à condenação à morte de Hödel. Inclusive, a sua condenação foi anunciada "como o maior acontecimento social de nossos dias" por uma companhia de teatro que reproduziria a cena de sua morte.

Assim como a maioria dos periódicos, *O Socialista* não chegou a completar dois meses, com apenas sete exemplares. No entanto a sua curta história traz à tona alguns pontos importantes. Em primeiro lugar, a circulação das ideias socialistas e anarquistas entre as lideranças republicanas, pois, ainda que Vicente de Souza e Lopes Trovão não tenham integrado a redação, foram enfaticamente associados ao jornal[143]. *O Socialista* também informava que congêneres circulavam na mesma época em outras províncias, acusando o recebimento de *A Internacional Socialista*, da Bahia, e de *O Tribuno socialista*, de Pelotas. Se o jornal reconhecia que o *club* e a opinião socialista ainda tinham pouca influência no Brasil, em contrapartida, considerava que a monarquia já estava morta, pois a ideia republicana já dominava todos os ânimos. Portanto o seu papel era colaborar para o fim da monarquia e para a instauração de uma "República democrática", pois a República só se realizaria plenamente com a democracia.

Em segundo lugar, a sua curta história remete-nos tanto ao modo de divulgação do periódico quanto ao funcionamento das práticas repressivas. A partir de agosto, todos os números denunciaram as ações do chefe de Polícia para prejudicar a extração da folha, como a prisão de meninos vendedores do jornal, lembrando que essa forma de venda era bastante importante para a difusão das ideias, mesmo para o público não leitor, já que "palavras-chave" eram repetidas à exaustão nas ruas[144].

A tese da precariedade da liberdade no século XIX encontra mais um argumento nas denúncias de *O Socialista* do dia 17 de agosto de 1878 contra a prisão de crianças que – pelo "crime" de vender jornais – eram enviadas ao interior para servirem como mão de obra nas fazendas:

> Nada menos de 176 menores têm sido presos depois da publicação do primeiro número de *O Socialista*![145] Com que direito

---

143. Apesar dessas negativas e da ausência de informações sobre os proprietários desse jornal, o poeta Mathias Carvalho, militante republicano do mesmo grupo do Lopes Trovão e Vicente de Souza, identificou-se, logo depois, como socialista.

144. A importância dos meninos vendedores para que a campanha abolicionista – e, acrescentaríamos, a propaganda republicana – literalmente "ganhasse as ruas" é um aspecto enfatizado também por Machado (2014, p. 130).

145. O primeiro número de *O Socialista* foi lançado em 24 de agosto de 1878. Essa, entre várias outras referências ao longo deste livro, corrobora a referência à extrema precariedade da liberdade em contraste com a noção de "transição do trabalho escravo para o trabalho livre" como eixo orientador da história das relações de trabalho nesse período. Cf. Lima (2005, p. 289-326); Grinberg (2006, p. 101-128); Chalhoub (2010).

e em que lei o Sr. Chefe encontra arrimo para prender crianças livres e fazê-las escoltar até o interior para substituir o braço do escravo? Em que condições deseja V. Ex. ser considerado, impondo às míseras criaturas um tratamento cruel como seja: o chicote, o feijão e carne seca em tinas de madeira?

Nesse ponto, os mecanismos políticos para limitar a liberdade da imprensa se articulavam a procedimentos de vulnerabilização das famílias escravizadas e de libertos tantas vezes identificados pela história social[146]. Do mesmo modo, a polícia reprimia outro procedimento importante para a circulação de ideias nesse período: a afixação de proclamações nos principais pontos da cidade[147]. Em agosto, a folha referiu-se a uma proclamação socialista, que tinha sido afixada na esquina da Rua do Ouvidor e do Beco das Cancelas, chamando a atenção de muita gente e provocando a intervenção policial.

Assim como várias outras folhas que circularam nesse período, essa publicação não se definia pela sua intenção informativa, mas sim pela formativa, e, como tal, apresentou um programa político. O jornal – que nascia no contexto das ações anarquistas com grande repercussão na Europa – indicou, no seu primeiro número, um dos seus principais objetivos: refutar as explicações da imprensa da Corte que, ao condenar os atentados, indispunha o público contra as ideias socialistas e anarquistas. Além dessa intervenção conjuntural, a crítica às desigualdades sociais foi o eixo central de *O Socialista*, que, apesar de reprovar a violência política empregada pelos anarquistas, a considerava como reação natural à violência social, que dividia a sociedade em privilegiados e despossuídos.

A principal arma para a realização da ideia socialista devia ser a propaganda pela imprensa e pela tribuna, mas as extremas desigualdades sociais desencadeavam atos extremos[148]. No sentido de diminuí-las, a principal resolução reclamada era o fim do direito de herança que devia ser entregue

---

146. Cf., dentre outros, Urruzola (2019). Esse assunto será retomado no capítulo 5.

147. Marco Morel (2005) analisou a convivência entre formas modernas (imprensa) e arcaicas (papéis, cartazes, manuscritos etc.) de propaganda política e formação da esfera da opinião pública no período entre 1820 e 1840. Cumpre notar que, no período da nossa análise, é possível identificar diversos registros sobre a convocação de reuniões por meio de proclamações em lugares públicos.

148. Para o jornal, o abismo entre o operário e a exuberância das cortes levava ao desespero, o que, por sua vez, gerava o crime. Se o crime não era legítimo, legítima era a doutrina defendida pelos socialistas e os anarquistas contra a riqueza privada e em favor da riqueza pública (*O Socialista*, 17 de agosto de 1878).

ao Estado. Só essa medida podia colocar fim ao extremo conflito entre "os herdeiros permanentes e os deserdados perpétuos". O direito à propriedade era o resultado da brutalidade e da violência; o direito de herança gerava o luxo, o desperdício, a aversão ao trabalho e à miséria. Em razão dele, o fausto e a ostentação podiam desfilar, lado a lado, com a miséria pelas ruas, gerando corrupção, crime, desespero e ódio.

Por isso, esse direito era insustentável, assim como o direito à propriedade. A concentração da propriedade e do capital na mão de capitalistas e banqueiros estava na origem de todos os males sociais e, por isso, era necessário que a propriedade fosse distribuída por todas as classes e que o "grande rico" fosse o tesouro público (*O Socialista*, 17 de agosto de 1878). Entre as reformas urgentes, *O Socialista* também exigia a extinção da escravidão, ao mesmo tempo que criticava a monarquia e o imperador pela manutenção da instituição, causa do descrédito do Brasil na Europa.

A crítica ao sistema político era um dos principais temas de *O Socialista*, que se juntava aos outros militantes republicanos na oposição ao recém-empossado ministério liberal[149]. A volta dos liberais ao poder, com medidas contrárias ao programa de reformas anteriormente propalado, impunha a esse republicanismo "radical" a referência constante à revolução, apoiando-se na célebre frase dos liberais de 1868. A única dúvida dizia respeito aos métodos: a revolução pacífica ou a revolução armada?[150]

2.1.2 O ativismo político e as manifestações públicas

De certo modo, a questão do fim da escravidão sempre esteve presente nos discursos de intelectuais e estadistas brasileiros, nos tribunais, na imprensa, no Parlamento e em conferências, mas, só na década de 1880, a reivindicação abolicionista ganhou as ruas. Para entender como o

---

149. As eleições só serviam para manter no poder os velhos chefes que usavam da violência para aplacar o "exercício da maior soberania popular", transformando a cidade em praça de armas, com capangas e soldados para extirpar a liberdade do voto. Em relação ao processo eleitoral em curso em agosto de 1878, denunciava as manobras dos liberais para a permanência no governo, "traidores" e "falsos liberais", que tinham abandonado o ideal de democracia, antes propugnado, para adotarem os mesmos métodos dos seus adversários. A vitória do partido no poder nada mais era do que a expressão da corrupção da estrutura política do Império, a eterna repetição de dois partidos que se revezavam sem nunca empreender nenhuma das transformações necessárias (*O Socialista*, 10 de agosto de 1878).

150. Aliás, "Revolução" era o título de outro jornal republicano que começou a circular no início de 1879, cujo redator, Carlos Moura, desempenhou um papel importante na discussão sobre a reforma eleitoral até o ano de 1881. No entanto, não foi possível ter acesso a esse periódico.

republicanismo foi importante para trazer "as manifestações de rua" para a arena política, é interessante situar os eventos republicanos nesse fim da década de 1870, no quadro mais amplo da história das manifestações públicas do Império.

Neste trabalho, será possível identificar as referências a eventos abolicionistas ora como procissões, préstitos, cortejos, romarias e bandos precatórios, ora como *meetings* e comícios. A análise que segue tem como base o levantamento quantitativo e qualitativo de ocorrências relativas a esses termos no *Jornal do Commercio* entre os anos de 1827 e 1900, no sentido de contextualizar os diferentes tipos de manifestação em relação às diversas conjunturas políticas. Já a análise dos dicionários de época ajudou a identificar as mudanças em relação às definições desses termos.

Nos dicionários da primeira metade do século XIX, esses termos têm significados muito específicos, que permitem a distinção nítida entre eles. Por exemplo, o termo "préstito" significa "procissão em que o reitor sai da universidade acompanhado dos doutores e estudantes, bedéis etc. para ir assistir a alguma solenidade"; o termo "procissão", "função religiosa em que muitos eclesiásticos e leigos em duas alas cantando salmos etc. acompanhando o Santíssimo, ou algumas imagens de santos"; e o termo "romaria", "peregrinação devota à terra santa, ou à Igreja onde se acha a imagem ou relíquias de algum santo". Nos dicionários analisados, nem a palavra "passeata", nem a palavra "*meeting*" são contempladas; já o termo "comício" é definido como "certas juntas que tinham os romanos".

Os dicionários do início do século XX já contemplam a transformação perceptível nos discursos impressos dos nossos ativistas políticos da segunda metade do século XIX, que tendem a assimilar essas palavras. A definição de "préstito" no *Novo Dicionário da Língua Portuguesa*, de Cândido de Figueiredo (1913), exemplifica bem essa assimilação e, de certo modo, a laicização dessas manifestações: "Agrupamento de muitas pessoas em marcha; procissão, cortejo". Em relação à palavra "comício", apesar de guardar a referência romana, é definida, primeiramente, como "reunião de cidadãos para tratar de assuntos de interesses públicos". O *Novo Dicionário da Língua Portuguesa* também incorpora a palavra "meetingueiro", que significa "aquele que frequenta comícios ou costuma falar neles (do inglês, *meeting*)".

* * *

Os préstitos, as procissões, as romarias e os cortejos eram manifestações fundamentais da cultura popular religiosa[151], apesar de assumirem, frequentemente, uma conotação política, ou como mecanismo de exaltação do poder monárquico ou como atos de protesto, de crítica e de reivindicações. A análise dos diferentes usos dessas manifestações permite-nos identificar os vínculos incontornáveis entre a história cultural e a história política, já que as escolhas do tipo de manifestação pública e dos eventos a serem comemorados ou lembrados são construídas num quadro de disputas políticas.

Inscritos na esfera da experiência religiosa, os cortejos fúnebres serviram como manifestações políticas fundamentais no momento da abdicação e no início da Regência[152], assim como foram amplamente utilizados para a consolidação do poder monárquico. Entre os cortejos comemorativos, convém destacar o de 7 de abril, da "Revolução da Abdicação" que, contando com grande participação popular, foi muito importante até, pelo menos, o ano de 1837, quando começou a perder espaço para outros cortejos[153].

No centro da disputa política do regresso, os deputados "conservadores" defendiam o cortejo natalício e o beija-mão, enquanto os deputados da oposição criticavam a volta desses rituais. Depois da maioridade, o cortejo de 7 de abril praticamente desapareceu, e as datas da monarquia e da "história nacional" foram construídas pelo uso dos cortejos do Dia do Fico, do dia da aclamação do imperador, do aniversário de Pedro II e do juramento da Constituição[154].

---

151. A historiadora Martha Abreu (1999, p. 35) ressalta a necessidade de se compreenderem as transformações culturais do século XIX pela referência à permanência de uma "herança religiosa colonial" que se define, dentre outros aspectos, "pela mistura do sagrado e do profano, a importância do culto dos santos e a teatralização da religião".

152. No *Jornal do Commercio* do dia 11 de outubro de 1831, a ocorrência dos cortejos aparece associada a dois tipos principais: os fúnebres e os comemorativos. Em relação aos fúnebres com conotação política, destaca-se o do "cidadão Estevão", jovem morto no assalto à Fortaleza da Ilha das Cobras, na "Revolução da Abdicação", que reuniu milhares de pessoas nas ruas do Rio de Janeiro.

153. Marco Morel (2005) mostra como o contexto da abdicação foi compreendido pelos atores políticos como uma revolução, inclusive na aproximação com os acontecimentos franceses da Revolução de 1830. Do mesmo modo, como veremos em diversas oportunidades, os republicanos analisados neste trabalho caracterizavam os acontecimentos de 1831 como Revolução.

154. Entre 1830 e 1839, o mecanismo de busca da Biblioteca Nacional Digital indica cento e cinquenta e três ocorrências para o termo "cortejo" no *Jornal do Commercio*. Na análise desses termos, é perceptível o investimento crescente, principalmente a partir de 1838, nas comemorações de 2 de dezembro (aniversário de Pedro II) em detrimento da comemoração de 7 de abril (dia da abdicação). Na edição do dia 11 de maio de 1838, o jornal apresentou a discussão no Congresso sobre o

Por sua vez, os préstitos fúnebres ou comemorativos – que aparecem com significados e descrições muito próximos aos dos cortejos – tornaram-se muito importantes na década de 1840, principalmente pelos eventos da Casa Imperial, enquanto, no fim da década de 1850, apareceram as primeiras notícias dos "préstitos carnavalescos"[155].

Todas essas manifestações eram estruturadas a partir dos pressupostos corporativos da sociedade do Antigo Regime, dispondo os indivíduos por categorias (profissionais, associativas e outras) sem distinções nítidas entre a ordem religiosa e a profana. Ao se apropriar dessas manifestações, o ativismo político transformou-as, mas não suprimiu os seus eixos organizacionais, como a divisão dos participantes em "alas" (das associações, das profissões etc.), cada um aportando o seu estandarte, com as suas próprias cores e os seus carros.

O número de procissões, préstitos e cortejos como manifestações políticas cresceu no fim da década de 1870[156] e, principalmente, na década de 1880, a década do abolicionismo. O cortejo fúnebre do Visconde de Rio Branco abriu os anos 1880 como um grande evento do campo abolicionista que, em seguida, se serviu desse recurso para a construção de grandes eventos políticos com forte participação popular[157].

---

cortejo natalício e o beija-mão. Os deputados do regresso defendiam o cortejo natalício e a volta do beija-mão, dizendo que esses rituais só tinham sido temporariamente suspensos porque Pedro II ainda era pequeno. Por sua vez, os deputados da oposição – dentre eles, Teófilo Otoni –, contrapondo-se à volta dessas manifestações, diziam que a sua suspensão significava que nem a monarquia nem os seus rituais contavam com a adesão popular. Na edição de 4 de dezembro de 1839, diferentemente dos anos anteriores, o *Jornal do Commercio* apresentou, na primeira página, os "festejos de 2 de dezembro" do mesmo modo que defendeu, em editorial, a maioridade. Em 1840, o jornal, em contraste com anos anteriores, não se referiu mais à comemoração do dia 7 de abril.

155. Como sinônimo de "procissão", o "préstito" mais importante era o de *Corpus Christi*, que chegou a reunir mais de oitenta mil pessoas em 1864. Os "préstitos carnavalescos" foram uma "invenção" das décadas de 1840 e 1850 em substituição ao entrudo, que foi durante perseguido, sobretudo a partir de 1836.

156. Uma das primeiras ocorrências da palavra "préstito" associada a uma conotação exclusivamente política aparece no *Jornal do Commercio* em Pernambuco, em 1873, relativa a uma manifestação pública em Recife contra os bispos e os padres que se posicionaram contra a maçonaria no auge da questão religiosa.

157. Em novembro de 1881. Em relação à importância dos enterros como dispositivo da ação política do campo reformador, os estudos sobre a França mostram essa prática principalmente a partir de 1820. "Os enterros de oposição, que ocorrem principalmente em Paris, surgem nos funerais do estudante Nicolas Lallemand, morto durante os conflitos de junho de 1820. Numa fase de restrição das liberdades públicas, o enterro de opositores importantes torna-se progressivamente um ritual de protesto [...]. Identificamos mais ou menos trinta ocorrências desse tipo na capital entre 1820-1840, dois terços relativos a representantes do povo" (PIGENET; TARTAKOWSKY, 2012, p. 48).

Se as tradições da cultura popular religiosa foram apropriadas e transformadas pela política, os *meetings* estruturaram-se como a principal manifestação exclusivamente política do século XIX. Quando analisamos a ocorrência da palavra "*meeting*" no *Jornal do Commercio*, entre 1827 e 1889, verificamos uma dupla expansão – quantitativa e geográfica – e, dependendo do país em que se instalava, o *meeting* tornava-se eixo de histórias diferenciadas.

Inicialmente, a palavra em inglês designava uma reunião em ambiente fechado em que um grupo discutia e tomava uma decisão a respeito de uma questão específica (política, comercial, profissional) e elaborava uma representação para ser encaminhada ao poder público. De início, limitado à Inglaterra, o *meeting* expandiu-se pelo mundo anglo-saxão, com usos mais específicos, como no caso dos *meetings* eleitorais para a apresentação dos programas dos candidatos. Até a década de 1860, as referências do *Jornal do Commercio* são, majoritariamente, relativas à Inglaterra e aos Estados Unidos, onde "tudo se tornava ocasião de um *meeting*"[158] e onde pareciam ser bem aceitos; contudo, eram duramente perseguidos na Irlanda pelas autoridades inglesas. Ao passar dos ambientes fechados para as ruas, os *meetings* eram dirigidos aos setores populares, adquirindo um lugar central no ativismo do campo reformador, mais ou menos radical, tornando-se, ao mesmo tempo, objeto de regulação, de intervenção policial e de violência.

Na comparação entre os repertórios dos movimentos de protesto, na França e na Inglaterra, no início dos anos 1840, os historiadores franceses constatam que: "Na França, as reuniões públicas – quando não eram proibidas – eram realizadas nos *clubs*, enquanto o *meeting* ao ar livre era, na Inglaterra, a principal forma de manifestação de protesto" (PIGENET; TARTAKOWSKY, 2012, p. 82, em tradução livre).

Somente na década de 1860 surgiram as primeiras referências de *meetings* em Portugal, que, no entanto, encontraram muita dificuldade para obter autorização, principalmente após a Proclamação da República na Espanha, em 1873. Nesse contexto, mesmo um *meeting* organizado para

---

158. "[...] que começa por discursos e acaba por uma resolução qualquer". Em 27 de março de 1853, o *Jornal do Commercio* procurou explicar aos seus leitores o que eram os *meetings* na Inglaterra: "Todas as associações, políticas ou não, têm seus *meetings* mais ou menos frequentes, conforme são mais ou menos urgentes as questões que cumpre resolver".

encaminhar o pedido de ampliação de distribuição de água foi proibido pelas autoridades[159]. Vale a pena lembrar que a sede do jornal *A República* foi atacada justamente no dia em que os republicanos resolveram festejar a Proclamação da República espanhola.

No Brasil, uma das primeiras ocorrências da palavra "*meeting*", para designar reunião de protesto em praça pública, esteve relacionada à manifestação organizada pelo líder da Praieira, o republicano Antônio Borges da Fonseca[160], em agosto de 1865, em Recife, para dirigir uma representação contra o governo português[161].

Depois disso, os *meetings* em território brasileiro, organizados por brasileiros, voltaram às páginas do *Jornal do Commercio*, em 19 de setembro de 1874, com a campanha pelas eleições diretas sob a liderança do liberal Manuel de Souza Dantas, na Bahia. O *meeting* foi anunciado para um espaço aberto, em Feira de Sant'Anna, mas foi transferido para o Teatro São João, que, "literalmente cheio", apresentou, segundo o jornalista, "um espetáculo de novo gênero".

A novidade dos *meetings* e as diferentes reações que provocava desdobraram-se em controvérsias sobre a melhor forma de noticiar uma manifestação pública. Nos últimos dias de outubro de 1871, os estudantes das faculdades de Direito e de Medicina de São Paulo reagiram, coletivamente, contra o decreto de 22 de outubro, que determinava mudanças importantes na forma dos exames acadêmicos. Apesar de noticiar os acontecimentos, o *Jornal do Commercio* não usou a palavra "*meeting*". Já o *Diário de São Paulo* criticou duramente o *Diário de Notícias* justamente por ter noticiado os eventos estudantis como *meeting*, "com o

---

159. O *Jornal do Commercio* apoiou a proibição.

160. Para uma biografia sobre Antônio Borges da Fonseca, cf. Santos (1994). Sobre o republicanismo abolicionista de Antônio Borges da Fonseca, cf. Germano (2020).

161. O *Jornal do Commercio* mencionou os "*meetings* praieiros", mas retrospectivamente, na década de 1860, e não no próprio contexto em 1848. Quanto ao *meeting* organizado por Borges da Fonseca, em agosto de 1866, ele tinha como objetivo dirigir uma representação ao governo, exigindo que navios portugueses fossem retirados da costa. Após "notícias espalhadas" sobre um "movimento revolucionário" "com o fim de proclamar-se a separação do norte", os comerciantes portugueses teriam pedido ao governo português navios de prontidão para garantir a segurança dos súditos, no que foram atendidos. O jornal *Liberal*, de Pernambuco, transcrito pelo *Jornal do Commercio* em 27 de agosto de 1865, desmentia a notícia da imprensa de que os portugueses corriam perigo em razão de um movimento revolucionário e separatista, e apesar de ter desaconselhado os seus correligionários liberais a fazer parte do *meeting*, chamava a atenção para a má atuação da polícia, que, durante a manifestação, "teria apresentado um aparato repressivo incompatível com a situação, com prisões injustas de pobres populares".

objetivo claro de prejudicar a causa dos acadêmicos, pintando-lhes como feras bravas"[162].

Aliás, o próprio *Diário de Notícias*, em 7 de junho de 1872, quase um ano depois, na sua seção de pequenas crônicas, permite-nos perceber a novidade dos *meetings*. Na conversa de um casal, a mulher era tratada como uma "pateta" por perguntar o que significava a palavra *meeting*, mas, no fim, o rapaz, pressionado, admitiu: "Um *meeting* é... Olha, se queres que te fale com franqueza, também não sei muito bem o que é".

Após cinco anos, em julho de 1877, as já mencionadas conferências em favor das vítimas da seca no Norte também geraram controvérsias em torno desse "espetáculo de novo gênero". O autor da seção "Cartas de um caipira" hesitou, propositalmente, entre três formas de designar os eventos: sermões, conferências ou *meetings*? Numa polêmica com o proprietário da *Gazeta de Notícias* – que elogiou as conferências da "juventude republicana" –, o articulista do *Jornal do Commercio*, em 27 de julho de 1877, mostrou-se adepto das reuniões públicas, mas só se fossem para tratar da "verdadeira política":

> Nesse particular estou em pleno acordo com um colega da imprensa que pede instantemente a reunião de *meetings*; mas [...] *meetings* em que não se faça praça de talento oratório tão somente [...]. Será também desse pensar o ilustrado colega? [...] Se é, ponha-se de viseira erguida à frente desse **grande melhoramento**, inscrevendo-se como orador do **primeiro grande *meeting*** nacional [...] (grifos nossos).

Apesar da alusão aos *meetings*, as conferências não foram anunciadas dessa forma, nem no *Jornal do Commercio* nem na *Gazeta de Notícias*, mostrando, ao mesmo tempo, a novidade, as controvérsias e os receios em relação a esse "novo" tipo de manifestação pública.

Ao que tudo indica, foi pelo "movimento estudantil" que a referência ao *meeting* se afirmou, definitivamente, a partir de 1878, na volta dos libe-

---

162. "Querem ver como esse jornal dá notícias dos fatos, por nós todos sabidos?"
"São 6 e meia da tarde e saem os acadêmicos do seu *meeting* cantando a sua Marselhesa, o hino acadêmico e levantando morras aos lentes subservientes e ao Império" (Notícia do *Diário de Notícias* do dia 1º de outubro citado pelo *Diário de São Paulo* do dia 7 de novembro de 1871).

rais ao poder, tanto nas escolas de Direito em São Paulo e em Recife quanto na escola de Medicina do Rio de Janeiro[163].

Enquanto os acontecimentos de 1871, relatados anteriormente, trouxeram controvérsias em relação ao emprego do termo *"meetings"*, as manifestações estudantis em São Paulo, no dia 9 de setembro de 1878, geraram consenso[164]. Depois de ganharem *A Província de São Paulo*, chegaram aos impressos do Rio de Janeiro, e nem o *Jornal do Commercio* deixou de se referir aos acontecimentos como *meetings* estudantis:

> Às 7 horas da noite, no pátio do colégio, perante quase três mil pessoas, realizou-se o *meeting* anunciado e para o qual tinham-se distribuído convites a toda cidade [...]. O numerosíssimo acompanhamento que se engrossava cada vez mais e que levava à sua frente o estandarte acadêmico parou em frente ao Grande Hotel [...]. Percorreu a manifestação as principais ruas da cidade (*Correio Paulistano*, 11 de setembro de 1878).

Como teremos a oportunidade de verificar, a construção do repertório abolicionista foi objeto de disputas na frente política: *meetings* em espaços abertos ou conferências nos teatros? Ressignificação das manifestações da cultura popular religiosa ou conferências públicas inteiramente laicas?

2.2 Os protestos republicanos e os antecedentes do Vintém

Independentemente da forma como foram anunciadas ou representadas pelos jornais, as manifestações públicas do ativismo republicano ganharam destaque nos anos de 1878-1879. Antes de tudo, essa militância organizava-

---

163. Apesar da constante referência à importância das escolas de Direito de São Paulo e de Recife como lugar de formação intelectual "da geração de 1870" – no seu aspecto reformista e contestatório das estruturas políticas e sociais do Império –, parece-nos que ainda existe espaço para uma maior articulação entre o movimento estudantil e os movimentos mais amplos pela abolição e pela República, inclusive, com maior relevância à noção de movimento estudantil. Dentre os autores que discutem a importância das escolas de Direito na formação intelectual da geração de 1870, cf. Alonso (2002). Em contrapartida, ao analisar a construção do movimento social pela abolição no seu livro *Flores, votos e balas* (2015), Ângela Alonso dá pouco destaque às articulações do abolicionismo com os "movimentos das escolas", majoritariamente republicanos, atribuindo maior relevância à atuação dos monarquistas em outros tipos de associação.

164. Essas manifestações ocorreram após o confronto entre os estudantes da escola de Direito e a força policial, que começou quando policiais quiseram impedir as calouradas na faculdade. Os estudantes reagiram, e os "urbanos" feriram vários deles. Os estudantes se dirigiram para o Palácio do Presidente da província, mas, não tendo sido ouvidos, voltaram para a faculdade e resolveram expulsar os urbanos.

-se para exigir dos liberais a fidelidade aos princípios defendidos em 1868 no tratamento dos principais temas do debate público: as questões religiosa[165], eleitoral, tributária, educacional e de emancipação dos escravizados.

Se muitas páginas foram escritas para discutir as causas e as consequências da inversão ministerial em 1868, temos poucas análises sobre a mudança operada em janeiro de 1878, que, na maior parte do tempo, é descrita a partir de duas esferas de ação: a da Coroa e a dos partidos no Parlamento[166].

Um dos desafios da nova história política é compreender a dinâmica parlamentar e as decisões governamentais na conexão com a história do associativismo, da imprensa e dos movimentos sociais. Será que a volta dos liberais ao poder pode ser dissociada da reorganização do ativismo republicano popular a partir de meados da década de 1870?

No fim da década de 1860, a demanda por reformas foi freada, em sua expansão, pelo sucesso do projeto "modernizador" dos conservadores, mas também – segundo a óptica dos republicanos – pela força da repressão. No entanto, a partir de meados da década de 1870, é possível verificar claramente o retorno dessa militância.

Por um lado, é plausível que a volta dos liberais tenha sido uma resposta da Coroa à expansão da militância republicana. Conforme a opinião de alguns jornais, o imperador acenava com reformas – "que teria trazido dos Estados Unidos" – para frear a onda de indignação contra "a política clerical da princesa" e teria "montado o ministério em 5 de janeiro" porque o "povo estava decidido a não esperar pela providência para encontrar melhor sistema de governo" (*A Democracia. Folha Popular*, 19 de julho de 1879)[167]. Por outro lado, a escolha do Ministro Sinimbu, "o maior con-

---

165. Nesse contexto, a questão religiosa articulava-se à discussão sobre a reforma eleitoral que trazia o tema da elegibilidade dos não católicos. Cf. Holanda (1985).

166. Apesar de comparar essa inversão à de 1868, na medida em que também os conservadores contavam com a maioria na Câmara, Sérgio Buarque de Holanda (1985, p. 185) analisa o contexto exclusivamente a partir da esfera parlamentar e da Coroa: "É possível que ao voltar D. Pedro de sua visita de 1876 à Europa e Estados Unidos, já se tivesse firmado em seu espírito o pensamento de chamar os liberais ao governo [...]. Não estava nessa situação a câmara que aqui encontrou com uma oposição de menos de dez por cento dos deputados eleitos e empossados. **A única explicação plausível para esse gesto acha-se talvez no fato de não ter correspondido às suas expectativas** [...]. Por outro lado, é provável que o tenha movido a necessidade de fazer com que a gangorra ministerial funcionasse na aparência, já que na realidade não funcionava" (grifo nosso).

167. Esse jornal, com periodicidade semanal, circulou na cidade de Piracicaba, na província de São Paulo, no ano de 1879. Antônio Gomes de Escobar era o seu redator/proprietário, segundo infor-

servador de todos os liberais imagináveis" (*Gazeta Nacional*, 7 de maio de 1888), para realizar uma reforma política limitada à questão eleitoral – segundo os princípios defendidos pelo próprio imperador – teve como efeito a radicalização do republicanismo[168].

* * *

Um ano e seis meses antes do Vintém, em maio de 1878, ainda no âmbito das "Conferências pelas vítimas da seca do Norte", Lopes Trovão defendeu a revolução como solução legítima, já que o sistema político se tornara completamente impermeável aos anseios reformistas[169]:

> Venha a revolução à mão armada! Sim! Instauremos processo violento contra os que nos têm governado, castiguemos os culpados. [...] As revoluções à mão armada têm isto de monstruoso: – corrigem pelo terror – Que importa, porém, quando marcam no horário das nacionalidades o momento santo da vingança popular? [...] fazei a revolução, levantai o povo, erigi a multidão em uma força capaz de prostrar os nossos inimigos [...] E nesse dia crede-me! Juro-vos pela minha honra! **Encontrar-me-eis na vanguarda dos primeiros combatentes**, empenhar-me-ei na luta – única luta violenta que justifico! (*O Corsário*, 17 de outubro de 1882 – grifo nosso)

À objeção de que existiam outros meios para as reformas – levantada por alguém do público – Lopes Trovão respondeu: "Bem o sei: – a revolução pacífica!... [...] eu não ignoro que 'convencer', é missão mais fecunda do que 'vencer', que as conquistas realizadas por via da pena e da palavra, no terreno pacífico da lógica são muito mais duradouras [...]. Não desconheço, portanto, a superioridade da revolução pacífica

---

mações do próprio jornal. Apesar de apresentar uma crítica contundente à monarquia, não se identificava como republicano.

168. Em relação à posição do Imperador, Sérgio Buarque de Holanda (1985, p. 184) afirma: "Ao escrever que, conforme o caso, estaria disposto a chamar ao governo os liberais, a fim de fazerem a reforma como o entendessem, queria dizer que não imporia a condição de ser ou não efetuada através de lei ordinária, embora reservasse sua opinião de que se tratava de matéria constitucional. Mas se evitava impor condições a esse respeito, não deixaria de lembrar, caso prevalecesse a ideia da reforma, a questão da renda exigida dos votantes e eleitores, assim como a necessidade de saberem estes ler e escrever".

169. Apesar de mencionar esse evento "num teatro completamente lotado", nem a *Gazeta de Notícias*, nem a *Gazeta da Noite* reproduziram o discurso do orador, que só foi publicado, 4 anos depois, pelo jornal de um dos seguidores das conferências de Lopes Trovão com o título "Compatibilidade e incompatibilidade dos republicanos com os cargos públicos". Proferido em 12 de maio de 1878, foi transcrito e publicado pelo *Corsário*, na sua sessão Folhetim, em vários números no ano de 1882. Esse jornal será analisado nos capítulos seguintes.

sobre a revolução violenta [...]. Isto não quer dizer, entretanto, que uma exclua a outra [...], ambas devem ser combinadas [...], uma primeiro do que a outra: – é quando o poder reincide nos atentados contra as liberdades públicas e o bem estar nacional. Então, os povos têm o **direito de conspirar, descer à praça e arriscar-se nos azares da revolução armada**" (*O Corsário*, 17 de outubro de 1882 – grifo nosso). A passagem em negrito remete-nos à discussão do início deste capítulo em relação aos diferentes entendimentos sobre a conjuntura a partir das referências do Manifesto de 1870: "regime de compressão e de violência" ou de "ficção e corrupção"? Com todas as letras, Lopes Trovão estava propondo uma análise de conjuntura não mais definida como um regime de "corrupção", mas de "compressão".

Em setembro de 1878, a crítica ao sistema político também foi o tema central das conferências de Vicente de Souza e de Lopes Trovão, que se dirigiram à associação dos compositores do *Jornal do Commercio* para discursarem sobre o sistema eleitoral e a democracia[170]. Em março de 1879, a questão político-eleitoral foi o tema do *meeting* de Carlos Moura, redator do jornal *A Revolução*, que colocou mais de mil pessoas no Teatro Cassino para propor um projeto de reforma eleitoral em que articulava as questões política, tributária e educacional[171].

Apesar dos diferentes posicionamentos a respeito da questão eleitoral, convém destacar a unanimidade da crítica ao imperador e ao governo liberal. Ao primeiro, por ter determinado, "de forma imperativa", que a eleição direta era a principal e mais urgente reforma, além de impor os meios de sua execução[172]; ao segundo, por ter frustrado todas as expectativas reformistas,

---

170. "Aristocracia e democracia" e "Sistema eleitoral" na *Gazeta de Notícias* do dia 2 de setembro de 1878.

171. Carlos Bernardino de Moura participou da discussão sobre a reforma eleitoral no campo republicano e desempenhou um papel importante pelo menos até 1883. Definindo-se como republicano e à frente do jornal com o título *A Revolução* (1879) (do qual não temos registros), parece ter se indisposto com os republicanos pela posição cada vez mais moderada que assumiu, a partir de 1881, à frente do jornal *A Pátria*, inclusive apoiando a Lei Saraiva. No entanto, em 1879, o seu projeto propunha uma reforma eleitoral diferente da que foi promulgada em 1881. A Conferência de 1879 no Teatro Cassino parece não ter sido anunciada pela imprensa, pois só temos acesso a ela por carta do próprio Moura na seção *A Pedidos do Jornal do Comércio*. Nessa carta, refere-se à conferência como *meeting*.

172. A Fala do Trono de 15 de dezembro de 1878, na abertura das Câmaras, também provocou reação em vários órgãos da imprensa fora do campo republicano, dentre eles, *O Cruzeiro*, em 16 de dezembro de 1878; e *Fluminense*, em 18 de dezembro de 1878.

adequando-se, exclusivamente, ao desejo imperial e apresentando programa de ponto único: a reforma eleitoral[173].

Outro ponto da pauta republicana nas conferências públicas e na imprensa foi a questão escravista que, mesmo sendo tratada no terreno emancipacionista, adquiriu novas modalidades de ação, na confluência com as atividades do Club Republicano de São Cristóvão[174].

Em 21 e 22 de abril de 1879, a *Gazeta da Noite* referiu-se ao "ultrarrepublicanismo" e à violência da linguagem das conferências de Vicente de Souza nos teatros São Luiz e Cassino sobre a escravidão e a pena de morte[175]. Em outubro, a Sociedade Ensaios Literários, presidida por Jerônimo Simões, promoveu, junto ao Club Republicano de São Cristóvão, reuniões e chamadas pela imprensa para eventos visando à alforria de escravizados (*Gazeta de Notícias*, 12 de outubro de 1879). No mesmo endereço da Ensaios, na Rua do Hospício, 174, reunia-se o Partido Republicano do Rio de Janeiro[176].

Além da questão eleitoral e da questão escravista, o ministério liberal foi chamado a assumir, num momento em que o país estava imerso numa crise financeira, projetando para o debate público a questão tributária. Esse tema tomou vulto em dezembro de 1878, na abertura das Câmaras Legislativas, quando convém destacar a grande afluência aos debates que, segundo a imprensa, teriam sido acompanhados por mais de três mil pessoas, que indicavam claramente o seu desagrado com os representantes do governo, com interrupções e vaias[177].

Um pouco antes da apresentação do programa de governo, a tão esperada Fala do Trono, do dia 15 de dezembro, além de "impor" as eleições

---

173. Apesar de os liberais terem assumido em janeiro de 1878, o programa do governo só foi apresentado após as eleições, na abertura das Câmaras, em dezembro desse ano. Para ilustrar essa reação negativa ao programa, cf. Editorial de *O Cruzeiro* do dia 20 de dezembro de 1878, jornal que defendia os interesses comerciais, longe do campo republicano, e que apoiou a ascensão dos liberais.

174. Aliás, o ano de 1879 representou um *tournant* no ativismo republicano popular em razão da explicitação do caráter republicano das antigas associações literárias e da divulgação na imprensa das atividades do Club Republicano de São Cristóvão.

175. Essa referência é anterior à compra do jornal pelo Tenente republicano Pedro da Costa, em outubro desse mesmo ano. Já a Gazeta de Notícias, em 23 de março de 1879, na divulgação dessas mesmas conferências, referiu-se ao "ilustrado amigo Vicente de Souza".

176. Dentre outros, cf., na *Gazeta de Notícias* de 25 de dezembro de 1879, anúncios do Partido Republicano: "Comissão diretora convida os correligionários para reunião da eleição de nova comissão diretora, Jeronimo Simões, secretário".

177. Cf., dentre outros, *Fluminense* de 22 de dezembro de 1878.

diretas como principal "necessidade do país", enfatizou o desequilíbrio orçamentário e a necessidade da criação de novos impostos[178].

Se a proposta de eleições diretas gerou controvérsias, não parece ter sido menos conturbado o debate em torno da questão tributária. Por um lado, o ativismo republicano criticava os gastos, as regalias e o nepotismo dos ministros, contrapondo-se a qualquer tentativa de solucionar a crise pela tributação do consumo da população operária. Por outro, o discurso do ministro da fazenda, Afonso Celso, no dia 19 de dezembro, provocou a reação dos próprios liberais. Visto como porta-voz do governo liberal, o jornal *O Cruzeiro* criticou o discurso do ministro, reproduzido no *Diário Oficial*, pois, nele, Afonso Celso censurava os ricos por não "darem ao Estado uma migalha das sobras da sua mesa, enquanto os pobres faziam pela pátria o sacrifício da vida"[179]. Para *O Cruzeiro*, a expressão "as migalhas das sobras da mesa" era uma "figura de retórica que seria considerada de mau gosto e de **má-fé na boca de um socialista incendiário**" e, ao servir-se dela, "o ministro atiçava a disputa entre ricos e pobres num país **onde tal antagonismo felizmente não existia**" (grifos nossos).

A discussão sobre a crise financeira e a tributação coloca-nos diante de uma questão estrutural não só na história política do Império, mas também na da República, chegando aos dias atuais. Nos países europeus e nos Estados Unidos, a discussão em torno do imposto de renda, com alíquotas progressivas para os mais ricos, processou-se durante toda a segunda metade do século XIX e início do século XX, acabando por se impor como solução para gerar uma sociedade menos desigual dentro do quadro do próprio capitalismo, contra as reivindicações de coletivização dos meios de produção[180].

Em todos os Estados, a questão tributária emerge, necessariamente, nas conjunturas de crise, mas, no Brasil, o argumento de que o "povo já paga muitos impostos" serve para ocultar, como no discurso anterior, a "disputa entre ricos e pobres" em relação ao pagamento de tributos. Essa homogeneização do "povo" em relação à tributação serviu para manter o país à

---

178. Sobre a reação à Fala do Trono, cf., dentre outros, *O Cruzeiro* de 16 de dezembro de 1878 e *Fluminense* de 18 de dezembro de 1878. Como destacado anteriormente, a Fala do Trono também foi criticada pela imposição da reforma eleitoral como principal reforma do governo.
179. Esse editorial de *O Cruzeiro* foi transcrito na *Gazeta de Notícias* no dia 24 de dezembro de 1878, na seção "A pedidos", com o título "Ministério 5 de janeiro".
180. Cf., dentre outros, Delalande (2014).

margem da "revolução distributiva" que se impôs nos países "desenvolvidos" e que volta à discussão nos dias atuais.

Ainda que não tenha sido possível aprofundar o debate em torno do discurso do ministro, no campo republicano, a necessidade de rever a política tributária foi um tema importante nesse e em outros contextos. Numa certa perspectiva, a Revolta do Vintém pode ser entendida como uma reação à política de homogeneização do povo em relação à questão tributária.

* * *

No plano conjuntural, a demissão do ministro Leôncio de Carvalho, "liberal com assomos de republicano"[181], em junho de 1879, foi a ocasião para manifestações no Parlamento e nas ruas, com os republicanos à frente. O apoio dos republicanos abolicionistas a Leôncio de Carvalho parece estar relacionado à sua proposta de reforma educacional que, dentre outros aspectos, indicava, claramente, a permissão para a frequentação dos libertos nos cursos noturnos, e não reproduzia a proibição de acesso dos escravizados[182]. Se o decreto não foi capaz de diminuir a resistência às iniciativas educacionais voltadas para as classes populares e trabalhadoras na Corte, ele foi bem acolhido pelos republicanos que, desde meados da década de 1870, apostavam na fundação desse tipo de escola. Quanto aos obstáculos à expansão da educação entre esses setores, basta voltarmos aos distúrbios no entorno da Escola da Cancela, em 19 de dezembro de 1879, que, conforme a fala de alguns dos seus frequentadores, estava sendo alvo de constante repressão policial. Poucos dias antes, em 8 de dezembro de 1879, José do Patrocínio denunciou, na *Gazeta de Notícias*, tanto a política educacional quanto a reforma eleitoral proposta pelos liberais que, seis meses antes, ti-

---

181. Formado pela Escola de Direito de São Paulo em 1868, Leôncio de Carvalho esteve, segundo o *Diário de São Paulo*, comprometido com as causas estudantis desde 1871, já como professor substituto. Em abril de 1879, como ministro da Pasta do Império, assinou um decreto de reforma do ensino primário e secundário no município da Corte e do superior em todo o Império. A medida foi apoiada pelos estudantes, mas os procedimentos para a aprovação da medida acabaram levando à sua demissão. Sobre a Reforma Leôncio de Carvalho, cf. Basso (2005).

182. O projeto foi apresentado ao Parlamento em 19 de abril de 1879, e Leôncio de Carvalho foi demitido dois meses depois. Em 1872, a Reforma João Alfredo já tinha instituído os cursos noturnos nas escolas públicas primárias, mas só em 1878 a Reforma de Leôncio de Carvalho deixou claro que as aulas eram destinadas também aos libertos. Além disso, a reforma – Decreto nº 7.247 – não reproduziu a proibição de acesso dos escravizados às escolas públicas como a imensa maioria dos decretos anteriores. A respeito dessa reforma, dos cursos noturnos, da legislação sobre educação pública e da educação de escravizados e libertos, foram consultados os seguintes artigos: Schueler e Rizzini (2017); Cury (2020); Barros (2016); e Basso (2005).

nham demitido Leôncio de Carvalho: "No mais é fechar os cursos noturnos para as classes pobres e ferir o analfabeto com o interdito político" (apud PINTO, 2018, p. 194).

Se a escolha de Sinimbu indicava, de antemão, os limites da ação liberal, o alijamento das lideranças liberais mais próximas do republicanismo, como no caso do Ministro Leôncio de Carvalho, demonstrava, claramente, a impermeabilidade do sistema político a qualquer reforma no sentido desejado pelo ativismo republicano.

Com o título "Estrondosa manifestação popular", a *Gazeta da Noite* e a *Gazeta de Notícias* descreveram o ato em apoio ao decreto de 19 de abril e ao Ministro Leôncio de Carvalho organizado pelos estudantes Vicente de Souza e Belisário de Souza, dentre outros, da Escola de Medicina e apoiado pelos da Escola Politécnica.

Apesar de não serem anunciados ou descritos como um *meeting*, o percurso e os procedimentos da manifestação em favor do ministro foram repetidos nos *meetings* do Vintém. Além de uma manifestação durante o dia, que percorreu as ruas em direção à Câmara dos Deputados, os estudantes seguiram em "passeata"[183] com concentração no Largo de São Francisco, onde se "achava reunido grande concurso de povo", dirigindo-se, depois disso, ao Campo da Aclamação[184]. Aos alunos da Escola de Medicina juntaram-se os da Escola Politécnica, seguindo para a frente da residência do ex-ministro do Império (*Gazeta de Notícias*, 7 de junho de 1879)[185]. Quatro anos depois, em novembro de 1883, o *Brazil*, órgão do Partido Conservador, destacou a amplitude da manifestação:

> No célebre conflito com a Escola Politécnica, em que caiu [...] o Sr. Leôncio de Carvalho, **a cidade levantou-se**, e o ministério, para penetrar na Câmara, passou pelo quadrado das tropas sem, contudo, evitar a vaia das galerias (*Brazil*, 13 de novembro de 1883 – grifo nosso).[186]

---

183. Cumpre enfatizar o uso do termo "passeata" (em itálico nos jornais, "*passeiata*"). Como dito anteriormente, os termos usados para a designação das manifestações abolicionistas e republicanas variaram muito. Um mesmo tipo de manifestação podia ser nomeado como "préstito cívico", préstito, procissão cívica, cortejo, passeata e mesmo *meeting*.

184. Atual Campo de Santana.

185. Importante destacar a ênfase da *Gazeta de Notícias* à "grande presença de povo" na manifestação em apoio aos estudantes, num procedimento elogiado pela folha.

186. A atuação desse jornal será analisada no capítulo 7.

Para concluir a discussão sobre os antecedentes do Vintém – na vinculação com o ativismo republicano –, convém assinalar que, já no início de 1879, o próprio *Jornal do Commercio* reconhecia os "*meetings* populares" como uma nova moda, ao mesmo tempo que noticiava um acontecimento com vários ingredientes da revolta do fim do ano: a reclamação dos usuários de bondes contra o abuso na cobrança das passagens; a organização de um *meeting* popular para apresentação da reivindicação dos passageiros; a repressão policial[187].

Na carta da direção da Companhia São Cristóvão, os passageiros "sublevados" foram acusados de gerarem conflitos injustificados levados por um "*meeting* de certos exaltados". Em resposta, uma carta assinada por "Passageiros" reagiu às "mentiras" da companhia e denunciou "a intervenção da polícia como outro ato prepotente". Nesse mesmo dia, uma carta assinada "A comodidade pública", dirigida à comissão do *meeting*, pediu aos organizadores que incorporassem outras reivindicações, como estações decentes "conforme a concessão", renovação de parte da linha em "péssimo estado", horários exatos e bondes limpos.

No próximo capítulo, trataremos do Motim do Vintém e dos seus desdobramentos na organização do ativismo republicano e abolicionista.

---

187. Na verdade, não noticia, mas deixa falar na seção "A pedidos" tanto a direção da companhia quanto a comissão organizadora do *meeting*. Cf. edições do *Jornal do Commercio* dos dias 24 e 25 de janeiro de 1879.

3
A Revolta do Vintém e os seus desdobramentos

3.1 A *Gazeta da Noite* na Revolta

A dinâmica colocada em marcha pela *Gazeta da Noite*, fundada em 1879, exprime, claramente, um dos aspectos fundamentais do ativismo político, construído ao longo da década de 1870 e com um papel central na história política e dos movimentos sociais da década de 1880 até, pelo menos, 1904[188]. Assim como a *Gazeta de Notícias*, a *Gazeta da Noite* investiu nas vendas avulsas e nos preços populares e, do mesmo modo que *O Socialista*, apostou nos vendedores de rua.

Lopes Trovão – que, a partir de novembro de 1879, se tornou o principal redator da folha – indicou-nos, retrospectivamente, o papel dos vendedores na interlocução entre a cultura letrada e oral, evidenciando o papel dos impressos na vida política e social, num país majoritariamente iletrado. Logo após o Vintém, em carta de despedida ao seu "amigo Tenente Joaquim Pedro da Costa", Lopes Trovão pedia aos vendedores da folha que deixassem de "gritar" o seu nome junto ao anúncio da *Gazeta da Noite*: "Esse pobre nome proclamado aos ventos da praça pública pelos pregoeiros da vossa imprensa – aos quais como a todos os pregoeiros do jornalismo

---

188. O jornal foi fundado em abril de 1879, como diário, era vendido a 40 réis e ficava localizado na Rua Uruguaiana, 43. No seu primeiro número, definiu-se pela imparcialidade, não informando o nome dos seus proprietários. Na edição de 3 de outubro, informou que a folha tinha se tornado propriedade do Tenente republicano Joaquim Pedro da Costa. Nas palavras de Júlio do Carmo (1922), "com o concurso desse vespertino e com as conferências dominicais nos teatros e *clubs*, foi se formando, mais uma vez, vultuosa corrente a favor da República"(p. 31).

fluminense – a imprensa nacional deve o alargamento do círculo estreito em que se agitava"[189].

Apesar de se ter definido como um jornal neutro, a *Gazeta da Noite* foi um dos principais militantes contra o "conservadorismo" do Gabinete 5 de janeiro e de sua política tributária.

Para apreciar o protagonismo desse e de outros impressos, é preciso, antes de tudo, identificar o endereço das suas redações numa cidade que concentrava o Parlamento, o setor financeiro-comercial e o porto, num perímetro que se estendia entre a Rua Primeiro de Março e o Campo de Santana, tudo passando pela – hoje, minúscula – Rua do Ouvidor.

Durante toda a campanha, o jornal mostra-nos a importância da sua sede, localizada na Rua Uruguaiana, 43, como espaço de militância política e de interlocução entre intelectuais e populares. Na queda de braço contra o governo, esse intercâmbio transformava-se em "argumento" na medida em que caucionava as advertências do jornal de que haveria resistência popular contra o imposto.

No editorial do dia 13 de dezembro de 1879, "A extorsão do Vintém", o redator alertava o governo de que, segundo "fontes insuspeitas", era intenção dos populares organizar resistência, "pretendendo apelar para todos os meios", caso as autoridades não acatassem a representação que lhes seria dirigida. Ao mesmo tempo que mostrava ter conhecimento da representação e da posição dos populares, o jornal defendia o direito de resistência.

Apesar de considerá-la o "anjo tutelar da humanidade", a *Gazeta da Noite*, nas edições dos dias 20 a 30 de dezembro de 1879, esclarecia que não estava pregando a revolução, mas sim a desobediência a uma lei que provinha de um Congresso ilegítimo para promulgá-la.

Alguns dias depois, o jornal noticiou a ida de "diversos cavalheiros" à redação para pedir a Lopes Trovão uma conferência pública sobre o imposto do vintém. Para atendê-los, o republicano teria adiado uma viagem e marcado a conferência para o dia 20 de dezembro, "domingo ao meio-dia no Teatro Circo na Rua do Lavradio".

---

189. Essa é a carta de despedida de Lopes Trovão do *Gazeta da Noite*, já depois do Vintém, em 20 de março de 1880.

Em relação à conferência, encontramos, mais uma vez, a centralidade das redações na vida política, em direta conexão com as manifestações públicas:

> O povo acompanhou Lopes Trovão até a redação do jornal; como não estivessem presentes naquela redação os nossos colegas José do Patrocínio e Ferreira de Araújo, que foram chamados pela multidão, tomou da palavra o Sr. Tenente Carvalho que agradeceu aquela manifestação e nela via o interesse que o povo tomava pela prosperidade da *Gazeta de Notícias*. Depois o povo se dirigiu para *O Cruzeiro*. Como o povo ia se dirigindo com ânimos alterados para a sede do *Jornal do Commercio*, Lopes Trovão da sacada de *O Cruzeiro* convidou o povo a se dispersar. O povo terminava assim a sua jornada pelas ruas do Ouvidor e Uruguaiana. O povo havia comparecido e mostrou que tinha a mesma opinião dos jornalistas das *Gazetas* e de *O Cruzeiro* (*Gazeta da Noite*, 22 de dezembro de 1879).[190]

Portanto a retórica discursiva contra o imposto era fortalecida, insistentemente, pelo "argumento" da visível articulação entre populares e intelectuais. A essa "retórica da proximidade", o governo respondeu, logo após a conferência, com diferentes recursos repressivos. Primeiramente, pelos meios legais, tomou medidas para processar os conferencistas e a própria *Gazeta da Noite* como sediciosos. A isso, a edição do dia 24 de dezembro de 1879 do jornal respondeu com o mesmo argumento: "Se fosse impedida a sua venda, **chamaria os seus leitores à sua redação**" (grifo nosso).

Para evitar novas conferências, o chefe de Polícia também teria pedido aos donos de teatros que não cedessem o espaço aos conferencistas[191]. Logo em seguida, no dia 26 de dezembro, o editorial da *Gazeta da Noite* informava ao leitor que "as garantias estavam suspensas". Mais de oitenta pessoas teriam sido presas nos dias anteriores com o pretexto de que seriam capoeiras. Para impedir o protesto popular, toda a força repressiva teria sido

---

190. Durante toda a sua campanha contra o Vintém, a *Gazeta da Noite* trouxe, na sua seção "Revista da imprensa", os posicionamentos dos outros diários a respeito do tema. Normalmente, sinalizava o apoio da *Gazeta de Notícias* e de *O Cruzeiro* nas críticas ao imposto, na contramão do *Jornal do Commercio*. No entanto, a partir do momento em que começou a pregar a resistência contra o imposto, distanciou-se, radicalmente, de *O Cruzeiro*, que começou a ser visto como jornal governista. Em relação à *Gazeta de Notícias*, o jornal criticou, em algumas edições, o silêncio sobre o tema, mas sempre elogiando os artigos de José do Patrocínio.

191. Como veremos, esse recurso também foi utilizado em várias outras conjunturas.

colocada em ação. Mais uma vez, o jornal voltou à argumentação central dos republicanos nesse período: o governo liberal, que discursou insistentemente a favor da soberania do povo enquanto esteve no ostracismo, "nesse momento tratava o povo como escravo" (*Gazeta da Noite*, 26 de dezembro de 1879).

Era o governo que, com os seus "desatinos", retirava o povo da sonolência. A resposta era, necessariamente, a desobediência civil que o jornal "ensinava" a praticar. A partir do dia 1º de janeiro, os usuários teriam duas maneiras pacíficas de resistir: não pagar ou não usar os bondes; mas, no caso de represálias, arrancar os trilhos e os paralelepípedos das ruas, pois "a tais armas não há quem resista" (*Gazeta da Noite*, 26 de dezembro de 1879).

* * *

Diferentemente dos *meetings* anteriores que foram mencionados após a ocorrência, a edição do *Jornal do Commercio* do dia 28 de dezembro de 1879 trouxe o seguinte anúncio: "De acordo com as garantias constitucionais terá lugar hoje, às 4 horas da tarde, um *meeting*, com o fim de dirigir-se uma representação a S.M. o imperador. Falará o Dr. Lopes Trovão".

Depois do famoso *meeting* do Campo de São Cristóvão[192], com discursos das lideranças republicanas, tiveram lugar as eternas disputas na imprensa sobre o número de pessoas na manifestação e sobre "atos de vandalismo". Na *Gazeta da Noite*, o *meeting* teria mobilizado mais de sete mil pessoas, contra a notícia oficial de duas mil pessoas, que teria sido transcrita pelo jornal *O Cruzeiro* e pelo *Jornal do Commercio*.

Quanto à reação dos manifestantes diante da interdição de acesso ao palácio, a *Gazeta da Noite* enfatizou, em 29 de dezembro de 1879, a disposição pacífica tanto das lideranças republicanas – incitando o povo a manter a calma – quanto do próprio povo, "que guardou a melhor ordem" durante todo o trajeto. A postura do povo era ainda mais elogiável em razão de dois aspectos principais. Primeiramente, porque, diante do "ve-

---

192. Vários são os relatos historiográficos sobre o *meeting* de São Cristóvão baseados nos jornais de época. Cf., dentre outros, Graham (2011, p. 490), "respondendo a um aviso de jornal, cinco mil pessoas reuniram-se no amplo espaço aberto do Campo de São Cristóvão, próximo ao palácio imperial. Agitada por um discurso de José Lopes da Silva Trovão [...], a multidão decidiu entregar uma petição ao Imperador Pedro II [...]. O ar festivo da passeata se desvaneceu logo que os participantes viram o acesso à residência imperial bloqueado por uma ameaçadora disposição de forças policiais. [...] A multidão obedeceu ao gesto de Costa e Silva [chefe de polícia municipal] para que se detivesse [...], afastando-se do palácio, em direção à cidade. O comício encerrou-se com tranquilidade [...]".

lho método" do governo de "infiltrar os secretas" para gerar confusão e, com isso, legitimar o uso da violência repressiva, mantivera-se calmo e pacífico. Segundo porque, ainda sem familiaridade com os *"meetings* – reuniões tão salutares e habituais ao povo inglês" –, o povo dera prova "de que tinha consciência dos seus direitos e da sua força" (*Gazeta da Noite*, 31 de dezembro de 1879).

Em contrapartida, *O Cruzeiro* e o *Jornal do Commercio* legitimaram a decisão de interditar a entrada do povo, ao mesmo tempo que passaram a conclamar os usuários ao pagamento do vintém no dia 1º de janeiro, criticando a noção de "desobediência civil". Se o imposto não era a melhor solução para a crise, ele não era mais passível de contestação, já que tinha sido aprovado pela Câmara dos Deputados.

Nos dias anteriores à revolta, foi da sede da *Gazeta da Noite* que saíram os discursos mais contundentes contra o pagamento do imposto no dia 1º de janeiro, além da "Carta ao imperador", assinada por Lopes Trovão, Ferro Cardoso e Joaquim Pedro da Costa informando sobre uma nova reunião no espaço público, na expectativa de "uma solução favorável e pacífica".

3.2 Republicanismo e abolicionismo após o Vintém

No que diz respeito aos acontecimentos da Revolta, que eclodiu na cidade do Rio de Janeiro nos primeiros dias de 1880, possuímos diversos relatos historiográficos, construídos, principalmente, a partir da imprensa, já que a documentação policial a esse respeito é dispersa e ainda não foi devidamente consultada[193].

Para a *Gazeta da Noite*, silenciada durante onze dias pelos danos à sua sede e pela perseguição aos seus redatores e vendedores, o Vintém foi marcado pela manifestação pacífica dos populares – que, no exercício de um direito legítimo, reagiram contra um imposto injusto –, mas também pela reação violenta e injustificada da força policial. A depredação dos trilhos e da propriedade era uma resposta justa e insignificante do povo ao assassinato cometido pela polícia. Já para o *Jornal do Commercio* e *O Cruzeiro*, a força policial apenas respondera às provocações dos "falsos patriotas", "incendiários" e "anarquistas", que colocaram em risco a ordem pública

---

193. Cf. Graham (2011); Jesus (2009, p. 123-138).

pelo incitamento a um tipo de reação ilícita contra leis promulgadas pelo Congresso.

Antes de tudo, é preciso considerar que a disputa dos jornais em torno da narrativa dos acontecimentos era parte constituinte dos próprios fatos: revolta ou distúrbios? Qual o número de participantes? Quem eram os protagonistas, os populares ou os "jovens republicanos"? Qual o número de feridos? A repressão policial era legítima ou injustificável?[194]

Ao fim do Vintém, a *Gazeta da Noite* defendeu a posição de que o motim era popular e não republicano, opondo-se à visão do *Jornal do Commercio*, porta-voz das autoridades e dos setores conservadores, de que os acontecimentos eram o resultado exclusivo da manipulação do povo por "meia dúzia de republicanos".

Por um lado, os claros indícios da expansão do ativismo republicano, desde meados da década de 1870, enfraquecem a visão de que o republicanismo estivesse limitado a meia dúzia de sediciosos. Por outro, a insatisfação do povo contra o transporte existia sem que os republicanos tivessem que incitá-la[195]. Desse modo, o Vintém deve ser compreendido na interseção entre esses dois fatores. Além disso, os discursos proferidos pelas lideranças republicanas, nas conferências públicas, nos *meetings*, nos jornais, nos panfletos e nas proclamações que circularam pelas ruas, com referências claras à legitimidade da revolução, tiveram consequências, até certo ponto, imprevisíveis para os próprios oradores. Como veremos em seguida, entre os ouvintes das conferências de Lopes Trovão estavam mui-

---

194. A respeito da disputa entre as versões produzidas pelos jornais, cf. Graham (2011); Resende (2009).

195. De certo modo, essa controvérsia sobre o peso da participação popular e republicana na revolta mantém-se na historiografia. Para George Boehrer (2000, p. 65), por exemplo, os distúrbios foram incitados por Lopes Trovão, por meio de uma "propaganda abusiva", mas não pelo republicanismo, que "em si não representou nenhuma parte dos distúrbios". José Murilo de Carvalho (1999, p. 127-128) também associou a revolta aos "líderes republicanos", sobretudo Lopes Trovão, que teriam procurado tirar vantagens do clima de insatisfação. Mesmo identificando a dificuldade em se estabelecer quem eram, de fato, os participantes e os amotinados, Sandra Graham (2011) analisou o motim sobretudo pela referência às disputas políticas em torno da incontestável presença das camadas populares na cena pública. Reconhecendo essa mesma dificuldade em relação à identidade dos participantes, Ana Flávia Magalhães Pinto, no capítulo 5 da sua obra *Escritos de liberdade* (2018), posicionou-se contra a interpretação de que a revolta teria sido o resultado exclusivo da "manipulação republicana", indicando indícios da participação da "arraia miúda" nesse cenário e da importância dos bondes para os trabalhadores pobres da cidade. Numa análise a partir da imprensa, Gustavo Monteiro Resende (2009) mostrou como a interpretação sobre a manipulação do povo por um grupo insignificante de republicanos era defendida pelo *Jornal do Commercio*, que, desse modo, procurava deslegitimar a participação popular.

tos "homens de cor", "saídos do povo", que reinterpretaram, segundo a sua própria experiência, os apelos à revolução.

* * *

Como bem assinalou Sandra Graham (2011), a partir desses eventos, a questão escravista recebeu um novo tratamento e novos significados, ganhando a cena pública e se tornando a grande reforma social em torno da qual se uniram monarquistas e republicanos, dando origem às Conferências Emancipadoras[196]. Em relação às conferências, cumpre destacar dois aspectos. Primeiramente, o seu caráter emancipador. As conferências projetaram para o debate público a questão escravista, mas sem romper com o princípio da emancipação ao postular a compra de alforrias e os processos judiciais contra a escravização ilegal (com base na lei de 1831 e nos próprios dispositivos da lei de 1871) como mecanismos prioritários para a conquista da liberdade. Nesse sentido, as caixas de emancipação, cujos membros eram os próprios escravizados e libertos, foram uma das principais iniciativas nesse contexto, junto às escolas para libertos.

Em segundo lugar, convém destacar a ampla participação dos republicanos do Club de São Cristóvão nas Conferências Emancipadoras – dentre eles, Lopes Trovão, contrariamente a uma certa narrativa que tende a separá-lo da questão abolicionista. Além de Lopes Trovão, José do Patrocínio e Vicente de Souza, também estavam presentes: Ubaldino do Amaral, Jerônimo Simões, Almeida Pernambuco, Ferro Cardoso, Mathias Carvalho, Ernesto Senna, dentre vários outros, ao lado dos monarquistas André Rebouças e Joaquim Nabuco.

* * *

O período entre 1880 e 1881 é o momento em que a questão social ganha a cena pública pelas conferências, mas também é o contexto da discussão e da promulgação da Lei Saraiva[197]. No entanto, na historiografia, essas duas questões são, na maior parte dos casos, analisadas separadamente.

---

196. As Conferências Emancipadoras foram organizadas, sobretudo, pela iniciativa dos "homens de cor" José do Patrocínio, Vicente de Souza e André Rebouças e tiveram início em julho de 1880, com eventos nos teatros durante todo esse ano e no ano seguinte. Cf. Pessanha (2005); Alonso (2015).

197. Pelo Decreto nº 3.029, de 9 de janeiro de 1881, a Lei Saraiva instituiu o voto direto e tornou votantes os naturalizados, os não católicos, os libertos e os ingênuos. No entanto, apesar de manter o sistema do voto censitário da Constituição de 1824, aumentou de 100 mil réis para 200 mil réis a renda exigida para os votantes de primeiro grau e tornou mais rígidos os mecanismos de sua comprovação. Além disso, excluiu os analfabetos. Desse modo, a Lei Saraiva reduziu,

Por um lado, a história dos movimentos sociais oferece-nos várias narrativas sobre a expansão da questão abolicionista nesse início da década de 1880. Por outro, a história política analisa as discussões sobre a reforma eleitoral, mas preponderantemente na esfera parlamentar e apontando as intervenções de José Bonifácio de Andrada, Joaquim Nabuco e Saldanha Marinho, praticamente como única oposição ao projeto.

No entanto, os republicanos envolvidos no Vintém e, posteriormente, nas Conferências Emancipadoras, eram os mesmos que vinham, pelos seus jornais e conferências, denunciando a corrupção do sistema político e a traição do Partido Liberal. Em razão disso, exigiam uma reforma capaz de atender às reivindicações relativas à "verdadeira" representação do povo, pois consideravam que a melhor escola para o aprendizado político era a própria participação na vida pública.

Para construir essa representação frente a um sistema político refratário às aspirações populares, os oradores republicanos vinham apostando nos jornais a 40 réis, nas conferências em teatros e em associações operárias e nos *meetings* em praças públicas. Logo após o Vintém, em março de 1880, "um grande número de operários" reuniu-se no Club Mozart para tratar dos seus candidatos à deputação e escolheu Lopes Trovão, José do Patrocínio, Vicente de Souza e Cunha Salles (*Gazeta de Notícias*, 17 de março de 1880).

A resposta parlamentar à expectativa de ampliar a participação popular na vida política foi um projeto de reforma eleitoral que reduziria drasticamente o número de eleitores, tornando ainda mais improvável a eleição dos republicanos indicados anteriormente. Os ativistas republicanos, que tanto escreveram e discursaram sobre as traições do partido liberal, que se mobilizaram contra a sua política tributária, permaneceram passivos frente à reforma política?

A história da militância republicana contra a reforma eleitoral é difícil de ser reconstruída, mas merece uma análise cuidadosa, pois tem consequências importantes tanto para a organização do campo republicano quanto para a construção da frente abolicionista.

---

drasticamente, o número de votantes, que passou de mais de um milhão, aproximadamente 13% da população livre adulta, para pouco mais de cem mil eleitores, algo em torno de 0,8% dessa população (FERRARO, 2013). Sobre a Lei Saraiva, cf., também: Ferraro (2008); Holanda (1985, p. 239-255); Pinto (2018, p. 286-302).

3.2.1 A questão eleitoral

Como vimos anteriormente, a *Gazeta da Tarde*, de Ferreira de Menezes, nasceu logo após o Vintém com o objetivo de lutar contra a reforma eleitoral tal como estava sendo proposta pelos liberais no poder. Com o mesmo propósito, Lopes Trovão fundou o *Combate*, exatamente um ano depois do Vintém, em 1º de janeiro de 1881, oito dias antes da promulgação da Lei Saraiva[198]. No mesmo dia, começou a circular o *Atirador Franco*, de propriedade de Jerônimo Simões, Mathias Carvalho e Luiz Leitão, que, em todas as suas edições, defendeu o sufrágio universal.

A consulta da *Gazeta da Tarde* e *Gazeta de Notícias* informa-nos muito pouco sobre as ações republicanas durante a discussão do projeto no ano de 1880[199], mas, depois da sua aprovação, é possível identificar – junto à iniciativa de reorganização do Partido Republicano – a discussão em torno da oposição do Club Republicano de São Cristóvão à Lei Saraiva[200].

* * *

Em abril de 1881, foi fundado o Club Tiradentes pela iniciativa dos membros da associação Ensaios Literários e do Club Republicano de São Cristóvão, com o objetivo de comemorar, anualmente, a morte de Tiradentes e comprar o terreno no Largo do Rocio.

Muito além desses objetivos, essa associação teve um papel central na história política da década de 1880 e da Primeira República até 1897, e, desse modo, retornará inúmeras vezes na nossa narrativa. Os dados sobre a sua diretoria, as listas dos militantes presentes nas reuniões, os nomes dos articulistas do jornal *O Tiradentes*, dentre outras informações, permitiram-nos verificar o grau de coesão e a relação de forças, no campo republicano, nas diferentes conjunturas[201].

Na primeira comemoração do 21 de abril organizada pelo clube, estiveram presentes os diversos setores do republicanismo fluminense, tanto os

---

198. Com a colaboração de Ferreira de Menezes, Aníbal Falcão, Ernesto Senna, Aristides Lobo, Saldanha Marinho e Jerônimo Simões.

199. A *Gazeta da Noite* não resistiu às medidas repressivas adotadas logo após o Vintém e deixou de circular em 15 de janeiro de 1880.

200. Da aprovação do projeto, em janeiro de 1881, até outubro de 1881, quando seriam realizadas as primeiras eleições segundo a nova legislação.

201. *O Tiradentes* foi publicado, anualmente, entre 1882 e 1897. O primeiro número foi organizado por Ubaldino do Amaral. Do mesmo modo que a Sociedade Ensaios Literários, o Club Tiradentes organizava reuniões mensais com a discussão de "teses".

membros do Club Republicano de São Cristóvão quanto os "evolucionistas" dirigidos por Quintino Bocaiuva, sob a inspiração das "notas vibrantes da Marselhesa".

Em relação aos discursos de Lopes Trovão, de José do Patrocínio e de Quintino Bocaiuva, o proprietário da *Gazeta da Tarde*, Ferreira de Menezes, congratulou-se com a "nova era do grande partido da democracia republicana", ao mesmo tempo que lamentou o tom excessivamente declamatório das falas, apontando os obstáculos para a organização do partido. Para ultrapassá-los, propunha "acabar com os atritos pessoais que embaçam a disciplina e a organização do grupo republicano, subordinar as irrupções vaidosas de algumas individualidades à harmonia sensata das energias dirigentes" (*Gazeta da Tarde*, 22 de abril de 1881).

De fato, como veremos, ao longo deste trabalho, as atitudes personalistas colocaram enormes dificuldades à coesão necessária para a efetivação das reformas estruturais, tão enfaticamente rechaçadas pelos setores conservadores. Sem minimizar a avaliação de Ferreira de Menezes, é preciso acrescentar outros pontos relevantes nesse contexto – dentre eles, a divergência de posicionamento em relação à reforma eleitoral.

Em julho de 1881, seis meses após a promulgação da Lei Saraiva, teve início o projeto de "reorganização do partido republicano fluminense" sob a iniciativa de Quintino Bocaiuva, que, segundo a *Gazeta da Tarde*, em 18 de julho de 1881, teria sugerido um encontro com os membros do Club Republicano de São Cristóvão, "a fração radical do partido", antes da assembleia geral.

Entre os dias 9 e 11 de julho, a comissão diretora do partido convidara o eleitorado para uma assembleia, com o objetivo de discutir a participação dos republicanos nas eleições. Nesse evento, um dos membros do CRSC, Ferro Cardoso, argumentou que a questão era muito importante para ser discutida por tão poucos eleitores, tendo sido apoiado por Lopes Trovão, que se colocou veementemente contra a participação nas eleições depois da reforma eleitoral, que "usurpara ao povo o direito de voto, aniquilando o princípio democrático". Além disso, considerava que o Partido Republicano não tinha protestado, a tempo e com veemência, contra a reforma.

Essa posição foi vencida, e a participação republicana nas eleições foi aprovada sem a consulta prévia de todo o partido. Para o Club Republicano de São Cristóvão, "o cimento da solidariedade partidária" tinha sido quebrado e, em ofício ao Partido Republicano, informava que o clube não aderia ao lançamento de candidaturas, ao mesmo tempo que enfatizava a importância do CRSC como único núcleo republicano, com existência coletiva, com programa e atuação política. Por isso, o Club Republicano de São Cristóvão sentia-se no direito de só acatar a decisão do partido se fosse chamada assembleia de todo o eleitorado republicano.

Como o ofício não foi lido na assembleia seguinte, os membros do CRSC denunciaram a similitude entre as práticas de uma facção do partido e as dos "corrilhos monárquicos". Esse tipo de intervenção convida-nos a contextualizar a história do Partido Republicano pela comparação com as estruturas dos partidos monárquicos. Na historiografia sobre o partido, são comuns as referências à desorganização, à falta de coesão, à fraqueza eleitoral, mas sem uma discussão que contextualize essas dificuldades em relação ao projeto de se construir um novo tipo de estrutura partidária. Nos debates intrarrepublicanos, fica evidente uma concepção que tem como eixo central a ampliação da "representação democrática" dentro e fora do partido. Mesmo sem a pretensão de propor uma nova história do Partido Republicano, a discussão sobre a participação republicana na frente abolicionista acabou impondo o tratamento dessa questão, que será aprofundada em vários pontos deste trabalho.

Depois de divulgada a posição do Club Republicano de São Cristóvão, o diretório do partido encaminhou uma circular declarando que acatava a sua proposta de convocar reunião com todo o eleitorado. Contrariamente às expectativas do clube, os convites publicados na *Gazeta de Notícias*, entre os dias 12 e 14 de agosto, anunciavam que os objetivos da assembleia eram "comunicar as deliberações do eleitorado e apresentar-lhes o candidato escolhido por eleição prévia" (*Gazeta de Notícias*, 29 de outubro de 1881). Em resposta, o clube declarou que não participaria da assembleia, pois a sua intenção era debater a própria participação no processo eleitoral, e não apenas legitimar candidaturas.

Apesar dos protestos do CRSC, a reunião do dia 15 de agosto – com a presença de poucos eleitores – deliberou pela aprovação da candidatura de Quintino Bocaiuva, "contrariando a posição da parcela mais representativa e combativa do partido, que era contrária à participação das eleições"[202].

---

202. Frase de Vicente de Souza na *Gazeta da Tarde* do dia 12 de outubro de 1881. Não conseguimos encontrar a lista de presença dessa reunião, mas essa informação seria muito importante para identificar qual foi o grupo republicano que se formou em torno da posição defendida por Quintino Bocaiuva.

Esse foi o principal ponto do manifesto do Club Republicano de São Cristóvão, redigido por Lopes Trovão, Dr. P. Ferreira Vianna e Padre Trindade, dirigido ao partido e publicado pela *Gazeta de Notícias* e pela *Gazeta da Tarde*, após ter sido aprovado em sessão do clube no dia 26 de setembro.

No manifesto, a direção do partido era duramente criticada pelo seu "evolucionismo" e pela sua incapacidade de canalizar a grande simpatia que a ideia republicana inspirava na sociedade brasileira. Essa incompetência tinha sido evidenciada pela questão eleitoral: "O partido republicano devia ter se unido em torno da denúncia da nova lei eleitoral, mas acabou se dividindo para atender a interesses eleitorais"[203]. Se a principal tarefa antes da lei era a mobilização contra a sua promulgação, agora, só restava a abstenção e a organização do partido. Na discussão sobre a participação nas eleições, o manifesto esclareceu que a sua posição contrária não era o resultado de um princípio, mas de uma análise de conjuntura:

> Não se illate porém que sejamos infensos à intervenção do nosso partido às lutas eleitorais da política nacional. Não. **As lutas eleitorais são para os partidos, o que o exercício é para o indivíduo: – desenvolvem e fortificam.** [...] Foi por isso que CRSC pleiteou as duas últimas eleições [anteriores à lei] [...] na hora atual, quando se vai proceder ao primeiro ensaio de uma lei que feriu profundamente a doutrina democrática, parece-nos que o partido republicano não tem o direito de esperar o apoio moral da Nação a favor de qualquer pretensão eleitoral (grifo nosso).

Nesse ponto, o clube defendia-se da acusação de que estaria, pela incitação à abstenção, aconselhando a revolução. Apesar disso, era pela referência a essa noção que explicava os conflitos internos do partido. Se a revolução já não podia ser compreendida como "lei geral e invariável no programa político de qualquer partido patriótico", ela era um "acidente" que podia ser acionado pelo povo na sua luta contra um "regime de abusos, de compressão e de violência". Ao que tudo indica, na perspectiva do CRSC, os acontecimentos do Vintém e a reforma eleitoral tinham imposto uma nova análise de conjuntura, que definia o regime não apenas pelas "ficções e corrupções", mas também pela "compressão e violência". Nesse caso, a evolução exigia a revolução.

---

203. Todas as citações do manifesto estão na edição de 29 de outubro de 1881 da *Gazeta da Tarde*.

Para justificar esse posicionamento, o manifesto recorria ao próprio Auguste Comte, que, ao se colocar como o maior defensor da evolução contra a revolução, não teria conjurado completamente a fatalidade do processo revolucionário. No século XIX, a monarquia seria a única forma de governo que ainda subsistia como "causa justificável do acidente revolucionário". No intuito de legitimar ainda mais esse posicionamento, o manifesto indicava a concordância do "probidoso correligionário Teixeira Mendes", citando uma de suas cartas a Ramalho Ortigão na qual defendia que a "supressão da monarquia era a mais oportuna das reformas".

Essa argumentação pela revolução baseada em Comte foi utilizada em diferentes conjunturas tanto por grupos normalmente associados diretamente ao positivismo (como no caso de Aníbal Falcão, em Pernambuco, e Silva Jardim, em São Paulo) quanto por outros menos conhecidos por esse rótulo (como no caso de Lopes Trovão, Almeida Pernambuco e outros membros do Club Republicano de São Cristóvão). De fato, o argumento retirado de Comte funciona como um argumento de autoridade, independentemente da filiação ao positivismo, indicando que a referência ao aspecto teórico não é suficiente para demarcar os diferentes campos de atuação. Nesse sentido, além da "classificação teórico-ideológica" dos envolvidos, consideramos mais proveitosa a análise das diferentes conjunturas na relação com outras questões: a favor ou contra a ampla participação popular na vida política? Pela atuação política dos militares? Adesão aos *meetings* em praça pública? Legitimação ou recusa da violência política? Etc.

De todo modo, para os membros do CRSC, a reforma eleitoral tinha despojado o povo do único recurso legal para empreender as reformas necessárias à evolução, dentre as quais, a laicização do Estado, a abolição da escravatura e a reforma do ensino. Ao "represar a torrente da evolução nacional", a reforma eleitoral precipitava a Nação "no campo aberto e acidentado da revolução", pois, como dizia o Ministro português Rodrigues Sampaio: "Um povo ou vota ou se insurge; ou é cidadão e decide das suas pendências ou é revolucionário e combate".

Era possível evitar a revolução pela convocação de uma constituinte, conforme previsto pelo Manifesto de 1870?

A avaliação do CRSC era de que a reforma eleitoral tornava impossível uma assembleia constituinte com predominância do elemento republicano.

Desse modo, ou o partido republicano se esterilizava no terreno da teoria e da propaganda intermináveis ou rompia decididamente com a moderação e a legalidade para "realizar as ideias". Aos membros do Club Republicano de São Cristóvão, não agradava "a sedutora esperança de assistir ao enterro pacífico do imperador", como era o caso de alguns republicanos.

Apesar de defender a legitimidade da revolução[204], o clube ressaltava que não aconselharia o movimento à mão armada no dia das eleições, mas cumpriria o seu dever, "colocando-nos do lado dos que combaterem", assim como tinha feito na Revolta do Vintém[205]. "O Club Republicano de São Cristóvão está, por consequência, disposto não a promover, mas a aderir a toda a revolução justa, generosa e forte que venha do povo e que inteligentemente encaminhada prometa a vitória da nossa causa política." Mesmo com esse posicionamento, e contrariando as decisões da assembleia do Partido Republicano, o CRSC afirmou que não deixaria a agremiação, pois a divergência era em relação aos meios, e não aos fins.

Logo após a publicação do manifesto, o Centro Positivista – que também não foi favorável ao lançamento de candidaturas – opôs-se aos membros do Club Republicano de São Cristóvão pelo uso das declarações de Teixeira Mendes quanto à legitimidade da revolução como meio para empreender as reformas, dentre as quais, a República, o ensino público, a separação entre a Igreja e o Estado e a abolição da escravidão[206]. Mesmo admitindo que Augusto Comte validava a revolução – como meio extremo –, Teixeira Mendes não identificava, no contexto político-social do Brasil, justificativa para a adoção desse recurso tão perigoso[207].

---

204. Nesse ponto, o manifesto indicava alguns exemplos da história do Brasil em que o recurso à violência foi considerado legítimo, dentre eles, o movimento pela abdicação de Pedro I e as revoltas regenciais. Esse exemplo foi utilizado repetidas vezes até 1889.

205. "Como naquela sanguinolenta jornada de 1º de janeiro em que, **salvando as responsabilidades de nosso partido**, subimos à praça pública, para comungar modestamente com a multidão, que, na hora da sua derrota heroica, avocou-nos aos brados de 'Viva a República!'" (grifo nosso).

206. "Conquanto a supressão da monarquia continue a ser a mais oportuna das reformas, não é da sã política positivista realizar essa operação por meios violentos" (*Gazeta da Tarde*, 31 de outubro de 1881).

207. Sua carta exprimia, também, a oposição em relação ao sistema político projetado para a nova forma de governo. Enquanto o Club Republicano de São Cristóvão defendia, insistentemente, a ideia da República democrática, a posição do Centro Positivista era de que "não era para substituir o constitucionalismo monárquico pelo constitucionalismo democrático, e sim para estabelecer a ditadura republicana exigida pela nossa transição que tal supressão deve realizar-se". Apesar dessas diferenças, o Centro Positivista também se posicionou contra o lançamento de candidaturas. Nesse mesmo documento, declara: "Por hoje, basta-me declarar que o Centro Positivista Brasileiro

Ainda em outubro de 1881, a Sociedade Brasileira contra a Escravidão publicou um discurso de Joaquim Nabuco que, na sua propaganda eleitoral, se posicionou contra a revolução como meio para se alcançar a medida mais importante para o país, dissociando, nitidamente, a reforma social e a política:

> A abolição só pode ser feita por lei, **não pode ser obra de um decreto nem de uma revolução**; a lei [...] há de ser feita entre nós, **pelos representantes do atual monopólio da terra**. A nova lei de emancipação tem pois que ser [...] **uma concessão dos senhores de escravos** (*Abolicionista. Órgão da Sociedade contra a Escravidão*, 28 de outubro de 1881 – grifos nossos).[208]

Nesse ponto, convém recuperar o discurso do liberal José Bonifácio de Andrada contra a reforma eleitoral, pronunciado um ano antes, sobretudo pela referência ao fortalecimento das ideias revolucionárias como uma consequência inevitável da medida de exclusão do voto de milhares de pessoas. Além disso, testemunhos da época chamaram a atenção para a grande repercussão dessa fala e o caráter popular da oposição à medida. Numa Câmara "repleta de uma compacta multidão que se comprimia nas vastas galerias", José Bonifácio criticou duramente a reforma, concluindo, pela seguinte frase, a sua longa argumentação: "Qual será o direito, afinal, dos mandantes excluídos? Só lhes resta opor a força à força. O mandato restrito, transformado em mandato nacional, dá como última consequência o **direito à insurreição**" (apud HOLANDA, 1985, p. 205 – grifo nosso).

A referência constante à ideia de revolução demonstra a centralidade incontestável do tema no debate político do mesmo modo que indica a sua ação dissidente no campo reformador. Como explicar a repetição dessa referência nos discursos do período? A lembrança da Revolta do Vintém e a mobilização do CRSC contra a reforma eleitoral explicam toda essa discussão em torno da revolução?

---

desliga a sua solidariedade política da candidatura do Sr. Quintino Bocaiuva" (*Gazeta da Tarde*, 31 de outubro de 1881).

208. Essa citação foi utilizada por alguns historiadores para caracterizar o abolicionismo pelo seu caráter reformista e conciliador em relação aos interesses dos senhores. No entanto, é preciso, mais uma vez, ressaltar que essa foi a posição defendida por Joaquim Nabuco na frente abolicionista que, no entanto, incorporou vários outros abolicionismos.

No entanto, os membros do Club Republicano de São Cristóvão estavam denunciando, justamente, a fraca mobilização do Partido Republicano contra a reforma. O *Combate*, de Lopes Trovão; o *Atirador Franco*, no início de 1881, oito dias depois da promulgação da Lei Saraiva; e as reuniões do CRSC, sob o comando de Almeida Pernambuco, foram, de fato, os lugares exclusivos da resistência à lei?

4
"Às armas, cidadãos": resistência republicana à Lei Saraiva

Os jornais fluminenses, com os seus diferentes e contraditórios discursos, permitem-nos afirmar que a resistência à Lei Saraiva se construiu por meio da mesma dinâmica acionada na Revolta do Vintém: o uso da imprensa, das conferências e dos *meetings* para a mobilização popular.

Dessa vez, os discursos mais inflamados contra a reforma eleitoral e a "retórica da proximidade" entre a redação e os populares não saíram nem da *Gazeta da Noite* – que não conseguiu superar as dificuldades que as medidas de repressão impuseram às suas vendas – nem da *Gazeta da Tarde* e do *Combate*, que surgiram com o objetivo de lutar contra a reforma.

Essa função coube ao *Corsário*, de propriedade de Apulcho de Castro, fundado em outubro de 1880[209], com circulação bissemanal, às quartas e aos sábados. Um dos ouvintes e admiradores das conferências de Lopes Trovão, esse tipógrafo negro vindo da Bahia, ocupou, pela impren-

---

209. A sua primeira edição é de 2 de outubro de 1880 e a última, de 23 de outubro de 1883. A sua redação ficava na Rua São José, 52. O *Corsário* foi identificado aos pasquins da regência pelo seu caráter profundamente provocativo, pela violência da linguagem contra os seus adversários, além do uso de referências à vida privada. Para uma análise mais recente sobre o *Corsário* e os pasquins, principalmente na perspectiva da história da imprensa, cf. Araújo (2012). Acreditamos que tenha sido um dos primeiros livros a recuperar a dimensão política dos pasquins desse período, inclusive definindo-os como "republicanos e abolicionistas". Apesar de ter identificado a volta dos pasquins na década de 1880, Nelson Werneck Sodré (1999, p. 230-231) reproduziu a "versão oficial" construída no próprio contexto, pelos seus opositores, que retirou a dimensão política dessas publicações: "A exaltação do ambiente permite mesmo o extemporâneo **reaparecimento do pasquim**. É fenômeno isolado, porém, e sem maiores identidades com o que ocorrera na fase da Regência. Trata-se agora de casos esporádicos, aliás da pior espécie, quase **sempre contrastando, na sua virulência pessoal, detalhada e particularíssima, com a paixão doutrinária e de princípios da imprensa abolicionista e republicana**" (grifos nossos).

113

sa, um espaço de destaque no debate público após as "jornadas" do 1º de janeiro[210].

Nos anos em que circulou, o *Corsário* rememorou o 1º de janeiro como data gloriosa, propondo a sua versão dos acontecimentos[211]. Ao povo cabia todo o mérito, enquanto os republicanos eram hierarquizados pela maior ou menor proximidade com os populares e a maior ou menor coragem no enfrentamento com a polícia. Com a clara missão de criar uma identidade política em torno da participação no Vintém, a apologia da coragem – no ato de arriscar a vida pelos populares e pela República – adquiria um lugar central, com consequências importantes para o ativismo político do período. O primeiro desses republicanos era Lopes Trovão, "vulto notável [...] que expôs a sua vida nas barricadas [...] pelas liberdades públicas[212]". Ao seu lado, Ferro Cardoso, "primeiro a romper com as prerrogativas do camarote imperial no Teatro Ginásio", antes do *meeting* de São Cristóvão[213]. No Panteão, também estava Ernesto Senna, "uma das vítimas do 1º de janeiro, preso durante dois meses" (*Corsário*, 4 de maio de 1881).

Portanto, nos dias do Vintém, Apulcho de Castro escolheu os seus heróis, mas também os seus rivais – dentre os últimos, José do Patrocínio e Ferreira de Menezes, que teriam recuado diante das ameaças e da violência[214].

---

210. Entre os indícios da possível participação de Apulcho de Castro no Vintém, está a sua vinculação muito estreita com Lopes Trovão, do qual teria se aproximado como ouvinte das suas conferências. Além disso, o seu jornal se atribuía a "missão" de salvaguardar a "memória do Vintém".

211. Três anos depois do Vintém, na sua edição de 2 de janeiro de 1883, o jornal dedicou a sua primeira página à "Memória do Vintém": "O povo, pelo órgão do seu mais querido tribuno, tinha procurado por todos os meios pacíficos fazer sentir ao poder toda a iniquidade do novo imposto [...] todos sabem o fim dessa história sombria [...] O povo foi espingardeado francamente no meio da rua". Prossegue dizendo que o povo talvez tivesse esquecido, mas era função do seu jornal lembrar-lhe, mais uma vez, os "mandantes do crime".

212. Cf. edições dos dias 4 de maio e 2 de junho de 1881.

213. "E, em seguida, no Teatro Imperial", na campanha contra a reforma eleitoral, "quando forçou as portas do impenetrável camarote imperial e nele deu entrada a grande quantidade de povo" (*Corsário*, 4 de maio de 1881).

214. No seu livro *Escritos da liberdade* (2018), Ana Flávia Magalhães Pinto chamou a atenção para o caráter infundado das acusações de Apulcho de Castro contra os dois abolicionistas, mostrando a conotação racista do seu discurso e enfatizando a complexidade dessa conjuntura no que diz respeito à questão racial. Voltaremos a essa discussão a seguir.

4.1 O Corsário sob a óptica da história da imprensa
4.1.1 O retorno do pasquim

Como a maioria dos jornais, o *Corsário* apresentou o seu programa no primeiro número, em 2 de outubro de 1880, ao mesmo tempo que definiu o seu público leitor. Nele, o tema da corrupção dos homens públicos ocupou um lugar de destaque[215]. Para combatê-la, Apulcho de Castro reativou a fórmula do pasquim, na medida em que os fatos da vida privada se tornaram argumentos políticos. No embate do *Corsário* com outros periódicos, foi possível discernir o significado que a imprensa do período atribuía à noção de neutralidade, muito diferente do atual. Sem excluir o engajamento político, ela refutava uma característica importante da imprensa dos anos 1820-1830, que, ao trazer para a esfera pública os fatos da vida privada, transformara o debate político em "insultos impressos"[216].

Por um lado, o *Corsário* assumia abertamente – em especial, no seu primeiro ano de existência –, o uso de denúncias contra pessoas públicas envolvendo assuntos particulares[217]; por outro, defendia a legitimidade do seu "método", pois, enquanto as autoridades e mesmo a "grande imprensa" mostravam empenho na denúncia e na punição dos delitos dos pobres, os crimes dos "fidalgos" ficavam intocados. A regra aplicada no Brasil era: "Respeito ao crime dos poderosos e severidade para a falta dos pequenos" (*Corsário*, 11 de outubro de 1883).

O dispositivo empregado no seu combate à corrupção era também explicado pela referência ao seu público-alvo, na medida em que se definia como um jornal "verdadeiramente popular", tribuna das camadas inferiores, órgão dos oprimidos e das classes baixas. Nesse ponto, é importante destacar a identidade socioeconômica construída por Apulcho de Castro entre o redator do *Corsário* e o seu leitor ideal: "Somos o defensor do proletário, porque o somos também. Somos o paladino do povo, porque nós somos do povo [...], somos o companheiro dos oprimidos, porque a opressão também pesa sobre nós" (*Corsário*, 16 de dezembro de 1882).

---

215. O editorial da primeira edição declarou guerra aos políticos que "dilapidavam o erário público", verdadeiros "piratas" que corrompiam a sociedade brasileira, cujo único objetivo era fazer fortuna, "não importando os meios para obtê-la".

216. Esse é o título do livro da Isabel Lustosa (2000), que analisa em profundidade a imprensa dos anos 1821-1823.

217. Originário da Bahia, um dos principais alvos de suas denúncias de corrupção – pública e privada – foi o liberal, também baiano, Manoel Pinto de Souza Dantas (1831-1894).

Contra a imagem do "pasquim pornográfico"[218], ele respondeu com críticas à monarquia e à sua política educacional. Rico em inteligência, o povo permanecia nas "trevas", já que nenhuma medida era tomada para expandir a educação pública. Por isso, enquanto o poder monárquico se eximisse de "distribuir a instrução ao povo", continuaria a empregar a linguagem "rude da verdade", a linguagem do povo (*Corsário*, 11 de outubro de 1883).

O retorno do pasquim, na forma do *Corsário*, foi bastante combatido pelos jornais do período, mesmo por simpatizantes das causas republicanas e abolicionistas como a *Gazeta de Notícias* e a *Gazeta da Tarde* (que chegaram a pedir o fechamento do periódico), além dos ataques do *Jornal do Commercio*, de *O Cruzeiro*, da *Pátria*, dentre outros. Nesse campo de luta entre a "imprensa neutra" e o pasquim, Apulcho de Castro identificou um forte aliado no *Carbonário*, também denunciado como pasquim pelos outros diários.

> Nunca a grande imprensa entre nós traduziu os reclamos da consciência pública [...], não passa de órgão da parte dirigente do nosso país, dos repletos, daqueles que, tendo o estômago cheio, pensam que ninguém padece de fome. [...] Há necessidade, portanto, de pequenos jornais que, traduzindo a opinião do povo, se esforcem pela realização de suas aspirações, pela conquista dos seus direitos. [...] O *Carbonário* [...] vem conspirar também ao lado dos seus irmãos pela vitória da causa popular. Sai do seio fecundo do povo [...], é das classes baixas (*Corsário*, 16 de julho de 1881).[219]

* * *

Apesar das controvérsias em torno das suas edições e das perseguições constantes que chegaram a destruir a sua tipografia, o *Corsário* circulou durante três anos, morrendo junto ao seu proprietário, num contexto em que poucos periódicos sobreviveram por mais de um ano. Entre 1880 e 1883, o *Corsário* travou uma batalha contra a "imprensa graúda", legitimando o pasquim contra a definição de neutralidade reivindicada pelos periódicos. Segundo Apulcho, o "partido da neutralidade" era o maior do Brasil, o que

---

218. A referência ao *Corsário* como um jornal pornográfico não deve ser entendida pela nossa compreensão do termo "pornografia", atrelada ao uso de imagens ou de descrições de cenas de sexo. No que diz respeito à imprensa, qualquer alusão aos fatos da vida privada e, principalmente, às relações amorosas era entendida como pornográfica.

219. Sobre a relação de solidariedade entre os pasquins contra a "grande imprensa", cf. Araújo (2012).

era extremamente preocupante, pois a neutralidade significava "nada a favor dos interesses públicos e tudo em benefício das conveniências próprias" (*Corsário*, 20 de setembro de 1881).

Para combater a imprensa neutra, procurou identificar a suposta relação entre as posições políticas e os financiadores dos periódicos. *O Cruzeiro* e o *Jornal do Commercio* eram definidos como "jornais negreiros", que só existiam mediante o pagamento de fazendeiros, grandes comerciantes portugueses e ministeriáveis (*Corsário*, 12 de fevereiro de 1881)[220]. Já a *Gazeta de Notícias* teria diminuído o tom da sua campanha abolicionista em razão da deserção dos fazendeiros que sustentavam o jornal. Apulcho de Castro também não poupou a *Gazeta da Tarde*, nem sob a direção de Ferreira de Menezes, nem sob o comando de José do Patrocínio, pois os dois teriam moderado o discurso antiescravista para assegurar a competitividade do jornal[221].

Se a maior ou a menor duração do jornal estava diretamente ligada à sua capacidade de se manter financeiramente, a informação sobre a fonte de receita era bastante incomum. Objeto de especulação, os jornais trocavam acusações sobre o uso de "verbas secretas", identificando posicionamentos políticos a grupos de interesse. Apulcho de Castro procurava desqualificar os seus oponentes referindo-se a esses vínculos, como no caso de *O Cruzeiro*, que teria ficado do lado do governo "na Revolução do Vintém mediante a quantia de 10:000$ mensais", escrevendo artigos contra os "promotores do 1º de janeiro". Essa foi a explicação do *Corsário* para a mudança de

---

220. Em relação ao jornal *O Cruzeiro*, dizia que os fazendeiros teriam "comprado-lhe o estômago para vomitar calúnias e infâmias contra o Partido Abolicionista". Ao mesmo tempo em que se posicionou contra os "representantes da grande imprensa", o *Corsário* indicou os seus aliados na medida em que ingressavam na cena pública. Todos no campo republicano: o *Combate*, de Lopes Trovão, e o *Carbonário* são os mais conhecidos, enquanto os outros, também alvos de perseguição, são pouco mencionados pela historiografia. Dentre eles, cumpre destacar o *Revolução*, em setembro de 1882, "republicano e socialista"; o *Noventa e Três*, jornal de São Paulo também fundado em 1882, bastante elogiado pelo *Corsário* pela sua referência ao jacobinismo; e o *Intransigente*, "arma terrível em prol dos princípios democráticos" (*Corsário*, 3 de setembro de 1883). Também mencionou, no mesmo campo de atuação, o *Cacete* e o *Tagarela*. Para Apulcho de Castro, essas folhas, aliadas do *Corsário*, seriam representantes de uma imprensa independente, longe "da desprezível escola dos republicanos que transigiam pelas necessidades do estômago" (*Corsário*, 3 de setembro de 1883).

221. Como dito anteriormente, o *Atirador Franco* também fez essa acusação entre janeiro e abril de 1881. No entanto, nas nossas pesquisas, não encontramos nenhuma referência que permita embasar esse tipo de denúncia. Ana Flávia Magalhães Pinto (2018) também contestou as afirmações do *Corsário* mostrando o empenho contínuo da *Gazeta da Tarde* em defesa dos escravizados e dos libertos.

posicionamento de *O Cruzeiro* em relação ao imposto do Vintém, pois, se no início foi enfático na sua crítica, acabou adotando uma posição contrária à da *Gazeta da Noite*.

Era possível a um jornal sobreviver sem essas receitas que, segundo Apulcho de Castro, condicionavam a pena dos redatores?

As assinaturas e os anúncios eram recursos importantes, mas dependentes da linha editorial e das escolhas políticas dos redatores[222]. Além disso, havia a seção "A pedidos" – bastante rentável, do ponto de vista financeiro – que era, segundo os seus detratores, a senha do sucesso "corrompido" do *Jornal do Commercio*[223]. Apesar de criticada, a maioria dos diários acabava criando as suas próprias seções de "A pedidos", com anonimato garantido[224].

Como explicar a sobrevivência do *Corsário* na contramão da maioria dos jornais do período, que dificilmente transpunham a barreira de um ano?[225] Na imagem criada por Apulcho de Castro, as vendas eram a sua

---

[222]. A comparação entre a lista de anunciantes do *Jornal do Commercio* e do *Cidade do Rio* para o mesmo período entre 1887 e 1889 indica-nos a existência de duas redes econômico-financeiras muito diferentes. Os anunciantes do *Jornal do Commercio* raramente coincidem com os do *Cidade do Rio*. Dos mil e vinte e dois anunciantes do *Jornal do Commercio* e dos trezentos e oitenta e um do *Cidade do Rio*, apenas vinte são comuns. A expansão desse tipo de comparação entre jornais, com a mesma tiragem e num mesmo período, seria importante para identificar o peso da questão política na escolha dos anunciantes. Esse levantamento foi efetuado por Maria Lúcia Vilela no âmbito do projeto de iniciação científica "Utopia e política: o projeto de democracia rural nos debates políticos do final do século XIX".

[223]. Ocupava a maior parte do jornal e conservava o anonimato das discussões políticas, denúncias e calúnias. Sobre o papel do *Jornal do Commercio*, no contexto das lutas pela abolição da escravidão, cf. Silva (2021).

[224]. Para Apulcho de Castro, os jornais eram fundados com a promessa de que não aceitariam testas de ferro, "mas acabavam todos vendendo espaço aos caluniadores" nas suas próprias seções "A pedidos". Mesmo notificando o público de que não aceitava os artigos anônimos de denúncias sem provas, o *Corsário* acabou abrindo a sua pequena seção "A pedidos", em que muitas cartas foram assinadas com pseudônimos.

[225]. No caso do *Corsário*, devemos acrescentar a dificuldade colocada pela destruição completa da sua tipografia em outubro de 1881, que retirou o jornal de circulação durante nove meses. Lopes Trovão, por exemplo, não teve o mesmo sucesso em nenhuma das vezes que tentou manter o seu próprio *Combate*. Dos jornais mencionados por Apulcho de Castro como pertencentes ao seu campo político, somente o *Carbonário* alcançou uma duração também muito acima da média. No entanto, no caso do *Carbonário*, fundado em julho de 1881, identificamos dois momentos muito distintos, inclusive com troca de proprietário e com posicionamentos políticos diferentes. No início, o jornal apresentou-se com um programa próximo ao do *Corsário* na denúncia da "corrupção dos grandes"; na sua definição como "órgão das classes baixas"; na defesa da abolição e nas posições contra a reforma eleitoral e a favor das manifestações públicas incitadas por Apulcho de Castro, como veremos a seguir. No entanto, no início de 1884, devido à perseguição policial, circulou somente no mês de janeiro e no primeiro dia de fevereiro. Voltou a circular em 12 de maio de 1884

principal fonte de financiamento e explicavam a sua independência em relação "aos grandes".

Em outubro de 1880, duas semanas depois do seu aparecimento, o jornal festejava uma edição esgotada e a duplicação da tiragem. Um mês depois, comentando a perseguição dos "secretas" e da imprensa, ele comemorava: "Que nos importa? [...] A nossa edição que dia a dia aumenta é prova de que bem servimos ao público" (*Corsário*, 20 de novembro de 1880). No fim do ano, afirmou que o grande acolhimento do público tinha elevado a tiragem para dezoito mil exemplares. Em janeiro de 1881, anunciou a marca de vinte mil exemplares para, em fevereiro, anunciar vinte e cinco mil. Em novembro de 1881, uma das suas edições chegou a atingir trinta e cinco mil exemplares. Para se ter uma ideia desses números, basta considerar que a *Gazeta de Notícias*, considerada pelos contemporâneos como órgão da "grande imprensa", tinha, nesse período, uma tiragem de vinte mil exemplares.

Não é possível saber se a fonte mais importante de financiamento eram, de fato, as vendas[226], mas, sem dúvida, o *Corsário* pode ser definido como um "sucesso editorial", na medida em que sobreviveu – sem as seções dos jornais mais comerciais – muito acima da média[227].

De todo modo, o combate do *Corsário* contra a reforma eleitoral foi, ao mesmo tempo, a luta pela volta do pasquim como dispositivo político. Para justificá-lo, Apulcho de Castro insistiu que a perseguição das autoridades e da grande imprensa[228] provinha do seu programa político, e não da sua linguagem pretensamente pornográfica.

---

com o nome de um novo editor responsável, João Manoel Soares da Silva, mas só voltou definitivamente em janeiro de 1885, ao que tudo indica, com um posicionamento político diferente, apesar de manter referências elogiosas ao *Corsário* e a Apulcho de Castro.

226. Apesar da dificuldade de se encontrar "qualquer processo judiciário [...] ou qualquer fonte semelhante que possa denotar com precisão", Rodrigo Cardoso de Araújo (2012, p. 169-170) levantou diversos indícios de que a chantagem contra pessoas caluniadas pelo jornal era uma importante fonte de receita, pois "era uma prática comum no submundo dos pasquins".

227. O jornal também teve, a partir de um certo momento, uma seção "Folhetim", mas, em vez de romances, publicava discursos políticos, como no caso do discurso de Lopes Trovão do ano de 1879, mencionado no capítulo anterior.

228. Fundado no dia 1º de outubro, a edição de 20 de novembro já denuncia a perseguição. Um ano antes dos acontecimentos de 31 de outubro de 1881, quando a sua tipografia será destruída, já alude a essa possibilidade: "O proprietário do *Corsário* acha-se ameaçado em sua liberdade [...]. A polícia 'incógnita' trama contra a nossa liberdade, e, quiçá, contra a nossa vida. [...] Podem mandar prender os nossos companheiros de trabalho, quebrar a nossa tipografia e suprimir o nosso

Antes de comentar o programa do *Corsário*, convém destacar que a proximidade entre o jornal de Apulcho de Castro e os populares foi atestada por vários contemporâneos, dentre eles, o amigo do imperador, J. Van Halle, que, num tom agressivo, pediu, em dezembro de 1881, o fechamento do jornal, enfatizando, justamente, a importância das vendas para a sua divulgação:

> Todos os vagabundos, todos os moleques, todos os vadios que não querem trabalhar, como também todos esses rapazes engraxadores de botas, italianos, que a Itália manda como um *presente* para o Brasil, foram requisitados para vender e gritar até perder a cabeça: o *Corsário* a 40 réis. Nem uma praça pública, nem uma rua grande ou pequena, nem um beco da cidade onde se não ouvia e se encontrava esses gritadores e vendedores dessa miserável folha. A polícia deve intervir, ou vamos de novo ainda assistir a uma segunda anarquia.[229]

4.2 O programa do Corsário e a reforma eleitoral

Além das denúncias contra a "corrupção dos grandes", outros itens faziam parte do programa do *Corsário*. Junto ao seu republicanismo, defendia a expansão da educação pública, interpretando a falta de investimento no setor como parte de um plano deliberado para manter o povo na ignorância dos seus direitos. Em vez de ampliar o acesso à educação, a monarquia inventava regulamentos visando ao "monopólio de títulos científicos para os afilhados", tornando impossível o ensino superior para as classes menos abastadas (*Corsário*, 7 de julho de 1881).

Assim como vários outros republicanos, Apulcho de Castro insistia na separação completa da Igreja e do Estado, pois a aliança entre "o trono e o altar" era um importante mecanismo da monarquia para garantir sua longevidade à custa da ignorância.

A reforma da polícia e da justiça era outro tema recorrente do jornal, pois a monarquia mantinha a "autoridade dos urbanos e dos inspetores", principalmente contra o povo e os opositores do regime, enquanto a magistratura era "máquina política" que apenas punia os pobres (*Corsário*, 25 de

---

jornal. Que nos importa? [...] A nossa edição que dia a dia aumenta é a prova que bem servimos ao público".

229. Carta de J. Van Halle, "Impressões de minhas viagens ao Brasil: eu e o finado *Corsário*", na edição de 2 de dezembro de 1881 do *Jornal do Commercio*.

maio de 1881). Além disso, pedia a nacionalização do comércio a retalho – pauta importante dos exaltados da Regência e dos jacobinos da República – do mesmo modo que reivindicava a ampliação do crédito para pequenos comerciantes, operários e lavradores[230].

No plano conjuntural, o *Corsário* indicava, de forma muito contundente e com a mesma linguagem "virulenta e rude" dos pasquins, o seu principal embate no fim de 1880 e durante todo o ano de 1881:

> A reforma eleitoral, imposta ao país [...] não é, por certo, digna de um ministério liberal. O povo será despojado da mais bela das suas garantias políticas. [...] E por quem? Pelo Sr. Dantas, [...] que fez, durante dez anos, propaganda da liberdade de voto. [...] **O jornalista e o tipógrafo**, homens que consomem toda a vida em vigílias pelo amor da humanidade, **não terão direito de escolher quem os represente. O sapateiro, o alfaiate, o ferreiro e todos os mais artistas, e até mesmo o caixeiro, não poderão exercer a soberania do voto.** [...] O Gabinete Saraiva-Dantas, não tendo a coragem precisa para de frente dizer ao povo – não votarás – procurou aquele cínico paliativo de 200$000 de renda. Essa renda é improvável para os operários e proletários. [...] Assim, só resta ao povo um recurso: apear o ministério 28 de março e dar um pontapé no Pedro. [...] Prepare-se o povo porque a luta é certa. Prepare-se para que na ocasião não esteja desprevenido como sucedeu na campanha do Vintém. Mas que nesse dia não se limite a arrancar trilhos. Corte antes a cabeça do rei e exponha-a em praça pública. [...] Corte antes a cabeça desses miseráveis titulares (*Corsário*, 10 de novembro de 1880 – grifos nossos).

É importante ressaltar a ênfase de Apulcho de Castro no fator renda em detrimento do fator analfabetismo na exclusão do direito de voto. Durante toda a sua campanha, suas críticas mais duras são contra a restrição pela renda, apesar de também condenar a exclusão pelo analfabetismo. Na sua análise sobre o Partido Republicano de Campinas, Antônio Galdino afirma que a dificuldade em se comprovar a renda era muito maior do que a dificuldade em se obter a renda, indicando que a intermediação de advoga-

---

230. Outros pontos ocuparam as páginas do *Corsário*, dentre eles, a defesa do Banco Auxiliar, cuja finalidade seria beneficiar o pequeno comércio, as pequenas indústrias nascentes, o operário e o pequeno lavrador. Como veremos no próximo capítulo, a abolição também fazia parte do seu programa, mas num campo diferente do de José do Patrocínio e da Confederação Abolicionista.

dos era fundamental para a "maioria esmagadora dos interessados se tornar eleitora" (GALDINO, 2006, p. 239).

No Rio de Janeiro, o papel dos advogados republicanos nessa situação foi atestado pelo *Atirador Franco* que, em março de 1881, comunicava que Saldanha Marinho, Ubaldino do Amaral e Pedro Ferreira Vianna estavam à disposição dos eleitores para ajudar no alistamento. Aliás, a mudança de posicionamento desse jornal ao longo do processo revela a importância da exclusão pelo fator renda. Inicialmente, apesar de considerar que a medida era uma "lei de exclusão" e defender o sufrágio direto universal dos homens maiores de vinte e um anos, a folha incentivou a participação no processo eleitoral. No entanto, após a regulamentação dos procedimentos necessários à comprovação de renda, o jornal escreveu:

> As exigências da lei são humilhantes. [...] A grande maioria dos brasileiros sente-se excluída e ficará excluída do eleitorado. [...] A maioria, finalmente, por tê-los a lei efetivamente excluído, **não obstante possuírem renda mais que suficiente para serem eleitores**. O Sr. Saraiva **desvairou pela prova de renda** e a tal ponto que inverteu todos os princípios de direito e de justiça, dizendo no senado que **preferia que a prova de renda excluísse pelo seu rigor a alguém que tivesse direito, do que admitisse pela sua facilidade a quem não o tivesse**. Assim aconteceu. O rigor da prova de renda é farisaico e exclui, não a alguém, mas a milhares de cidadãos [...] Finge-se conceder alguma coisa quando a verdade é que tira-se a nós, a vós, aos operários, aos homens que trabalham. [...] Dizem-se liberais e distinguem e deprimem castas e cores nesta terra, mas vivem e enriquecem com o suor do negro! Chamam-se liberais e são escravocratas (*Atirador Franco*, 24 de fevereiro de 1881 – grifos nossos).

Nesse sentido, convém recuperar o grande interesse da discussão proposta por Ana Flávia Magalhães Pinto sobre o impacto da lei republicana de 1889 que, por manter a restrição do voto ao analfabeto, é interpretada pela historiografia sobretudo pela manutenção dos mesmos padrões de exclusão do Império. Sem minimizar a importância do fator analfabetismo no processo de exclusão, a autora argumenta que o fim da exigência de comprovação de renda impactou significativamente no exercício do direito de voto. As exigências da Lei Saraiva de comprovação de renda "mediante a apresentação de documentos legitimados" excluíam, de fato, todas as categorias indicadas por Apulcho de Castro: "A maioria do eleitorado formado em 1881 justamente se compôs por aqueles que não precisavam comprovar renda" (PINTO, 2018, p. 285).

O tom veemente contra a reforma eleitoral e a conclamação do povo à revolução prosseguiu nas várias edições do *Corsário*. A reforma era uma traição do Partido Liberal, que, em nome do suposto combate à fraude e à corrupção das eleições, tinha feito do povo um "bando de ciganos", um estrangeiro em sua própria pátria. A lei excluía grande parte do funcionalismo público e a "maioria absoluta da classe operária", como responsáveis pelas fraudes, enquanto os verdadeiros autores da "farsa eleitoral" ficavam com o direito de votar:

> Não somos nós que pedimos comendas e outros títulos para figurar, [...] concessões e privilégios para enriquecer [...] contratos lesivos aos cofres públicos em troca dos votos que os elevou ao governo. Se do nosso seio saíram capangas, [...] tiveram por chefe as nossas sumidades políticas, [...] abusaram da fome de alguns dos nossos, para depois nos envilecerem roubando-nos à nossa pátria, [...] às armas [...] às armas (*Corsário*, 15 de março de 1881).[231]

Depois da aprovação do projeto, em janeiro de 1881, o redator do *Corsário* – com um refrão revolucionário – passou a conclamar o povo a comparecer às ruas, no dia 31 de outubro, para impedir as eleições:

> Às armas, pois cidadãos e todos os estrangeiros [...], às armas. [...] Façamos a revolução. [...] Preparemo-nos para as vésperas e os dias de eleições. [...] O dia das eleições vai ser um dia de sangue. [...] A empiria reclama sangue! Gritemos – "Revolução!" (*Corsário*, 20 de março de 1880).

Para o *Corsário*, a reforma era a senha que faltava para convulsionar a sociedade brasileira contra o estado de corrupção em que se encontrava. Diante das reivindicações por reformas políticas e sociais clamadas pelo povo, o que tinham feito os liberais? Respondido com o aumento de impostos e a marginalização política dos pobres. Assim, as expressões "saltar com um cartucho de dinamite", "revolução violenta que abra um rio de

---

231. Capanga nomeava o "personagem" que, a mando de um candidato, ameaçava e intimidava os adversários com o uso da violência. Sobre esse tipo de procedimento nos processos eleitorais do Império e as mudanças legislativas a respeito das eleições até 1878, cf. a análise do conservador Francisco Belizário Soares de Souza publicada como *O sistema eleitoral no Império* pelo Senado Federal em 1979.

sangue" e "às armas" ganham cada vez mais espaço no jornal quanto mais próximo o dia das eleições[232].

Desse modo, a perseguição policial, que se abateu sobre o *Corsário*, desde os seus primeiros dias, não pode ser explicada exclusivamente pela sua referência aos "segredos da vida íntima dos homens públicos", mas esteve ligada ao seu posicionamento radical e violento contra a reforma eleitoral[233].

Quanto à razão para as disputas entre o *Corsário* e a *Gazeta da Tarde*, ela estaria – conforme a versão de Apulcho de Castro – na forma de conduzir a oposição ao projeto. A *Gazeta da Tarde* – primeiro de Ferreira de Menezes, depois de José do Patrocínio – teria renunciado a toda incitação à participação pública, à menor referência à revolução e até defendido o fechamento do *Corsário*.

Num momento em que qualquer vínculo com o *Corsário* motivava a perseguição policial e da "imprensa séria", Lopes Trovão teria sido o único a defendê-lo, inclusive escrevendo artigos para o periódico[234]. E a *Gazeta da Tarde*, além de repudiar a associação entre Lopes Trovão e o *Corsário*,

---

232. Em março de 1881, por ocasião do assassinato de Alexandre II na Rússia, Apulcho de Castro, como fizera antes o *Socialista*, elogiava a "bomba providencial" de um "niilista convicto e heroico", ao mesmo tempo em que criticava a imprensa, unida no lamento à morte do "tirano". O *Corsário* de 29 de março de 1881 pedia aos seus colegas que, em respeito pela soberania popular, tivessem mais piedade "dos povos que matavam em defesa da liberdade do que dos reis que morriam por amor à tirania". Dirigindo-se ao imperador do Brasil, pergunta se a reminiscência da França de 1793 ou o fato "monstruoso do império russo" não faziam temê-lo pelo seu futuro num país que havia retirado do povo o seu direito mais sagrado, jogando-o, portanto, na ilegalidade.

233. Como veremos a seguir, essa interpretação foi defendida pelo *Jornal da Noite*, em novembro de 1881, contra os adversários do *Corsário*, que procuraram caracterizá-lo exclusivamente pelo seu aspecto "pornográfico". A justificativa da perseguição ao *Corsário* pela pornografia e isolada do seu conteúdo político esteve presente em vários discursos da época.

234. O *Atirador Franco*, de Jerônimo Simões, Mathias Carvalho e Luiz Leitão, que circulou entre janeiro e abril de 1881, também escreveu contra a perseguição do *Corsário*: "É indigno, vandálico, escandaloso, estúpido, merecedor da mais severa reprovação pública **o procedimento de quem quer que seja, mandando rasgar por seus capangas grande quantidade de números do *Corsário* que os meninos vendem nas ruas da cidade. Isto é um ataque violento à liberdade e à propriedade alheia**, é portanto um crime vergonhoso, porque não é cometido nos sertões, mas na capital deste país. [...] Mas o que é triste e doloroso, o que é uma miséria, uma indecência condenável, é ver que a polícia da terra é a capa mais segura, e como agora, a própria autora desses vergonhosos atentados. [...] **Protestamos contra esse vandalismo criminoso de que tem sido vítima o *Corsário*** (*Atirador Franco*, 23 de janeiro de 1881 – grifos nossos).

teria empreendido uma campanha contra o líder republicano e prejudicado a continuidade do *Combate* (*Corsário*, 29 de março de 1881)[235].

De fato, entre fevereiro e abril de 1881, principalmente na seção "A pedidos", o jornal de Ferreira de Menezes publicou diversas cartas e uma série de poemas contra Lopes Trovão, criticando o "tribuno republicano" pela vinculação ao *Corsário*:

"Ferra as velas do *Corsário* [...] vais naufragar!"

"Resvalou do *Combate* para o *Corsário*"[236].

Em cena, as acusações das mais diversas. No âmbito público, Lopes Trovão era: o incitador do povo na Revolta do Vintém; afeito à violência; desrespeitoso dos poderes públicos; amigo do *Corsário* e adepto da "República com sangue". Era, também, péssimo médico, assim como tinha sido um "estudante vagabundo, declamador de botequins". Além disso, tinha deixado sem pagamento os compositores do seu finado *Combate*. Na esfera privada, Lopes Trovão era acusado de "ter roubado a mulher de um amigo", corroborando o discurso do *Corsário* de que a menção à vida particular não era exclusividade dos pasquins. Para ele, a única diferença estava no fato de que os outros jornais se serviam da seção "A pedidos" para as calúnias[237].

Por sua vez, Lopes Trovão entrou na justiça contra a *Gazeta da Tarde* pela acusação de que devia dinheiro aos tipógrafos do seu *Combate* e organizou conferências para se defender das difamações[238]. Pela imprensa, foi o *Corsário* que assumiu a defesa de Lopes Trovão, numa posição ambígua, pois, em razão da repressão era obrigado a se desvincular dele para melhor prestar-lhe auxílio. Antes de tudo, procurou negar que Lopes Trovão fosse redator do *Corsário*, mesmo admitindo a publicação de alguns artigos e os vínculos de amizade.

---

235. Todas essas referências precisam ser contextualizadas pontualmente, pois, no momento da fundação do *Combate*, em janeiro de 1881, Ferreira de Menezes fazia parte do corpo de colaboradores do jornal de Lopes Trovão. Como veremos a seguir, as críticas a Ferreira de Menezes e mesmo a José do Patrocínio desapareceram do *Corsário* depois do falecimento do primeiro. Nessa nova conjuntura, Apulcho de Castro passou a explicar as atitudes "negativas" de Ferreira de Menezes pela influência de Serpa Júnior.

236. Os poemas com o título "Trovanices" estão nas edições de 16 de fevereiro e 26, 28 e 31 de março de 1881 da *Gazeta da Tarde*.

237. Sobre a campanha de difamação contra Lopes Trovão, cf. edições da *Gazeta da Tarde*, entre 16 de fevereiro e 14 de abril de 1881.

238. Com o título "A campanha de descrédito", a conferência teria ocorrido no dia 17 de abril de 1881 (*Corsário*, 27 de abril de 1881).

"Declaramos solenemente que, com conhecimento nosso, o Dr. Lopes Trovão só escreveu para o *Corsário* o manifesto que lhe pedimos" (*Corsário*, 12 de abril de 1881). Em agosto, acrescentou: "Lopes Trovão nunca tinha feito parte daquela redação. Dele só teriam saído dois artigos: um sobre a morte do czar da Rússia 'Menos um' e outro, que foi um protesto contra as violências sofridas pelo *Corsário*" (*Corsário*, 6 de agosto de 1881).

Se, em março de 1881, Apulcho de Castro avaliou o sucesso da sua campanha contra a reforma eleitoral pelas adesões recebidas, incluindo a de Lopes Trovão, em agosto, apenas dois meses antes da manifestação projetada para 31 de outubro, procurou negar que o líder republicano estivesse no mesmo campo político. No embate entre evolucionistas e revolucionários, Apulcho de Castro associou Lopes Trovão ao primeiro grupo, apesar da referência à revolução no Manifesto do Club Republicano de São Cristóvão:

> Com o Sr. Lopes Trovão **temos relações de amizade**. [...] **Ainda ele não nos conhecia e nós já íamos às suas conferências**, [...] agrada-nos ouvi-lo e, portanto, hoje que merecemos a sua amizade, vamos muitas vezes, conversar com ele a respeito de assuntos de natureza política e social. [...] **Nossos encontros dão-se às horas de lazer, no botequim ou na rua**, entre os amigos dele. [...] Não tem instintos de mandão e não se agasta conosco quando divergimos dele no modo de considerar as questões. Na questão eleitoral, por exemplo, ele ainda é evolucionista e nós somos radicalmente revolucionários (*Corsário*, 6 de agosto de 1881 – grifos nossos).

O embate entre a *Gazeta da Tarde* e o *Corsário* fornece-nos a oportunidade de identificar a importância da referência à revolução na "questão eleitoral", mas também os pretensos métodos usados pelo governo e aliados para enfraquecer a resistência.

Em abril de 1881, as reuniões do Club Republicano de São Cristóvão para preparar a oposição à reforma teriam sido acompanhadas por "infiltrados" com a missão de levar as intenções de Lopes Trovão ao conhecimento do ministro da justiça, Manuel de Souza Dantas. As informações levadas às autoridades teriam identificado o seguinte plano de atuação:

> Agitar o povo em *meetings* e conferências. [...] Agitado o povo como era provável, à vista da indignação que há nas camadas despojadas do voto, operar-se-ia o movimento, e este sendo sério, o partido republicano deveria então guiá-

-lo, pondo-o ostensivamente à sua frente. Finalmente, que ia principiar o seu movimento logo que reaparecesse o seu jornal *Combate*, e enquanto isso ia falar à pequena imprensa para excitar o povo, já que à grande pouco importava a coisa pública (*Corsário*, 12 de abril de 1881).

Na opinião de Apulcho de Castro, só a forte repressão era capaz de explicar a posição dos articulistas da *Gazeta da Tarde*, que difamavam Lopes Trovão para escaparem da acusação de que também estariam envolvidos na "agitação do povo". Quanto a José do Patrocínio, ele seria "um dos difamadores mais ardentes do Dr. Lopes Trovão" (*Corsário*, 20 de abril de 1881).

Se, em setembro de 1880, Lopes Trovão se encontrava ao lado de José do Patrocínio e Vicente de Souza, nas Conferências Emancipadoras, defendendo as mesmas teses, desde fevereiro de 1881, ambos estariam em campos antagônicos em razão da forma de conduzir a oposição à reforma eleitoral. Essa é mais uma oportunidade para enfatizar a relevância da dimensão conjuntural para uma análise no campo da história política – mesmo se a intenção não for "apenas narrativa" –, pois, como veremos em seguida, José do Patrocínio e Lopes Trovão voltarão a se unir na oposição à reforma eleitoral.

Num momento em que as divisões ganhavam repercussão na imprensa, foi justamente o falecimento inesperado do jornalista Ferreira de Menezes, aos trinta e nove anos, que nos forneceu a ocasião para identificar todas as correntes do republicanismo fluminense. Ironia do destino, o funeral dessa grande liderança abolicionista e republicana realizou o seu sonho de união do "grande partido democrático", que tantas dificuldades enfrentou para se manter coeso em torno de um projeto comum.

Grande acontecimento político, os funerais mostraram um Partido Republicano unido sob a direção da comissão composta por Saldanha Marinho, Ubaldino do Amaral, João Clapp e Esteves Júnior lado a lado dos representantes do Club Republicano de São Cristóvão; da Sociedade Ensaios Literários; da Sociedade Brasileira contra a Escravidão; da Associação Central Emancipadora; dos recém-fundados Club dos Libertos de Niterói, Club Abolicionista do Riachuelo e Club Tiradentes; da Escola Noturna da Cancela; do Club Literário Castro Alves; do Club Republicano de Botafogo; e do Club Republicano da Freguesia da Lagoa, dentre outras associações.

Numa procissão da Glória ao Cemitério São Francisco Xavier, o enterro de Ferreira de Menezes tornou-se um grande evento do campo republicano e abolicionista em que se destacaram os discursos de Ubaldino do Amaral, João Clapp, Ferro Cardoso, Almeida Pernambuco, Duque Estrada, Júlio de Lemos, Ernesto Senna e Capitão Rosa de Senna. Apesar do recente confronto com Ferreira de Menezes, Lopes Trovão sobressaiu-se pelo discurso emocionado "à beira da sepultura" (*Gazeta da Tarde*, 7 de junho de 1881).

Depois da morte de Ferreira de Menezes até o *meeting* contra as eleições, não se encontrou nenhuma outra crítica de Apulcho de Castro a Ferreira de Menezes ou a José do Patrocínio[239]. Por um lado, as referências à revolução cresceram e se radicalizaram no *Corsário*; por outro, a *Gazeta da Tarde*, agora sob o comando de José Patrocínio, aproximou-se das posições defendidas pelo Club Republicano de São Cristóvão na questão eleitoral.

Um mês depois da morte de Ferreira de Menezes, o *Carbonário* escreveu: "A reforma eleitoral do Sr. Saraiva foi um achado por ter conseguido acusar um partido republicano entre nós" (*Carbonário*, 16 de julho de 1881).

A partir de julho de 1881, o *Corsário* e a *Gazeta da Tarde* uniram-se em torno das posições do Club Republicano de São Cristóvão contra o lançamento das candidaturas e contra os evolucionistas. As eleições seriam, agora, ainda mais do que antes, uma grande encenação. A única postura correta do partido era a contestação da reforma eleitoral, ao passo que a proposta de candidaturas a legitimaria. No dia do *meeting*, José do Patrocínio falou pela sua *Gazeta da Tarde*:

> Combatemos e combateremos a vigente lei eleitoral; dissemos, dizemos e diremos que ela excluiu a Nação do direito do voto para dá-lo a um décimo do país, e este décimo representa a escravidão, a exploração do tesouro pelo emprego e pelas altas posições no governo (*Gazeta da Tarde*, 30 de outubro de 1881).

---

239. Ao tratar da conotação racista do discurso de Apulcho de Castro contra Ferreira de Menezes e José do Patrocínio, todos eles "homens de cor", Ana Flávia Magalhães Pinto (2018, p. 211) chega à mesma conclusão de que, após a morte do proprietário da *Gazeta da Tarde*, o *Corsário* suspendeu a sua campanha contra o abolicionista. No entanto, como teremos oportunidade de analisar, essa campanha contra José do Patrocínio foi retomada no final de 1882, quando o *Corsário* voltou a circular. Com a destruição da sua tipografia, em outubro de 1881, ele só retornou em setembro de 1882.

4.3 Os preparativos para o *meeting*

Os ativistas do CRSC acreditavam, de fato, na deflagração de um processo revolucionário a partir de manifestações públicas contra a reforma eleitoral? Nada mais difícil do que propor afirmações categóricas sobre as "verdadeiras" motivações dos indivíduos, mesmo quando amparadas em seus próprios discursos.

Por um lado, a maioria desses militantes apresentava o mesmo diagnóstico sobre a situação do país. Segundo eles, a monarquia corrompia e mantinha uma sociedade em crise: pelo nepotismo; pelo uso de cargos públicos como moeda de troca; pelas fraudes eleitorais; pela ausência de educação pública; pela ausência de medidas contra a escravidão; pela identidade entre o Estado e a Igreja; pelo sistema tributário injusto; pelo mau funcionamento da justiça e da polícia, que só punia os pobres; pela concentração de propriedade e de capital. Diante de todos os problemas, os partidos revezavam-se no poder, sob a regência do imperador, com a função exclusiva de impedir qualquer reforma.

Em tese, a solução estaria, para os membros do Club Republicano de São Cristóvão, no fortalecimento de uma representação política constituída em torno dos "interesses do povo", só realizável com a ampliação significativa do número de republicanos nas Câmaras. Com a imprensa, as conferências e os *meetings*, seria possível levar o povo a lutar pelos seus direitos e indicar-lhe os seus "verdadeiros" representantes. Nesse plano dos princípios, a diferença com os "evolucionistas" estaria no grau de aproximação com o povo e na linguagem utilizada na propaganda republicana. No entanto, pelo menos desde 1878, no âmbito das "Conferências pelas vítimas da seca", a "revolução" aparecia como eventual saída para a impermeabilidade parlamentar aos anseios reformistas. Por sua vez, a Lei Saraiva teria representado, para os militantes do CRSC, a interdição formal de pavimentar, no sistema político, a aliança que vinha sendo construída com as ruas. Com isso, lançaram um manifesto que legitimava o recurso à revolução.

No entanto, mais do que a convicção na factibilidade de uma revolução a partir da campanha contra a reforma eleitoral, o documento indica-nos o investimento desse grupo num tipo de militância capaz de prepará-la, por meio de conferências, *meetings* e jornais, para falar ao povo sobre os seus direitos e, logo que se dispusesse a reivindicá-los, enfrentar com ele a repressão policial. Daí a ênfase no "heroísmo" e na "coragem" tão frequente nos discursos desses militantes.

Em relação a Apulcho de Castro, quanto mais próximo ao dia do propalado *meeting* republicano, mais radical se tornava a sua linguagem. Concomitantemente, recomendava cuidado aos populares devido às notícias sobre a repressão preparada pelo governo, com a ajuda de secretas, capangas e espiões (*Corsário*, 11 de outubro de 1881)[240].

O *Corsário* procurava identificar os movimentos dos agentes da repressão, chamando a atenção dos seus leitores para os métodos policiais. O seu exemplo era, mais uma vez, os acontecimentos do Vintém, nos quais destacava o "velho" esquema dos infiltrados para provocar a reação e justificar o emprego da violência:

> Têm-nos chegado aos ouvidos subterrâneos rumores sombrios, anunciando-nos que a polícia se prepara para o dia 31 de outubro. [...] Previna-se pois o povo, que vamos ter o prolongamento do **1º de janeiro**! [...] Como principiou a jornada do Vintém, ninguém ignora. As ruas estavam **apinhadas de capangas da polícia**. [...] O povo indignado, é certo, em todas as ruas se limitava a dar **vivas à República e ao Exército**! [...] **E morras à monarquia**! [...] Nada mais. [...] Os capangas da polícia [...] entraram então em operação, alarmando tudo com pedradas .[...] Foi então que o conflito principiou. [...] Deu-se então essa tremenda tragédia que arrebatou muitas vidas. [...] Está provado que a polícia, quer secreta, quer ostensiva, é a promotora de todas as desordens públicas (*Corsário*, 15 de outubro de 1881 – grifos nossos).[241]

A partir do dia 25 de outubro, o jornal começou a noticiar a prisão de muitos operários e dos supostos organizadores dos *meetings*. A monarquia, com uma "horda de facínoras", estaria enchendo a casa de detenção e divulgando boatos sobre a destruição da sua tipografia e o seu assassinato. Ao mesmo tempo que chamava a atenção do povo para a força da repressão,

---

240. Para o *Corsário*, Lopes Trovão era o alvo favorito desses agentes do governo; constantemente vigiado, estaria sendo objeto de calúnias e difamações. Dessa maneira, esperavam uma reação violenta do ativista para legitimar a sua prisão e impedi-lo de liderar o *meeting*.
241. Apulcho de Castro convocava o povo para um *meeting* no dia das eleições, que estavam previstas para o dia 31, mas, como veremos, ele acabou ocorrendo um dia antes.

também sinalizava a provável colaboração do Exército no caso de uma verdadeira revolução[242].

Numa atitude aparentemente contraditória, Apulcho de Castro conclamava à reação, mas mostrava o despropósito da repressão preparada pelo governo, argumentando o isolamento da sua própria posição. Admitindo que a revolução era um fantasma, procurava demonstrar que ela era, no entanto, a única resposta à altura da afronta do governo[243]. E se os "homens do poder distribuíam pelas tropas cinco mil cartuchos para o fuzilamento em massa no dia 31", é porque consideravam que a revolução era legítima, ao mesmo tempo que admitiam a fragilidade da monarquia.

Ao conclamar todos os setores da população à praça pública no dia 31 de outubro, Apulcho de Castro, acreditando ou não no sucesso da sua iniciativa, retomava a linguagem dos pasquins para legitimar a saída revolucionária. O governo alimentava a ilusão de abafar a revolta social com a reforma eleitoral, mas o Brasil era um "vulcão em trabalho de erupção", e a maior infâmia da monarquia era tentar conjurar as revoluções fatais. Mesmo se o dia 31 não se tornasse a data da revolução, ela viria, pois o povo e os "diretores de opinião" já tinham se habituado às conferências públicas e aos *meetings*. As grandes reformas – o fim da escravidão, a secularização do Estado, a nacionalização do comércio a retalho, a grande naturalização – passariam do Parlamento à praça pública e nela estariam presentes todas as camadas sociais, desde o estrangeiro até o escravizado (*Corsário*, 20 de outubro de 1881).

---

242. "Mas estamos certos **de que a brilhante oficialidade do exército** não cometerá a impiedade de carregar as armas dos seus batalhões contra a massa popular, na hipótese em que ela organizasse uma revolução séria. Essa revolução não pode deixar de ser feita em nome do nosso direito usurpado. [...] Às armas, pois, cidadãos! Às armas!" (*Corsário*, 15 de outubro de 1881 – grifo nosso).

243. No *Corsário* de 11 de outubro de 1881, escreveu: "É verdade que nas ruas, nos botequins, nos salões, nos gabinetes dos clubes, nas redações dos nossos jornais, muito se tem falado sobre revoluções não porque se haja urdido qualquer movimento, mas porque está na convicção de todos a ideia que a atual reforma bem merece ser combatida por uma revolução e muito covarde ou profundamente estúpido será o povo se não realizar essa revolução. Todavia, entre uma coisa hipotética de que se fala vagamente e um fato, vai uma distância imensurável. Como pois não havendo prenúncios de revolução, anda o Sr. Ministro de guerra a *agitar* os oficiais?" E depois, no dia 18, continuou: "Mas que sintomas revolucionários apareceram para que o ministério tome as precauções de que está fornecendo cópia todos os dias? [...] Consta-lhe que haja clubes secretos de conjuração? [...] Exceto nós, que outro órgão do nosso jornalismo tem tratado da questão eleitoral? [...] Conservadores, liberais e até republicanos estão satisfeitos com a reforma [...] donde, pois, tem receio o ministério que surja **a hidra, a bomba, o cataclisma, a revolução**? [...] De modo que somos obrigados a concluir que a reforma eleitoral, na opinião dos srs. Ministros, é uma causa legítima de sublevamentos do povo [...] Às armas. [...] Hoje só nos resta o campo da luta violenta" (grifo nosso).

Nessa conjuntura, Apulcho de Castro disparava contra todos os supostos benefícios da monarquia tão enfaticamente propalados pelos saquaremas, admitindo, inclusive, o desmembramento do país (*Corsário*, 28 de novembro de 1882)[244]. Ao argumento de que a monarquia mantinha a integridade, respondia:

> E qual é a vantagem dessa integridade? Sermos um país muito grande em tamanho material? [...] Ora, este consolo já não satisfaz, porque a grandeza histórica do país não se afere pela sua extensão territorial. [...] O que é certo é que o Brasil com o seu tamanho material parece um gigante marasmático, [...] ao passo que as repúblicas vizinhas, apesar de suas *revoluções*, que o Império inventa e exagera para desacreditar o sistema democrático, estão mais adiantadas do que nós (*Corsário*, 29 de setembro de 1881).

4.4 O grande dia

Não sabemos o motivo, mas o *meeting* convocado por Apulcho de Castro para o dia das eleições – 31 de outubro – acabou ocorrendo no dia anterior. No dia 29, o "homem de cor" Alberto de Carvalho foi às ruas para convocar os populares. No dia seguinte, com uma edição extraordinária e numa página suplementar, o *Corsário* conclamou o POVO – em letras garrafais –, enquanto, nas quatro restantes, se dirigiu aos vendedores de jornais, aos operários, ao Exército, às mulheres, aos estrangeiros e aos escravizados. Aos vendedores da folha, os imortais "garroches" – que, em 1º de janeiro, tinham mostrado a sua força –, pedia que se armassem do seu instrumento, "usual e vitorioso", a pedra, e "botassem para correr urbanos e espiões da polícia". Aos escravizados, escreveu: "Vinde confraternizar com os livres, **vinde à praça pública** proclamar a sua liberdade [...] o evolucionismo não admite a escravidão [...] Erguei-vos escravos" (*Corsário*, 30 de outubro de 1881 – grifos nossos).

Quando lemos as descrições sobre a manifestação na *Gazeta da Tarde* e no *Corsário*, a impressão é de que os acontecimentos seguiram exatamente o *script* divulgado por Apulcho de Castro durante todo o mês de outubro.

Anunciado também pela *Gazeta da Tarde*, o *meeting* foi realizado na Praça da Constituição às 17h. Segundo o *Corsário*, o local estava comple-

---

244. Voltaremos a essa questão do separatismo no decorrer do trabalho.

tamente tomado por uma assembleia de dez a doze mil pessoas com forte presença operária. Assim como Lopes Trovão e Apulcho de Castro, José do Patrocínio também denunciou a violência dos infiltrados. No instante em que Lopes Trovão expunha, "serenamente", as suas ideias – comparando a monarquia do "monopólio do voto" à República do "sufrágio universal" – o tribuno foi violentamente interrompido pelo "conhecido desordeiro [...] escoltado por cinquenta ou sessenta urbanos disfarçados". Nesse momento, Lopes Trovão, "temendo o conflito", encerrou o *meeting* e seguiu, com calma, pela Rua da Carioca, acompanhado do povo que o levou, em segurança, ao Recreio Dramático, onde, esperava-se, ele prosseguiria o seu discurso. Perseguidos pela polícia, tiveram que entrar no Café Lucinda, quando, "então, desenvolveu-se em toda a hediondez a ferocidade dos desordeiros, assalariados pela polícia. Vibraram os cacetes e dispararam tiros de revólver para dentro do botequim". O café foi completamente destruído, e Lopes Trovão só teria escapado pela coragem de amigos fiéis que o protegeram em sua fuga – dentre eles, Ferro Cardoso, Alberto de Carvalho e Almeida Pernambuco[245]. Mesmo depois de encerrado o *meeting*, a polícia espancou a população que permaneceu na praça e invadiu e quebrou vários estabelecimentos. O ato final foi a destruição completa da tipografia do *Corsário* a golpes de machado, às 18h e à vista de todos, apesar de a população ter pedido a proteção da polícia, "que apenas compareceu para dar abrigo e permitir a fuga dos criminosos" (*Corsário*, 22 de novembro de 1881).

Sem a tipografia e sofrendo perseguição, Apulcho de Castro só voltou a editar o seu *Corsário*, com a periodicidade normal, em setembro de 1882. Porém, antes disso, conseguiu publicar três números nos quais narrou os acontecimentos: denunciou a repressão; criticou o silêncio da grande imprensa e enfatizou a solidariedade da *Gazeta da Tarde*, que também tinha sido atacada no dia 30, "porque de todo o nosso jornalismo foi essa folha a que mais fortemente combateu as infâmias do dia antecedente" (*Corsário*, 22 de novembro de 1881).

Inimigos antes, inimigos depois, Apulcho de Castro e José do Patrocínio uniram-se em torno do Manifesto do CRSC contra a reforma eleitoral e,

---

245. Na edição da *Gazeta da Tarde* de 3 de novembro de 1881, Lopes Trovão publicou uma carta prestando esclarecimentos sobre os acontecimentos do 30 de outubro, que teriam sido adulterados pela *Gazeta de Notícias*. Nessa carta, citou alguns dos seus correligionários que o auxiliaram na fuga.

juntos, sofreram a perseguição policial e o silêncio da "grande imprensa", inclusive da *Gazeta de Notícias*, que tinha dado ampla cobertura de apoio aos militantes do Vintém.

4.5 Desdobramentos do dia 30 de outubro

No dia 4 de novembro, a *Gazeta da Tarde* noticiou um "protesto contra a versão do chefe de Polícia dirigida ao desembargador sobre o *meeting* de Lopes Trovão do dia 30 de outubro", assinado por Júlio do Carmo, A. J. Esteves Júnior, Mathias Carvalho, Cabral Noya, Favilla Nunes, Júlio Lemos, Plácido de Abreu (*Gazeta da Tarde*, 4 de novembro de 1881). Apesar de ter denunciado a violência e a perseguição aos manifestantes, no Largo do Rocio, e publicado a carta do proprietário do *Corsário* denunciando o incêndio de sua tipografia, a *Gazeta da Tarde* não nos fornece muitas outras informações sobre os desdobramentos do dia 30, muito provavelmente em razão da repressão que se abateu sobre a cidade logo após os acontecimentos. Logo no dia seguinte, José do Patrocínio dirigiu uma carta às autoridades em que pedia a proteção da sua tipografia contra os ataques dos "secretas", ao mesmo tempo em que se comprometia junto à polícia de se submeter às ordens "de que nós não consentiríamos **discursos pronunciados pela nossa janela**. Diga ao Sr. chefe de Polícia que não temos intenção de **fazer meetings**, senão na tribuna e na praça que temos todos os dias: a nossa folha"[246] (*Gazeta da Tarde*, 1º de novembro de 1881 – grifos nossos).

Depois de algumas tentativas fracassadas de transferir a sua tipografia para outro prédio, Apulcho de Castro ficou fora do jogo até setembro de 1882 e o seu *Corsário* não é, portanto, capaz de nos informar sobre as repercussões da campanha contra a reforma eleitoral.

---

246. O próprio Ministro da Justiça, Manuel de Souza Dantas, teria se comunicado diretamente com Patrocínio para perguntar se havia algum *meeting* na redação. Diante da resposta negativa, o ministro garantiu que a força policial protegeria a folha, mas a proteção não foi enviada. José do Patrocínio criticou a atitude de alguns jornais que divulgaram mentiras sobre o ocorrido e felicitou *O Globo* e o seu editor, Quintino Bocaiuva, **"o nosso chefe e mestre"**, pela solidariedade (grifo nosso). Cumpre enfatizar que, apenas um mês antes, Quintino Bocaiuva tinha sido criticado por Patrocínio e outros membros do Club Republicano de São Cristóvão pelo seu evolucionismo. Importante ressaltar que a trajetória de Quintino Bocaiuva é marcada pela repetição desse mesmo procedimento. Apesar de se manter fiel aos princípios evolucionistas e não apoiar diretamente os *meetings* em praça pública – com algumas exceções que analisaremos no prosseguimento deste trabalho – assumia a defesa dos seus correligionários no momento dos conflitos com a polícia.

Nessa conjuntura, o *Jornal da Noite* é, talvez, o único a nos esclarecer a respeito, pois parece ter nascido, exatamente, com a função de recuperar a importância da manifestação republicana que apenas apareceu em notas em outros jornais. Na verdade, foi o *Jornal da Noite* que nos levou ao *Corsário* e ao entendimento da referência constante desses atores políticos ao tema da revolução. Além disso, ele foi o único que atribuiu uma conotação política à perseguição sofrida pelo *Corsário*. Nesse periódico, as denúncias contra a repressão prosseguiram do fim de 1881 até o seu desaparecimento, em abril de 1882.

A sua primeira edição é do dia 23 de novembro de 1881, quando se apresentou como publicação diária a 40 réis, com redação na Rua da Assembleia, mas somente no dia 24 de fevereiro de 1882 a *Gazeta de Notícias* noticiou o seu primeiro número, fornecendo informações sobre o seu corpo editorial, que o próprio *Jornal da Noite* não fornecia. Nele, reencontramos alguns dos membros do CRSC e do Club Tiradentes: Lopes Trovão, Alberto de Carvalho, Jerônimo Simões, Mathias Carvalho e Favilla Nunes – esse último, proprietário da folha que também teria participado do *meeting* do dia 30[247].

O silêncio sobre os redatores no próprio *Jornal da Noite* parece ligado a um contexto de perseguição policial, cuja denúncia era a sua razão de ser. Apesar da referência constante aos acontecimentos do dia 30 de outubro,

---

247. Além dos participantes já citados, o jornal *Diário do Brazil*, do dia 1 de novembro de 1881, também mencionou o Tenente Noya. O republicano Júlio do Carmo, em suas memórias publicadas em 1922, declarou ter sido fundador do jornal junto a Favilla Nunes e acrescentou outros republicanos a quem teriam confiado a "parte intelectual", dentre eles, Ubaldino do Amaral, Fontoura Xavier, Aristides Lobo e José Maria do Amaral. As memórias de Júlio do Carmo fornecem-nos a possibilidade de reafirmar uma das condições indispensáveis da disciplina histórica, qual seja, o cruzamento das fontes. Escrita quarenta e um anos após os acontecimentos, algumas lembranças ordenaram-se na sua memória numa cronologia individual e não coletiva. Nas suas memórias, a *Gazeta da Tarde* teria sofrido o mesmo destino do *Corsário*, logo após o dia 30 de outubro de 1881, se Ferreira de Menezes não tivesse tomado suas precauções. "Mas Ferreira de Menezes havia tomado precauções, armazenando em sua redação, além de alguns sacos de cal, muitas latas de inseticida e armas de fogo, de modo que, quando o desembargador Trigo Loureiro apresentou-se para oferecer as garantias da polícia, o Dr. Ferreira de Menezes agradeceu, dispensando-as, mostrando-lhe, porém, os elementos de defesa, ao que o chefe, um tanto desconcertado, disse: 'Os senhores realmente estão bem preparados'". No entanto, o dono da *Gazeta da Tarde* já era José do Patrocínio, pois Ferreira de Menezes tinha morrido três meses antes. Podemos nos perguntar se esse "erro" é mesmo uma "falha de memória" ou a intenção de retirar José do Patrocínio dessa história devido às disputas políticas decorrentes da abolição da escravidão e que fragilizaram o campo republicano. Cf. capítulo 12.

dos artigos contra as ameaças e da defesa do republicanismo, o seu programa indicava objetivos em conformidade com uma imprensa "neutra".

Apesar da sua "imparcialidade", a tipografia foi invadida seis dias após a sua fundação, quando a folha já anunciava uma tiragem de dez mil exemplares[248]. Além de noticiar o fato, o jornal denunciou a prisão de um redator e o risco de deportação de Lopes Trovão, de Júlio de Vasconcelos, Plácido Abreu, Apulcho de Castro, dentre outros. Nos dias seguintes, a repressão atingiu os seus próprios vendedores, assim como tinha feito aos do *Corsário*.

Nessa ocasião, o jornal aproveitou para contestar a imagem de uma imprensa livre divulgada na Europa pelos "representantes do Império": "Todos ficariam sabendo que o governo brasileiro quando não pode, por meio de dinheiro do tesouro nacional, fazer calar um jornal, faz calá-lo pela polícia" (*Jornal da Noite*, 3 de dezembro de 1881). Nas suas viagens ao Velho Continente, não seria mais possível a Pedro II exibir-se como "Imperador liberal", pois os estrangeiros logo seriam informados de que, no Brasil, se vivia o "pleno regime do absolutismo", com vários jornalistas deportados "sem nota de culpa, sem interrogatório, nem processo" (*Jornal da Noite*, 9 de dezembro de 1881)[249].

A crítica à repressão desdobrou-se numa campanha contra a monarquia, o imperador e o governo liberal, principalmente na pessoa do Ministro da Justiça, Manuel de Souza Dantas. Não podemos esquecer esse fato quando quisermos compreender as dificuldades para a manutenção da frente abolicionista, no momento da discussão do projeto Dantas, em 1884[250]. Para os redatores do *Jornal da Noite*, Dantas – depois de ter sido denunciado pelo *Corsário* pelas suas práticas de corrupção e de favoritismo – mandara destruir a tipografia e, agora, justificava as perseguições e as deportações daqueles que, supostamente, estariam vinculados a Apulcho de Castro.

---

248. Em 7 de dezembro, o jornal informou que tinha atingido uma tiragem de quinze mil exemplares devido à publicação de homenagem a Lopes Trovão. A edição tinha se esgotado e voltaram a publicar a parte sobre Lopes Trovão. Nas suas memórias, Júlio do Carmo (1922, p. 33) escreve: "Júlio Favilla Nunes e o autor dessas linhas fundam o *Jornal da Noite* francamente amparados pelo público que esgota as suas edições".

249. O jornal informava os indivíduos que estariam na lista de deportação – João Pery, Manoel Goulart, Júlio Vasconcellos –, três portugueses, um italiano, um austríaco e um brasileiro que "estariam presos a pão e água", e, além disso, noticiava que Aristides Lobo entraria com *habeas corpus* e que, no Parlamento, a causa seria defendida por Luiz Duque Estrada Teixeira.

250. Cf. capítulo 8.

Para o *Jornal da Noite*, o silêncio dos diários mais importantes da cidade a respeito da repressão agravava ainda mais a situação. Por que os outros periódicos não se uniam contra as medidas de exceção implementadas pelo governo? Qual a explicação para o silêncio sobre a suspensão das garantias, o estado de sítio e a "revolução" na cidade do Rio de Janeiro?

Sem defender a "linguagem" do *Corsário*, o *Jornal da Noite* procurou desconstruir a versão predominante sobre a perseguição ao periódico, alegando que o verdadeiro motivo não era a pornografia do seu vocabulário, mas o radicalismo do seu republicanismo[251]: "Suas ideias eram republicanas e na nobre faina de as realizar no nosso país, exagerou-se algumas vezes, a ponto de proclamar a revolução como um direito a que o povo devia recorrer [...] para acabar com os abusos administrativos dos nossos governos" (*Jornal da Noite*, 14 de dezembro de 1882)[252].

Ao afirmar que a causa da perseguição era política, o *Jornal da Noite* "informava" – às outras províncias e ao exterior – que os deportados – Júlio de Vasconcellos, um dos redatores do jornal e "um italiano" – eram exilados políticos. Lopes Trovão pedia, insistentemente, que as notícias fossem repassadas para as outras províncias, ao passo que os consulados eram mobilizados para fazerem pressão contra o governo: "**São dois deportados políticos** [...] essa é a única verdade, apesar dos esforços que a intriga secreta da polícia tem empregado para iludi-la, persuadindo-a [a opinião pública] de que a causa da deportação é fazerem parte de uma folha para a qual a vida privada de ninguém era inviolável e sagrada. [...] **Os deportados de ontem são dois atestados da violência governamental que vão ser atirados nas praias da França** e nos quais a Europa há de ler a prova da indignidade daqueles que representam oficialmente o Brasil" (*Jornal da Noite*, 14 de dezembro de 1881 – grifos nossos). O *Jornal da Noite* denunciava a gravidade da apatia da imprensa em denunciar a repressão, pois a

---

251. No que diz respeito à linguagem utilizada pelo *Corsário*, o *Jornal da Noite* argumentava que as leis garantiam a criminalização desses excessos e que o papel dos defensores da liberdade de expressão era impedir a "perseguição ilegal" e a violência contra a imprensa. Sobre essa questão, cf. capítulo 1.
252. Júlio do Carmo (1922, p. 32) escreve em suas memórias: "Além da parte condenável em que tratava da vida privada da sociedade fluminense, [o *Corsário*] lançava frequentemente **artigos admiravelmente bem traçados de crítica política**" (grifo nosso).

perseguição ao *Corsário* era só um subterfúgio do governo para anular as militâncias republicanas, principalmente o grupo de Lopes Trovão[253].

Nesse sentido, o *Jornal da Noite* exaltou todos os que, de algum modo, atuaram em prol dos militantes republicanos, como o Deputado Antônio Pinto e o Senador Silveira da Motta, que se pronunciaram nas Câmaras para denunciar os "atentados contra a liberdade de imprensa". Reportou, ainda, a prisão de um vendedor de *O Globo*, o assédio ao *Jornal da Noite* e a ordem de prisão contra outro importante militante republicano, o engenheiro Ferro Cardoso, tudo isso, cinco meses após o *meeting* republicano contra a reforma eleitoral, bem depois do fechamento do *Corsário* (*Jornal da Noite*, 16 de março de 1882)[254].

Nesse contexto, enquanto a imprensa dava destaque ao "Roubo no Paço", procurando desvendar o mistério do furto de joias em plena residência imperial, o *Jornal da Noite* aproveitou o episódio para propor uma análise estrutural, que merece ser ressaltada não só porque expõe o pensamento social desse setor do republicanismo, mas também em razão das suas semelhanças com tantas outras produzidas ao longo dos séculos XX-XXI.

As causas da multiplicação dos crimes não estavam na ausência de repressão policial, mas nas estruturas sociais mantidas pela monarquia, que se vangloriava da estabilidade do Império face à instabilidade das repúblicas, mas que, de fato, era um país selvagem comparado às nações vizinhas.

A febre vertiginosa de enriquecimento e de ostentação lado a lado com a concentração da riqueza e de oportunidades gerava a corrupção em todos os níveis, evidenciando a impossibilidade de se "enriquecer por meios regulares e dignos". A venalidade estava no ministério, nas Câmaras e tinha chegado à justiça; nem as obras de assistência escapavam à corrupção. Se os ricos agiam assim, o que esperar "de mais de um terço da população de todo o país que vivia sem recursos, entregue aos acasos do destino"? A conclusão do *Jornal da Noite* de 20 de março de 1882 era: "É por isso que, por último principalmente, os atentados contra a propriedade e a vida se

---

253. Sobre o processo de deportação, Júlio do Carmo (1922, p. 32-33) escreveu: "Dias depois eram deportados alguns rapazes portugueses, dentre os quais Júlio de Vasconcellos que tomara parte saliente **na revolução do 'imposto do vintém'**. Todos esses rapazes tinham posição definida e residência antiga no Brasil" (grifo nosso).

254. Sobre a perseguição ao jornal, Júlio do Carmo (1922) escreveu: "A polícia, além do suborno de alguns vendedores, mandou que agentes espancassem os que resistissem à corrupção. [...] Curta foi, portanto, a vida do *Jornal da Noite*".

têm multiplicado em todo o território do Império". Para aprofundar ainda mais a crise moral e social, o governo estava explorando essa situação para reprimir os próprios populares. Por isso, principalmente depois do dia 30 de outubro, "em que a polícia fez aliança com a escória social, os assaltos, [...] os roubos violentos e conflitos sanguinolentos e até assassinatos têm crescido em proporção assustadora. [...] Queixe-se, portanto, o imperador de si mesmo" (*Jornal da Noite*, 20 de março de 1882).

* * *

De que forma a repressão sofrida pelos militantes e populares, tanto no Vintém quanto no mês de outubro de 1881, transformaram a campanha abolicionista e republicana?

Se os dois acontecimentos projetaram, na cena pública, a aliança entre os republicanos e as ruas, a expansão do abolicionismo estruturou-se pelo compromisso com a ordem, dando preferência aos teatros mais do que à ocupação do espaço público, salvo em eventos que, de certo modo, já faziam parte da paisagem cultural da cidade. Esses métodos serão mais tolerados pelos liberais, em contraposição à repressão acionada contra os *meetings* do Vintém e da reforma eleitoral.

Nesse sentido, a perseguição aos *meetings* acirrou as divisões no campo reformador entre "abolicionistas republicanos" e "republicanos abolicionistas", mesmo se, na versão de José do Patrocínio, essa divergência tenha sido traduzida como a disputa entre abolicionistas republicanos e republicanos, retirando desses últimos a vinculação com o abolicionismo. De fato, como veremos em seguida, os militantes do CRSC e do Club Tiradentes questionaram a aproximação "excessiva" com os monarquistas, dentre eles, o ministro Dantas, autoridade claramente associada pelos republicanos a essa política repressiva.

Se a aliança com os monarquistas desempenhou um papel fundamental na expansão e na legitimação do movimento abolicionista, ela aprofundou as diferenças entre as concepções políticas existentes no próprio republicanismo, acentuando a separação entre a questão abolicionista e a questão política. Na perspectiva dos republicanos reunidos em torno de Lopes Trovão, o mais importante era a "educação" do povo pela própria participação política para a conquista de todas as reformas, dentre elas, a abolição. Essa não devia ser uma dádiva do governo, mas uma conquista do povo ou, nos próprios termos na época, ela devia vir de baixo, e não do alto[255]. Já para os republicanos que investiram na fundação da Confederação Abolicionista[256], o mais importante era a abolição da escravidão, preferencialmente pelo alto em conformidade com os monarquistas, mas, se isso não fosse possível, "que ela viesse de baixo"[257].

---

255. Como veremos em seguida, a conquista da abolição pelo povo não significava, necessariamente, incitar a rebelião dos escravizados.

256. Trataremos da fundação da Confederação Abolicionista no próximo capítulo.

257. Expressão muito utilizada no próprio contexto.

5
Conflitos e dissidências na construção da frente abolicionista

Mesmo com o "fracasso" da luta contra a reforma eleitoral, e apesar da repressão, uma parcela do republicanismo voltou-se para a organização de novas associações, comprometendo-se, durante os anos de 1881-1882, com as Conferências Emancipadoras[258] e outros eventos.

Uma das iniciativas associativistas do ano de 1882 foi o Club Central dos Libertos do Rio de Janeiro, que seguia o modelo do Club dos Libertos contra a Escravidão, fundado pelo republicano João Clapp, em São Domingos, Niterói, no ano anterior. Apesar da crítica de alguns republicanos ao "repertório abolicionista" e à aliança com os monarquistas, os diretores do novo clube foram à imprensa para defendê-lo contra os adversários escravistas, enfatizando o papel da educação no processo de emancipação:

> Se este programa que temos executado é o que chamam de anarquismo, então, nós continuaremos a empregar sempre os maiores esforços, para levarmos o país ao abismo que eles assinalam. A bandeira da nossa revolta tem escrita a seguinte legenda: "Liberdade e instrução" (*Gazeta de Notícias*, 22 de outubro de 1882).[259]

Além do programa de instrução, os eventos do clube reuniam, num mesmo espaço, os abolicionistas, os libertos e os escravizados.

---

258. Para uma análise mais detalhada dessas Conferências, cf. Pessanha (2005).
259. Apesar de ser uma escola para os libertos, a Escola do Club de Niterói também incluía os escravizados. Em março de 1882, o clube possuía quatrocentos e sessenta e quatro sócios, e, na sua escola, estavam inscritos cinquenta e nove livres, dois libertandos e vinte e três escravizados. Em outubro, a escola já possuía cento e onze alunos inscritos e começava a preparar a fundação de uma oficina de encadernação para os ingênuos. Além disso, os pecúlios pertencentes aos escravizados filiados eram depositados em cadernetas de poupança na Caixa Perseverança Brasileira.

Esse é um aspecto importante que deve ser ressaltado nesse tipo de associação, e também nas diversas caixas emancipadoras, como a Caixa Joaquim Nabuco, a Caixa José do Patrocínio e a Associação Operária Emancipadora Vicente de Souza, por exemplo, com bastante destaque no ano de 1882. De fato, tanto o nome quanto o objetivo dessas associações indicam o seu caráter emancipacionista e conciliador na medida em que aceitam a lógica da compra da alforria com a própria economia dos escravizados.

No entanto esse aspecto não deve minimizar as rupturas operadas por esse tipo de sociabilidade, pois, apesar da referência aos "abolicionistas ilustres" nos nomes das associações, não são eles os seus únicos diretores, mas também os próprios libertos. E uma das evidências desse fato vem do discurso do Capitão Rosa de Senna sobre a Caixa Emancipadora José do Patrocínio:

> Nesta sociedade, **cujo presidente é um escravo de ontem, hoje liberto**, um dos mais nobres caracteres que tem conhecido, trabalha na qualidade de secretário, **e aí em contato diário com os escravos**, tem reconhecido que grandes corações se abrigam nesses peitos. Tem orgulho de dizer que os seus mais devotados amigos pertencem a essa raça escravizada. De tantos que a associação tem libertado, **nenhum, até hoje, se afastou das normas do trabalho e morigeração, sendo notável o modo com que concorrem à escola e à sessão mensal da sociedade,** aonde lhes é referido o movimento abolicionista durante o mês e contada a história dos principais acontecimentos (*Gazeta da Tarde*, 9 de novembro de 1883 – grifos nossos).[260]

O presidente da sociedade mencionado anteriormente era Israel Soares, membro de outra associação com grande peso e significado dentro do movimento abolicionista do Rio de Janeiro, a Irmandade do Rosário e de São Benedito, que reuniu alguns dos fundadores das organizações negras de 1887 e do pós-abolição[261].

---

260. O discurso do Capitão Senna está na terceira pessoa porque se trata da transcrição feita pela *Gazeta da Tarde* das falas no Banquete Comemorativo da Lei de 7 de novembro de 1831. Esse papel atribuído às associações de narrar os acontecimentos marcantes da semana, ou do mês, é encontrado em vários outros discursos.

261. Ana Flávia Magalhães Pinto (2018, p. 314) identificou a criação de várias organizações negras a partir de 1887 no Rio de Janeiro e em São Paulo – dentre elas, a Liga dos Homens de Cor, que teve como primeiro secretário Assindino Gomes, o qual também tinha ocupado o cargo de secretário

Além disso, nas sessões mensais dessas associações, os libertos encontravam-se com os "abolicionistas ilustres", que evocavam os principais eventos do mês. A necessidade de narrar os acontecimentos do abolicionismo indicava, provavelmente, que nem sempre era possível contar com os sócios das caixas nos eventos, possivelmente em razão da jornada de trabalho dessas pessoas. No entanto isso não quer dizer que as solenidades abolicionistas não reunissem também escravizados e libertos. Em diversas ocasiões, a imprensa ressaltou a presença dos "populares", inclusive como oradores. Mas, no ano de 1882, tanto a *Gazeta de Notícias* quanto a *Gazeta da Tarde* e *O Globo* nos permitem entrever a novidade de uma tal ocorrência.

Na descrição da *Gazeta de Notícias* sobre a inauguração da Associação Emancipadora Vicente de Souza, teve destaque a "aparição" de um "homem de aspecto rude e de cor preta, pedindo-lhe [ao Deputado cearense Antônio Pinto] para dizer algumas palavras:

> Aquele ignorante e ignorado saído talvez de alguma miserável senzala prendeu, por espaço de uma hora, nas cadeias de uma eloquência natural e vigorosa, o auditório enorme que enchia o teatro. Quando ele terminou depois de ter deslumbrado a todos com as irradiações de seu talento poderoso, apesar de inculto, os aplausos retumbaram de uma maneira extraordinária e o entusiasmo quase tocou o delírio. Foi esta a chave de ouro daquela festa que encheu de júbilo a todos quantos a assistiram (*Gazeta de Notícias*, 22 de julho de 1882).

Se a importância das caixas emancipadoras, ainda pouco estudadas, pode ser relativizada pela sua referência à emancipação, sob outra perspectiva, elas foram, nesse período, um dos lugares privilegiados da ação política dos próprios escravizados, libertos e livres pobres[262]. Ainda que na convivência estreita com as lideranças mais conhecidas do movimento abolicionista, os libertos e os escravizados eram os agentes da própria emancipação. Os fundadores, associados e os oradores dessas caixas faziam parte

---

interino da Irmandade de Nossa Senhora do Rosário e São Benedito. Voltaremos a esse assunto no decorrer deste trabalho.

262. Como veremos em seguida, a maioria dessas caixas modificou o seu nome em 1883 em razão da adesão à Confederação Abolicionista, que rompeu, do ponto de vista dos princípios, com a ideia da emancipação. Desse modo, as caixas emancipadoras tornaram-se caixas abolicionistas.

dessa vasta rede de "abolicionistas anônimos" imprescindível para a formação de qualquer movimento social[263].

Outro aspecto relevante, em algumas associações desse período, foi a aliança entre republicanos e monarquistas. Na diretoria do Club Central dos Libertos, por exemplo, estavam os republicanos João Clapp (tesoureiro), Vicente de Souza e José do Patrocínio (secretários), junto ao monarquista André Rebouças (vice-presidente). No festival realizado pela Caixa Emancipadora Joaquim Nabuco, estiveram presentes os monarquistas João Alfredo, Francisco Otaviano, Silveira Martins, Gusmão Lobo[264], além dos republicanos negros José do Patrocínio, Alberto de Carvalho e Vicente de Souza.

No entanto, essa proximidade entre monarquistas e republicanos era permeada de tensões que se explicitaram, por exemplo, nos discursos da festa de inauguração do Club Central dos Libertos da qual participaram deputados e senadores. No seu discurso, o senador Silveira Martins, mesmo reconhecendo os direitos dos propagandistas da abolição de "invocar as paixões e os sentimentos", tomava as suas distâncias em relação a essa "torrente". Apesar do seu entusiasmo pela fundação do clube e pela ideia abolicionista, na sua "qualidade de homem de Estado", considerava que os "interesses republicanos" podiam prejudicar o encaminhamento da questão (*Gazeta de Notícias*, 20 de março de 1882).

De fato, apesar da ênfase que a historiografia deu à atuação dos monarquistas, a propaganda abolicionista esteve estreitamente vinculada ao ativismo republicano que, mesmo com as divisões em torno da questão eleitoral, encontrava alguma coesão no Club Tiradentes e no Club Republicano de São Cristóvão[265].

No dia 21 de abril de 1882, segundo nos informou a *Gazeta da Tarde*, "o Club Republicano de São Cristóvão e o Club Tiradentes conseguiram

---

263. Numa matinê organizada pela Caixa Joaquim Nabuco, um dos oradores informou sobre os membros da associação: "Alguns operários, desses que ganham o pão de suas famílias com o suor do seu rosto, esses que trabalham nas oficinas o dia todo vencendo 1$500 ou 2$, desses que não obtêm urgências para tratar de sua saúde, reuniram-se e fundaram uma sociedade à qual deram o nome do benemérito brasileiro Joaquim Nabuco" (*Gazeta da Tarde*, 17 de dezembro de 1883).

264. Nessas associações, vale destacar, também, a presença de Henrique de Beaurepaire Rohan.

265. Apesar de privilegiar, na sua narrativa, a contribuição dos liberais na formação do movimento social e de analisar o abolicionismo pela orientação da Confederação Abolicionista – a partir, sobretudo, das lideranças de José do Patrocínio, Joaquim Nabuco e André Rebouças –, Ângela Alonso (2015) identificou, em diversos momentos, a importância fundamental dos republicanos, no âmbito da própria Confederação.

congregar cerca de duas mil pessoas" na homenagem ao "mártir"; enquanto *O Globo*, de Quintino Bocaiuva, elogiou a iniciativa dos dois clubes de cultuar a memória republicana de Tiradentes. Mesmo o *Jornal da Noite*, envolvido, nesse momento, com as denúncias contra a repressão e lamentando o silêncio de jornais como *O Globo* e a *Gazeta da Tarde* a esse respeito, também exaltou a atitude dos "democratas", indicando alguns dos republicanos envolvidos na primeira publicação comemorativa do Club Tiradentes, dentre eles, Ubaldino do Amaral, Luiz Gama, Ernesto Senna, Mathias Carvalho, Jerônimo Simões, Raul Pompeia e Carlos Bernardino de Moura. Convém ressaltar a presença de Luiz Gama, que, no seu artigo, projetou na Inconfidência as mesmas reivindicações republicanas do seu tempo: a "emancipação dos escravos, a unidade federal, a vida autonômica e democrática" (*O Tiradentes*, a. I, 1882).

No Teatro São Luiz, o CRSC, sob a direção do seu presidente, Almeida Pernambuco, encheu o auditório para os discursos de Lopes Trovão e de José do Patrocínio, que responderam "às objeções feitas à fundação da República" e foram aplaudidos com "Vivas à República e à Marselhesa". Já o Club Tiradentes realizou uma sessão "bastante concorrida" com discursos de Campos da Paz, Ubaldino do Amaral e representantes da Sociedade Ensaios Literários, do Club Republicano de Niterói e do Club dos Libertos contra a Escravidão. Em relação à sessão do Club Tiradentes, o jornal de Patrocínio concluiu que "todos os oradores foram entusiasticamente aplaudidos, principalmente quando se referiam à necessidade de abolição da escravidão, que já era um dos anseios da Inconfidência". Diante da necessidade de erigir símbolos e mitos, Patrocínio associou a memória de Tiradentes não somente à República, mas à própria abolição, ou, como diziam os documentos do Club Tiradentes, o "protomártir da liberdade".

O Club Tiradentes também organizou, no mês de outubro, uma série de conferências cujos oradores foram Aristides Lobo, Barata Ribeiro, Campos da Paz e Vicente de Souza. Além disso, os republicanos apareceram juntos em vários eventos abolicionistas, como na conferência de Lopes Trovão em favor da Caixa Emancipadora Joaquim Nabuco, em setembro de 1882.

Entretanto as divergências quanto à melhor maneira de conduzir a questão escravista – principalmente no que diz respeito aos métodos e à aliança com os monarquistas – dificultaram a manutenção dessa coesão.

5.1 O "antiabolicionismo" do *Corsário*

Ao longo dos seus três anos de edição, as opiniões do *Corsário* sobre a abolição e o abolicionismo sofreram alterações e, em muitos casos, refletiram contradições que precisam ser explicadas conjunturalmente[266].

A análise do discurso de Apulcho de Castro revela-nos um outro campo político a respeito da questão escravista, diferente daquele constituído em torno da tríade José do Patrocínio, Nabuco, Rebouças ou do antiabolicionismo dos Paulino de Souza, Martinho Campos, Barão do Cotegipe etc. Trabalhos recentes têm mostrado a importância de se investigar a militância do campo conservador a respeito da questão, pois o próprio movimento abolicionista só é compreensível a partir dessa comparação (ALONSO, 2015). O posicionamento de Joaquim Nabuco, por exemplo, considerado "conservador" numa certa historiografia, adquire outro significado quando analisado dentro de um contexto no qual o escravismo é recuperado em toda a sua amplitude[267].

Do mesmo modo, o abolicionismo de Patrocínio, Nabuco e Rebouças – na origem da Confederação Abolicionista em 1883 – será melhor dimensionado se comparado ao posicionamento de outros setores do republicanismo fluminense representados pelo *Combate*, pelo *Corsário*, pelo *Jornal da Noite*, pelo *Atirador Franco* etc. Além disso, a análise da questão abolicionista, na óptica do *Corsário*, possibilita-nos compreender alguns conflitos importantes no campo republicano que impediram uma coesão em torno de outras reivindicações que, no entanto, estiveram presentes em todos os "programas".

A articulação política entre Patrocínio e Vicente de Souza com os monarquistas André Rebouças e Joaquim Nabuco gerou desconfiança entre os membros dos clubes republicanos de São Cristóvão e Tiradentes, apesar da presença conjunta em eventos abolicionistas e republicanos no ano de 1882.

---

266. Aliás, quando examinados pelo seu ativismo político, e não em função das suas obras ou das suas biografias, essa constatação deve ser reafirmada para qualquer um dos personagens citados. Do ponto de vista de uma história política que procura entender os diferentes posicionamentos a partir dos temas do debate público – que, por sua vez, são analisados na sua relação com as questões sociais –, a referência às obras ou aos autores deve ser relativizada em prol da análise comparativa dos discursos enunciados num dado contexto. Como exemplos desse tipo de abordagem, encontramos inspiração em diferentes obras, dentre as quais, destacamos: Winock (2006); Delalande (2014); Rosanvallon (1992).

267. Conforme analisaremos no capítulo 7.

* * *

Antes do dia 30 de outubro de 1881, o *Corsário* já tinha se tornado um dos representantes dessa resistência à "monarquização" do movimento abolicionista, um dos motivos para o seu embate contra Ferreira de Menezes e José do Patrocínio[268]. No seu combate aos monarquistas, Apulcho de Castro exaltava a atuação "popular" de Lopes Trovão contra o abolicionismo "aristocrático" de Joaquim Nabuco, opondo-se, veementemente, à ideia de que ele fosse o responsável pela expansão da ideia abolicionista[269]: "**Antes do Sr. Nabuco aparecer, já o pensamento da emancipação do elemento servil existia no espírito público**, pelo esforço de alguns patriotas. [...] Não foi o Sr. Nabuco quem levantou o primeiro grito contra o estado servil" (*Corsário*, 18 de maio de 1881 – grifo nosso).

Nos termos do *Corsário*, Joaquim Nabuco nada mais era do que um "emissário" do imperador para desacreditar os republicanos e garantir o Terceiro Reinado contra os "anseios populares". "O Sr. Nabuco não passa de um testa de ferro do nosso bom Rei Bobeche, velhaco consumado, que quer conflagrar o país perturbando a marcha regular e adiantada da ideia abolicionista, para depois dar o golpe já premeditado e assim figurar como salvador da pátria" (*Corsário*, 21 de maio de 1881). Ao associar-se "de corpo e alma" à propaganda abolicionista, o objetivo do monarquista era enfraquecer o republicanismo e a participação política dos populares. "É sabido, e isto foi logicamente denunciado pelo Dr. Lopes Trovão, orador popular expulso da tribuna do club abolicionista, que Sua Majestade mandou o Sr. Joaquim Nabuco agitar esta questão em um parlamento escravista" (*Corsário*, 30 de junho de 1881).

Mais ou menos na mesma época, o *Carbonário* defendeu as mesmas ideias:

> É por isso que Sua Majestade esconde-se por traz dos srs. Joaquim Nabuco, Rebouças e outros corifeus do abolicionismo que para melhor servirem à Sua Majestade, mandam gri-

---

268. Essa resistência à "monarquização" do movimento também estava presente no *Atirador Franco* fundado por Jerônimo Simões, Mathias Carvalho e Luiz Leitão, em janeiro de 1881, conforme artigos já citados no capítulo 1.

269. Na linguagem agressiva dos pasquins, Apulcho de Castro comentou a chegada de Nabuco ao Rio de Janeiro, em 14 de maio de 1881: "Traz [...] a mesma petulância, a mesma pretensão de casar rico, a mesma ignorância, a mesma adulação do Rei Bobeche, [...] a mesma ambição de ser ministro do Estado, o mesmo pedantismo, e um carregamento de nomes próprios ingleses".

tar da tribuna das conferências contra os senhores e a favor dos escravos (*Carbonário*, 16 de julho de 1881).

Do ponto de vista do *Corsário*, enquanto a imprensa dava grande destaque às menores manifestações relacionadas a Joaquim Nabuco, ela silenciava por completo sobre a atuação do "tribuno popular" Lopes Trovão. Em 18 de maio de 1881, Apulcho de Castro comparava o "elitismo" da homenagem a Nabuco e a "manifestação estrondosa" em prol de Lopes Trovão, que teria reunido mais de três mil pessoas saídas à rua dando "Vivas à República": "A imprensa graúda fez o mais completo silêncio a respeito do acontecimento. [...] Quando se trata da República, que é governo do povo, negam todas as verdades e se dizem alguma coisa é para fazer censuras". No entanto o banquete oferecido a Nabuco – um "grande fracasso", com "discursos pífios" – teria sido noticiado "como se tratasse de um acontecimento notável" (*Corsário*, 18 de maio de 1881; 21 de maio de 1881). Contra a rua, o abolicionismo monarquista escolhia os caros banquetes e os festivais.

Além da aproximação com os monarquistas, a rivalidade entre Apulcho de Castro e os proprietários da *Gazeta da Tarde* foi catalisada por outros fatores, dentre eles: o repertório abolicionista, a questão racial, as fontes de financiamento dos jornais e a disputa pela "chefia", termo este muito utilizado na época para designar as lideranças políticas.

Do início ao fim, Apulcho de Castro construiu o seu ativismo político em oposição ao de Patrocínio. Como dito anteriormente, nas suas memórias do Vintém, Apulcho de Castro tinha escolhido os seus heróis e os seus inimigos em razão da maior ou da menor coragem no enfrentamento à repressão. Se José do Patrocínio tinha escolhido a fuga depois de "açular o povo nos comícios", não possuía legitimidade para liderar a campanha abolicionista. Esse foi um dos eixos centrais da sua crítica ao repertório abolicionista que vinha sendo construído depois das "jornadas de janeiro" e do 30 de outubro.

A propaganda exibia discursos inflamados a favor da "abolição imediata", mas recusava o enfrentamento, limitando-se ao emancipacionismo em meio às flores, à música e aos banquetes, tudo financiado pelo próprio dinheiro dos escravizados: "Recitativos de pianos, polkas-maxixe tocadas por meninas histéricas [...] em vez de quando dão uma festa, e para imprimirem um certo cunho de solenidade, libertam um escravo" (*Corsário*, 26 de dezembro de 1882)[270].

Devido à luta contra José do Patrocínio e os "seus métodos", Apulcho de Castro defendeu-se, diversas vezes, da acusação de antiabolicionismo[271]. No seu editorial do dia 11 de dezembro de 1880, acusava de infâmia os que tentavam desconsiderá-lo "no conceito público" chamando-o de escravagista. Como "parte do povo", não podia deixar de ser abolicionista, já que era essa a maior aspiração popular. No entanto não era abolicionista como "os Nabucos, Patrocínios e outros":

> Dizem que não somos abolicionistas porque temos atacado os Nabucos, Patrocínios e outros. [...] Assim fiquem sabendo os nossos leitores que queremos a abolição. **E se não for possível realizá-la por uma lei emanada do poder legislativo, faça-se então ela em praça pública. Cada cidadão seja um revolucionário.** Que as cabeças dos Martinhos Campos, dos Cotegipes, dos Silveira Martins e de todos os escravagistas passem pelas provas da guilhotina. [...] Seja, sim, cada cidadão um revolucionário! O que não puder carregar armas que leve petróleo, contanto que resgate o nosso solo que está entregue aos facínoras escravocratas (*Corsário*, 11 de dezembro de 1880 – grifo nosso).

O principal ponto de dissenção estaria na contradição entre o "discurso exaltado" em prol da abolição e a negação da revolução como método para alcançá-la[272]. Os escravizados, estimulados pela propaganda, escolhiam o enfrentamento e recolhiam o castigo, enquanto os abolicionistas escolhiam "flores e bailes" e recuavam face ao perigo[273]. Se os abolicionistas espera-

---

270. Cf., também, as edições de 18 de maio de 1881, 21 de maio de 1881, 1° de junho de 1881, 14 de dezembro de 1882, 16 de dezembro de 1882, 19 de dezembro de 1882 e 23 de dezembro de 1882.

271. Essa caracterização de Apulcho de Castro como antiabolicionista chegou aos dias atuais, como se pode concluir pela citação que segue: "O que pensava Apulcho de Castro dessas questões políticas da abolição, do trabalho escravo, da indenização aos senhores, das sucessões nos ministérios? Ele pensava sempre do ponto de vista mais conservador. Ele defendia a escravidão. Ele era um negro, provavelmente filho de escrava, e que **defendia a escravidão**" (SANTOS, 1996, p. 103 – grifo nosso). O livro *Pasquins* (2012), de Rodrigo Cardoso Soares Araújo, parece ser um dos primeiros a trazer uma outra visão sobre Apulcho de Castro como republicano e abolicionista. Cf., também, Holloway (2008).

272. Além da censura ao repertório abolicionista, Apulcho de Castro criticava Patrocínio pelos elogios ao imperador, assim como o fato de aceitarem escravistas nas Conferências Abolicionistas. Cf., dentre outros, *Corsário* (10 de março de 1881 e 23 de setembro de 1882).

273. Cf., dentre outros, *Corsário*. (23 de dezembro de 1882 e 2 de janeiro de 1883).

vam uma solução parlamentar, não era possível exigir a abolição imediata; mas, se aderiam a essa proposta, era necessário ir às ruas, organizar os escravizados e enfrentar com eles a violência dos senhores e das autoridades.

Apesar de ter rejeitado o abolicionismo que se construiu em torno de José do Patrocínio, Joaquim Nabuco e André Rebouças, Apulcho de Castro foi o segundo-secretário da Sociedade Abolicionista Luso-Brasileira e fez do seu *Corsário* o porta-voz de denúncias contra a escravização de crianças e adultos livres, os castigos e a venda de ingênuos[274]. Em todas essas situações, pedia a intervenção dos abolicionistas que deviam "falar menos e operar mais" (*Corsário*, 16 de setembro de 1882)[275], denunciando, muitas vezes, a passividade dos jornais do "Partido Abolicionista".

Na denúncia contra a escravização de pessoas livres, o *Corsário* exprimiu constância e empenho. Para Apulcho de Castro, tratava de desconstruir um dos pilares da instituição escravista, mantido pelas próprias autoridades:

> Não é só o negro e o mulato, os infelizes enfim que nascem nas senzalas, os únicos que nesta fazenda de Pedro Bobeche são mantidos em escravidão. Aos que nasceram livres e de pais livres também sucede o mesmo, não pela rapacidade individual, mas pelos arbítrios das próprias autoridades (*Corsário*, 1º de junho de 1881).

Uma das denúncias referia-se a João Pires dos Reis Cabral, de vinte anos, empregado de um hotel na Corte, e que tinha sido preso e mandado para a fazenda do Visconde de Arcozelo, no Pati do Alferes, para trabalhar como escravizado. Mesmo depois do requerimento da liberdade, acompanhado da declaração do patrão da vítima, certificando o seu vínculo empre-

---

274. A Sociedade Abolicionista Luso-Brasileira foi fundada em 13 de outubro de 1883. Nesse contexto, Favilla Nunes, do *Jornal da Noite*, era o seu primeiro-secretário. Dessa associação, também era membro Vicente de Souza. As denúncias contra os castigos foram constantes em todo o período de circulação do jornal. Cf., dentre outras, as seguintes edições do *Corsário*: 25 de maio de 1881; 11 de agosto de 1881; 4 de outubro de 1881; 2 de setembro de 1882; 23 de setembro de 1882; 28 de setembro de 1882; 5 de outubro de 1882; e 17 de março de 1883.

275. Em 5 de outubro de 1882, ele dizia ter dirigido uma carta ao ministro da Justiça para reclamar contra os castigos sofridos por uma escravizada e que já tinha, também, encaminhado queixas à polícia e aos abolicionistas, mas que nada disso tinha surtido efeito, pois "os srs. abolicionistas, preocupados com as suas festas e em arranjar dinheiro, conservaram-se na moita". Em 23 de setembro de 1882, pedia à *Gazeta da Tarde* e aos abolicionistas que verificassem e tomassem providências contra a denúncia de escravização de uma mulata livre e da venda de uma outra mulher também livre por um "tal Barcelos", mas concluía o seu artigo, indicando desilusão com a atuação dos abolicionistas: "É provável que nem a polícia, nem os próprios abolicionistas exaltados nada façam para verificar essas denúncias".

gatício, João Pires dos Reis Cabral continuava escravizado, apesar de livre. Por quê? Em razão da negligência do juiz de órfãos, Tito de Matos, que também seria um dos autores das

> **arbitrárias prisões de meninos e das levas que deles são feitas para as fazendas de alguns dos nossos lavradores**. [...] Disto sucede **serem escravizadas crianças que têm empregos** e serem as crianças maltratadas nos estabelecimentos particulares, **pelos nossos fazendeiros, habituados a explorar o trabalho escravo, exploram também as crianças livres**, perseguindo-as com trabalhos superiores às suas forças, viciando-as na companhia dos escravos (Corsário, 1º de junho de 1881 – grifos nossos)[276].

Poucos meses antes do seu assassinato, Apulcho de Castro continuava denunciando o mesmo procedimento dos juízes de órfãos que "recolhiam" crianças sob a acusação de "vagabundagem", enviando-as para o interior, "para as fazendas dos seus amigos que encontravam nessas desgraçadas crianças novas vítimas que deveriam suceder no eito aos escravos que iam escasseando" (Corsário, 28 de julho de 1883)[277].

O risco de escravização das crianças pobres, obrigadas a trabalhar e a circular no espaço das ruas, já tinha sido indicado pelo *Socialista* em 1878, no caso dos meninos vendedores de jornais, repetindo-se no *Corsário* e também no *Carbonário* que, inclusive, denunciava o caso de "meninos italianos que vendiam jornais e engraxavam sapatos" mandados para as fazendas para trabalharem junto aos escravos (*Carbonário*, 16 de julho de 1881).

No seu trabalho *Mães e filhos tutelados: trabalho e liberdade no pós--abolição (Vassouras-Rio de Janeiro, 1880-1900)*, de 2019, a historiadora Patrícia Urruzola mostra como a jurisprudência relativa à legislação orfanológica autorizava tanto o recolhimento de menores "órfãos ou desamparados" nas ruas quanto a distribuição dessas crianças a patrões dispostos a recebê-las pelos "contratos de soldada". Essa prática era tão comum que um órgão da imprensa do Vale do Paraíba pôde, com toda naturalidade, propor um projeto de "transição para o trabalho livre" nos seguintes termos:

---

276. Cf., também, edição de 30 de outubro de 1882.
277. Nesse artigo, Apulcho de Castro referia-se a uma dessas crianças, uma menina de doze anos enviada a São Gonçalo e que só tinha recuperado a liberdade, pela fuga, aos dezesseis, depois de muitos castigos.

Os juízes de órfãos dos seus termos, os delegados e subdelegados de polícia nos respectivos distritos **podem vir em auxílio da lavoura e facilitar-lhe não pequeno número de trabalhadores**. Ainda não está revogada a Ord. L 1 T. 8 & 3 **mandando dar a soldada órfãos pobres e desvalidos** e talvez muitas nestas condições vivam nesse município à mercê de caridade pública, sem hábitos de trabalho, sem poder superior que os contenha e dirija (*O Vassourense*, 27 de julho de 1884 apud URRUZOLA, 2019, p. 138 – grifos nossos)[278].

Tanto pela denúncia do *Corsário* quanto pela proposta de *O Vassourense*, podemos inferir, por trás da referência à orfandade, a cor da maioria dessas crianças que, ajudando suas famílias com o trabalho nas ruas, podiam ser apreendidas e direcionadas às fazendas. E se o "costume local considerava toda pessoa negra um escravo até que se provasse livre" (PINTO, 2018, p. 95), o que dizer dessas crianças levadas para longe de suas famílias, sem recursos para enfrentar o caro labirinto do judiciário?

No combate à escravização das crianças, o *Corsário* disparava contra os articulistas do *Jornal do Commercio*, chamando-os de "ladrões" por anunciarem leilão de ingênuos como se fossem cativos. Em várias edições, denunciou a venda de ingênuos com a cumplicidade das próprias autoridades, como no caso de um juiz de Leopoldina que tinha mandado publicar um edital em que eram anunciadas as vendas de "Lourenço, pardo de quatro anos; Maria, preta de doze anos", dentre vários outros: "Estamos muito atrasados em matéria de abolição e se retrogradarmos ainda aquém da lei de 28 de setembro, só nos faltará um matadouro" (*Corsário*, 5 de julho de 1883; 11 de janeiro de 1883).

Em todas as denúncias, Apulcho de Castro dirigia-se aos abolicionistas pedindo providências, mas lamentava que estivessem mais interessados

---

278. Apesar desse uso que se fazia das *Ordenações*, Patrícia Urruzola mostra que a "Ord. I, Tit 88, 13" permitia a apreensão de menores e a arrematação dos seus serviços "caso não tivessem meios de sobreviver, mas postulava que, preferencialmente, os contratos deveriam ser feitos por seus familiares". Só em última instância os estranhos seriam aceitos. No entanto essas últimas disposições foram desconsideradas a partir de afirmações dos próprios juristas que, a exemplo de Pereira de Carvalho, as consideravam "caducas", ainda que o mesmo tenha considerado, numa nota do seu livro, *Primeiras linhas do processo orfanológico* (1880, p. 40), que a melhor solução seria "entregá-los aos arsenais" ou ao "instituto dos menores artesãos da casa de correção de órfãos". Parece evidente que a nota do jurista não foi suficiente para impedir a interpretação de *O Vassourense* nem dos juízes de órfãos sobre a Ord. I, Tit 88.

"em suas festas e em arranjar dinheiro" do que em defender os escravizados e seus filhos[279].

Portanto, apesar de defender a abolição e de se empenhar na denúncia das práticas escravistas, Apulcho de Castro tomava distâncias em relação ao abolicionismo das Conferências Emancipadoras e da futura Confederação Abolicionista, em razão da discordância sobre os métodos empregados e da aliança com os monarquistas, mas também em função de outros conflitos que se configuravam na fronteira entre o público e o privado, em torno dos significados da amizade, da coragem, da honestidade e da vivência do "homem de cor" numa sociedade escravista e racista.

* * *

Não só Apulcho de Castro e José do Patrocínio, mas também Ferreira de Menezes, Vicente de Souza e Alberto de Carvalho são alguns dos republicanos negros de destaque nesse contexto. Muitos conflitos que ganharam a cena pública tiveram origem na forma como cada um exprimiu a sua "negritude".

Nessa perspectiva, convém destacar a referência à expressão "homem de cor" como noção identitária fundamental nos enfrentamentos políticos desse período, apesar dos obstáculos ao seu uso nos debates sobre a questão abolicionista. Em diversas ocasiões, a referência de José do Patrocínio e outros abolicionistas ao negro ou ao "homem de cor" era cuidadosamente acompanhada da refutação de que estariam, com isso, promovendo uma guerra racial.

Nesse contexto, estava em marcha a construção do mito da democracia racial, inclusive, com a colaboração de muitos viajantes estrangeiros, que funcionou como uma barreira discursiva ao tratamento racial da questão abolicionista[280].

Do mesmo modo que o federalismo republicano foi visto como ameaça à unidade do Império – e os seus defensores, taxados de separatistas e

---

279. Como já mencionado anteriormente, a análise de Ana Flávia Magalhães Pinto (2018) mostra que as afirmações de Apulcho de Castro sobre a falta de comprometimento da *Gazeta da Tarde* em relação aos escravizados e aos libertos não têm fundamento, indicando vários exemplos do seu papel importante na defesa da liberdade.

280. Sobre o papel dos viajantes franceses na construção do mito da democracia racial no Brasil, cf. Santos (2013).

anarquistas –, os abolicionistas foram acusados de romper com um outro suposto legado dos portugueses: a harmonia entre as raças[281].

Assim, diante das denúncias de que estariam promovendo uma guerra racial, muitos abolicionistas recuaram diante do tema. No entanto isso não significa que a questão não tivesse relevância. Algumas interpretações historiográficas enfatizaram o lado racista do abolicionismo, evocando o peso das teses racialistas nos discursos de suas lideranças.

Em primeiro lugar, convém insistir na impossibilidade de se pensar o abolicionismo por meio da referência à homogeneidade. Se a "vitória" desse amplo movimento social, de caráter nacional, é impensável sem a referência a uma certa unidade de ação, a sua história política é ininteligível sem a análise das divergências. Nunca é demais insistir que, do ponto de vista político, a noção de frente propicia uma melhor abordagem do tema, pois implica, ao mesmo tempo, unidade e heterogeneidade.

Em segundo lugar – e em consequência dessa primeira afirmação – é, ao mesmo tempo, incorreto e injusto caracterizar o abolicionismo pela sua adesão às teses racialistas do século XIX. Como teremos ocasião de mostrar, a questão racial está no centro dos debates políticos, entre os adeptos e os adversários do racialismo, além de que, numa cidade negra como o Rio de Janeiro, o ativismo dos "homens de cor" foi central para a estruturação do movimento social e para a organização de associações negras no pré e no pós-abolição (PINTO, 2018). Além dos discursos abolicionistas contra as teses racialistas[282], é possível constatar a construção da identidade "homens de cor", ao mesmo tempo pelo seu papel aglutinador, mas também desagregador.

---

281. Como no discurso do jornal conservador *Brazil*, de Paulino de Souza, que será analisado no capítulo 7.

282. É possível indicar vários exemplos de contestação dos abolicionistas em relação às teses racialistas. Um deles é a reação contra o livro *L'Esclavage au Brésil*, publicada pelo francês Louis Couty. Nesse livro, o médico e amigo do imperador expunha a sua tese sobre a "inexistência de um povo" no Brasil e a necessidade da imigração europeia por meio da argumentação racialista. Além disso, defendia a posição de que a escravidão, no Brasil, sendo muito diferente da escravidão dos Estados Unidos, baseada na violência, podia ser extinta pelas leis emancipacionistas. Com o seu livro, publicado em francês, ele se tornou o porta-voz da abolição gradual contra a posição defendida pelo abolicionista Victor Schoelcher, que apoiou, explicitamente, os abolicionistas brasileiros na luta a favor da abolição imediata (SANTOS, 2013). A refutação dessas teses foi o principal objetivo da conferência proferida por Vicente de Souza em homenagem ao primeiro aniversário da Associação Central Emancipadora (*Gazeta de Notícias*, 14 de agosto de 1881).

No embate entre Apulcho de Castro, por um lado, e Ferreira de Menezes e José do Patrocínio, por outro, merece destaque a forma como cada um deles se referia à sua origem racial. Logo após as manifestações do dia 30 de outubro de 1881, Apulcho de Castro – dirigindo-se diretamente "aos homens de cor" – reagiu ao alegado envolvimento dos negros na destruição da tipografia do *Corsário*. Ao admitir a participação de "homens de cor" na repressão contra os ativistas – "levados para a praça pública" pelo chefe de Polícia[283] –, Apulcho de Castro opôs-se, no entanto, aos escravagistas que teriam se "apossado do fato" para fortalecer a tese de que "o negro e o mulato eram tipos de uma raça inferior" (*Corsário*, 31 de dezembro de 1881). Para contrariar o anseio abolicionista, os escravistas aproveitavam-se de todas as oportunidades para reafirmar o "lugar natural" de negros e mulatos que, "nascidos para ser mandados, vírus da anarquia e da vagabundagem" não podiam viver "senão no cativeiro".

Nesse embate contra as teses escravistas e racialistas, convém destacar o esforço de se construir uma identidade entre o redator – Apulcho de Castro – e os leitores – negros e mulatos – em torno da categoria "homens de cor":

> Servindo-se dos escravos e dos libertos como instrumentos dos seus atentados, o governo quer unicamente **provar que nós, os homens de cor**, não podemos viver senão no cativeiro, porque somos estúpidos, maus, vadios, perversos e sem vergonhas (*Corsário*, 31 de dezembro de 1881 – grifo nosso).

Ao atribuir ao seu jornal o objetivo de instruir o povo sobre os seus direitos, Apulcho de Castro, como "homem de cor", procurava mostrar aos seus correligionários o caminho a ser seguido no confronto com o escravismo. Nesse discurso, convém destacar a ênfase nos valores do trabalho e da moralidade, centrada na família, lembrando que as teses racialistas procuravam justamente "provar" a tendência natural do negro para a indolência e a promiscuidade:

> Compete portanto aos homens de cor que vivem agremiados em clubes abolicionistas provar que somos dignos, […] honestos e que trabalhamos para a liberdade e elevação moral da nossa raça. […] Não admitam pois nos seus clubes esses infames que comprometem a dignidade da nossa raça. […] Para

---

283. Nesse período, o chefe de polícia era Trigo Loureiro.

fazer calar os adversários da santa causa da emancipação do elemento servil, é preciso provar com o nosso procedimento que a nossa senha social é o trabalho e a honra que são as duas principais colunas em que assenta a cúpula do grande templo da República (*Corsário*, 31 de dezembro de 1881).

Na última edição do *Corsário*, Apulcho de Castro, antes do seu assassinato[284], denunciou a perseguição que vinha sofrendo a partir da referência à sua origem racial:

Preferimos morrer pela espada facínora da guarda do rei do que fugir, desmentindo o nosso glorioso passado, que tantos sacrifícios custou a conquistá-lo. E depois, quando a inexorável história ocupar-se dos nossos tempos, há de dizer que um regimento que guardava o Rei Pedro II, composto de mil praças, **armou-se de espadas [...] para matar a [...] um negro!!!!** Esse **negro** é o Apulcho Castro – o redator-proprietário do *Corsário*. [...] Apesar de sermos **negros**, havemos de mostrar que não tememos os heróis de farda e de espada. [...] Bebam embora, como prometem, o sangue do **negro**, mas ficarão sabendo que o **negro** é homem que não teme a multidão (*Corsário*, 23 de outubro de 1883 – grifos nossos).[285]

Se, na visão do *Corsário*, José do Patrocínio e Ferreira de Menezes eram "traidores dos princípios democráticos", isso se devia, dentre outros motivos, à pretensa contradição entre o discurso e a prática dos dois republicanos em relação à questão racial. Num artigo de tom provocativo e agressivo, Apulcho de Castro condenava as uniões mistas, em particular o casamento de José do Patrocínio com uma branca, como traição à causa dos negros que ele dizia defender (*Corsário*, 9 de fevereiro de 1881)[286].

---

284. Cf. Esse acontecimento será discutido no capítulo 6.

285. A importância da questão racial na trajetória de Apulcho de Castro foi tratada por Holloway (2008).

286. A questão racial também foi um dos catalisadores do conflito que se configurou entre José do Patrocínio e Vicente de Souza, por um lado, e Sílvio Romero, por outro, no âmbito das Conferências Emancipadoras. Tudo teria começado com a promessa de Sílvio Romero de participar das conferências, dizendo concordar com o posicionamento de seus organizadores sobre a questão escravista. No entanto, alegando doença, Sílvio Romero não teria "honrado o compromisso". Em lugar da sua participação no evento, Sílvio Romero teria publicado um artigo na *Revista Brasileira*, referindo-se a Patrocínio e a Vicente de Souza como "negros ignorantes", "*sang-mélés*", justificando sua ausência "por saber da cor negra que ali os Vicentes e os Patrocínios hão dado ao debate". Em resposta, José do Patrocínio e Vicente de Souza serviram-se de muita ironia – "Teuto maníaco de Sergipe", "pedante com fumaças de filósofo" – para denunciar o racismo e a pretensa superioridade da erudição de Sílvio Romero. Numa de suas cartas, Vicente de Souza reagiu enfaticamente, ao mesmo tempo que procurou minimizar a importância da questão racial: "Sílvio faz questão de

Esse artigo é um exemplo de que a imprensa do período considerava como "pornográficas" acusações dirigidas aos homens públicos por meio de referências diretas à vida íntima, "à intimidade das famílias". Tratar dessas acusações não significa compartilhá-las, mas tentar compreendê-las dentro dessa conjuntura extremamente complexa e conflituosa, em que a questão racial estava em jogo, mas vinculada a várias outras disputas[287]. Apesar de reconhecer o republicanismo de Ferreira de Menezes e as suas críticas sociais, Apulcho de Castro recriminava a sua associação com os "grandes" e, sobretudo, a sua timidez em identificar-se como pardo: "Envergonha-se de ser pardo, e então, para vingar-se cerca-se de brancos que rebaixa pondo-os na sua dependência" (*Corsário*, 29 de março de 1881).

Apesar da semelhança entre os programas da *Gazeta da Tarde* e do *Corsário*, muitos eram os pontos de dissenção – dentre eles, o modo de tratar a questão racial. No entanto o principal ponto de atrito estava no grau de proximidade com os defensores da monarquia, pois o *Corsário* associava diretamente a questão política à questão social e racial: "Homem de cor que é monarquista é escravo. [...] O que significa um homem que libertou-se dos ferros da escravidão das senzalas protestar amor e dedicação à causa da monarquia que é a escravidão social?" (*Corsário*, 31 de dezembro de 1881).

* * *

No plano conjuntural, o retorno do *Corsário* à cena pública, em setembro de 1882, traz algumas referências importantes à questão abolicionista e às dificuldades para a construção de uma unidade em torno do tema.

Em primeiro lugar, o *Corsário* retornou denunciando a repressão à "imprensa combativa", como ao recém-fundado *A Revolução*, cujos redatores teriam sido perseguidos pelos secretas com ordens para "rasgarem os números

---

cores: chama-nos negro; faz bem. Faz bem, porque entre tais avocações esquece que é preferível descender das vítimas do que dos algozes; faz bem porque, entre tais avocações, esquece a que raça pertenceram os infames mercadores de gado humano; a que nobreza filiam-se os **barões feitos com o contrabando; os viscondes nomeados pela violação das leis; os condes reconhecidos pela força do roubo**; do assassinato das *bandeiras*, da escravização dos homens livres. Sílvio é branco: é alemão, é puro, puríssimo, [...] pois bem. Se Sílvio fosse escravo, mesmo sendo branco e atrevido, nós faríamos questão de dar-lhe a carta de liberdade, [...] porque fazemos questão de PRINCÍPIOS e **não uma parvoíce de cores**" (grifos nossos). Em relação a esse confronto, Apulcho de Castro colocou-se ao lado de Sílvio Romero. Sobre essa questão, cf., também, Pinto (2018).

[287]. Assim como Ana Flávia Magalhães Pinto (2018, p. 207-214) – que também analisa esses artigos racistas de Apulcho de Castro contra Ferreira de Menezes –, não se encontrou nenhum registro que pudesse justificar tais denúncias.

que aparecessem na rua" (*Corsário*, 30 de setembro de 1882). A mesma ordem teria sido dada contra o *Corsário*, que, na luta pela sobrevivência, recorria cada vez mais à retórica da proximidade entre a redação e o "povo" para legitimar o seu discurso e impugnar as atitudes da polícia e de outros jornais.

Segundo Apulcho de Castro, o *Corsário* teria recebido o apoio "de grande massa do povo" que investira contra um policial gritando "morra o polícia secreta". Em razão da perseguição aos vendedores, ele mesmo teria ido vender o seu jornal nas ruas, "sendo muito aplaudido pelo povo na rua do Ouvidor". Nas edições posteriores, continuou relatando a perseguição aos seus vendedores e as ameaças de morte "sem que tivesse recebido nenhum comunicado interditando a publicação do periódico". Em outubro, renunciou aos vendedores de rua, indicando ao mesmo tempo o seu prejuízo e o apoio do público, que "tinha ido procurar o jornal na própria sede", mesmo com o cercamento da polícia ao seu estabelecimento (*Corsário*, 24 de outubro de 1882).

Do início ao fim do seu pequeno percurso pela esfera pública, Apulcho de Castro caracterizou a situação brasileira pela referência "aos rugidos da tormenta revolucionária que em breve convulsionaria o país" (*Corsário*, 7 de novembro de 1882)[288].

No fim de 1882, o *Corsário* indicou eventos e ações que estariam embasando o seu prognóstico, dentre eles: a atitude dos escravizados que se "revoltavam todos os dias"; a guerra da população contra o escravismo no Ceará; os "assassinatos de fazendeiros e de feitores" em todas as províncias; o "grupo considerável de escravos que se revolucionavam" em São Paulo[289]. Opina o *Corsário* (7 de novembro de 1882 – grifos nossos):

> É uma prova de que as ideias de liberdade não se restringem ao círculo limitado de meia dúzia de boêmios da Rua do Ouvidor. A crença republicana já não é uma coisa que espante os

---

288. Ainda sobre o tema da revolução, cf., dentre outras, a citação: "Dia a dia, todos aqueles que ainda se dedicam ao progresso deste país, reconhecem tristemente que um único remédio há para pôr um paradeiro aos males que o assoberbam – a revolução. [...] É que a revolução, que sempre havemos pregado, e cuja necessidade temos querido demonstrar ao povo, são eles que a tornam necessária, e que evidenciam essa necessidade. [...] Quem faz tudo isso é o partido que tem por bandeira – reforma ou revolução. A reforma não aparece. Resta, portanto um recurso. A revolução" (*Corsário*, 24 de outubro de 1882).

289. Essas afirmações de Apulcho de Castro vão ao encontro das conclusões de Célia Maria de Azevedo (1987) e de outros historiadores sobre a expansão da resistência dos escravizados em São Paulo no início da década de 1880.

pacíficos habitantes do interior. **O vermelho já não assusta ninguém. [...] A nossa revolução será a verdadeira independência do Brasil** (grifo nosso).

Em dezembro de 1882, dirigindo-se diretamente aos abolicionistas, Apulcho de Castro avaliara que o fim da escravidão no Brasil ou seria obra do governo, pelo decreto da abolição imediata – e não via no cenário político-parlamentar nenhuma disposição para isso –, ou o resultado do ativismo abolicionista. Nesse último caso, ou a abolição se faria pela revolução armada ou pela revolução pacífica[290]. Apesar de se isolar repetidamente no campo reformador pela defesa da revolução armada, considerava que, no caso da luta pela abolição, era um "meio extremo e perigoso e do qual seria um crime lançar mão" naquele momento, ainda que identificasse partidários dessa solução (*Corsário*, 28 de dezembro de 1882)[291].

Cinco meses antes da fundação da Confederação Abolicionista, à qual não fará nenhuma alusão, acreditava no poder da revolução pacífica "pela palavra e pela pena", mas com a condição de que os abolicionistas usassem dela devidamente "e, em vez de se dividirem em várias *filarmônicas*, se reunissem em um único grande centro" (*Corsário*, 28 de dezembro de 1882).

Apesar da opção pela revolução pacífica, julgava que os dois meios eram legítimos e ambos ganhariam adesão, mas era preciso se decidir: os "artigos incendiários que escreviam nos botequins da Rua do Ouvidor e que jogavam os escravos contra os senhores" não eram condizentes com a propaganda pacífica. Se escolhiam o enfrentamento, "deviam colocar-se à frente do movimento com a disposição de arriscar a própria vida": "Isto é nem mais nem menos que a revolução armada que esses senhores pregam imprudentemente; mas de maneira que quem lhe sofre as consequências é unicamente o escravo. [...] Ora, isso não é propaganda, é covardia" (*Corsário*, 28 de dezembro de 1882).

Portanto o repertório abolicionista que estava sendo construído, principalmente em torno das Conferências Emancipadoras, provocava reações

---

290. Em dezembro de 1882, o chefe de gabinete era o Visconde de Paranaguá, que permaneceu no cargo durante trezentos e vinte e cinco dias e que encontrou forte resistência na primeira câmara eleita após a reforma eleitoral. Apesar da maioria liberal, não encontrou apoio suficiente para encaminhar as principais medidas do seu programa, que incluía maior investimento na instrução pública e uma nova lei emancipacionista.

291. A confederação foi fundada em maio de 1883.

tanto no campo reformador quanto no campo conservador[292] e enfrentava um duplo desafio: levar a campanha da abolição às ruas sem gerar conflitos para não "legitimar" a repressão e manter a coesão dos republicanos, mesmo diante da aliança com os monarquistas. Desse modo, o horizonte da Confederação configurava-se entre as balas da reação escravista e os prometidos disparos da "República Democrática".

5.2 Vicente de Souza e a emancipação do Município Neutro

Como Apulcho de Castro, Vicente de Souza também era originário da Bahia, negro e militante republicano do Vintém. Pelo menos desde 1877, destacou-se na organização dos estudantes da Escola de Medicina e se projetou na cena pública pelas "Conferências a favor das vítimas da seca no Ceará", junto a Lopes Trovão. A partir de 1879, quando se formou em medicina, passou a exercer uma dupla carreira profissional: médico e professor. Com passagem por escolas particulares e públicas, prestou vários concursos para o Pedro II até, finalmente, ser nomeado, em setembro de 1884[293]. Na imagem que construiu da sua própria trajetória, as suas reprovações eram motivo de orgulho; prova de que a sua cadeira de professor de latim no Pedro II era o resultado exclusivo do seu próprio mérito e da sua determinação de não se curvar aos métodos monarquistas de cooptação dos republicanos[294]. E, logo após o Vintém, Vicente de Souza foi, junto a José do Patrocínio e André Rebouças, o principal organizador das Conferências Emancipadoras.

No entanto, apesar de continuar militando pela abolição e ter um importante papel no republicanismo, pelo menos até 1905, Vicente de Souza não aparece ao lado dos organizadores da Confederação Abolicionista em maio de 1883. A misteriosa ausência dessa liderança no quadro da Confederação só foi equacionada pela referência do *Corsário* à suposta resistência

---

292. Nesse caso específico, o campo conservador está sendo definido pela resistência a qualquer avanço em relação à lei de 1871.

293. Em 1º de fevereiro de 1879, fez o seu primeiro concurso para o Pedro II na presença do imperador, quando ficou em quarto lugar num total de seis candidatos. Seis meses depois, em julho de 1879, fez um segundo concurso para a cadeira de filosofia. Em 29 de junho de 1880, foi aprovado num novo concurso para a cadeira de filosofia junto a Paulo de Frontin, mas não assumiu o cargo. Em março de 1883, fez concurso para o Colégio Naval. Em 7 de agosto, prestou novo concurso no Pedro II para a cadeira de substituto de latim, para a qual foi, finalmente, nomeado em 16 de setembro de 1884.

294. Em diversos discursos publicados na imprensa, é possível encontrar esse mesmo tipo de argumentação que, por sua vez, era retomado nas homenagens dos jornais no momento do falecimento dos ativistas. Esse aspecto será analisado com maior atenção na segunda parte deste livro.

de José do Patrocínio à organização da "Comissão Central da Emancipação do Município Neutro".

Na verdade, a emancipação do Município Neutro só se realizou às vésperas da abolição, mas a história desse "fracasso" é importante em razão de dois aspectos interligados: ela explica por que um dos principais "abolicionistas populares", iniciador das conferências, não se incorporou à Confederação Abolicionista, ao mesmo tempo que indica, mais uma vez, os obstáculos à unidade do campo reformador. Enfim, essa questão mostra-nos que a Confederação Abolicionista, com o seu manifesto divulgado em 1883, não excluiu a permanência de outros programas.

* * *

No fim de 1882, José do Patrocínio fez uma viagem às províncias do Ceará e da Bahia, enquanto Vicente de Souza permaneceu no Rio de Janeiro e lançou, no dia 14 de janeiro de 1883, a "Tese da emancipação do Município Neutro" no Teatro Phoenix e, depois, no Teatro Recreio. Um mês depois, junto ao republicano Ubaldino do Amaral, apresentou as propostas da "Comissão Central de Emancipação do Município Neutro", numa solenidade com programação musical da qual participaram Bernadelli e Luiza Regadas, presenças importantes em diversas manifestações abolicionistas. A *Gazeta de Notícias* apoiou a iniciativa e destacou, na sua primeira página de 23 de fevereiro, as decisões da comissão, que previa a "distribuição de circulares paroquiais, nomeando em cada freguesia sete delegados que, por sua vez, poderiam nomear subcomissões nos quarteirões e distritos". As associações emancipadoras também enviariam delegados[295].

As principais lideranças à frente desse projeto eram os republicanos Vicente de Souza, Ubaldino do Amaral, Nicolau Moreira e Ferreira de Araújo[296], que, pela sua *Gazeta de Notícias*, enalteceu todos os eventos e as decisões tomadas pela comissão, a qual se reunia no mesmo endereço do Club Tiradentes, na Rua do Rosário, 34. Quanto aos procedimentos adotados

---

295. "Parece-nos o meio utilíssimo de fazer a todas as classes sociais a propaganda vigorosamente defendida" (*Gazeta de Notícias*, 23 de fevereiro de 1883). Nas edições seguintes, o jornal divulgou cartas dos delegados das freguesias aceitando a função e descreveu a "grande festa com a presença dos membros da comissão e dos delegados paroquiais com excelente concerto" (*Gazeta de Notícias*, 3 de março de 1883).

296. Diferentemente de Vicente de Souza e Ubaldino do Amaral, que tiveram atuação partidária, nem Ferreira de Menezes nem Nicolau Moreira parecem ter atuado no partido, apesar das declarações de adesão ao republicanismo.

pela comissão, é importante destacar o esforço de transpor para o universo laico as manifestações religiosas.

Em abril, a comissão criou o "fundo de emancipação popular" e organizou procissões com nomeação de "esmoladores" que "recorreriam à filantropia dos concorrentes". Além dessa fonte de receita, a comissão recorria às "empresas, comércio, companhias de bondes, *tramways* para que cedam parcelas de seus lucros"[297] e aos empresários e artistas dos diversos teatros "para que promovam espetáculos e festas, cujo produto seria igualmente aplicado ao fundo emancipador"[298].

O projeto de emancipação do Município Neutro também foi apoiado pela *Gazeta da Tarde*, mas somente até o início de março. No dia 3, a *Gazeta da Tarde* publicou uma carta de João Clapp dirigida a Nicolau Moreira, presidente da comissão, explicando as razões do seu desligamento do cargo de tesoureiro. Nela, acusava Vicente de Souza de um "fato acintoso que nenhuma vantagem podia trazer à grandiosa ideia" que pleiteavam (*Gazeta da Tarde*, 3 de março de 1883).

Se nos ativermos às cartas e aos comunicados trocados pela imprensa, parece que o motivo da divergência foi a criação de um "livro de ouro", instalado no escritório da *Gazeta da Tarde*, em nome da comissão[299]. De fato, um dia antes da carta de João Clapp, aparecia, na segunda página da *Gazeta de Notícias*, uma declaração de Vicente de Souza que dizia:

> O *Livro de ouro* existente no escritório da *Gazeta da Tarde* nada tem em comum ao possuído pela comissão, e que deve ser aberto na próxima sessão. [...] Para evitar confusões, o livro da comissão central [...] denomina-se *Livro de redenção* (*Gazeta de Notícias*, 2 de março de 1883).

Esse motivo, aparentemente tão irrisório, foi, de fato, a razão da separação entre Vicente de Souza e as lideranças da futura Confederação?

---

297. O Club Republicano São Cristóvão também já procedia dessa forma com a instalação de diversas caixas pelo comércio da cidade para donativos em dinheiro em prol dos escravizados.

298. Além de estabelecer as formas de arrecadação, indicava os meios para as inscrições dos escravizados; a forma e a ordem para a emancipação e estipulava a gratuidade dos serviços de advogados, procuradores, avaliadores que seriam oferecidos pela comissão (*Gazeta de Notícias*, 24 de abril de 1883).

299. Na edição de 20 de fevereiro de 1883, a *Gazeta da Tarde* anunciava: "Por proposta do nosso colega e companheiro Dr. Araripe Júnior, a Comissão Central Emancipadora do Município Neutro resolveu abrir no escritório dessa folha um livro, a que dará o nome de *Livro de ouro* para a subscrição de cartas de liberdade".

Em fevereiro, Apulcho de Castro anunciou a volta de José do Patrocínio à Corte, ao mesmo tempo que noticiou o desentendimento entre o abolicionista e o presidente da Libertadora Cearense, dizendo não estar surpreendido, pois o dono da *Gazeta da Tarde* "brigava com todo mundo".

Em relação às disputas relativas ao projeto de emancipação do Município Neutro, escreveu:

> José, que a todo transe quer ser uma celebridade, vendo que tinha se organizado a comissão central da emancipação do Município Neutro, sem guardarem para ele um só lugar, [...] anda doido, escrevendo e declarando [...] tudo o que pode servir para embaraçar a marcha desse esforço titaneo[300] de seus correligionários. José, lembra-te que trata-se de uma causa que não é tua, mas de todo o Brasil (*Corsário*, 6 de março de 1883).

Na versão publicada pela *Gazeta de Notícias*, já no pós-abolição, José do Patrocínio teria encontrado,

> na volta de uma de suas viagens ao Ceará, uma comissão que queria libertar o Município Neutro, pondo à margem o grande batalhador. Foi Clapp quem o amparou, e fundando a Confederação Abolicionista deu-lhe a força de que precisava aquele alto espírito para continuar e consumar a empresa que tomara aos ombros (*Gazeta de Notícias*, 14 de maio de 1888)[301].

Independentemente dos motivos que levaram à cisão, a Confederação nasceu das cinzas da Comissão Central de Emancipação do Município Neutro.

Em diferentes contextos, a concorrência pela liderança desempenhou um papel decisivo na desestabilização do campo reformador. Nesse momento, a competitividade estrutural[302] aparece atrelada a diferenças a respeito da própria noção de emancipação, apesar da proximidade entre as propostas e o repertório da comissão e da futura Confederação.

---

300. Como no original.

301. Esse é mais um exemplo das dificuldades de se utilizarem as memórias para as análises conjunturais, pois, no editorial em que Ferreira de Araújo narrou os acontecimentos citados anteriormente, ele não mencionou a sua própria participação na organização desse movimento de emancipação do Município Neutro.

302. Essa questão será analisada no capítulo 12.

Assim como a Confederação, a comissão de Vicente de Souza também tentava agregar todas as sociedades abolicionistas, mas se mantinha atrelada ao princípio da emancipação, enquanto a Confederação, que vai começar a se organizar em maio de 1888, reivindicará a "abolição imediata e sem indenização". Ao que tudo indica, somente nesse momento se definiu mais claramente a oposição entre o abolicionismo e o emancipacionismo.

Paralelamente às primeiras notícias das reuniões preparatórias para a Confederação Abolicionista em maio de 1883, uma carta assinada por Nicolau Moreira, Ferreira de Araújo, Carlos Correia da Silva Lage, Ubaldino do Amaral e Vicente de Souza anunciava o fim da Comissão de Emancipação do Município Neutro em razão da mudança de posicionamento dos representantes das associações emancipadoras que os havia nomeado:

> Os abaixo-assinados [...] atendendo **ao atual modo de pensar e de atuar** dos representantes daquelas associações, **totalmente diverso e oposto ao que haviam manifestado** em ato de conferirem aos abaixo-assinados poderes para efetuarem, **sem imposições, sem ameaças, sem absoluta intransigência a redenção dos escravos no Município Neutro**, julgam-se implicitamente exautorados do encargo confiado, e têm por dever dar a sua demissão. Os abaixo-assinados agradecem a todos os cidadãos e à imprensa as adesões e a cooperação que prestaram ao tratamento **pacífico, patriótico e humanitário** da redenção de trinta e cinco mil escravos (*Gazeta de Notícias*, 19 de maio de 1883 – grifos nossos).

Nesse mesmo dia, um artigo na *Gazeta da Tarde*, do monarquista Domingos Maria Gonçalves – um dos membros da comissão executiva da Confederação Abolicionista –, explicitou a diferença entre o abolicionismo e o emancipacionismo:

> A **conversão das sociedades emancipadoras em *clubs* abolicionistas** confederados é um grande passo; reputo-o decisivo para chegarmos ao fim da propaganda. Convém agitar a questão de um modo temeroso para os escravocratas, e acabar com esse esvaziar de dinheiro nas bolsas dos seculares espoliadores da raça africana. Passou o período sentimental; cumpre entrarmos no período executivo. Nada conseguiremos por meio de resgates parciais com o sacrifício de um pequeno número de abolicionistas devotados e só proveito daqueles que se locupletam, expoliando o produto do trabalho de seus

> semelhantes. O crime da escravidão é um **crime nacional**, [...] cumpre, pois, forçar o governo a tomar medidas enérgicas para a mais pronta reparação do grande **crime nacional** (*Gazeta da Tarde*, 18 de maio de 1883 – grifos nossos).

Apesar de estabelecer os fundamentos de um novo abolicionismo pela transformação das sociedades emancipadoras em abolicionistas, a prática da compra de alforrias não desapareceu, nem tampouco o compromisso de permanecer no terreno legal pela propaganda "na imprensa, nas conferências e nos *clubs*". Como diferença de programa, é possível constatar a ênfase na aplicação das leis de 1831 e de 1871 pela "revisão da matrícula geral; novo alistamento, eliminando-se todos os africanos importados depois de 1831". Inclusive, em abril de 1884, Domingos Maria Gonçalves estará à frente de um novo movimento de "Libertação do Município Neutro" (*Gazeta de Notícias*, 4 de abril de 1884)[303], mas, dessa vez, para identificar e libertar todos os escravizados que não tivessem sido matriculados, conforme obrigatoriedade prevista pela lei de 1871[304].

Como consequência imediata da adesão à Confederação, muitas caixas emancipadoras tornaram-se caixas abolicionistas, como as caixas Joaquim Nabuco e José do Patrocínio, por exemplo. Quanto a Vicente de Souza, não identificamos a sua presença em eventos da Confederação – a não ser indiretamente, como membro do Club Tiradentes –, ao contrário de Nicolau Moreira e Ubaldino do Amaral, que começaram a aparecer a partir de 1884 e 1885, respectivamente[305].

---

303. Esse projeto também não terá prosseguimento. Em abril de 1888, José do Patrocínio volta a propor a libertação do Município Neutro, num momento em que muitas capitais de províncias já tinham se declarado livres.

304. Para garantir a aplicação da lei de 1871 – no que diz respeito à libertação pelo fundo de emancipação – o seu artigo 8 previa um registro de todos os escravizados do Império com os seguintes dados: nome, data de nascimento, situação familiar, nomes dos pais (no caso em que isso fosse possível), profissão e lugar de residência. No entanto, com esse registro, os senhores puderam "legalizar" os africanos que tinham entrado no país após 1831, por meio de declarações falsas sobre a data de nascimento. Nesse sentido, os abolicionistas pediam a revisão das matrículas para garantir que essa falsificação fosse identificada e, com isso, libertar os africanos escravizados ilegalmente. Além disso, exigiam a aplicação desse mesmo artigo 8, que previa que os escravizados não registrados fossem considerados livres. No início da década de 1880, muitos senhores ainda não tinham feito o registro. Cf. Conrad (1975).

305. Ângela Alonso (2015) mostrou o papel central de Vicente de Souza nas Conferências Emancipadoras e no projeto de emancipação do Município Neutro, mas não analisou a cisão operada nesse contexto. Na sua narrativa, a militância de Vicente de Souza ficou associada à Confederação Abolicionista. No entanto não conseguimos encontrar referências à sua presença nessa sociedade, apesar de se ter conseguido constatar a continuidade do seu ativismo republicano e abolicionista em outros clubes e sociedades que não se incorporaram ou se desligaram da confederação.

Portanto, defendendo programas muito próximos, duas importantes lideranças do abolicionismo instauraram mais uma divisão no campo reformador e republicano. Poderíamos argumentar com Vicente de Souza, e os demais membros da comissão, que a arrecadação de fundos – organizada com a participação dos diferentes segmentos sociais e por meio de manifestações no espaço público e pela imprensa – resultaria não só na emancipação mais rápida do Município Neutro, mas também na expansão da ideia abolicionista, além da agência dos próprios escravizados e libertos reunidos nas caixas emancipadoras. Além disso, no que diz respeito ao repertório, a Confederação manteve o mesmo desafio de levar o povo às ruas sem gerar nenhum tipo de conflito, com um "tratamento pacífico, patriótico e humanitário da redenção" (*Gazeta de Notícias*, 19 de maio de 1883).

No entanto, no campo republicano, a discussão sobre o encaminhamento da questão abolicionista tinha implicações políticas significativas, pois era evidente que nenhuma reforma importante seria possível pelo Parlamento. Pedir a "abolição imediata e sem indenização" não era, como dizia Apulcho de Castro, declarar a revolução? Para fazer avançar a abolição "pela propaganda", a mobilização em prol da emancipação do Município Neutro não era um meio-termo aceitável? Em maio de 1883, essa não foi a avaliação predominante entre os abolicionistas que se uniram na Confederação.

6
A Confederação Abolicionista e a permanência de outros abolicionismos

Em maio de 1883, nasceu a Confederação Abolicionista, cujo papel na desestruturação da ordem escravista vem sendo devidamente recuperado pelos novos estudos sobre a abolição. Por um lado, a referência às disputas intra-abolicionistas por liderança, métodos e programas não deve ofuscar o grande feito político que foi a unidade construída em torno dessa associação. Por outro, a posição da própria Confederação só pode ser plenamente avaliada pela referência à importância de outras associações e conexões que se mantiveram fora do seu campo de ação. Ângela Alonso (2015) considera que a referência às clivagens não deve encobrir a divisão mais importante, que foi a oposição entre o abolicionismo e o escravismo. De fato, a abolição da escravidão no Brasil não pode ser compreendida sem que se recupere a força do "escravismo político" dos Paulino de Souza e dos Barão do Cotegipe.

No entanto, do ponto de vista da história política, a referência à manutenção de outros abolicionismos é fundamental para se compreender alguns dos obstáculos à realização dos programas reformadores. Além disso, no próprio âmbito da Confederação Abolicionista – constituída por uma maioria de republicanos –, é preciso recuperar o posicionamento de outros ativistas, além de José do Patrocínio, Joaquim Nabuco e André Rebouças. Apesar de ter analisado a história da Confederação, sobretudo pela perspectiva dessa tríade, Ângela Alonso mostra que a própria escolha do nome "Confederação" – em detrimento da palavra "centro" – foi motivada pela presença majoritária dos republicanos: "A maioria dos abolicionistas era federalista e republicana, como Aristides Lobo, presidente da reunião, daí vingar outro nome: Confederação Abolicionista" (ALONSO, 2015, p. 203).

Como vimos no capítulo anterior, a organização dessa nova associação esteve atrelada ao desaparecimento da Comissão de Emancipação do Município Neutro e a mais uma divisão entre os republicanos. Numa avaliação retrospectiva, podemos perguntar-nos até que ponto as diferenças eram, de fato, inconciliáveis e justificavam o rompimento.

Contudo, quando consideramos os procedimentos colocados em marcha pela Confederação, é preciso constatar o seu protagonismo, principalmente no que diz respeito à feição nacional do movimento e à construção de uma rede de apoio internacional que não estavam presentes no projeto da emancipação do Município Neutro.

No momento da sua fundação, a Confederação Abolicionista contava com representantes do Ceará, de Pernambuco, do Espírito Santo e do Rio Grande do Sul, e, no ano seguinte, continuou a mobilização para incorporar novas associações em outras partes do Brasil[306]. Em relação ao seu programa, a Confederação trouxe, definitivamente, para a esfera pública a reivindicação da abolição imediata e sem indenização, mas com o compromisso de realizá-la pela pressão da propaganda, das "flores e música".

Na defesa do caráter legal do movimento, a Confederação recuperava a atuação dos advogados abolicionistas que, desde meados da década de 1860, acionavam a lei de 1831 para fundamentar processos de liberdade. No ano da sua fundação, o Banquete Comemorativo da Lei de 1831 foi um dos grandes eventos noticiados pela *Gazeta da Tarde*, destacando-se o discurso do monarquista Joaquim Serra justamente pela ênfase na juridicidade que a lei oferecia ao programa. Desse modo, o ativismo da Confederação

---

306. Em maio de 1883, a Confederação Abolicionista congregava dezessete sociedades e deu início ao processo de incorporar novas associações. A relação publicada No *Diário Oficial* de 1° de setembro de 1883 incluía as seguintes sociedades: Club dos Libertos de Niterói, *Gazeta da Tarde*, Sociedade Brasileira contra a Escravidão, Libertadora da Escola Militar, Libertadora da Escola de Medicina, Caixa Libertadora José do Patrocínio, Abolicionista Cearense, Centro Abolicionista Ferreira de Menezes, Club Abolicionista Gutemberg, Club Tiradentes, Caixa Abolicionista Joaquim Nabuco, Libertadora Pernambucana, Abolicionista Espiritossantense, Libertadora Sul-Rio Grandense e Abolicionista Empregados do Comércio (*Cidade do Rio*, 4 de julho de 1889). Em janeiro de 1884, os republicanos Francisco de Almeida e Aquino Fonseca receberam a incumbência de intensificar as conexões com o abolicionismo do Norte e confederar outras associações em Pernambuco e no Maranhão (*Gazeta da Tarde*, 25 de janeiro de 1884). Para o papel da confederação na articulação dos movimentos abolicionistas de outras províncias e com os abolicionistas estrangeiros, cf. Alonso (2015).

Abolicionista "na órbita legal" foi construído em torno do argumento de que, em razão da lei de 1831, a ilegitimidade estava na manutenção da escravidão, e não na abolição imediata e sem indenização. Se "a lei de 1831 fosse imediatamente cumprida a abolição estaria decretada" (*Gazeta da Tarde*, 9 de novembro de 1883). Por sua vez, para defender esse posicionamento, era necessário negligenciar a enorme reação da classe proprietária contra essa interpretação "revolucionária" da lei[307].

O outro ponto do programa da Confederação – a "democracia rural pela adoção de um imposto territorial" – não era menos "acintoso" aos interesses dos grandes proprietários[308]. Muitos estudiosos identificaram essa reivindicação à militância de André Rebouças e, certamente, tiveram razão em enfatizar o seu empenho nessa questão. O engenheiro monarquista, além de ter escrito inúmeros textos sobre o assunto, foi, junto a Patrocínio, o idealizador do programa da Confederação, no qual a democracia rural aparecia como consequência lógica da abolição: "Em nosso estandarte deve ler-se: Abolição e democracia rural".

Até os últimos dias do Império, esteve ao lado dos monarquistas Visconde de Taunay e Beaurepaire Rohan, lutando pela adoção do imposto territorial e a distribuição de terras para os libertos, inclusive tentando convencer pessoalmente o imperador da necessidade de encaminhar essa reforma. No entanto, mesmo considerando a importância da sua militância em torno desse projeto, a reinvindicação não era exclusiva de André Rebouças e dos monarquistas, mas fundamental na trajetória política de vários republicanos[309].

---

307. A militância jurídica do grupo de Luiz Gama, em São Paulo, baseada na lei de 1831, despertou a reação uníssona da classe proprietária. A interpretação de que todo africano desembarcado no Brasil, após 1831, devia ser considerado livre, independentemente de ter sido apreendido pela Marinha, era considerada uma medida "revolucionária". "Ficava patente, dessa forma, o conteúdo político explosivo da interpretação dada por Luiz Gama e outros advogados abolicionistas à lei de 1831" (AZEVEDO, 2010, p. 112). Sobre a abolição do tráfico de escravizados no Brasil pela lei de 1831 e os seus desdobramentos, cf. Mamigonian (2017). No próximo capítulo, a discussão sobre a lei de 1831 será aprofundada.

308. Em vários outros artigos, analisamos a importância desse projeto e a reação que ele gerou, mas sempre ressaltando que a proposta visava a uma medida inteiramente em conformidade com o respeito à propriedade privada. A base para a "democracia rural" era a adoção de um imposto sobre as terras cultivadas e não cultivadas. Cf. "Abolicionismo e desigualdades sociais" (SANTOS, 2002); "O ativismo político da Confederação Abolicionista antes e depois do 13 de maio de 1888" (SANTOS, 2018).

309. Dentre os estudos que associam o projeto de democracia rural exclusivamente a André Rebouças, cf. Carvalho (1998), que chega a tratar o projeto como uma utopia justamente em razão

Nas Conferências Emancipadoras, o tema foi encampado por Lopes Trovão, que advertia os fazendeiros quanto à necessidade de se preparar para o fim da escravidão pela "subdivisão do solo, os engenhos centrais, a colonização nacional e estrangeira" (*Gazeta da Tarde*, 26 de setembro de 1880). Nas mesmas conferências, Vicente de Souza defendeu a subdivisão da terra, servindo-se das expressões "barões feudais" e "onipotentes senhores" para designar os fazendeiros, retornando ao tema inúmeras vezes até o fim da sua trajetória política, em 1905[310].

Cinco meses depois da fundação da Confederação, alguns dos seus membros organizaram uma outra associação, que também postulava a necessidade da adoção de um imposto territorial como mecanismo para a reestruturação fundiária e a formação da pequena propriedade. À frente da Sociedade Central de Imigração, encontramos os republicanos Ennes de Souza, Vicente de Souza e João Clapp junto aos monarquistas André Rebouças, Beaurepaire Rohan e Visconde de Taunay[311].

Na defesa do projeto de democracia rural, convém destacar a atuação do também engenheiro e professor da Escola Politécnica, Ennes de Souza. De volta ao Brasil depois da sua formação na Suíça, o republicano, além de um dos principais oradores da Confederação, atuou em várias outras frentes na defesa do imposto territorial e da democracia rural, do início ao fim da sua trajetória pública em 1910[312].

---

do seu isolamento. Para a autora, esse projeto nunca teria sido importante para o grupo de José do Patrocínio. Já Andrea Santos Pessanha – apesar de ter identificado a proposta principalmente ao monarquista – mostra que as suas ideias "tinham significativa adesão e eram compactuadas nos círculos intelectuais da Corte, [...] não foram expressão do pensamento isolado de André Rebouças" (PESSANHA, 2005, p. 103).

310. "Foi-lhe dado a ser o primeiro a acender essa pira, sagrada ao culto da Verdade, da Justiça, da Equidade, da Liberdade, da Igualdade e da Fraternidade; tem como um santo dever conservá-la ardente e brilhante até o dia em que forem quebrados os ferros do último escravo, [...] até a auspiciosa áurea **em que o último liberto, educado e possuidor de uma parcela de terra**, possa entrar como um igual, como um irmão, na família brasileira" (Discurso de Vicente de Souza na Conferência 12, citada na *Gazeta da Tarde*, 11 de outubro de 1880 – grifo nosso).

311. Entre os republicanos, também estavam Ferreira de Araújo e Nicolau Moreira, que, no entanto, não tiveram militância partidária muito perceptível.

312. A atuação de Ennes de Souza na defesa da propriedade da terra para os nacionais, durante os anos iniciais da República, será analisada na segunda parte deste livro. No ano de 1883, na ocasião da fundação da Sociedade Maranhense da Abolição da Escravidão e Organização do Trabalho, Ennes de Souza apresentou duas reformas urgentes: "A abolição sem rodeios e o imposto territorial que promoverá a subdivisão das terras, hoje sem valor pelos latifúndios, [...] sendo um elemento para a emigração e para a colonização dos libertos que devem tornar-se proprietários de lotes de terras que cultivam como pequenos lavradores" (*Gazeta da Tarde*, 6 de novembro de 1883). Na *Gazeta da Tarde*, vários dos seus artigos relacionaram República, abolição e democracia rural.

Ainda que não tenha se incorporado à Confederação Abolicionista, o republicano Vicente de Souza também atuou em prol da pequena propriedade na Sociedade Central de Imigração, assim como Ferreira de Araújo, que, por meio da *Gazeta de Notícias*, foi um dos seus grandes propagandistas. Ao longo das décadas de 1880 e 1890, outros republicanos também se envolveram na defesa do projeto. Entretanto, também nesse ponto, a associação entre republicanos e monarquistas foi eivada de conflitos, com consequências para o prosseguimento da unidade em torno da proposta.

Um mês depois da fundação da Sociedade Central de Imigração, Vicente de Souza foi a público, pela *Gazeta de Notícias*, para se demitir do cargo de sócio fundador e diretor, em razão da alusão do manifesto ao "influxo benéfico da monarquia": "Taunay glorifica a monarquia [...] ferindo crenças, agredindo convicções. [...] Republicano professo, não posso estar de acordo com quem pospõe o futuro de meu país ao presente de uma instituição irracional e exótica na América". No prosseguimento da citação, Vicente de Souza que, nesse momento, lutava por uma cadeira no Colégio Pedro II, aludia mais uma vez aos obstáculos encontrados pelos republicanos para aceder a cargos públicos: "Com esta declaração, bem o sei, conseguirei de *São Cristóvão* a revisão do *livro negro*, onde está lançado o meu nome, objetivo de incensada perseguição" (*Gazeta de Notícias*, 19 de novembro de 1883).

Embora não tenha pedido a sua demissão, Ennes de Souza também foi a público, tanto pelo *Jornal do Commercio* quanto pela *Gazeta de Notícias*, para solicitar que a referida frase fosse retirada do manifesto, pois não era compatível com os "seus sentimentos republicanos" (*Jornal do Commercio*, 15 de novembro de 1883).

Apesar de voltarem à sociedade e ao seu programa, as divergências permaneceram. Na realidade, o próprio programa da Confederação trazia um ponto de tensão que, sem consequências imediatas, dividiu, mais tarde, o campo reformador, pois, ao postular a democracia rural como consequência lógica da abolição, contrariava a posição republicana de que a primeira consequência do fim da escravidão era a instauração da República.

* * *

Ao retomar a constatação de que a imprensa do século XIX possuía papéis e significados muito diversos, convém destacar o papel da *Gazeta da Tarde* junto à Confederação Abolicionista.

Se o jornal não foi o único a atuar pela abolição, ele foi o porta-voz dessa associação na defesa das suas decisões e dos seus métodos, inclusive contra outros abolicionismos[313]. A *Gazeta da Tarde* não era somente o discurso impresso pró-abolição, mas também a sede das reuniões da Confederação e o palanque para as conferências dos seus ativistas, que falavam ao povo da Rua Uruguaiana, 43.

Em razão dessas funções, o jornal também insistia na "retórica da proximidade" entre os abolicionistas e a rua como dispositivo de pressão sobre o governo. Seis meses depois da fundação da Confederação, o jornal noticiou que a redação tinha sido visitada por mais de quinhentas pessoas – num movimento espontâneo, sem a liderança dos abolicionistas – revoltadas com "o aparecimento inopinado de um infeliz escravo, vindo de Paraíba do Sul, trucidado pelo seu senhor, com o corpo coberto de feridas, e um grande ferro circular ao pescoço" (*Gazeta da Tarde*, 13 de dezembro de 1883)[314]. O acontecimento serviu aos abolicionistas, tanto para fortalecer o argumento da proximidade com o povo quanto para enfatizar o caráter pacífico da propaganda dentro "do terreno da legalidade" (*Gazeta da Tarde*, 17 de dezembro de 1883).

Assim como Ângela Alonso (2015), consideramos que a conjuntura política é chave central para entender os métodos e as ações abolicionistas. "Longe de ancoradas em princípios abstratos, as escolhas abolicionistas foram estratégicas em resposta aos alinhamentos dominantes nas instituições políticas" (ALONSO, 2015, p. 18-19). No entanto a análise da conjuntura deve considerar não apenas as disputas político-partidárias no Parlamento, mas também os vários abolicionismos nos seus diferentes matizes e conexões com os segmentos sociais. Além disso, a oposição entre a tolerância dos governos liberais e a repressão dos governos conservadores em relação às manifestações, no espaço público, precisa ser relativizada.

---

313. No entanto, como dito anteriormente, a ênfase no papel da *Gazeta da Tarde*, como órgão da Confederação Abolicionista, não deve ofuscar a importância de outros jornais que também atuaram abertamente pela abolição imediata.

314. O escravizado teria conseguido esconder o ferro do pescoço e embarcado numa estação para a corte em direção à Santa Casa, e, de lá, "algumas pessoas o levaram para o *Gazeta da Tarde*".

Tanto nos dias do Vintém quanto nas manifestações contra a reforma eleitoral – cujas lideranças eram os republicanos abolicionistas –, o governo liberal adotou medidas repressivas, como a proibição dos *meetings*, a deportação dos estrangeiros e a prisão de jornalistas – dentre eles, Ferro Cardoso e Ernesto Senna. Em razão disso, o principal desafio dos líderes da Confederação Abolicionista era o de levar às ruas uma "grande massa de povo, na mais perfeita ordem"[315].

De que forma popularizar a propaganda e "ocupar a praça pública" sem justificar a repressão? Em lugar dos *meetings* nas ruas, a Confederação Abolicionista deu preferência aos *meetings* em teatros, mesmo porque, no fim de 1882, duas grandes lideranças republicanas – Lopes Trovão e Ferro Cardoso –, adeptos das manifestações em praça pública, partiram para a Europa, justamente para escapar da perseguição política[316]. Desse modo, o esforço de evitar a perseguição contribuiu fortemente para a desvinculação entre a questão social da abolição e a discussão política sobre a forma de governo.

Além das conferências, dos banquetes e das matinês nos espaços fechados, os abolicionistas apostaram nas formas tradicionais de ocupação das ruas, como as procissões, as esmolações, os enterros, as visitas aos cemitérios, o Carnaval, a recepção de personalidades nos portos, ainda que revestindo-as de novos componentes e significados. Aliás, mesmo nesse terreno, as autoridades não deixaram de cercear as manifestações. Em 4 de junho de 1883, a Caixa Abolicionista Joaquim Nabuco, que organizara uma procissão cívica pelas ruas da Glória, foi impedida pela polícia de continuar a "esmolação" prevista.

Nesse ponto, vale a pena um retorno a fevereiro de 1880, numa cidade sob as medidas repressivas do Vintém, quando os festejos do Carnaval assumiram uma forte conotação política, principalmente pela irrupção dos

---

315. Expressão utilizada em diversas descrições dos acontecimentos abolicionistas.

316. Antes da sua partida para a Europa, os dois militantes ainda apostaram nos *meetings* nas praças e enfrentaram a repressão, como no "*meeting* do Riachuelo", quando Ferro Cardoso discursava contra a redução de linhas de bonde. Depois de deixar o Brasil em 1882, Lopes Trovão só retornou ao país no final de 1888 por iniciativa do Club Tiradentes, que apostava na expansão da propaganda republicana entre as camadas populares. Nas memórias de alguns republicanos, o "autoexílio" de Lopes Trovão teria sido aconselhado pelos líderes do partido, Saldanha Marinho e Quintino Bocaiuva.

"carros das ideias"[317], pela iniciativa das sociedades Tenentes do Diabo e Fenianos[318]:

> Correram até ontem insípidas as festas carnavalescas até à hora em que saíram as duas sociedades. [...] Pode mesmo dizer que a essas duas sociedades é que se deve o podermos dizer que houve esse ano carnaval de rua. [...] Seguiram-se depois os "carros das ideias" onde notamos **grotescas e frisantes alusões aos acontecimentos políticos que ilustraram o ano passado**. [...] Os mais importantes acontecimentos que ultimamente preocupavam a atenção pública todos tiveram cabida atenção nessa revista carnavalesca (*Jornal do Commercio*, 10 de fevereiro de 1880 – grifo nosso).

Após os eventos de outubro de 1881, quando novas medidas repressivas foram acionadas, o Carnaval voltou a apresentar os "carros das ideias", como no "desfile" dos Fenianos composto de três carros "alusivos aos acontecimentos da praça da Constituição e conduzindo conhecidos tribunos populares" (*Jornal do Commercio*, 22 de fevereiro de 1882).

Portanto, em relação à formação do repertório abolicionista da Confederação, convém recuperar a sua vinculação estreita com a cultura popular religiosa e relativizar a interpretação sobre o seu caráter laico e científico, pois, se não integrou o espaço da Igreja "oficial", ele não pode ser compreendido sem essa conexão. A crítica ao domínio da Igreja Católica, perceptível no discurso de quase todas as lideranças republicanas que tiveram suas falas divulgadas na imprensa, não deve, por exemplo, ocultar a centralidade das irmandades do Rosário e de Nossa Senhora dos Remédios no seio da Confederação. Pela sua referência religiosa e como espaço de so-

---

317. Para embasar tal afirmação, apoiamo-nos numa pesquisa no *Jornal do Commercio*, do período de sua fundação até a década de 1880, a partir do termo "préstito", já que, em substituição ao entrudo, surgiram os "préstitos carnavalescos". Nessa pesquisa, a primeira ocorrência do termo "carro das ideias" diz respeito a esse Carnaval de 1880.

318. Essas sociedades integraram-se à Confederação Abolicionista em 1884 e desempenharam um papel importante na expansão da propaganda pelo uso das manifestações "tradicionais". Importante ressaltar que o Carnaval só é "tradicional" como festividade popular que marca a entrada na quaresma, mas a sua história no século XIX é muito dinâmica e atrelada a disputas políticas, evidentes, por exemplo, nas tentativas de proibição dos entrudos a partir de 1829, o que, por sua vez, impôs uma nova forma de comemoração. A questão política não é separável de certas inovações, como é o caso dos "carros das ideias", por exemplo. Sobre a relação entre Carnaval e abolição, cf. Nepomuceno (2011). Sobre a "evolução" das festividades que comemoravam a entrada da quaresma durante o século XIX, sob a perspectiva dos viajantes estrangeiros, cf. Santos (2013).

ciabilidade, essas associações tiveram um papel fundamental na construção identitária dos "homens de cor", antes e depois do 13 de maio[319].

A vinculação à cultura popular religiosa e às suas formas tradicionais de ocupação do espaço público foi uma grande arma da Confederação no seu desafio de popularizar a propaganda e levar o povo às ruas, sem atrair a violência policial. Nesse sentido, a análise sobre a expansão do abolicionismo, durante a vigência dos ministérios liberais, deve considerar os dados sobre a perseguição ao republicanismo, pois a atitude desses governos só deve ser definida pela tolerância se comparada à ação posterior dos conservadores[320].

Essas medidas repressivas estavam no horizonte do abolicionismo e condicionaram, até certo ponto, a forma da sua expansão, desvinculando-o do republicanismo, inclusive pela escolha das manifestações "tradicionais" em detrimento dos "novos procedimentos", como os *meetings* em praça pública. Mas isso não significava que essas escolhas não pudessem mudar.

No fim de 1883, os discursos da *Gazeta da Tarde* e dos oradores da Confederação indicavam oscilações quanto aos melhores procedimentos e, apesar do compromisso com a "órbita da legalidade", sugeriam o caráter condicional e provisório da opção. Em dezembro de 1883, o mesmo editorial "Atrocidades", que tinha noticiado a ida de quinhentas pessoas à sede da *Gazeta da Tarde*, advertiu:

---

319. A notícia da *Gazeta da Tarde* sobre uma reunião do Centro Abolicionista de São Paulo, em 1884, é um dos inúmeros exemplos da importância da referência religiosa: "Achamos nesta reunião alguma coisa de grande e de solene, não só pelo fim a que se destina, mas também pelo local em que se realizou. [...] Foi, pois, aí, no templo de Deus [Igreja dos Remédios] que os abolicionistas de São Paulo fizeram a sua reunião" (*Gazeta da Tarde*, 16 de janeiro de 1884). Enquanto o abolicionismo popular de São Paulo foi normalmente associado a referências religiosas, principalmente em razão da liderança de Antônio Bento e das suas articulações com a Confraria Nossa Senhora dos Remédios, o abolicionismo do Rio de Janeiro ficou mais conhecido pelo seu caráter laico, apesar do papel de destaque da Irmandade do Rosário e dos seus "homens de cor" – dentre eles, Israel Soares. Inclusive, depois do 13 de maio, a Irmandade do Rosário e de São Benedito foi, talvez, a principal protagonista na construção e na conservação de uma memória da Confederação, estando à frente das comemorações do 13 de maio até, mais ou menos, 1905 e de vários enterros dos abolicionistas. Além disso, como veremos em seguida, é preciso não esquecer que Antônio Bento e o Club Paulista se incorporaram à Confederação em 1884. Nesse sentido, temos reservas em relação à ideia de que "a campanha abolicionista brasileira, recorrendo ao direito, à moral e à ciência, seria laica" (ALONSO, 2015, p. 127).

320. Inclusive, em 1887, ao proibir um *meeting* abolicionista, o governo conservador legitimou a sua decisão justamente pela referência às medidas liberais contra o ativismo republicano-abolicionista no contexto do Vintém, da campanha contra a reforma eleitoral e também dos acontecimentos do dia 25 de outubro de 1883, como veremos a seguir.

> Se tivéssemos querido alvoroçar toda esta cidade, para isso bastaria levar à rua o infeliz. [...] **Temos certeza de que o povo se amotinaria**. [...] Nós, porém, temos fé que os juízes e as autoridades policiais hão de fazer-nos justiça, e, para o triunfo completo da nossa causa, não necessitamos, **por ora**, outros elementos (*Gazeta da Tarde*, 13 de dezembro de 1883 – grifos nossos).

Quatro dias depois, numa matinê organizada pela Caixa Abolicionista Joaquim Nabuco, o tipógrafo Júlio de Lemos, um dos principais oradores republicanos da Confederação, acrescentou:

> A exploração do homem pelo homem tem de chegar a um termo, ou antes já chegou, pois depois da lei de 1831 [...] a abolição está feita em nossas leis. [...] **Esse cumprimento é o que nós reclamamos, na tribuna, na imprensa, por todos os meios legais, reservando-nos** – permiti que o repita mais uma vez, para torná-lo, também, efetivo, **pela força, nas praças públicas**, quando nos convencermos de que os meios legais não nos levarão ao resultado que ambicionamos (*Gazeta da Tarde*, 17 de dezembro de 1883 – grifos nossos).

Menos de um mês depois, em 12 de janeiro de 1884, num grande festival organizado pela Confederação Abolicionista, o republicano Ennes de Souza, como orador oficial, reafirmou o seu compromisso com a legalidade e o pacifismo: "Se acaso observasse tendência para atos tumultuários, não se retiraria do movimento, mas protestaria contra esses atos e lutaria pela sensatez e pela justiça dos meios" (*Gazeta da Tarde*, 18 de janeiro de 1884).

Para entender melhor esse tipo de afirmação no fim de 1883, é preciso recuperar um acontecimento que, apesar de ter sido esvaziado da sua dimensão política na imprensa da época, possui estreita conexão com outros aspectos da história política e social do período.

* * *

Cinco meses depois da fundação da Confederação Abolicionista, Apulcho de Castro foi assassinado em frente à delegacia de polícia, na Rua do Lavradio, no dia 25 de outubro de 1883[321]. Além dos inimigos que angariou pela pregação da revolução e pelas provocações pessoais do seu *Corsário*,

---

321. Como dito anteriormente, até bem pouco tempo atrás, a referência à trajetória de Apulcho de Castro não se integrava à história do abolicionismo. Talvez o artigo de Thomas Holloway (2008) tenha sido um dos primeiros a recolocar o seu assassinato na história política e social do período, bem como, depois dele, o livro de Rodrigo Cardoso Soares (2012).

Apulcho de Castro atraiu, no ano de 1883, a perseguição do 1º Regimento de Cavalaria, após tomar as dores do "pequeno comércio" contra os "calotes" de alguns jovens militares[322]. Entre os meses de agosto e outubro, ele se defendeu da acusação de que estaria atacando o Exército, rememorando as várias ocasiões em que teria defendido a instituição contra os ataques da monarquia (*Corsário*, 23 de outubro de 1883). Na sua perspectiva, o fato estava sendo deturpado para legitimar a sua perseguição política. Na imprensa, lamentava especialmente a ofensiva da *Gazeta da Tarde*, "muito diferente do *Corsário*", que teria defendido José do Patrocínio dos ataques da Câmara dos Deputados e de Afonso Celso Júnior[323].

Cada vez mais inseguro em relação às ameaças dos militares, Apulcho de Castro dirigiu-se à delegacia de polícia, na tarde do dia 25, para pedir proteção. Em torno do edifício, vários grupos se formaram. Na versão do chefe de Polícia, não havia destacamento suficiente para permitir a sua volta às ruas. No entanto, após a proposta do oficial militar Capitão Ávila de garantir a sua segurança, o chefe de Polícia teria permitido a sua saída. Nos dias seguintes, a imprensa e as autoridades discutiram sobre as responsabilidades dessa decisão, que se desdobrou no seu assassinato, com sete facadas e dois tiros, ao lado do oficial, em frente à delegacia e à luz do dia, sem que nenhum suspeito fosse preso.

Se não foi possível identificar, na imprensa, referências ao sucesso das investigações sobre o seu assassinato, qual não foi a nossa surpresa ao deparar com os nomes dos culpados em *Os Sertões*, de Euclides da Cunha, publicado em 1902[324]. Provavelmente, essa "revelação" só foi "permitida" após a queda da monarquia, pois em 26 de outubro de 1889, o *Carboná-*

---

322. Cf., dentre outras edições do *Corsário*, a de 11 de outubro de 1883. Esse conflito fortalece a argumentação de Celso Castro (2013) sobre as dificuldades financeiras enfrentadas pelos jovens das escolas militares na sua permanência na Corte, já que a maioria deles vinha de outras províncias, procedente de famílias com poucos recursos e que identificavam no Exército uma das raras oportunidades de ascensão social.

323. Sobre o conflito entre Patrocínio e Afonso Celso Júnior, cf. *Corsário* (5 de junho de 1883). Em relação aos ataques da Câmara contra Patrocínio, cf. *Corsário* (26 de setembro de 1882). De fato, nas duas situações, Apulcho de Castro defendeu José do Patrocínio.

324. O *Jornal de Recife* de 3 de outubro de 1884 noticiou que Moreira César e outros militares (Bento Thomas Gonçalves, Ismael Caetano, dentre outros) foram denunciados como autores do crime contra Apulcho de Castro e defendidos por Sizenando Nabuco. Mas, nesse mesmo ano, o parecer foi de que "os oficiais do exército nenhuma coparticipação tiveram" (*Jornal de Recife*, 12 de dezembro de 1884). Sobre a referência de *Os Sertões* ao assassinato, o livro de Rodrigo Cardoso Soares de Araújo (2012) faz a mesma referência.

rio ainda afirmava: "Foi nesse dia, em 1883, que assassinaram Apulcho de Castro, o redator do *Corsário*, às 4 da tarde, em plena rua, mesmo em frente da polícia. A polícia que nunca pôde descobrir quem tal fez".

A declaração de *Os Sertões*, muitos anos após o processo ter sido encerrado sem que ninguém tivesse sido condenado, acrescentava maior complexidade a esse evento com tantos desdobramentos nessa conjuntura, mas com pouco peso nas análises historiográficas. Na longa citação a seguir, Euclides da Cunha só errou o ano da execução. Em todos os outros aspectos, descreveu com detalhes o acontecimento, revelando nomes e indicando o conhecimento do governo sobre os autores do crime, já que um deles foi condenado a transferir-se para a província de Mato Grosso:

> Foi em 1884, no Rio de Janeiro. Um jornalista, ou melhor, um alucinado, criara [...] escândalo permanente [...]; e tendo respingado sobre o Exército parte das alusões indecorosas [...] foi infelizmente resolvido por alguns oficiais [...] em plena rua, em pleno dia, diante da justiça armada pelos *Comblains* de toda força policial, mais graduado, o capitão Moreira César. [...] O crime acarretou-lhe a transferência para Mato Grosso, e dessa Sibéria canicular do nosso Exército tornou somente após a Proclamação da República (CUNHA, 2015, p. 181).[325]

Em 1883, o alemão instalado no Rio Grande do Sul Carl Von Koseritz, de passagem pelo Rio de Janeiro, propôs a sua versão dos fatos, que, a exemplo da imprensa consultada, interpretou o assassinato de Apulcho de Castro como o resultado inevitável de uma vida dedicada à calúnia e à infâmia[326].

---

325. A intenção de Euclides da Cunha, nessa passagem, era sobretudo enfatizar o caráter afeito à violência de Moreira César. Possivelmente, a própria postura do imperador colaborou para o arquivamento da denúncia contra os militares. Mencionado por alguns jornais da época, o acontecimento foi analisado por Sérgio Buarque de Holanda: "Nos últimos dias de outubro de 1883, a visita do imperador ao 1º Regimento de Cavalaria da Corte, de onde saíra pouco antes, a 25 do mesmo mês, o grupo de oficiais que matou a punhaladas e tiros o jornalista Apulcho de Castro, lembra os tempos de D. Pedro I, em que o chefe de Estado foi acusado de açular militares reinóis contra jornalistas brasileiros" (HOLANDA, 1985, p. 340).

326. "O último ato desta história escandalosa, terminada tragicamente. A honra das famílias foi durante anos arrastada sem contemplação, pelo *Corsário* na mesma lama de que ele provinha. [...] Ninguém lamenta o canalha, todos pensam que é bom que ele tenha desaparecido, e mesmo jornalistas não censuram a sua morte" (VON KOSERITZ, 1980, p. 238). A *Gazeta da Tarde*, o *Jornal do Commercio*, a *Gazeta de Notícias*, o *Fluminense* e o *Mercantil de Petrópolis* noticiaram o assassinato e, apesar de lamentá-lo como "incompatível com a vida civilizada", explicaram o crime pela opção do jornalista que tinha se servido do pasquim para produzir escândalos. Segundo o *Mercantil de*

Além de negar ao *Corsário* qualquer conotação política, chama a atenção o tratamento dado pela imprensa aos conflitos que tomaram as ruas do Rio de Janeiro entre os dias 27 e 30 de outubro, logo após o assassinato. Por um lado, os jornais do Rio de Janeiro informavam sobre as medidas de repressão tomadas pelo governo liberal a partir do 31 de outubro. Nesse dia, a imprensa publicou o edital do chefe de Polícia, no qual se lia:

> À vista dos fatos que ultimamente têm dado nesta cidade, [...] declara que **ficam absolutamente proibidos os ajuntamentos nas ruas**, praças e edifícios públicos. Os cidadãos pacíficos são convidados a se absterem de tais reuniões, a fim de que **a ação da força pública que será energicamente empregada**, recaia **só e unicamente** [...] sobre os **turbulentos e amotinadores** (*Gazeta de Notícias*, 31 de outubro de 1883 – grifos nossos).

Nesse mesmo dia, o *Jornal do Commercio* noticiou a prisão de cento e quinze pessoas, entre "capoeiras, vagabundos, desordeiros, amotinadores, horda de vândalos". E, em 2 de novembro, o chefe de Polícia decretou a deportação de estrangeiros "reconhecidos como desordeiros", sem julgamento. Apesar do protesto da imprensa estrangeira e da petição das embaixadas contra a medida, as deportações prosseguiram (*Folha Nova*, 7 a 11 de novembro de 1883).

Retrospectivamente, esses acontecimentos foram vinculados ao assassinato do jornalista, mas, no calor da hora, os "distúrbios" foram descritos como "ajuntamentos e correrias sem que se soubesse os motivos" (*Gazeta de Notícias*, 29 de outubro de 1883).

Em junho de 1886, um correspondente da *Gazeta da Tarde*, cobrindo os "tumultos em Lisboa", comparou-os "às três noites de célebre memória em que o Rio de Janeiro **esteve em sítio**, depois do assassinato de Apulcho de Castro" (*Gazeta da Tarde*, 24 de junho de 1886 – grifo nosso).

Para uma folha de Campinas, certas omissões da imprensa carioca sobre o assassinato só podiam ser explicadas pela covardia. A *Folha Nova*,

---

Petrópolis, transcrito na *Gazeta de Notícias* em 6 de novembro de 1883, nenhuma força policial teria sido capaz de oferecer proteção a um homem que tinha tantos inimigos por ter se dedicado a uma imprensa "pornográfica e caluniosa". Já no jornal *O Paiz*, fundado um ano após o assassinato, foi possível identificar uma forte campanha para a identificação e a prisão dos assassinos. O único jornal que parece ter defendido Apulcho de Castro no conflito com os militares foi o pasquim *Carbonário*. Sobre a rede de solidariedade entre os pasquins, cf. Araújo (2012).

apesar de refutar parte das acusações do jornal, admitia que o clima de perseguição que se abatera sobre a cidade realmente gerava medo entre os jornalistas (*Folha Nova*, seção "Tópicos do dia", 10 de novembro de 1883).

Talvez por ter sido escrito como um relato de viagem para publicação posterior, Carl Von Koseritz se tornou um dos raros testemunhos a propor explicações mais detalhadas sobre essas ocorrências, que nos permitem contextualizar um pouco melhor as opções defendidas pela Confederação nesse ano de 1883[327]. Nas suas anotações do dia 27 de outubro, Von Koseritz "informou" sobre um "motim", no Largo de São Francisco, que teria sido provocado por "vagabundos e capoeiras" "exaltados com a morte de Apulcho de Castro". No dia 29, "a monotonia da vida habitual do Rio tinha sido interrompida" por "negros escravos amotinados" que, reunidos no Largo de São Francisco, começaram ali e na Rua do Ouvidor a apagar os bicos de gás e a destruir lampiões, enquanto gritavam em "alto e bom som 'Viva a revolução!'". No dia 30, os "amotinadores", usando petróleo, tentaram botar fogo no Cassino Fluminense.

Depois de concluir que "a coisa era realmente séria", o escritor propôs uma explicação que, mesmo contra a sua intenção, revelava a dimensão política e racial dos acontecimentos: "O Rio tem nos seus capoeiras um mau elemento e deles se aproveita a **propaganda revolucionária dos abolicionistas**, sublevando os **homens de cor** pela morte do negro Apulcho" (VON KOSERITZ, 1980, p. 243 – grifos nossos).

Em dezembro de 1882, Apulcho de Castro analisara as alternativas para a realização da abolição – a propaganda ou a revolução – e recomendara que os abolicionistas fizessem a escolha e definissem estratégias. Em 13 de setembro de 1883, ele proclamara a revolução como única saída para a crise, "não a revolução pacífica das ideias, mas a revolução pela força armada" (*Corsário*, 13 de setembro de 1883).

A referência de Carl Von Koseritz (1980) à "propaganda revolucionária" como causa da "sublevação" permite-nos levantar a hipótese de que, em outubro de 1883, além da sua militância abolicionista como segundo-

---

327. Primeiramente, a obra foi publicada em alemão no ano de 1885. No prefácio, A. W. Sellin explicou ao seu leitor alemão as características da obra: "Elas não foram destinadas inicialmente ao grande público e apareceram, em forma de diário de viagem, na folha editada pelo autor, em Porto Alegre, Koseritz Deutsche Zeitung" (VON KOSERITZ, 1885, p. 13-14 apud FERREIRA, 2009, p. 36). Cumpre destacar que o diário foi publicado no jornal de Porto Alegre em alemão. A sua primeira edição em português só ocorreu em 1943, muito tempo depois da morte do autor, em 1890.

-secretário da Sociedade Luso-Brasileira, Apulcho de Castro também estivesse investindo numa ação mais direta junto aos "negros escravos".

Quanto à Sociedade Abolicionista Luso-Brasileira, ela também contava com a participação dos republicanos Vicente de Souza e do Tenente Favilla Nunes, proprietário do extinto *Jornal da Noite* e que não se integrou à Confederação[328].

Inclusive, em março de 1884, nas comemorações da libertação do Ceará, teremos dois eventos distintos: o da Confederação e o da mesma Sociedade Luso-Brasileira, junto à Sociedade Abolicionista Cearense, à Associação Baiana e à Associação Emancipadora Vicente de Souza[329], que, em diversas notas na *Gazeta de Notícias*, "declarava que todos estes festejos nada tinham em comum com os promovidos pela Confederação Abolicionista" (*Gazeta de Notícias*, 25 de março de 1884). Na descrição do préstito e da recepção de Francisco do Nascimento[330] organizado por essas sociedades, foi possível identificar o protagonismo de Vicente de Souza, além da referência ao "socialista Mathias Carvalho", um dos fundadores do Club Tiradentes.

Se as nossas fontes não permitem avançar muito nas conexões desses outros abolicionismos, as referências anteriores proporcionam uma melhor compreensão sobre o processo de construção do repertório e do discurso da Confederação, a começar pela frase do editorial de dezembro de 1883, que afirmava: "Temos certeza de que o povo se amotinaria". Essa "certeza" não era uma ameaça retórica, mas baseada nos acontecimentos que tinham "sublevado" a cidade dois meses antes. Por um lado, a Confederação acenava com o "radicalismo" da "abolição imediata e sem indenização e a democracia rural", mas, por outro, prometia manter-se no terreno da propaganda, mesmo insistindo no caráter provisório da sua opção.

Em relação ao compromisso com a legalidade nessa conjuntura, é importante recuperar as conexões entre a Confederação e o abolicionismo

---

328. Para a diretoria do ano de 1883-1884, Vicente de Souza foi eleito presidente e Favilla Nunes, primeiro-secretário. A sociedade esteve à frente da missa de sétimo dia de Apulcho de Castro – que não pôde ser enterrado publicamente – e de outras iniciativas em prol da sua família. Cf. *Jornal do Commercio* (31 de outubro de 1883); *Gazeta de Notícias* (31 de outubro e 2 e 5 de novembro de 1883).

329. Apesar de se terem juntado à Confederação no momento de sua fundação, nem a Associação Baiana nem a Sociedade Abolicionista Cearense apareceram na listagem das sociedades em 1885 e nas grandes comemorações da Libertação do Ceará, que tomaram conta do Rio de Janeiro em março de 1884. Já a Sociedade Abolicionista Luso-Brasileira nunca fez parte da Confederação.

330. Para uma descrição mais detalhada da abolição do Ceará e do seu impacto no movimento abolicionista nacional, cf. Conrad (1975); Alonso (2015).

paulista. Pouco exploradas pela historiografia, essas articulações parecem reforçar o questionamento de alguns historiadores a respeito da abordagem que, durante muito tempo, dividiu o movimento paulista em dois momentos distintos: o "emancipacionismo jurídico" do republicano Luiz Gama, entre meados da década de 1860 e 1882; e, em seguida, o abolicionismo "radical", liderado pelo monarquista Antônio Bento[331].

Se o assassinato de Apulcho de Castro levou ao estado de sítio na Corte, a situação na província de São Paulo, no ano de 1883, não era menos conflituosa. Na realidade, o ano de 1882 já tinha sido marcado por uma série de revoltas dos escravizados, muitas delas nos meses posteriores à morte de Luiz Gama[332].

Aliás, em agosto de 1883, a argumentação de Apulcho de Castro para defender a revolução tinha se baseado justamente na experiência de São Paulo. Após ter sido lançada ao "coração da pátria pelo partido republicano", a abolição estava sendo resolvida pelo próprio "elemento escravo [que] **queria por si mesmo** sacudir de seus ombros o cruel jugo do cativeiro" (*Corsário*, 30 de agosto de 1883 – grifo nosso)[333].

Em janeiro de 1884, o republicano Rangel Pestana, num balanço de 1883, lamentou a ausência de uma organização como a Confederação, pois um "abolicionismo mal dirigido" estaria gerando, em São Paulo, "uma rea-

---

331. Um dos principais objetivos de Elciene Azevedo (2010) foi relativizar essa dicotomia. Por um lado, a militância jurídica de Luiz Gama extrapolava em muito o campo jurídico e o espaço dos tribunais. Por outro, a referência à radicalização do movimento pela liderança de Antônio Bento, logo após a morte de Luiz Gama, não encontra base documental produzida no próprio contexto, mas apenas em memórias produzidas posteriormente. Esse último aspecto é aprofundado por Alexandre Otsuka (2015, p. 109-124), que, em relação ao papel de líder do abolicionismo radical atribuído a Antônio Bento, indica a "impossibilidade de afirmar presença de ideais abolicionistas na [sua] atuação jurídica previamente a 1883" e contesta o seu envolvimento com o abolicionismo logo após a morte de Luiz Gama.

332. Alexandre Ferro Otsuka (2015) recuperou a referência de vários historiadores – dentre eles, Maria Helena Machado, Robert Conrad e Robert Toplin – a respeito do aumento expressivo de fugas e revoltas de escravizados no ano de 1882, principalmente nos meses de outubro e novembro. No livro O plano e o pânico (1994, p. 137), Maria Helena Pereira Toledo Machado comentou a percepção das autoridades sobre o envolvimento de pessoas livres nesses eventos: "A proximidade temporal de uma série de levantes ocorridos e as desconfianças quanto à participação dos indivíduos livres nos mesmos suscitaram em fazendeiros e autoridades policiais o temor de que representassem uma rebelião geral e organizada".

333. Esse artigo foi publicado apenas seis dias após a morte de Luiz Gama. A referência de Apulcho de Castro ao papel dos próprios escravizados contrasta com as memórias laudatórias do papel de Antônio Bento, que, segundo Alexandre Otsuka (2015, p. 80), serviu para atribuir "a conquista da abolição a um grupo de abolicionistas liderado por uma figura branca [...] mascarando a agência dos cativos negros".

ção de ódios com consequências desastradas para os que agitavam e para os que resistiam"[334]. Na verdade, já há bastante tempo, o "abolicionismo mal dirigido" vinha sendo identificado por líderes do Partido Republicano Paulista (PRP) à militância do grupo de Luiz Gama[335].

Poucos dias depois do comentário de *A Província de São Paulo*, a *Gazeta da Tarde* noticiou uma reunião na Igreja Nossa Senhora dos Remédios, com a presença de Antônio Bento, para organizar um Centro Abolicionista "com fins idênticos e nas mesmas bases que a Confederação Abolicionista da Corte". Sem referências diretas ao Centro Abolicionista de São Paulo, fundado por Luiz Gama um ano e meio antes, o jornal ressaltou sobretudo o comprometimento da associação com a legalidade[336]. Apesar da presença de dois membros do antigo Centro – os republicanos Gaspar da Silva e Raul Pompeia – a notícia fazia questão de mostrar que a posição do novo grupo não era a do *Ça Ira!*

Antes de ler a citação que segue, devemos ter em mente que *Ça Ira!* era o título do jornal abolicionista e "ultrarrepublicano" do antigo Centro[337]:

> *Ça Ira!* poderíamos dizer, à semelhança do bando glorioso dos defensores da soberania popular em [17]93; mas, não. *Ça ira!* gritaríamos **se de momento a momento a causa não**

---

334. O editorial da *Província de São Paulo* foi transcrito no editorial da *Gazeta da Tarde* no dia 22 de janeiro de 1884. No início de janeiro, os jornais – principalmente os diários – costumavam fazer esses balanços.

335. Em 1880, Luiz Gama publicou, na seção paga da *Província de São Paulo*, um texto no qual justificava o crime dos escravizados contra os seus senhores. Para se distanciar da posição defendida por Luiz Gama, o editorial do jornal escreveu, no mesmo dia, que a propaganda abolicionista estava sendo "**dirigida inconvenientemente** por alguns cidadãos, cujo exaltamento em favor da ideia não dão lugar a calma para poderem medir os efeitos de seus discursos e escritos" (*Província de São Paulo*, 18 de dezembro de 1880 apud AZEVEDO, 2010, p. 170 – grifo nosso).

336. Ao contestar a versão de que Antônio Bento teria se juntado ao abolicionismo logo após a morte de Luiz Gama, Alexandre Otsuka escreve que ele "não se juntou à causa abolicionista assumindo a direção do Centro Abolicionista de São Paulo. Pelo contrário, só viria a se tornar diretor do **refundado** Centro em janeiro de 1884, um ano e meio depois após a primeira fundação e depois de ter atuado durante todo o ano de 1883 em ações de liberdade" (OTSUKA, 2015, p. 124 – grifo nosso).

337. Elciene Azevedo escreve a respeito do *Ça Ira!*: "Jornal acadêmico e ultrarrepublicano, representante do Centro Abolicionista de São Paulo, que circulou em 1882. Faziam parte da diretoria do Centro, entre outros, Brazil Silvado e Luiz Gama, sendo os diretores da redação do jornal Raul Pompéia, Alcides Lima, O. M. Soares e Ernesto Correia". Poucos dias antes da morte de Luiz Gama, o jornal publicou um artigo de Raul Pompéia, que reafirmava a ideia defendida por Luiz Gama: "Perante o direito é justificável o crime de homicídio perpetrado pelo escravo, na pessoa do seu senhor" (AZEVEDO, 2010, p. 170-171). O jornal recuperava o título de uma canção revolucionária francesa que teria começado a circular em 1790 e que foi radicalizada em 1793 pela pregação da condenação à morte de membros da nobreza e do clero.

fosse ganha. Hoje resta **apenas um bocado de forças contrárias** que hão de ser esgotadas amanhã. **A imposição do povo pelo direito**, não pode ser vencida. A vitória é nossa (*Gazeta da Tarde*, 16 de janeiro de 1884 – grifos nossos).

Apenas quinze dias depois, em 31 de janeiro de 1884, a *Gazeta da Tarde* publicou a "Carta de adesão do Club Abolicionista de São Paulo ao presidente da Confederação", na qual se declarava "disposto a auxiliar em tudo e esperando que lhe [fosse] prestado igual auxílio por parte desse grêmio de valorosos abolicionistas"[338].

Certamente, esse compromisso com a legalidade não deve ser lido como prova de renúncia a outros procedimentos, mas como o indício do alinhamento à posição defendida pela Confederação de conservar-se, "até segunda ordem", nesse terreno. Para avaliar o impacto que essa nova direção do Centro teve sobre a resistência dos escravos em São Paulo, seria importante identificar se houve, entre o início de 1884 até a queda dos liberais em 1885, uma diminuição significativa do número de revoltas comparativamente aos anos de 1882 e 1883.

Em todo caso, é plausível supor que a presença de um membro do Partido Conservador[339], Antônio Bento, como líder do "novo" movimento tenha sido

---

338. A carta foi assinada por Bento de Lima Castro, presidente; e Gaspar da Silva, secretário. Apesar de ter identificado o artigo da *Gazeta da Tarde* anunciando a "refundação" do Centro e ter insistido na necessidade de se pensar as vinculações entre o abolicionismo de São Paulo e o abolicionismo do Rio de Janeiro e de outras províncias, Alexandre Otsuka (2015) não se refere à sua incorporação à Confederação. Salvo engano, o livro de Ângela Alonso, *Flores, votos e balas* (2015), que analisa os vínculos da Confederação com o associativismo em todo o país, também não nos fornece muitas informações sobre as suas conexões com São Paulo. Apesar de ter construído a nossa análise em torno do ativismo do Rio de Janeiro, foi preciso constatar a enorme dificuldade de aprofundar a sua compreensão sem informações mais pontuais sobre o republicanismo e o abolicionismo de São Paulo. Nesse sentido, procuramos recuperar algumas dessas articulações, mas considerando que ainda são insuficientes para estabelecer conclusões mais gerais. Em relação à vinculação do Centro (refundado em 1884) à Confederação, ela é confirmada em várias outras edições da *Gazeta da Tarde* (23 de agosto de 1884; 7 de agosto de 1886; 26 de outubro de 1886; 10 de dezembro de 1886) e do *Cidade do Rio* (19 de novembro de 1887). Além disso, na comparação entre as informações recolhidas para este trabalho e aquelas levantadas por Alexandre Otsuka (2015) em sua investigação sobre a trajetória de Antônio Bento, é possível identificar o seu alinhamento com os posicionamentos da Confederação. No entanto, em alguns contextos, a sua posição parece distanciar-se daquela adotada pelos republicanos da Confederação, principalmente durante a "republicanização" mais acentuada do movimento.

339. Em diversas oportunidades, Alexandre Otsuka (2015) salienta a adesão de Antônio Bento ao Partido Conservador. Como advogado, na década de 1870, além de não ter deixado indícios de vinculação com as ideias abolicionistas, arbitrou, "ao que tudo indica, em favor dos membros do seu partido, o conservador". No começo de 1881, Antônio Bento candidatou-se a deputado provincial de São Paulo pelo Partido Conservador. Em razão dessa atuação partidária, Alexandre Otsuka avalia que "a afirmação de discordância com aquelas que chamou de 'ideias conservadoras' e a pro-

bem acolhida pelas lideranças do PRP, que, desde a sua fundação, tinha sido acusado de promover fugas e revoltas de escravizados. O empenho das lideranças do PRP em se afastar do discurso radical de Luiz Gama não foi suficiente para impedir esse tipo de acusação, mesmo porque, apesar de todas as dissenções, Luiz Gama permaneceu como membro do partido até a sua morte, em 1882. Voltaremos a tratar das denúncias de envolvimento dos republicanos nas revoltas dos escravizados em São Paulo e das relações entre o abolicionismo da Corte e o de São Paulo.

Em todo caso, foi a partir do *Diário Popular* – jornal do advogado republicano Américo de Campos, antigo companheiro de Luiz Gama – que Antônio Bento construiu a sua campanha abolicionista pela imprensa, entre 1885 e o fim de 1886, antes de fundar *A Redenção*, em janeiro de 1887[340].

* * *

No embate entre diferentes abolicionismos mais ou menos radicais, convém mencionar a versão que vinculou José do Patrocínio ao assassinato de Apulcho de Castro, provavelmente por ter defendido, à frente da *Gazeta da Tarde*, o direito dos militares de "fazer justiça com as próprias mãos". Na última edição do seu pasquim, Apulcho de Castro escreveu:

> Nunca esperamos que em qualquer emergência em que achássemos, a *folha abolicionista* nos defendesse. Nunca. José do Patrocínio foi sempre um mau amigo, pelo que não pode ser um inimigo leal. Doeu-nos, entretanto, a forma infame pela qual o abolicionista mor encarou os acontecimentos dos dias 9 e 11, adulterando-os e chamando contra nós a odiosidade de toda a classe militar (*Corsário*, 23 de outubro de 1883).

Quando, em 10 de novembro, José do Patrocínio anunciou uma viagem à Europa com o objetivo de recolher documentação para um romance e cuidar da saúde (*Gazeta da Tarde*, 10 de novembro de 1883), ela foi entendida pelos partidários de Apulcho de Castro como "uma prova" da sua relação

---

clamação, em mais de uma ocasião, do 'apartidarismo' do periódico [do *A Redenção*], não devem nos enganar, contudo, quanto às proximidades efetivamente existentes entre Antônio Bento e o Partido Conservador, [...] maior transigência do redator-chefe com os posicionamentos defendidos por esse grupo político" (OTSUKA, 2015, p. 196).

340. Como veremos nos capítulos seguintes, em janeiro de 1887, momento da fundação do jornal *A Redenção*, o abolicionismo do Rio de Janeiro – sob a liderança de José do Patrocínio – apresentava uma feição claramente republicana, atuando junto aos partidos republicanos, inclusive o de São Paulo. No entanto, conforme análise de Alexandre Otsuka (2015), o jornal *A Redenção* assumiu uma posição muito crítica ao Partido Republicano durante todo o período de sua circulação.

com os mandantes do crime (*Gazeta de Notícias*, 17 de março de 1886; *Carbonário*, 19 de janeiro de 1885), que, em razão disso, apedrejaram a sede da *Gazeta da Tarde*[341].

Em 17 de março de 1886, numa carta assinada por D. Obá II, na *Gazeta de Notícias*, o jornal de José do Patrocínio foi, mais uma vez, acusado de ter contribuído para o assassinato[342]. Um ano antes, o dono do *Carbonário*, também "homem de cor", tinha tomado o partido do proprietário do *Corsário* contra José do Patrocínio, num discurso em que as questões político--abolicionistas se misturavam às questões raciais:

> Não fosse o *chantage*[343], habilmente exercido por seu ex-gerente Serpa Júnior, [...] e **José do Patrocínio** não iria à Europa em passeio recreativo, **após o assassinato de Apulcho**, não daria jantares em Paris, nem se jactaria de viver vida folgada e milagrosa, **comendo, bebendo**. [...] Quem assim fala também é negro como **José do Patrocínio**; mas julga-se – e com razão – mais nobre, mais honesto e menos criminoso. [...] Não tem favores do governo, que bajula em nome de um projeto **oportunista**, não convive com a polícia, não tem a redação sempre cheia de espiões da polícia (*Carbonário*, 19 de janeiro de 1885 – grifos do original).

Em novembro de 1886, José do Patrocínio, no cargo de vereador na Câmara Municipal do Rio de Janeiro, teve que enfrentar novamente essa acusação. Nessa ocasião, Patrocínio publicou uma carta do republicano e membro da Confederação, Campos da Paz, que declarou, "como seu médico, ter Patrocínio se ausentado numa viagem à Europa no momento seguinte ao assassinato, exclusivamente pelos cuidados devidos à sua saúde"[344].

* * *

---

341. Na coleção da Biblioteca Digital, existe uma interrupção na *Gazeta da Tarde* justamente entre os dias 25 de outubro e 2 de novembro de 1883.

342. Para a análise da trajetória de Dom Obá II d'África como representante de um certo projeto de emancipação e de "transição para o trabalho livre" nessa conturbada década de 1880, cf. Silva (1997).

343. Como observou Rodrigo Cardoso Soares de Araújo (2012, p. 169), além das vendas, dos anúncios e dos artigos e da seção "A pedidos", os pasquineiros serviram-se do *chantage*: "Extorsão sobre indivíduos que eram ameaçados de difamação ou mesmo daqueles que eram surpreendidos já com os seus nomes estampados nos diferentes pasquins" para "tornar suas empresas lucrativas".

344. "Se julgares conveniente publicar essa carta, publica-a já que cometeste a leviandade, imperdoável ao teu culto espírito, de refutar alegações insultuosas, que não chegam à altura do seu merecimento. [...] Como sempre, teu amigo e admirador" (*Gazeta da Tarde*, 13 de novembro de 1886).

Se o abolicionismo da Confederação precisa ser contextualizado pela alusão a outros abolicionismos, não é possível avançar na sua compreensão sem a referência à reação escravista. Nunca é demais insistir: se o abolicionismo não se tivesse transformado num grande movimento social e se os escravizados não tivessem participado diretamente desse processo, "a abolição imediata e sem indenização" não teria sido decretada em 1888, já que os representantes do escravismo – dentro e fora do Parlamento – lutaram até o último momento para que a escravidão só morresse com o último ingênuo.

7
"Comunistas em ação": a reação escravista e a ascensão do Gabinete Dantas

Uma maior articulação entre a história parlamentar e a história dos movimentos sociais, do ativismo extraparlamentar e da imprensa é um dos grandes desafios lançados pelos propugnadores de uma "nova história política". A conexão entre as diversas esferas da ação política pode gerar uma compreensão mais ampla sobre a mudança dos gabinetes no Império, em particular, a dos ministérios liberais entre 1878 e 1885.

Segundo a argumentação proposta nos capítulos anteriores, a ascensão dos liberais, em 1878, não deve ser dissociada da expansão do republicanismo popular. Por sua vez, os ministérios liberais que se sucederam até 1885 foram objeto da forte oposição desse mesmo republicanismo: Sinimbu, "o mais conservador dos liberais", enfrentou a reação à reforma tributária e o Motim do Vintém; Saraiva, o "traidor dos princípios liberais", foi condenado, no dia 31 de outubro de 1881, por ter aprovado a reforma eleitoral do imperador; e Martinho Campos, pelo seu escravismo, uniu republicanos e monarquistas na expansão do abolicionismo.

Paranaguá, que assumiu a liderança do quarto ministério liberal, em julho de 1882, era favorável a uma nova medida emancipacionista, que também foi sugerida na Fala do Trono de 1883, mas governou com uma câmara refratária a essa reforma, apesar da maioria liberal. Imobilizado, o ministério caiu em abril de 1883, após trezentos e vinte e cinco dias de governo. Para evitar o recurso de dissolver uma câmara liberal sob um governo liberal, vários possíveis sucessores de Paranaguá foram chamados a assumir o ministério – dentre eles, José Bonifácio e Dantas, que, sem disposição para enfrentar o mesmo desafio, recusaram o cargo, assumido por Lafayette.

Além de não apresentar projeto de emancipação, Lafayette – o "traidor do republicanismo"[345] – enfrentou as manifestações públicas na Corte, tanto no momento do assassinato de Apulcho de Castro quanto nas comemorações da libertação do Ceará. Com repercussão em todo o Brasil, a abolição da escravidão no Ceará levou milhares de pessoas às praças públicas, como ao Campo das Princesas, em Recife, onde "das 5 da tarde até as 10 da noite mais de 10 mil pessoas de todas as classes e condições sociais se reuniram" (*Gazeta de Notícias*, 10 de abril de 1884).

Num contexto em que a Confederação pressionava por reformas "para evitar a revolução", a libertação do Ceará, noticiada como "obra das ruas", fortalecia a argumentação, apesar do cuidado constante de tranquilizar as autoridades com a repetida frase: "A despeito da grande aglomeração de povo, reinou sempre a melhor ordem e maior alegria" (*Gazeta de Notícia*, 10 de abril de 1884).

Três meses depois das festividades, Manuel de Souza Dantas aceitou o convite para a constituição de um novo ministério. A apresentação de um projeto de emancipação, em detrimento da resistência das duas Câmaras, configurava-se como a resposta da Coroa e dos liberais reformistas à pressão da propaganda e das ruas. Aliás, foi dessa forma que os abolicionistas republicanos explicaram publicamente a ascensão de Dantas: "O governo cedeu à **coação** dos propagandistas, que despertaram a consciência nacional, que comoveram a alma da pátria – a ponto de ela ser capaz de impor a **qualquer poder** o célebre dilema: ou submeter-se ou demitir-se" (*Gazeta da Tarde*, 15 de setembro de 1884 – grifos nossos).

Se a compreensão sobre a instabilidade dos ministérios liberais e a ascensão de Dantas se enriquece pela alusão à militância republicano-abolicionista, ela só é inteligível em toda a sua complexidade pela referência à reação conservadora-escravista.

Apenas dois meses depois da criação da Confederação Abolicionista, Paulino Soares de Souza, um dos principais representantes conservadores dos grandes proprietários do Vale do Paraíba fluminense, contra-atacou

---

345. A volta de Lafayette e Cristiano Ottoni às fileiras liberais, após terem assinado o Manifesto Republicano de 1870, além de ser tratada como traição, era vista como o exemplo do procedimento utilizado pela monarquia para desacreditar a ideia republicana.

com o jornal *Brazil*, o mesmo título utilizado pelo seu pai, Visconde do Uruguai, na década de 1840, para se contrapor ao projeto federalista dos progressistas e edificar a Ordem Saquarema[346].

Localizado na Rua do Ouvidor, com preço dos jornais mais populares, o *Brazil* definia-se como órgão do Partido Conservador, ao mesmo tempo que se servia dos recursos das folhas comerciais para expandir as suas vendas e manter a sua periodicidade diária. Entre 1883 e 1885 – período de circulação do jornal –, a sua tiragem passou de sete mil a doze mil exemplares.

Diante da expansão do abolicionismo, o *Brazil* estruturou-se como representante dos grandes proprietários, reativando o discurso da ordem pela apropriação dos símbolos nacionais, a começar pelo título que o identificava à Nação. Essa reação dos conservadores, organizada em torno de Paulino de Souza, mostra, a um só tempo, o papel da imprensa como vetor importante no debate público, a percepção conservadora da propaganda abolicionista e o investimento no discurso da ordem nos momentos de crise política.

Assim como nas petições contra o projeto da lei de 1871[347], o primeiro recurso retórico utilizado pelos grandes proprietários na defesa dos seus interesses era a identificação entre a Nação – o *Brasil* – e os interesses da "grande lavoura". Como o Estado brasileiro só se mantinha pelos impostos provenientes da economia cafeeira, a sua própria existência dependia da escravidão. Sem os latifúndios escravistas, só restava à bancarrota, a desordem e o caos. O discurso contra o abolicionismo não defendia a instituição escravista, mas a sua permanência o maior tempo possível em razão das necessidades da grande lavoura que era o próprio Brasil. Como decorrência dessa premissa, a propaganda abolicionista – que pedia a abolição imediata, sem indenização e a democracia rural – era um fator de desordem e anarquia.

Mas a identificação entre o Brasil e a grande propriedade, defendida por Paulino de Souza em 1880, enfrentava uma oposição muito diferente daquela afrontada pelo seu pai, Visconde de Uruguai, nos anos 1840-1850. As transformações econômicas ocorridas na segunda metade do século XIX propiciaram certa ampliação dos setores médios urbanos com relati-

---

346. O jornal financiado por Visconde do Uruguai circulou entre 1840 e 1852. Para uma análise desse contexto a partir da referência ao papel do *Brazil* na política do regresso, cf. Queirós (2020).

347. Sobre uma análise das petições dos fazendeiros do centro-sul contra o projeto de lei de 1871, cf. Miranda (2018).

va independência em relação aos grandes proprietários. Apesar da enorme dificuldade apontada pelos republicanos abolicionistas para a autonomia profissional, certas brechas foram criadas pela expansão e pela aceleração das trocas comerciais indispensáveis ao próprio fortalecimento da agricultura escravista[348].

Ao acederem a essas posições, muitos ativistas opuseram-se diretamente à identificação entre a Nação e a grande propriedade, dando voz à pequena propriedade e ao "viver sobre si". Em 1884, num evento da Confederação, o professor da Escola Politécnica, Ennes de Souza, contrapôs-se diretamente às "chantagens dos escravistas" que, na resistência às novas medidas emancipacionistas, postulavam a total dependência da sociedade em relação à escravidão, até mesmo para o pagamento dos seus professores:

> Querem que os professores entrem no conchavo do escravismo porque recebem um ordenado que vem do suor do escravo! Mas isso não é verdade. O ordenado do orador vem do suor de seu pai, vem de seu próprio suor. [...] **Recebe o ordenado do Estado** para ensinar doutrinas de verdade (*Gazeta da Tarde*, 16 de janeiro de 1884 – grifo nosso).

Desse modo, se, em 1871, ainda tinha sido possível minimizar ou mesmo negar qualquer resistência dos escravizados ou opinião abolicionista, em 1884, esse recurso já não era viável[349]. Assim, para se contrapor ao amplo movimento social que se espalhava pelo país, um dos artifícios de Paulino de Souza foi identificar o abolicionismo ao comunismo.

Nas páginas do *Brazil*, reencontramos vários ingredientes da história política brasileira dos séculos XIX, XX e XXI, pois, no combate às propostas visando à alteração dos padrões da concentração de riquezas, os setores

---

348. A historiografia construída em torno da noção de "segunda escravidão" ressalta a compatibilidade econômica entre a agricultura escravista e o capitalismo no século XIX, o que permite recuperar a relevância dos movimentos sociais abolicionistas para o fim da escravidão. Essa discussão foi realizada no capítulo 1.

349. Segundo a análise de Bruno da Fonseca Miranda (2018), poucas petições contra o projeto da Lei do Ventre Livre mencionaram a importância da resistência dos escravizados e da opinião abolicionista. A referência a essa resistência foi evocada, sobretudo, como um dos possíveis efeitos da Lei do Ventre Livre, pois a simples discussão do projeto já estaria desencadeando desordens. Para o autor, a minimização da questão não significava nem a inexistência da resistência nem a ausência de uma opinião emancipacionista, mas fazia parte da argumentação oposicionista contra o projeto. Para os peticionários, não havia nenhum motivo para a intervenção do Estado, pois reinava a paz nas senzalas e o processo de emancipação seria feito, naturalmente, pela iniciativa dos próprios proprietários. O governo estaria criando uma "opinião artificial", pois não existia, no Brasil, nenhuma opinião representativa a esse respeito. Cf. Miranda (2018, p. 151-152).

conservadores unem-se em torno do discurso da ordem, apropriam-se dos símbolos nacionais e tratam os seus adversários pelas referências ao comunismo. Para o *Brazil* (9 de maio de 1884), a "propaganda abolicionista era tanto ou mais revolucionária e perigosa do que a turbulência desvairada e insana dos demagogos comunistas".

Em 1871, Paulino de Souza tinha sido um dos principais articuladores da oposição à Lei do Ventre Livre promulgada pelo seu próprio partido. Agora, propugnava a volta dos conservadores ao poder para defender a mesma lei de 1871 como a "última palavra", "a solução completa e final" para o problema da escravidão[350].

A luta dos conservadores contra os "comunistas abolicionistas" era, na instância político-parlamentar, o combate aos liberais. Se, na óptica republicana, "nada mais próximo de um conservador do que um liberal no poder", para os conservadores, o posicionamento dos liberais no Parlamento era apenas uma artimanha que escondia as suas reais intenções de promover reformas, mesmo contra a maioria da Nação representada na Câmara.

Na impossibilidade de negar o peso da opinião abolicionista, Paulino de Souza investiu no fortalecimento da distinção Saquarema entre a verdadeira política – na esfera do Parlamento e do Estado – em oposição à desordem que se processava na rua[351]. Com a cumplicidade do governo liberal, era na rua que se expandia o anarquismo-abolicionista que

> permitia na capital do Império e nas ruas mais públicas da cidade, as maltas anônimas de **indivíduos sem profissão conhecida** levantarem a bandeira do **socialismo**. [...] Cessou de ser a lei o empenho comum de toda a Nação, [...] não é mais o prescrito a que todos devem obediência, mas um crime infamado no estandarte desfraldado pelos **comunistas** no meio da **praça pública** (*Brazil*, 9 de maio de 1884 – grifos nossos).

---

350. Na análise proposta por Bruno da Fonseca Miranda (2018) sobre o contexto da Lei do Ventre Livre, um dos principais objetivos de Rio Branco e dos defensores do projeto era não só atenuar o "isolamento internacional", mas sobretudo evitar qualquer radicalismo na resolução da questão escravista como forma de garantir a própria propriedade. Apesar das divisões, no interior do partido conservador, houve um acordo tácito entre a oposição e os defensores do projeto de que a lei de 1871 seria a "última palavra" na matéria (MIRANDA, 2018, p. 209-213).

351. Por sua vez, a ordem dependia de uma representação no Parlamento limitada aos proprietários, à casa. Sobre o peso dessa demarcação na construção da Ordem Saquarema, cf. Mattos (1990).

No combate ao governo, o *Brazil* recuperava o teor republicano de certos discursos liberais, pois era a complacência com o republicanismo e com o abolicionismo a causa primeira "dos motins e das revoltas"[352].

Com o propósito de desgastar o ministério, o *Brazil* foi, entre os diários, o que mais tempo permaneceu na cobertura do assassinato de Apulcho de Castro, exigindo medidas contra os criminosos. Claro que não em defesa do jornalista republicano, mas pela expectativa de que a repercussão do "atentado" gerasse a queda do partido no poder: "O governo é o responsável pelo assassinato de Apulcho de Castro" (*Brazil*, 10 de novembro de 1883).

> A autoridade passou para a revolta armada das ruas, [...] o acontecimento do dia 25 não só é a afronta maior e mais selvagem que poderá ter recebido a sociedade, como também a deposição solene do governo, decretada pela horda assassina que suprimiu desde alguns dias a polícia da cidade (*Brazil*, 30 de outubro de 1883).

Diante dos acontecimentos que seguiram à morte de Apulcho e que levaram às medidas repressivas, o *Brazil* explicitou a concepção política da reação conservadora. O povo queria a ordem do Brasil. Todos os que ocupavam as ruas exigindo reformas não eram o povo, mas "a vagabundagem, **o garoto, o moleque sem dono**[353], o capoeira, o capanga, o **pasquim** ou a injúria a pregão" (*Brazil*, 30 de outubro de 1883 – grifos nossos).

As medidas de repressão não eram criticadas em função do seu caráter repressivo, mas pela politização "da desordem". Nesse sentido, os dois erros dos liberais foram: primeiro, "não sufocaram a tempo os motins", pois, complacentes com os fatores de anarquia, usaram da repressão apenas para conter e não para impedir as desordens; e segundo, quando adotavam medidas repressivas, os liberais faziam uma leitura equivocada da legislação,

---

352. Enquanto, para os republicanos, Lafayette era o ícone da traição, para Paulino de Souza, "os homens chamados ao poder, [...] os srs. Lafayette, Leôncio, Almeida de Oliveira, Henrique d'Ávila, Maciel e Silveira Martins, consagraram sua vida de oposicionistas à propaganda da República" e não "inspiravam fé ao país" (*Brazil*, 27 de novembro de 1883).

353. Cumpre recuperar, pela óptica dos grandes proprietários, a referência a "crianças sem dono" que trabalhavam nas ruas, na venda de jornais e de outros artigos e que, segundo as denúncias dos abolicionistas, eram apreendidas pela polícia – amparada nos juízes de órfãos – que, por sua vez, ofereciam essas crianças à soldada aos proprietários do interior da província, representados por Paulino de Souza no Parlamento.

ao tratarem as desordens como "motins ou rebeliões", conforme a definição do artigo 179 & 35[354].

Para reprimir, não era necessário o estado de sítio ou medidas de exceção limitadoras da liberdade individual, pois o que estava em jogo não era a ação política de cidadãos, mas a desordem e a anarquia, provocada por "capoeiras, vagabundos e desordeiros". Para dispersá-los, "todo rigor é pouco, havendo aliás nas leis, meios de contê-los. É assim que o Código Criminal, no art. 295, sujeita à intimação e correção policial os vadios e mendigos" (*Brazil*, 23 dezembro de 1883).

Nesse sentido, as páginas do *Brazil* criticavam, insistentemente, a expansão do abolicionismo junto à "turba malta", responsabilizando o governo que, não tendo condições de aprovar medidas emancipacionistas na Câmara, transigia com o ativismo republicano-abolicionista nas ruas. O duplo jogo dos liberais representava o maior fator de desordem, já que a ordem dependia da manutenção de um sistema político impermeável à representação de outros interesses além da grande propriedade:

> Não apresenta francamente um projeto de abolição ao Parlamento e permite que de fato a decretem os desordeiros na praça pública pela tirania. No Parlamento **preponderam os representantes da lavoura e dos grandes proprietários rurais**; e por conseguinte o Sr. Lafayette no Parlamento declara-se resolvido a não apartar-se do regime da lei de 1871. Nas ruas tumultuam os abolicionistas erguendo o **rubro estandarte** onde declaram a escravidão um crime e espalham pregões e artigos incendiários (*Brazil*, 15 de maio de 1884 – grifos nossos)[355].

Na óptica conservadora, os liberais – como membros da Confederação e de outras sociedades – legitimavam os métodos abolicionistas. A presença de conservadores – dentre eles, Beaurepaire-Rohan –, talvez por ser minoritária, não era mencionada por Paulino de Souza, que via em toda parte os

---

354. "Nos casos de rebelião ou invasão de inimigos, pedindo a segurança do Estado que se dispensem por tempo determinado algumas das formalidades, que garantem a liberdade individual, poder-se-á por ato especial do poder legislativo" (*Brazil*, 23 de dezembro de 1883).

355. A crítica conservadora ao "duplo jogo" dos liberais é identificável em outros contextos, como por exemplo, em relação às leis de 1850 e 1871. Ainda que, no Parlamento, seja difícil "distinguir um liberal do conservador", as divisões partidárias merecem ser aprofundadas, à luz dessa referência ao comprometimento de muitos liberais com as reformas em outras instâncias, em associações, imprensa e conferências. Cf., por exemplo, a análise de Beatriz Mamigonian (2017) sobre a atuação dos liberais contra o tráfico de escravizados a partir das associações e da imprensa.

Nabuco, os Silveira da Motta, os José Mariano, mesmo se, no Senado, o liberal Martinho Campos estivesse no seu time combatendo o abolicionismo. Entre os procedimentos legitimados pelos liberais, Paulino denunciava a "interpretação errônea" da lei de 1831, o "mau uso" da imprensa e das conferências.

Se a Confederação prometia manter-se no "terreno legal" pela referência à lei de 1831, esse procedimento era, talvez, o que mais indignava os conservadores. Na medida em que identificavam a crescente adesão dos membros do Judiciário à interpretação abolicionista, denunciavam a "execução irregular e anárquica da lei de 7 de novembro": "teorias capciosas penetram no recinto dos tribunais e introduzem-se no seio dos juízes"; "cada dia nota-se um progresso na anarquia que lavra na magistratura [...] em obediência a uma propaganda vertiginosa. Decreta-se por simples despacho"; "como decepar as cabeças sutis e múltiplas da hidra de sofismas que as doutrinas abolicionistas pretendem introduzir no interior das relações de direito?" (*Brazil*, 9 de maio de 1884).

A percepção dos conservadores sobre a "infiltração" do abolicionismo nos tribunais estava sendo construída a partir das várias evidências do protagonismo da lei de 1831 na luta pela liberdade. Dentre as iniciativas a esse respeito, a fundação do Club dos Advogados contra a Escravidão, em abril de 1884, deve ter fortalecido ainda mais o receio dos conservadores. Com grandes nomes do republicanismo – dentre eles, Saldanha Marinho, Aristides Lobo e Ubaldino do Amaral[356] –, a nova associação de advogados pretendia impulsionar a defesa e a execução da lei de 1831 nos tribunais. Para isso, "se apresentariam de ora em diante perante os tribunais provocando francamente os mesmos a se pronunciarem com relação aos africanos introduzidos depois de 1831" (*Gazeta de Notícias*, 8 de abril de 1884).

No seu excelente livro *Africanos livres* (2017), Beatriz Mamigonian, com base em ampla pesquisa documental, refutou a interpretação de que a lei de 1831 tenha sido concebida como uma "lei para inglês ver". Promulgada após a abdicação do Imperador Pedro I, a lei esteve ligada a projetos que, de fato, apontavam para a abolição do tráfico e o fim gradual da escravidão. Entre 1831 e 1834, vários navios foram apreendidos e houve esforço por parte das autoridades para fazer cumprir os tratados com os ingleses. O

---

356. Além disso, o clube também contava com o liberal Silveira da Motta, sempre designado como radical pelos conservadores e mesmo por outros liberais.

progressivo descumprimento da lei foi uma das faces da derrota dos projetos mais reformistas em pauta na regência[357], da vitória dos regressistas e da construção da Ordem Saquarema[358].

Aliás, essa interpretação historiográfica sobre a lei de 1831 coincide com a versão republicana que, nesse contexto, procurava refutar o comprometimento da monarquia com o emancipacionismo, conforme posição defendida por Joaquim Nabuco:

> A regência fez a lei [1831] **dando corte mortal à introdução de africanos**. [...] Tudo parecia tender a mais conveniente e patriótica solução. Surge a maioridade e com ela o **recrudescimento do contrabando de africanos**, a voz dos patriotas é abafada. [...] Já se vê que a monarquia não cogitou a respeito da libertação do braço escravo no Brasil: ao contrário, a continuação dessa lepra social mereceu sempre seus mais desvelados cuidados (*Atirador Franco*, 23 de janeiro de 1881 – grifos nossos).

Na impossibilidade de revogar a lei de 1831, a política do Estado Imperial foi, por um lado, adiar ao máximo a emancipação dos africanos apreendidos pelos ingleses – os "africanos livres" – e, por outro, proteger o contrabando e "legalizar" a escravização dos africanos desembarcados sem fiscalização[359]. Todas as concessões feitas aos ingleses em relação aos africanos livres foram cuidadosamente acompanhadas de medidas de proteção da escravização ilegal dos africanos contrabandeados. A lei de 1871, imposta aos grandes proprietários do Sudeste e que, finalmente, decretou o ventre livre, garantiu, ao mesmo tempo, a "legalidade" da escravidão dos africanos desembarcados após 1831 pelo dispositivo da matrícula dos escravizados. Nesse sentido, a lei de 1831, muito longe de uma lei "para inglês ver", é peça-chave para o entendimento da história desse período, pois condicionou, em muitos aspectos, as crises políticas que ocorreram entre a década de 1830 e os anos 1880.

Em 1884, o filho de um dos membros da Trindade Saquarema – responsável pela "legalização" do contrabando – viu, no apoio de liberais à

---

357. Sobre os projetos reformistas na regência, cf., dentre outros, Basile (2001).

358. Em relação a essa análise sobre a "política do contrabando", cf. Parron (2011).

359. A maioria dos africanos desembarcados no Brasil chegou, justamente, no período entre o decreto da ilegalidade do tráfico até a sua abolição efetiva, em 1850, constituindo, portanto, uma escravidão ilegal que serviu, ao mesmo tempo, à expansão da lavoura cafeeira e à centralização monárquica. Cf. Parron (2011).

Confederação, um ataque direto à ordem que, dentre outros aspectos, estava atrelada à continuidade, pelo maior tempo possível, da escravidão constituída, majoritariamente, após a lei de 1831. Ao sustentar a "abolição imediata e sem indenização" pela referência a essa legislação, os abolicionistas eram anarquistas e comunistas, pois previam o fim da propriedade (de escravizados). Resta enfatizar que, se na primeira metade do século XIX, o postulado liberal da defesa da propriedade privada serviu para legitimar a manutenção da escravidão em outras partes do mundo, nos anos de 1880, as classes proprietárias brasileiras encontravam-se isoladas nesse entendimento do liberalismo, com ênfase absoluta no direito de propriedade em detrimento do direito à liberdade.

Além de concordarem com a interpretação "revolucionária" da lei de 1831, os liberais eram acusados de proteger uma imprensa que, ao promover a ampla circulação dessas ideias, inclusive, entre os escravizados, constituía-se como causa direta dos crimes contra senhores e feitores, pois, com os seus "artigos sediciosos, fazia propaganda do assassinato e do roubo em nome da humanidade, **excitando ódio de raças**, paixões selvagens, e guerras de extermínio entre as classes laboriosas" (*Brazil*, 13 de maio de 1884 – grifo nosso)[360].

Imediatamente após a fundação do *Vinte e Cinco de Março*, em Campos dos Goytacazes, o *Brazil* denunciou a grande ameaça que ele representava para os senhores de escravizados, pois, em seus "artigos editoriais, pregava o assassinato de lavradores, [...] excitava greves, aconselhava fugas" (*Brazil*, 6 de junho de 1884)[361].

Em razão da percepção da imprensa como vetor fundamental da "propaganda revolucionária", a história da circulação dos impressos incluiu constantes empastelamentos, muito longe da propalada "liberdade de imprensa" sob o segundo reinado. Assim como ocorrera com *A República*, *A*

---

360. Conforme trecho já citado no capítulo 1, a percepção conservadora, transcrita em seguida, remete-nos, com exageros à parte, ao papel central da imprensa e dos diversos modos de leitura na conexão entre a cultura letrada e iletrada: "O órgão do abolicionismo circula em profusão. [...] O jornal é lido em toda parte e em roda de escravos, é levado para o interior pelos pequenos negociantes, os recoveiros, os vendelhões e os mascates, que estando em contato com os escravos e fazendo com eles o seu negócio, procuram captar-lhes as simpatias. Mesmo entre os escravos muitos sabem ler e naturalmente se deleitam em ver tais doutrinas e tais conselhos em letra redonda" (*Brazil*, 6 de junho de 1884).

361. Sobre a importância do *Vinte e Cinco de Março* não só para o abolicionismo em Campos dos Goytacazes, mas para o movimento em geral, cf. Lima (1981); Monnerat (2015).

Revolução, Gazeta da Noite, Corsário, Carbonário, Combate, Jornal da Noite, dentre outros, a folha campista foi alvo de vários ataques[362].

Apesar da repressão dos liberais aos *meetings* em praças públicas, os conservadores do *Brazil* identificavam, nas conferências em teatros e outros recintos fechados, o mesmo perigo de propagação dos princípios anárquicos, principalmente porque aí também circulavam escravizados e libertos[363].

Se os distúrbios, nas ruas do Rio de Janeiro, após a morte de Apulcho de Castro, foram explorados durante dois meses como justificativa para a derrubada do ministério liberal, a abolição no Ceará, as suas comemorações na Corte e em outras províncias decretaram o limite dos conservadores do *Brazil*: "Temos até hoje mantido a maior calma diante do desenvolvimento desordenado [...] que está conflagrando o país e promete levá-lo muito em breve à anarquia se não tivermos um governo forte" (*Brazil*, editorial do dia 24 de abril de 1884).

Na comemoração organizada pela Confederação, o discurso oficial do republicano Ennes de Souza – considerado um moderado – não deve ter contribuído muito para tranquilizar o *Brazil* de Paulino de Souza:

> Nossos campos [...] entoarão em breve os hinos festivos do colono feliz, **senhor da terra que ele vai cultivar**, regando--a com o seu suor, não mais com o seu sangue. [...] Então não será mais dividido o nosso país em duas classes: a dos opressores e a dos oprimidos. [...] Todos serão cidadãos pela lei [...] e **pela justa ambição da propriedade**. [...] O primeiro passo é abolir a execranda instituição da escravidão. [...] Caminhem pois unidos sob a égide da lei mais [...] do que pela inútil e perigosa revolta do Spartacus, só impondo a força ao desrespeito [...] se porventura a louca presunção dos ineptos, de falsos guias de senhores de escravos lhes acon-

---

362. Nos anos de 1883-1884, convém destacar a "guerra feita pela polícia do rei ao jornal *O Republicano*", conforme denúncia de um leitor da *Gazeta de Notícias* que será analisada no capítulo seguinte. Sobre uma discussão mais geral a respeito da censura e da repressão à imprensa no Segundo Reinado, cf. capítulo 1.

363. "Os nossos **centros** contêm **matéria-prima abundante** e variada para toda a casta de motins. Há dias numa grande reunião popular, perante um auditório que dizem ter chegado a duas mil pessoas, um orador, apelou para medidas revolucionárias a fim de efetuar-se em brevíssimo prazo a evolução social" (*Brazil*, 31 de outubro de 1884 – grifos nossos). Importante destacar, nessa citação, a visão que projeta nas cidades o foco da desordem. Sobre uma discussão mais geral a respeito do papel das cidades na construção do movimento abolicionista, cf. capítulo 1.

selhando a reação ilegal [...] nos colocam na necessidade, como nos Estados Unidos, de usarmos de nosso direito e que **ponhamos a marinha de guerra e o exército que estão do nosso lado**[364]. [...] Qualquer resistência é nula, tendo ela por si em nossos dias tanto o direito como **a força popular e a força das armas. Contra 18 mil proprietários de escravos protestam 12 milhões** (*Gazeta de Notícias*, 25 de março de 1884 – grifos nossos).

O discurso, pronunciado diante de milhares de pessoas e divulgado na imprensa, foi, sem dúvida, mais uma "confirmação" da "situação caótica" do país que justificava, aos olhos de Paulino de Souza, a dissolução do governo liberal em prol de um governo forte dos conservadores. No seu entendimento, a maioria liberal não era impedimento para a inversão, principalmente porque, no Parlamento, essa maioria também era contra qualquer nova medida emancipacionista que, no entanto, estava sendo decretada nas ruas, fora das instâncias reconhecidas do sistema político.

No mês de abril, os abolicionistas passaram a denunciar a reação escravista que estava sendo organizada a partir do Parlamento e da imprensa. O *Brazil*, "órgão dos Pavilhões Negros", estava orquestrando a queda do governo, por meio de "discursos falaciosos" sobre dinamite, petróleo e comunismo; novos clubes da Lavoura estavam sendo fundados, e assembleias de fazendeiros eram convocadas em toda parte, como em Resende, na própria Câmara Municipal, para decidir sobre o projeto "tendente à criação de uma polícia rural, tendo cada lavrador certo número de homens ao seu serviço, que, em um momento dado, se unirão para abafar qualquer tentativa de insubordinação de escravos que se manifeste" (*Gazeta de Notícias*, 14 de maio de 1884)[365]. As petições ao governo pedindo "providências contra a desordem provocada pela propaganda" foram outro instrumento da reação escravista,

---

364. A percepção dos líderes do movimento sobre a adesão das forças armadas ao abolicionismo e também ao republicanismo será explorada a partir do capítulo 10.

365. Estava em jogo a manutenção do uso privado da violência por parte dos fazendeiros contra um dos fundamentos constitutivos da noção de Estado-Nação que é, justamente, o monopólio da violência pelas estruturas estatais. Em relação à vasta discussão sobre a construção da noção de Estado-Nação no mundo moderno pela referência ao monopólio do uso da violência, mais especificamente a partir do século XVII, cf., dentre outros, Creveld (2004). Cumpre ressaltar que a elaboração conceitual da noção de Estado a partir do século XVII não significou a sua consolidação como realidade política. A monopolização da justiça, da tributação e do uso da violência pelas estruturas estatais não será uma realidade estabelecida nem mesmo no século XIX. Do ponto de vista do autor citado anteriormente, a partir do fim do século XX, essa noção de Estado-Nação começou a sofrer profundo desgaste.

como a de Martinho Campos, que apresentou uma representação de Juiz de Fora solicitando providências "que [fizessem] cessar o estado anormal das coisas criadas pelo movimento abolicionista"[366].

Ainda nesse mês, enquanto o grande comércio português da Corte convocava reunião para "combater a crise comercial, motivada pelo movimento libertador", o português Domingos Maria Gonçalves, membro da Confederação, tentava mobilizar os seus patrícios para a propaganda abolicionista (cf. edições da *Gazeta de Notícias* entre os dias 22 e 28 de abril de 1884). No entanto, a sua iniciativa de promover eventos do "Centro Português Redentor de Escravos" foi proibida pela polícia (cf. *Gazeta de Notícias*, 2 de junho de 1884).

Em meio ao embate entre o abolicionismo e o escravismo – que era, ao mesmo tempo, a luta de classes entre a grande propriedade (de terras e do comércio) e as classes médias e populares –, um novo gabinete liberal foi constituído em 6 de junho de 1884. Com a ascensão do Ministério Dantas, que previa uma nova lei emancipacionista, as tensões sociais que se exprimiam na imprensa, nas conferências e nas manifestações de rua chegavam ao Parlamento.

Imediatamente, o *Brazil* saiu a campo para derrubar o novo Ministério, pois, segundo o seu diagnóstico, a sua base política não era nem o Parlamento, nem a Nação, nem o povo, mas sim a Confederação, com os "seus desvarios e atentados":

> Ao Sr. Dantas, repelido pelo voto do Parlamento [...] unanimemente condenado por quantos têm interesses a guardar e deveres patrióticos a cumprir, veio o apoio estrepitoso e apaixonado da **Confederação Abolicionista tirar do isolamento em que se achava no governo**, separado da Nação. [...] Os abolicionistas que há três anos, na imprensa, nos *clubs*, na tribuna e nas arruaças, **pregavam a guerra contra a propriedade e contra a riqueza pública, atiçando ódio de raças** [...] viram com razão no projeto do Sr. Dantas a síntese dos seus desvarios e atentados. [...] O Ministério Dantas fez-se no poder o representante o mais perfeito do abolicionismo da Rua Uruguaiana (*Brazil*, 8 de agosto de 1884 – grifos nossos)[367].

---

366. Cf., dentre outras referências à reação escravista, *Gazeta de Notícias* (18 e 20 de abril e 2 de maio de 1884). Inúmeras cartas anônimas faziam o mesmo pedido.

367. Rua Uruguaiana, 56, era o endereço da *Gazeta da Tarde* e da Confederação Abolicionista.

Ao contrário da nossa historiografia, que, durante muito tempo, ignorou os projetos de reformas estruturais nessa conjuntura, os representantes dos grandes proprietários viram-nos com muita nitidez. Por isso, a guerra contra Dantas-Confederação era também o resultado de um prognóstico sobre o pós-abolição que, antevendo a continuidade da luta abolicionista, detectava riscos ainda maiores à ordem estruturada em torno das desigualdades sociorraciais e da concentração de riquezas: "Quando tiver acabado com os escravos, por que há de parar o movimento agitador? Não há aí tanta desigualdade social a nivelar?" (*Brazil*, 14 de junho de 1884).

Em razão disso, o *Brazil* conclamava as classes conservadoras e "laboriosas" à reação que, "traduzindo o pensamento da **ordem e do progresso**", impedisse a transformação do país no "campo de exploração dos **revolucionários e dos anarquistas**". Só a reação conservadora poderia livrar a Nação da "tirania do governo **anarquista**" e garantir que das "urnas saísse com certeza a severa condenação do homem" (*Brazil*, 8 de agosto de 1884 – grifos nossos).

Nesse contexto, é importante ressaltar a capacidade de articulação dos setores conservadores que, para impedir a aprovação do Projeto Dantas, apelaram para uma união suprapartidária, conforme o discurso do editor do *Jornal do Agricultor* em 18 de outubro de 1884:

> Unamo-nos, liberais e conservadores, e marchemos todos, no dia 1º de dezembro, num só pensamento: a derrota do Ministério Dantas. [...] Que cessem, que emudeçam diante da crise tremenda todos os interesses mesquinhos e transitórios da política[368].

* * *

Por que um projeto de caráter emancipacionista gerou tanta oposição entre os fazendeiros e os seus representantes no Parlamento, tanto conservadores quanto liberais?

Até mesmo a proposta de emancipar os cativos com mais de sessenta anos – aparentemente anódina, já que a maioria esmagadora não chegava a essa idade – provocou protestos. Na perspectiva dos fazendeiros, libertar sem indenizar era uma afronta ao direito de propriedade. Mas, segundo Robert Conrad (1975), o principal motivo da revolta era a emancipação de

---

[368]. Carta do editor do *Jornal do Agricultor: Princípios Práticos de Economia Rural (RJ)*, Dias da Silva Júnior, publicada no dia 18 de outubro de 1884, na Edição 275.

escravizados com menos de sessenta anos que tinham sido "envelhecidos" pelos seus proprietários na matrícula de 1872 para burlar a famigerada lei de 1831. A indignação era ainda maior pelo fato de que a verdadeira razão não podia ser usada como argumento no debate público, pois admitir que a lei libertava indivíduos mais novos era admitir a adulteração das matrículas. Já para Francisco Carlos Teixeira (1989, p. 61-83), mais do que esse aspecto, o eixo central dessa oposição generalizada encontrava-se no artigo sobre a disponibilização de terras para os libertos.

É difícil avaliar qual desses itens explica melhor a enorme reação escravista. Independentemente das explicações, pode-se dizer, conforme afirmação do *Brazil*, que a Confederação, com outras associações abolicionistas e – como veremos em seguida – com o Partido Republicano, tornou-se a única base política de Dantas. No entanto o relativo sucesso da aliança entre monarquistas e republicanos na frente abolicionista não deve ofuscar os conflitos que ocorreram nesse contexto, pois os seus desdobramentos são peça-chave para o entendimento da história política da abolição e da Proclamação da República[369].

---

369. Como muitas narrativas sobre o processo abolicionista privilegiam as ações da tríade Patrocínio-Rebouças-Nabuco, as controvérsias no campo reformador sobre o apoio ao ministério liberal não têm grande relevância. Cf. Alonso (2015); Conrad (1975).

8
O Club Tiradentes contra o Projeto Dantas

Diante da maioria escravista contrária à reforma emancipacionista apresentada pelo Ministério Dantas, o imperador decidiu, em julho de 1884, pela dissolução da Câmara e a convocação de novas eleições[370]. Imediatamente, entrou em discussão o apoio republicano ao governo e às candidaturas monarquistas comprometidas com o projeto.

No fim de agosto, uma das principais forças do republicanismo popular do Rio de Janeiro, o Club Tiradentes, lançou um manifesto comunicando o seu desligamento da Confederação, "julgando fora da doutrina republicana os membros da Confederação pertencentes a esse Partido [Republicano] pelo fato de aceitarem o Projeto Dantas" (*Gazeta de Notícias*, 12 de dezembro de 1884).

A análise pontual desse acontecimento justifica-se em razão de alguns aspectos principais: em primeiro lugar, ele evidencia, a um só tempo, os obstáculos à manutenção da frente suprapartidária pela abolição, os combates pela história a respeito do papel dos republicanos nesse movimento social e as relações entre os partidos republicanos das diferentes províncias; em segundo lugar, ele nos permite observar mais de perto o funcionamento e as propostas do Club Tiradentes, que desempenhou um papel central, não só na história política do Império, mas também da República[371].

---

370. A respeito da discussão parlamentar sobre o Ministério Dantas, cf. Conrad (1975).

371. Fundado em 1881, o Club Tiradentes raramente tem destaque na historiografia da abolição e da Proclamação da República. Inclusive, o clube não aparece nas principais histórias do Partido Republicano, como no livro de Boehrer (2000). Apesar de analisar os movimentos radicais da República, o excelente livro de Suely Robles de Queiróz (1986) não aprofunda o papel do Club Tiradentes no jacobinismo.

Nas origens do clube, encontramos o mesmo grupo que, desde meados da década de 1870, atuava na Sociedade Ensaios Literários[372]. No dia do primeiro aniversário do Vintém, três "guarda-livros" dessa sociedade – Jerônimo Simões, Mathias Carvalho e Luiz Leitão – fundaram o *Atirador Franco*, e, pelos artigos desse jornal, é possível recuperar as principais diretrizes do grupo, que, dois meses depois, fundou o Club Tiradentes[373].

Dentre as propostas estavam a educação pública e laica, com ênfase no ensino primário, e a separação da Igreja e do Estado. Em contraposição ao silêncio da maioria dos jornais consultados, o grupo discutiu a "emancipação feminina" e mostrou que a Ordem Saquarema, patriarcal e senhorial, estava sendo contestada em seus fundamentos. Certamente, é desejável uma história da abolição sob a óptica do ativismo das mulheres, inclusive para reconhecer que essa história coloca-nos frente à política como um espaço majoritariamente definido como masculino. Apesar das relações de dominação incontestáveis, uma história da abolição pela militância das mulheres já nos permitiria, dentre outras contribuições, avaliar as divergências no campo reformador a partir das diferenças a respeito da questão feminina. Nas associações, nos jornais e nos eventos abolicionistas, as mulheres aparecem quase sempre pela escrita dos homens, que, quando muito, se referem à "presença de muitas senhoras".

No entanto, o fato de que a "questão feminina" esteja em pauta é mais um argumento em favor da caracterização dos anos 1880 pela noção de crise. O ativismo republicano – em algumas de suas linhagens – questionou, com maior ou menor radicalidade, não só as desigualdades econômicas, sociais, raciais e políticas, mas também de gênero. O *Atirador Franco* está entre aqueles que clamaram pelo direito das mulheres, inclusive levantando a bandeira do divórcio, que, diga-se de passagem, só foi estabelecido em 1977. Outro grupo republicano que parece empenhado em alterar a concepção da política como espaço exclusivamente masculino é o da Sociedade Luso-Brasileira, da qual fizeram parte Vicente de Souza, Favilla Nunes e Apulcho de Castro. Nos anos de 1883-1884, o conselho dessa sociedade era composto por: D. Cacilda de Souza e D. Celestina Favilla (esposas de Vicente de Souza e Favilla Nunes, respectivamente), D. Miquelina de Almeida Sá, D. Maria José Carneiro Maia, D. Adelaide Pacca, Dr. Mello Morais Filho,

---

372. Sobre a Sociedade Ensaios Literários, cf. capítulo 2.
373. A seguir, consta a relação dos sócios-fundadores.

Joaquim Nunes, Antônio Gonçalves do Valle, J. H. Adernes Júnior e F. T. de Souza Pinto (*Gazeta de Notícias*, 12 de dezembro de 1883). Nos eventos da Confederação, a presença das "senhoras" também é indicada pela imprensa, mas elas não fizeram parte da sua diretoria ou dos seus conselhos.

Voltando às propostas do *Atirador Franco* para instituir a "República democrática", encontramos a centralidade do sufrágio universal, que foi, junto à abolição da escravidão, a grande bandeira do grupo: "O sufrágio universal direto é o modo de eleição que o *Atirador Franco* entende ser o único racional e justo. Por isso, há de sustentá-lo, defendê-lo e propagá-lo em suas colunas". Esse bordão foi repetido em todas as edições. Além do seu programa, o periódico divulgou os procedimentos das reuniões da Sociedade Ensaios Literários que, incorporados ao Club Tiradentes, exprimiam o anseio por uma nova cultura política baseada na ampliação do debate público. A dinâmica das reuniões dessa sociedade, com chamadas pela imprensa, previa a escolha de uma "tese" que era apresentada, conforme dois posicionamentos distintos, por dois oradores previamente definidos e anunciados. Após a exposição, todos participavam do debate, que podia prolongar-se durante várias sessões. Ao fim, o grupo redigia um parecer que era publicizado na imprensa.

Outra diretriz do grupo que também se projetou no Club Tiradentes foi o investimento numa narrativa republicana da história do Brasil[374]. Nos seus três meses de circulação, o jornal procurou atestar a importância do republicanismo, assim como denunciar os métodos dos monarquistas para excluí-lo da narrativa histórica. A luta pela história foi um dos principais objetivos de *O Tiradentes*, órgão do clube, que, criado em 1882, circulou até 1897. Nas publicações comemorativas dos anos de 1882 e 1883, por exemplo, *O Tiradentes* retirava de José Bonifácio o título de "patriarca da Independência" e recuperava a centralidade de "Padre Roma e Caneca, os Domingos Teotônios e todos os mártires pernambucanos". Todos criticavam a data de 7 de setembro de 1822 como Dia da Independência, pois, para eles, o Brasil ainda se encontrava sob a dominação da dinastia dos Bragança e dos interesses do grande comércio português[375].

---

374. Uma das funções do *Atirador Franco* e, mais tarde, de *O Tiradentes* era apresentar documentos para atestar a importância do republicanismo.

375. Cf. artigos de Timótheo Antunes, Mathias Carvalho, Luiz Leitão e Aquino Fonseca em *O Tiradentes. Órgão do Club Tiradentes*, Edição 2.

Fundado em 1881, o Club Tiradentes projetou-se como a associação republicana mais ativa no Rio de Janeiro, que conseguiu agregar, nos anos 1883-1884, grupos com projetos distintos. Apesar de não concordar com os discursos menos evolucionistas do *Atirador Franco*, Quintino Bocaiuva esteve presente nas comemorações e nas reuniões da associação republicana. A cisão entre o abolicionismo de Vicente de Souza e o de José do Patrocínio não impediu a convivência na Rua do Rosário, 34.

Apesar de o clube ter se incorporado à Confederação Abolicionista em 1883, os seus líderes já tinham demonstrado desconfiança em relação à aproximação com os monarquistas. Para Mathias Carvalho e Jerônimo Simões – numa posição muito próxima à do *Corsário* –, o investimento liberal na propaganda abolicionista era uma manobra para frear a expansão do ativismo republicano. Em razão disso, julgavam necessário refutar a tese de Joaquim Nabuco de que "a monarquia não aceitava a aliança com a escravidão": "Estas provas são em contrário e **desmentem o Sr. Nabuco**: elas estão na própria **história do contrabando de africanos** no Brasil. [...] **Quem condecorou e titulou contrabandistas e traficantes de escravos?**" (*Atirador Franco*, 17 de fevereiro de 1881 – grifos nossos).

E o artigo, intitulado "O Sr. Joaquim Nabuco", continuava da seguinte forma:

> De certo não foi o povo. Portanto, afirmamos corajosamente que **a monarquia pactuou com a escravidão**, [...] e quando a monarquia **se vê obrigada a ceder como atualmente**, é porque entra nos seus cálculos apoiar-se numa coisa que lhe foge – **a simpatia da opinião pública espingardeada pelos seus agentes**. [...] Sr. Nabuco não foi verdadeiro, [...] o que não honra muito os seus créditos de trabalhador por uma causa sagrada como a abolicionista. [...] Pesa-nos dizer que esta inverdade histórica, que é uma **adulação imperdoável ao imperador**, partisse dos lábios de um brasileiro moço de talento como o ilustre abolicionista (*Atirador Franco*, 17 de fevereiro de 1881 – grifos nossos).

Dois meses depois, Jerônimo Simões voltou ao tema para reiterar a sua adesão ao abolicionismo, mas exprimindo a convicção de que a questão social – apesar de fundamental e merecedora do apoio de todos os partidos – não devia enfraquecer o combate pela República:

O *Atirador Franco* quer e contribuirá, se tanto for possível, na medida das suas forças para a **extinção pronta** do elemento servil no país. Mas preterir a propaganda republicana pela abolicionista [...] é isto que não poderia fazer o *Atirador Franco*. [...] Que adiem os seus trabalhos de propaganda, **se entretenham exclusiva e avidamente com a questão abolicionista e nela gastem toda a sua atividade**, [...] é exatamente o que querem o imperante e os seus acólitos. [...] **E tanto é verdade, que é esse o desejo do imperador e dos adoradores da realeza, que o Sr. Joaquim Nabuco, um dos seus mais fervorosos idólatras, fanático, o *urbi e orbi* aplaudido abolicionista**, escreveu no *Manifesto da Sociedade Brasileira contra a escravidão*, este significativo trecho: **"Ao partido republicano dizemos que a causa da República é prematura ao lado da causa da Emancipação"**. Se os republicanos tivessem escutado essa opinião, teriam caído na mais grosseira **cilada imperialista** (*Atirador Franco*, 29 de abril de 1881 – grifos nossos).

Na realidade, a resistência a qualquer aliança com os partidos monárquicos vinha definindo a conduta dos republicanos do Rio de Janeiro, pelo menos, desde 1877.

* * *

Conforme vimos nos capítulos anteriores, o ativismo político que se desdobrou no Motim do Vintém não pode ser isolado no protagonismo de Lopes Trovão, nem deve ser separado do abolicionismo. Desde meados da década de 1870, cresceu o número de associações e de jornais, no Rio de Janeiro, comprometidos com a retomada de uma propaganda menos evolucionista e que se desdobrou na fundação do Club de São Cristóvão, importante núcleo do republicanismo abolicionista. Também na província de São Paulo, a militância republicana se expandiu durante a década de 1870, tanto pela atuação dos abolicionistas populares quanto pelos resultados eleitorais do seu "núcleo agrário"[376]. Muito antes do Manifesto de 1870, os republicanos de Pernambuco já associavam a luta pela República à luta pela abo-

---

376. Essa expressão foi utilizada por Antônio Carlos Galdino (2006), na sua análise sobre o Partido Republicano de Campinas, para designar o grupo de fazendeiros que fazia parte do PRP. A discussão sobre a relação entre o "núcleo agrário" e os abolicionistas populares no PRP será aprofundada no prosseguimento deste capítulo. Em relação aos resultados eleitorais do Partido Republicano, Antônio Galdino mostra que, na década de 1870, o sistema eleitoral impossibilitava a projeção fora da esfera municipal, mas, nesse nível, o Partido Republicano em Campinas já obtinha um sucesso relativo.

lição e, no início da década de 1870, já reivindicavam a abolição imediata (GERMANO, 2020).

Nesse sentido, é bastante plausível que a volta dos liberais, em 5 de janeiro de 1878, tenha sido, de fato, uma resposta à expansão do republicanismo que, apesar da precaução das suas lideranças evolucionistas, era identificado como fator de desordem e de separatismo[377]. Por sua vez, o retorno de dois signatários do Manifesto de 1870 às fileiras liberais – Cristiano Ottoni e Lafayette – foi denunciado, simultaneamente, como traição e exemplo do procedimento usado pela monarquia para aniquilar a ideia republicana.

Três meses antes da posse do novo governo liberal, em janeiro de 1878, Aristides Lobo reuniu várias assinaturas num "Termo de compromisso e adesão", que definiu como "traição" qualquer transigência com os princípios monárquicos[378]. Na interpretação de José Maria dos Santos, o "Termo de compromisso e adesão" de 1877 foi a demonstração da "progressiva rarefação das fileiras republicanas", resultado da **diretriz adotada pelo partido de manter-se à margem da campanha abolicionista** (grifo nosso). O termo seria uma tentativa de frear a dissolução completa do partido pela volta dos republicanos às fileiras liberais.

Na sua tentativa constante de demonstrar o compromisso do republicanismo com os "senhores de escravos", o autor explicou a volta de Lafayette e de Cristiano Ottoni ao Partido Liberal pelo abalo que esses "republicanos sinceros" teriam sofrido com "a intrusão dos senhores de escravos nas fileiras republicanas". Cumpre enfatizar que nem Lafayette nem Ottoni apresentaram um posicionamento muito claro em prol da abolição durante o período em que os liberais estiveram no poder, entre 1878 e 1885.

Tendo como base a análise de José Maria dos Santos, Georges Boehrer (2000) também considerou que o termo foi uma tentativa de deter as deserções num momento em que "o Partido Republicano, especialmente no Rio de Janeiro, atingiu o ponto mais baixo de sua história" (1877-1878). Ambos desconsideraram a retomada da propaganda republicana a partir de 1874, tal como analisada neste trabalho. Nenhum deles identificou a existência

---

377. Sobre a perspectiva de que a volta dos liberais ao poder era uma resposta da monarquia ao crescimento da propaganda republicana, cf. capítulo 2.

378. O documento foi lavrado no dia 27 de outubro de 1877. O termo de compromisso é apresentado por Santos (1942, p. 162-165).

do Club de São Cristóvão, negligenciando, portanto, o papel central dessa associação a partir de 1877 como resultado do crescimento da propaganda e da organização republicana nos anos anteriores. Por isso, a campanha do Vintém, em 1879, foi compreendida por Boehrer como uma ação isolada de Lopes Trovão (cf. Boehrer, 2000, p. 58-64).

Enfim, na análise sobre o termo de 1877, os dois autores silenciaram completamente o fato de que ele foi assinado pelas principais lideranças do abolicionismo republicano do Rio de Janeiro (cf. Santos, 1942, p. 162-165), dentre elas: Ferro Cardoso, José Carlos do Patrocínio, Vicente de Souza e Lopes Trovão, que, um ano depois, estiveram à frente da campanha contra o Vintém; os sócios-fundadores do Club Tiradentes, dentre eles, Esteves Júnior, Mathias Carvalho, Jerônimo Simões e Luiz Leitão; e o futuro presidente da Confederação Abolicionista, João Clapp[379].

* * *

De certo modo, a presença de Jerônimo Simões, como representante do Club Tiradentes, no cargo de segundo-secretário da Confederação Abolicionista parecia atestar a superação das desconfianças em relação à aproximação com os monarquistas.

No entanto, mesmo sem aceder às atas das assembleias do clube, que decidiram pela confederação em 1883 e pela desconfederação em 1884, é plausível presumir que a primeira tenha sido tão conflituosa quanto a segunda, apesar de ter deixado menos vestígios na imprensa. Quando analisamos mais de perto a presença dos sócios-fundadores do Club Tiradentes nos eventos da Confederação, encontramos Jerônimo Simões, Ubaldino do Amaral, Emiliano Rosa de Senna e Luiz de Andrade, mas não conseguimos identificar nenhum dos outros[380].

---

379. Além dos signatários citados anteriormente, vale indicar os nomes de Quintino Bocaiuva, João Ferreira Polycarpo, Demétrio Ribeiro, João Maria do Amaral e P. A. Ferreira Vianna. Para a integralidade do documento, cf. Santos (1942, p. 163-165). É importante ressaltar que os republicanos de São Paulo também foram enfáticos em recusar qualquer aproximação com os liberais, inclusive recomendando o voto em branco nas primeiras eleições sob a nova situação política. Cf. Galdino (2006).

380. Os sócios-fundadores do clube foram: Fidelis Pereira de Lemos, Timótheo J. L. A. Antunes, Mathias Carvalho, Alfredo Teixeira, H. Campello, Luiz Leitão, Ubaldino do Amaral, Cornélio Moreira, Sebastião Guimarães, Manoel Bittencourt, Jerônimo Simões, Silva Guimarães, Ramiro de Barros, E. Rosa de Senna, Cândido Luiz de Andrade, Rodolpho Ernesto d'Abreu, José Frederico Salviano, Antônio Camargo, Manoel Timotheo da Costa, B. Eustáquio Teixeira, Júlio de Freitas, Joaquim Henrique Costa Reis, Antônio Justiniano Esteves Júnior, Joaquim Gomes Braga (*O Tiradentes*, Edição 9, 1890). Apesar de não terem assinado o documento de fundação do clube, é preciso destacar o protagonismo de Vicente de Souza, Aristides Lobo e Aquino Fonseca – esse último, membro de

A rápida passagem de Aristides Lobo pela Confederação também demonstra as dificuldades dessa composição. Presença constante no Club Tiradentes, Aristides Lobo participou da comissão de redação do manifesto da Confederação, junto a Rebouças e Patrocínio, mas não assinou o documento nem participou dos seus eventos posteriores. Com o título "Confederação Abolicionista", a *Gazeta da Tarde* de 14 de maio de 1883 descreveu a reunião presidida por Aristides Lobo para formar as comissões executiva e de redação do manifesto, além de ter indicado a sua participação no corpo deliberativo da nova associação, junto a Evaristo Rodrigues da Costa, Capitão E. Rosa de Senna, José do Patrocínio, José Américo dos Santos, dentre vários outros. É importante ressaltar que, na história construída pelo grupo de José do Patrocínio, logo após a abolição, a participação de Aristides Lobo desapareceu, enquanto, na narrativa republicana de Evaristo de Morais, o episódio foi destacado como uma das provas do abolicionismo republicano[381].

Entretanto esse desentendimento não ganhou a esfera pública[382], tampouco impediu que o clube se mantivesse representado na Confederação. Em abril de 1884, *O Tiradentes* indicava a coesão entre as suas principais lideranças em torno da causa abolicionista (*O Tiradentes*, Edição 3)[383].

---

destaque, também, na Confederação. Cumpre ressaltar que a não participação dos outros sócios-fundadores dos eventos da Confederação não significou um posicionamento refratário à abolição imediata, como no caso de Manoel Timótheo, que, em 1881, já defendia, nas reuniões da Sociedade Ensaios Literários, a tese da "extinção imediata" contra o estabelecimento de um prazo curto. Cf. *Atirador Franco* (6 de março de 1881). A única referência encontrada de Mathias Carvalho em eventos da Confederação foi em fevereiro de 1884. No entanto, ele participava, junto a Vicente de Souza, das abolicionistas Cearense e Bahiana, que não se mantiveram na Confederação. Em relação aos sócios-fundadores, convém recuperar a militância de Emiliano Rosa de Senna, que manteve vínculos com o clube até a sua morte, em 1896. Em relação a Luiz de Andrade, ele foi o tesoureiro do Club Tiradentes em 1883 e foi escolhido para o cargo de vice-presidente da Confederação, mantendo-se nessa função durante todo o período de seu funcionamento, ao passo que a sua atividade no Club Tiradentes parece ter se limitado aos anos 1881-1883.

381. Os artigos sobre a história da Confederação abolicionista começaram a ser publicados no *Cidade do Rio* a partir de maio de 1889. O artigo de Evaristo Morais é a transcrição de uma conferência realizada na Biblioteca Nacional em dezembro de 1917 (*Revista Americana*, Edição 3, 1917).

382. Pelo menos em relação aos jornais consultados para esta pesquisa.

383. Dessa edição participaram Aristides Lobo, Mathias Carvalho, Jerônimo Simões, Licurgo dos Santos, Timótheo Antunes, Ernesto Senna, José Maria do Amaral, dentre outros. Nesse número, destaca-se o Tiradentes abolicionista, as críticas à escravidão, assim como a confiança de que o exemplo da recente libertação do Ceará seria "vertiginosamente seguido". Nas comemorações de Tiradentes, em abril de 1884, foram oradores: Aristides Lobo, Jerônimo Simões, Bocaiuva, Vicente de Souza, Ubaldino do Amaral, Timótheo da Costa, Campos da Paz e Mathias Carvalho.

Outro indício da unidade republicana, no ano de 1884, foi a "completa reorganização" do Partido do Rio de Janeiro, comemorada tanto por *A Província de São Paulo* quanto por *A Federação*, do Rio Grande do Sul. Da comissão de reestruturação do partido fizeram parte tanto os "confederados" quanto os militantes sem vínculos com a associação abolicionista[384]. Em 10 de agosto de 1884, numa declaração da Confederação sobre o processo eleitoral, o Club Tiradentes ainda permanecia na lista das associações (*Gazeta de Notícias*, 10 de agosto de 1884)[385].

Contudo, poucos dias depois, o clube comunicou a sua desconfederação mencionada anteriormente. Apesar de não ter sido possível localizar o manifesto, os seus desdobramentos repercutiram até mesmo no *Jornal do Commercio*. Além da frase já indicada, outro trecho do manifesto foi citado por José do Patrocínio na *Gazeta da Tarde* do dia 24 de agosto de 1884: "Se a monarquia pudesse resolver todos os problemas que interessam à democracia, era preciso confessar a excelência da sua forma". É possível que ele tenha sido publicado por Almeida Pernambuco, no seu jornal *O Republicano*[386], cuja história é mais uma oportunidade para reforçar o argumento de que a tolerância dos liberais em relação à expansão do abolicionismo caminhou junto à inflexibilidade face à propaganda republicana. Logo no início do governo Dantas, vários republicanos foram à imprensa para defender a folha dos ataques da polícia – dentre eles, o

---

384. No primeiro grupo, Ennes de Souza, Jerônimo Simões, Ubaldino do Amaral e José Maria do Amaral. No segundo, Saldanha Marinho, Miranda Azevedo, Luiz Leitão, Esteves Júnior, Silva Neto, Vicente de Souza, Aristides Lobo e Quintino Bocaiuva – esse último ocupou um lugar importante nos eventos da Confederação a partir de 1885. As informações sobre a reorganização do Partido do Rio de Janeiro e os membros da comissão estão no *Federação* de 12 de março de 1884.

385. Antes disso, na festa de Tiradentes, em 21 de abril de 1884, no Teatro São Luiz, "numa concorrência numerosíssima e ao som da Marselhesa", "dividiram a palavra Aristides Lobo, Jerônimo Simões, Quintino Bocaiuva, Campos da Paz, Ernesto Senna, Ubaldino do Amaral, dentre vários outros presentes (*Gazeta de Notícias*, 22 de abril de 1884). Depois, em julho de 1884, a *Gazeta da Tarde*, órgão da Confederação, escrevia: "O Club Tiradentes **que entre nós tem desempenhado o papel de célula embrionária, cuja proliferação deve determinar forçosamente o advento das crenças republicanas**, realiza a 4 do corrente, aniversário de independência dos EU. [...] Os trabalhos dessa sessão serão presididos pelo conselheiro Saldanha Marinho, devendo **pronunciar o discurso oficial, o Dr. Aristides Lobo**" (*Gazeta da Tarde*, 1º de julho de 1884 – grifos nossos).

386. Esse jornal também é citado por George Boehrer (2000), mas não conseguimos localizá-lo. Como a folha se definia como órgão de propaganda republicana e nela foram publicadas atas das assembleias do partido e artigos de Aristides Lobo sobre o processo eleitoral, é possível que o manifesto do Club Tiradentes também tenha sido publicado aí. Esse jornal foi fundado por Almeida Pernambuco (um dos fundadores do Club São Cristóvão) e Aristides Lobo, que, em 1887, também estiveram juntos na fundação da *Gazeta Nacional*.

advogado Aristides Lobo[387], que, um mês depois, abriu a discussão sobre o eventual apoio republicano ao governo, com cartas dirigidas a Ennes de Souza e a Saldanha Marinho[388].

Para Aristides Lobo, a nova conjuntura estava provocando uma "corrente divergente" no seio do partido, até então majoritariamente fiel ao termo de 1877[389], que postulara: "No caso de infringirmos este nosso compromisso em sua ideia capital por **adoção do princípio monárquico em quaisquer de suas formas por mais disfarçadas que sejam**, ficaremos tidos como perjuros, **traidores** e indignos" (apud SANTOS, 1942, p. 163 – grifos nossos).

Era essa a situação dos signatários do termo, José do Patrocínio e João Clapp, quando declaravam apoio a qualquer partido e mesmo à monarquia, caso ela se posicionasse pela abolição?[390]

* * *

No dia 1º de setembro, o Partido Republicano do Rio de Janeiro reuniu-se para discutir a participação no processo eleitoral, em resposta à demanda de Aristides Lobo. Conforme a *Gazeta da Tarde*, a reunião começou pela apresentação da proposta de Ennes de Souza de lançamento de candidaturas republicanas no primeiro escrutínio e de apoio às candi-

---

387. Aristides Lobo e José Maria do Amaral, ambos advogados, publicaram artigos contra a perseguição ao jornal, aproveitando para denunciar a política dos liberais, mas pedindo aos seus correligionários que reagissem no terreno da lei. "Corro a aderir, sem restrição ao protesto publicado por Aristides Lobo no *Jornal do Commercio* e relativo à perseguição policial da folha democrática intitulada *O Republicano*. [...] Hoje o nosso dever político, em primeiro grau, é a resistência legal, e creio que não iremos ter pelo caminho que nos abre a polícia. [...] *não recuemos, não paremos, não precipitemos*; reajamos com os elementos legítimos que temos na constituição, na lei da imprensa, em certos artigos do código criminal" (*Gazeta da Tarde*, 23 de junho de 1884). Cf., também, *Gazeta da Tarde* (2 de junho de 1884) e *Jornal do Commercio* (20 de junho de 1884).

388. Os dois faziam parte do diretório de reorganização do partido eleito em março de 1884.

389. Na carta, Aristides Lobo pedia a opinião de Ennes de Souza a respeito da situação: "Reconheço que os últimos sucessos políticos têm criado uma corrente divergente da opinião que até agora havia predominado no partido republicano arrebatando muitos correligionários para o abolicionismo puro. [...] Assim se acredita que no próximo pleito eleitoral o partido deve fazer convergir os seus votos para os candidatos abolicionistas. [...] Sempre amigo e correligionário, Aristides Lobo" (*Gazeta da Tarde*, 12 de agosto de 1884). Nesse contexto, a expressão "abolicionismo puro" significa a preterição da questão política.

390. Em diversas ocasiões, José do Patrocínio declarou que era abolicionista antes de ser republicano e que faria a abolição "até com o Imperador". Cf., dentre outras referências, *Gazeta da Tarde* (9 de setembro de 1884).

daturas abolicionistas, independentemente da filiação partidária, no segundo escrutínio[391].

Apesar de alguns votos contrários, a proposta foi aprovada. Em seguida, João Clapp solicitou, em nome da Confederação, que o partido se pronunciasse a respeito do manifesto do Club Tiradentes. Como presidente da sessão, Saldanha Marinho rejeitou a demanda por "julgá-la estranha ao fim da reunião". Em razão disso, os membros da Confederação "resolveram não continuar a tomar parte nas deliberações da assembleia e se retiraram" (*Gazeta da Tarde*, 1º de setembro de 1884).

A partir daí, as disputas entre os republicanos do Rio de Janeiro agravaram-se, ao mesmo tempo que liberais e conservadores avançavam na construção da unidade para derrotar o Projeto Dantas. Essa foi a principal argumentação de Jerônimo Simões para criticar a intransigência dos seus correligionários do Club Tiradentes num artigo publicado dois dias depois da assembleia do partido. Para ele, a desconfederação era o resultado da influência de um "jacobinismo bastardo" que, sob o "falso pretexto de puritanismo republicano", introduzira um "elemento de cisão no partido num momento onde a unidade e a homogeneidade deviam prevalecer" (*Gazeta de Notícias*, 3 de setembro de 1884).

Apesar da ruptura, Jerônimo Simões não chamou os seus companheiros de escravistas, do mesmo modo que Ennes de Souza não entendeu as reservas de Aristides Lobo como uma posição retrógrada a respeito da abolição. Poucos meses depois, Aristides Lobo deixou registrada a sua posição: "O que eu duvido, porém, devo dizer-lhe é que nesse assunto possa haver alguma lei definitiva que não seja a da extinção imediata da escravidão"[392].

---

391. Segundo a lei eleitoral de 1881, cada província era dividida em distritos em número equivalente ao número de deputados que a província possuía na Câmara dos Deputados. Por exemplo, a província de São Paulo era dividida em nove distritos, enquanto o Rio de Janeiro possuía doze. Para ser eleito, o candidato devia obter a maioria absoluta de votos no distrito. Se nenhum candidato a obtivesse, uma nova eleição seria realizada em vinte dias nos distritos em que a maioria não fosse alcançada, só podendo concorrer nesse segundo escrutínio os dois candidatos mais votados.

392. Esse discurso fazia parte da sua análise sobre a ascensão do governo Saraiva, duramente criticado por apresentar "uma lei que indeniza até a liberdade do sexagenário" (*Federação*, 18 de junho de 1885). Segue trecho da resposta de Ennes de Souza – como membro do diretório do Partido Republicano da Corte – a Aristides Lobo: "O papel do verdadeiro republicano, na conjuntura atual, é colocar-se franca e resolutamente à frente do movimento abolicionista, tanto por dever como **para que glória nacional da abolição da escravidão não possa ser reclamada pela Coroa**. [...] Nosso partido por si só não poderia tudo empreender; por isso devemos na quadra presente, **sem de forma alguma comprometermos o futuro do nosso partido, antes afirmando a nossa intransigência política com toda e qualquer prática ou doutrina monárquica ou oligárquica**. [...]

Contudo, o proprietário da *Gazeta da Tarde* viu, nas críticas ao Projeto Dantas, a prova do "escravismo republicano", reportando-se, mais uma vez, ao Manifesto de Itu (1873), a exemplo de Joaquim Nabuco, que, no seu *Abolicionismo* (1883), condenara, pelo mesmo motivo, "a democracia escravagista de São Paulo"[393]. Afinal, Luiz Gama, o grande abolicionista de São Paulo, não tinha sido "excomungado" pelo partido?

Na *Gazeta da Tarde* do dia 27 de agosto de 1884, num editorial intitulado "A República e a abolição", José do Patrocínio passou da crítica ao manifesto de desconfederação do Club Tiradentes à condenação dos republicanos paulistas:

> Os republicanos paulistas renegaram abertamente a propaganda abolicionista, combateram-na como um perigo e ainda mais **excomungaram** os correligionários que dela faziam o caminho para a realização prática do sistema republicano no Brasil. A propaganda abolicionista viu, pois, que não podia contar com o Partido Republicano (grifo nosso).

Com essa mesma "prova", parte da historiografia estabeleceu a identidade entre os interesses dos "fazendeiros escravistas" e todo o Partido Republicano Paulista, que, por sua vez, foi visto como a única verdadeira organização partidária dos republicanos no Brasil[394]. Desse modo, o republicanismo passou a ser definido pela posição conservadora a respeito da questão abolicionista, mesmo que, para isso, tenha sido necessário esquecer as afirmações do próprio José do Patrocínio sobre o protagonismo republicano na propaganda popular pela abolição[395].

Além disso, foi preciso entender as declarações das lideranças republicanas de Campinas em favor do Projeto Dantas como mera demonstração

---

De nossa atitude nessa questão se concluirá inevitavelmente que só a ideia e a forma republicana têm envergadura o bastante para abraçar e conter tão grandes empreendimentos. [...] **No dia em que não houver mais um escravo no Brasil, será esse o primeiro dia da era republicana brasileira"** (*Gazeta da Tarde*, 12 de agosto de 1884 – grifo nosso).

393. Antônio Carlos Galdino (2006) também constata o papel de Joaquim Nabuco na construção dessa interpretação sobre o republicanismo paulista.

394. Essa afirmação está amparada nos resultados eleitorais, desconsiderando as iniciativas de organização partidária que, por diversas razões, não investiram no processo eleitoral como o principal procedimento político para se chegar à República. Essa discussão será desenvolvida no capítulo 9.

395. No editorial intitulado "A República e a abolição", José do Patrocínio criticou o manifesto de desconfederação do Club Tiradentes, mas iniciou a sua análise pela constatação de que "a atual propaganda popular da abolição [era] obra republicana. O maior número de propagandistas era republicano".

de oportunismo[396]. Incontestavelmente, a República defendida pelos fazendeiros do PRP era muito diferente do republicanismo dos "abolicionistas populares" não só em relação à questão social e racial, mas também pelo grau de adesão à via evolucionista[397].

No entanto, a derrota de Luiz Gama em 1873 – que não conseguiu incluir no manifesto a reivindicação da abolição imediata – não deve ocultar o fato de que, em 1884, muitos abolicionistas saíram a campo para defender o PRP das acusações do proprietário da *Gazeta da Tarde*.

Contra a visão defendida por José do Patrocínio/Joaquim Nabuco de que o PRP tinha nascido do "despeito" dos fazendeiros contra a lei de 1871, os paulistas argumentaram que o republicanismo já existia na província muito antes do Manifesto de 1870, pela ação "de moços patriotas" – dentre eles, o próprio Campos Salles. Por sua vez, o interesse econômico dos fazendeiros de Campinas nunca teria impedido o comprometimento do líder republicano com a emancipação. Apesar de nunca ter advogado a "emancipação total e repentina", Campos Salles teria escrito vários artigos contra a "nefanda instituição" e proposto várias medidas indiretas que iam de encontro aos interesses dos fazendeiros que as julgavam "revolucionárias e desorganizadoras"[398].

---

396. Como na interpretação de José Maria dos Santos (1942), que explicou toda a história do Partido Republicano Paulista pela sua recusa em afrontar a questão escravista. Apesar de ter sido escrito em 1942, esse trabalho continua sendo uma referência importante quando se trata de "provar" a posição retrógrada dos republicanos em relação ao abolicionismo, apesar dos problemas metodológicos desse trabalho já assinaladas por alguns historiadores, como Debes (1975); Otsuka (2015).

397. A expressão "abolicionistas populares" foi utilizada por José Maria dos Santos (1942). Apesar de insistir na tese de que esses abolicionistas não tiveram nenhuma representatividade no PRP, José Maria dos Santos refere-se, constantemente, às ações e aos posicionamentos desse grupo. Inclusive, se analisarmos atentamente a obra desse autor, é possível que haja mais referências aos nomes dos republicanos abolicionistas dentro do PRP do que aos nomes dos "republicanos escravistas". No primeiro campo, o autor destaca: Luiz Gama, Américo de Campos, Bernardino de Campos, Rangel Pestana, Azevedo Marques, Antônio Muniz de Souza, Joaquim José da Silva Pinto, Hypólito da Silva, Júlio de Mesquita, Carlos Garcia, Paula Novaes, Gabriel Prestes, dentre outros. Já em relação ao segundo grupo, o autor nomeia, principalmente, Francisco Glicério, Campos Salles, Prudente de Morais, Martinho Prado e Jorge Miranda, mas, no geral – para demonstrar a predominância dos interesses escravistas no PRP –, o autor serve-se de termos como "fazendeiros de Campinas"; "afluente agrário e fazendeiro"; "grandes senhores do mundo agrário"; "aristocracia agrária"; e "senhores agrários".

398. Essa argumentação foi utilizada por Rangel Pestana num artigo publicado pela *Província de São Paulo* e transcrito por *O Paiz* no dia 1º de janeiro de 1885. Dentre as medidas indiretas, Rangel Pestana citava o projeto de localização dos escravizados que, segundo a sua avaliação, era vista pelos proprietários como "revolucionária e desorganizadora do trabalho agrícola". O artigo prossegue: "O Club da Lavoura reuniu-se especialmente para decidir dos meios pelos quais teriam de

Se a argumentação do campo republicano foi ignorada pela tese do "republicanismo escravista"[399], ela é central na análise do historiador Antônio Carlos Galdino (2006) sobre o Partido Republicano de Campinas. Sem estabelecer uma relação direta entre o posicionamento político dos fazendeiros paulistas, os seus interesses econômicos ou uma mentalidade mais moderna, o autor retomou a afirmação de Emília Viotti da Costa de que o republicanismo desses fazendeiros não podia ser explicado pela contrariedade em relação à lei de 1871[400].

No quadro de uma nova história política, o autor nos convida a contextualizar tanto o Manifesto de 1870 quanto o de 1873 a partir da convergência entre duas discussões fundamentais nesse contexto: o fim da escravidão e as vias para se alcançarem as reformas. Na província de São Paulo, o republicanismo abolicionista liderado por Luiz Gama e os Irmãos Campos, durante as décadas de 1860 e 1870, provocou a reação contundente dos proprietários de escravizados. Por sua vez, a enorme resistência à aprovação da

---

resistir a essa inovação. [...] **Campos Salles foi o único dos seus membros que se levantou para sustentá-la**, [...] e ainda agora quando todos procuram iludir a boa-fé dos lavradores usando de meias palavras que nada exprimem, porque tudo podem exprimir, **Campos Salles, com louvável independência, tem declarado que aceita o Projeto Dantas** e não cessa de repetir aos lavradores, em repetidas conferências que tem realizado, que é do interesse do país não resistir nunca a leis que facilitam a emancipação". Cumpre enfatizar que, apesar das críticas de José do Patrocínio, Rangel Pestana era reconhecido como abolicionista. Aliás, como indicado na nota anterior, mesmo José Maria dos Santos, que procurou mostrar a associação do PRP com o escravismo, inseriu Rangel Pestana no grupo dos "abolicionistas populares" (grifos nossos).

399. Cf., dentre outros, Carvalho (2011), que se apoia no livro de Santos (1942).

400. Num artigo de 1954, Emília Viotti da Costa contestou a identificação entre o republicanismo dos fazendeiros do Oeste paulista e o combate pela manutenção da escravidão. Para a autora, era "difícil dizer que em 1871 eram republicanos por serem escravocratas", conforme afirmara José Maria dos Santos (1942). Ao postular a distinção entre os cafeicultores do Oeste paulista e os do Vale do Paraíba, a autora associou o republicanismo dos primeiros a uma mentalidade progressista. Posteriormente, ela passou a interpretar esse antagonismo pela referência ao descompasso entre o poder econômico e o poder político relativamente aos cafeicultores do Oeste paulista. A distinção proposta pela autora entre os fazendeiros do Oeste e os do Vale do Paraíba – e o republicanismo dos primeiros em oposição ao monarquismo dos últimos – foi retomada por diferentes autores e analisada sob diferentes perspectivas, na referência a múltiplos fatores. Antônio Carlos Galdino (2006) oferece-nos uma excelente análise da historiografia sobre a questão e trabalha com a hipótese de que "a crítica à lei de 1871 nascia menos como indignação por interesses econômicos feridos" do que por questões políticas. "Não creio que a política do republicanismo elaborada em 1873, possa ser interpretada de maneira simplificada como uma posição escravista, como se o partido fosse naqueles anos ou mesmo depois apenas um rótulo pelo qual a historiografia pudesse designar os interesses dos proprietários de escravos do Oeste paulista" (GALDINO, 2006, p. 38).

Lei do Ventre Livre mostrou, claramente, a impermeabilidade do sistema político à abolição imediata[401].

No quadro da crise política de 1868, o Manifesto de 1870 trouxera o republicanismo de volta, mas envolto na promessa do respeito às instituições, procurando afastar os estigmas associados à ideia republicana como fator de desordem e de separatismo. Se a República viria unicamente como resultado da propaganda e das eleições, era de se esperar que a abolição da escravidão viesse antes da mudança da forma de governo, de preferência por meio de leis provinciais. Desse modo, o silêncio do Manifesto de 1870 e a proposta do Manifesto de 1873 de federalizar a questão abolicionista exprimiam o empenho do republicanismo em afastar os "fantasmas revolucionários"[402].

Ao aprofundar a dimensão política da questão, Antônio Carlos Galdino formula a seguinte interrogação: se o PRP era o resultado do descontentamento dos escravistas contra a lei de 1871, por que os republicanos eram acusados de "comunistas" e de "internacionalistas"? (cf. Galdino, 2006, p. 31-35)[403].

Apesar de evidenciar a polarização entre o "abolicionismo senhorial" e o "abolicionismo popular" e reconhecer que o PRP não assumiu a posição mais avançada no movimento, Antônio Carlos Galdino (2006) contesta a tese de que o núcleo agrário teria "excomungado" ou mesmo exercido um papel limitador em relação aos abolicionistas[404].

---

401. Como já indicado, essa tensão é um dos motivos que leva Elciene Azevedo (2010) a propor a relativização da dicotomia entre o "emancipacionismo jurídico" da década de 1860/1870 e o abolicionismo que se teria formado em São Paulo sobretudo em torno de Antônio Bento na década de 1880.

402. Antônio Carlos Galdino (2006) recupera a importância da dimensão política da proposta federalista, que foi interpretada muitas vezes como simples subterfúgio para não enfrentar o problema da escravidão. A partir de outra base documental, o autor retoma a argumentação que, em 1884, era utilizada pelos republicanos gaúchos e fluminenses na defesa dos paulistas, conforme veremos a seguir. Galdino também chama a atenção para o fato de que o Programa dos Candidatos de 1881 indicou claramente a disposição do PRP de sustentar as eventuais iniciativas do governo central visando "encurtar a existência da escravidão". Enfim, o autor contesta a argumentação de que o PRP tenha sido irredutível em relação ao princípio de indenização.

403. Essa acusação pesava sobre os republicanos justamente pela pretensa defesa da abolição imediata.

404. Ao analisar os diversos conflitos entre Luiz Gama e o PRP, Elciene Azevedo (1999) também contestou a sua ruptura com o partido. Além disso, mostrou que o seu ativismo abolicionista não se separou da sua militância republicana construída na colaboração com os Irmãos Campos e outros correligionários.

Durante a fase do "emancipacionismo jurídico" liderado por Luiz Gama, os republicanos foram frequentemente acusados de pregar a violência para chegarem à abolição, mesmo com todas as precauções tomadas pelo partido. Antes mesmo da sua fundação, essa foi uma das preocupações da comissão organizadora do PRP, que, no dia 18 de janeiro de 1872, em uma circular apresentada pela Comissão Organizadora do PRP, pediu aos republicanos

> atenção e esforços no intuito de neutralizar os meios com que insidiosamente procura o obscurantismo, consorciado com a má fé, **desconceituar os sectários da democracia**. [...] Entre as armas de que se têm servido [...] o boato adrede espalhado de que o **partido republicano proclama e intenta pôr em prática medidas violentas para a realização da sua política e para a abolição da escravidão**. [...] Sendo certo que **o partido republicano não pode ser indiferente a uma questão altamente social**, [...] é mister entretanto ponderar que ele não tem e nem terá a responsabilidade de tal solução (apud SANTOS, 1942, p. 118 – grifos nossos).

Apesar de citar esse documento, José Maria dos Santos (1942) viu, no declarado interesse "por uma questão altamente social" e na tentativa de evitar o estigma da violência, apenas o desígnio da comissão de "separar a propaganda republicana da campanha abolicionista, **desta francamente se desinteressando**" (SANTOS, 1942, p. 118-119 – grifo nosso)[405].

No entanto, apesar do seu esforço em dissociar a militância republicana do ativismo abolicionista, José Maria dos Santos (1942) não negou a permanência de Luiz Gama no PRP. Aliás, depois de analisar toda a história do partido paulista pelo compromisso com a escravidão, reconheceu, nas duas últimas páginas do seu livro, que "os dirigentes oficiais do PRP nunca ousaram repudiar publicamente os seus correligionários abolicionistas" e que "a ressureição da ideia abolicionista, na segunda metade do século XIX, foi obra dos republicanos de São Paulo" (SANTOS, 1942, p. 325).

---

405. Como a comissão formada para redigir as bases do Programa do Partido foi formada por Américo de Campos, Américo Braziliense e Campos Salles, José Maria dos Santos (1942) colocou em dúvida a efetiva participação dos dois primeiros, já que, segundo a sua própria perspectiva, eles faziam parte do grupo abolicionista do partido. Como explicar a efetiva participação dos abolicionistas na formulação do programa se a própria fundação do PRP era entendida como reação direta contra a lei de 1871? Cf. Santos (1942, p. 120).

Na verdade, a trajetória de Luiz Gama, após o seu falecimento em 1882, foi constantemente disputada politicamente. Enquanto José do Patrocínio insistiu no rompimento do abolicionista com o PRP, para justificar a sua própria aproximação com os monarquistas, os paulistas contra-atacaram com a imagem de Luiz Gama como um exemplo da disciplina partidária pelo fato de nunca ter abandonado o partido, apesar das divergências.

Visto que os "abolicionistas populares" permaneceram no PRP, é possível conjecturar sobre a atitude de Luiz Gama nos conflitos intrarrepublicanos, caso ainda estivesse vivo nesse ano de 1884[406]. Sua posição seria semelhante à de outros republicanos abolicionistas que defenderam o partido contra o grupo de José do Patrocínio?

Diante da impossibilidade de avançar em tal questionamento, convém, no entanto, recuperar a presença de Luiz Gama na primeira publicação do Club Tiradentes – ao lado de Ubaldino do Amaral, Ernesto Senna, Mathias Carvalho, Jerônimo Simões e Raul Pompéia, dentre outros – como mais uma comprovação de que a sua militância abolicionista não se separou do seu ativismo republicano.

* * *

Num certo sentido, é plenamente compreensível que todo proprietário de escravizados seja, retrospectivamente, definido como um escravista. Em razão dessa premissa, é muito comum que as diferenças políticas a respeito da questão servil sejam minimizadas. No entanto, no próprio contexto, quando os fazendeiros eleitos pelo PRP propugnaram medidas para acelerar a emancipação, eles se demarcaram dos fazendeiros monarquistas, que, na sua maioria, se uniram para resistir à "introdução de qualquer nova medida legal interferindo na situação da propriedade escrava" (GALDINO, 2006, p. 73)[407].

Na conjuntura de 1884, a comparação entre a posição do PRP e a dos Clubs da Lavoura permite compreender melhor a argumentação que

---

406. Luiz Gama faleceu no dia 24 de agosto de 1882, e o seu enterro assumiu a feição de uma grande manifestação política com enorme repercussão. Cf., dentre outras análises, Azevedo (2010); Pinto (2018).

407. Nessa passagem, Antônio Carlos Galdino está se referindo, sobretudo, aos liberais de Campinas. Quanto ao partido conservador, o autor lembra que Antônio Prado, um dos seus principais representantes em Campinas, "manteve posições intransigentemente contrárias a quaisquer reformas em relação à escravidão durante a década de 1870 até o ano de 1887" (GALDINO, 2006, p. 50).

está sendo construída pelos abolicionistas em defesa do "núcleo agrário" do partido.

Logo depois da ascensão de Dantas, o Club da Lavoura de Guaratinguetá reuniu mais de duzentos lavradores e comerciantes, sob a presidência de Rodrigues Alves, para resistir ao abolicionismo que, com "o espetáculo do Ceará, o movimento do Amazonas vexam o país inteiro" e ameaçam "não só a integridade do país, como o recinto sagrado da família" e os "sagrados direitos de propriedade". Além disso, os fazendeiros do Movimento Contra o Abolicionismo – Club da Lavoura e do Commercio de Guaratinguetá – pediam a revogação da lei que criara impostos sobre a propriedade escrava:

> O Sr. José Francisco da Silva Guerra [...] propõe que seja dirigida uma representação pedindo a revogação da lei votada pela assembleia provincial, lei que obriga o lavrador a pagar por cada escravo o imposto de 3$, imposto que qualifica de vexatório, tanto maior quanto pela constituição o direito de propriedade é garantido em toda a sua plenitude (*Jornal do Commercio*, seção "A pedidos", 20 de junho de 1884).

Nesse contexto, muitas outras associações agrícolas lançaram manifestos contra a "política abolicionista" do novo gabinete – "ofensiva aos grandes interesses do Estado, atentatória do direito de propriedade":

> Agora que se vai reunir o Club da Lavoura e Commercio da Corte onde se fazem representar por seus delegados todas associações agrícolas da província, é oportuno [...] um manifesto [...] contendo um voto de censura à política abolicionista do novo gabinete, como ofensiva aos grandes interesses do Estado, perigosa, inoportuna e atentatória do direito de propriedade quanto ao plano de libertar escravos de 60 anos sem a indenização devida (*Jornal do Commercio*, 20 de junho de 1884, "Movimento da lavoura" – "Manifesto Necessário")[408].

Foi com base nessa forte oposição ao Projeto Dantas que Júlio de Mesquita construiu a sua argumentação contra a tese do escravismo do PRP[409].

---

408. Nesse contexto, o grande comércio português na cidade posicionou-se com muita clareza contra o Projeto Dantas e contra o abolicionismo. Cf. "O ativismo político da Confederação Abolicionista antes e depois do 13 de maio de 1888" (SANTOS, 2018).

409. Nesse contexto, o paulista Júlio de Mesquita era caracterizado como "batalhador intrépido, sempre de pé nos postos arriscados da agitação". Essa citação encontra-se num artigo que será analisado a seguir, do republicano fluminense Aquino Fonseca, membro de destaque na Confederação Abolicionista.

Enquanto os fazendeiros monarquistas de São Paulo faziam circular "milhares de representações contra Dantas", os republicanos protestavam contra esse procedimento. Além disso, o projeto liberal não incluía nenhuma reivindicação que já não tivesse sido adotada pelo PRP. A liberdade sem indenização dos escravizados maiores de sessenta anos já tinha sido proposta por Campos Salles[410]. Quanto ao imposto para aumentar o fundo de emancipação, a província já cobrava mais do que qualquer outra "por iniciativa e esforços dos quatro deputados republicanos". Por fim, Campos Salles e outros republicanos já tinham declarado "francamente" o seu apoio ao Projeto Dantas[411].

No sentido de enfatizar a relevância política da questão que vem sendo discutida, é preciso recuperar o fato de que os abolicionistas paulistas não ficaram isolados na defesa dos fazendeiros do PRP. Praticamente com o mesmo título do editorial de José do Patrocínio, "República e abolição", vários artigos contestaram a argumentação do proprietário da *Gazeta da Tarde*, que teria iniciado "a propaganda franca contra o partido" – dentre eles, o publicado no *Jornal do Commercio*, no dia 9 de setembro de 1884, sob o pseudônimo de John Brown:

> Chamado negreiro pelo fato de, **conquanto francamente contrário à escravidão**, não entender acompanhar aqueles

---

410. Antônio Carlos Galdino (2006) mostra como, desde o início da década de 1880, Campos Salles propunha medidas reformistas, tais como: o fim do tráfico interprovincial; a libertação dos escravos acima de cinquenta e cinco anos; o imposto de 10$000 sobre cada escravizado na agricultura e de 30$000 sobre os que trabalhassem na indústria e serviços urbanos. À exceção da medida relativa ao fim do tráfico interprovincial que tinha maior aceitação – pois podia ser vista como uma forma de garantir a propriedade de escravizados – todas as outras "eram de difícil aceitação naquele momento, mesmo entre os republicanos". Inclusive, a proposta de Campos Salles de libertar escravizados maiores de cinquenta e cinco anos esteve no centro da campanha do Partido Liberal de São Paulo contra o Partido Republicano, que já representava uma força política eleitoral. Por meio do jornal *Opinião Liberal* – que tinha como "objetivo principal, senão único, combater o Partido Republicano" –, os liberais acusavam os republicanos de estarem associados ao aumento da rebelião escrava que "ameaçava os fazendeiros de todos os partidos" (GALDINO, 2006, p. 55-59).

411. Artigo do paulista Júlio de Mesquita transcrito no jornal *A Federação*, do Rio Grande do Sul, no dia 2 de setembro de 1884. Em relação às diferenças entre republicanos e monarquistas nesse contexto, é interessante recuperar a análise de Darrel E. Levi (1977) sobre a família Prado. Apesar de insistir na convergência dos interesses econômicos, principalmente articulados à defesa da imigração, o autor ressalta as diferenças políticas entre Martinho Prado (republicano) e Antônio Prado (do Partido Conservador) como ponto de "tensão nos laços familiares". No que diz respeito à posição defendida em 1884, Levi (1977, p. 209-210) afirma: "Martinico tomou posição aberta a favor do projeto de emancipação dos sexagenários". Por sua vez, Antônio Prado tornou-se Ministro da Agricultura do governo conservador de Cotegipe, que teve como política impedir qualquer avanço na questão abolicionista.

correligionários que levam o entusiasmo a ponto de "**garantir apoiar o trono**, enquanto ele mostrar-se decidido a dotar o país com as reformas úteis". [...] São, pois, traidores todos os signatários do manifesto, menos a dúzia que se agregou à *igrejinha eleitoral* da Confederação Abolicionista. [...] Ao partido a que pertenceu e a que hoje tão encarniçadamente declarou combater, *com todas as armas*, hão de fazer justiça os homens sinceros e a imparcialidade da história, cuja filosofia não conhece paixões (grifos nossos).

Nesse ano de 1884, o jornal *A Federação* liderava o processo abolicionista no Rio Grande do Sul em plena efervescência graças à libertação de Porto Alegre, realizada no mês de setembro[412]. Apesar de estar engajado na frente ampla conduzida pela Confederação, o jornal assumiu a defesa dos paulistas face às investidas de Patrocínio, contextualizando o Manifesto de 1873 e recuperando as ações de Campos Sales em prol da emancipação dos escravizados. Entre várias outras demonstrações de apoio ao PRP, *A Federação* transcreveu a carta de Júlio de Mesquita "Republicanos paulistas e abolicionismo" – no "lugar de honra do jornal" – na qual convidava os fluminenses a tomarem conhecimento das conferências abolicionistas de Campos Salles (*A Federação*, 4 de outubro de 1884).

Poucos dias depois, o editorial voltou ao tema pela urgência em refutar a acusação contra o PRP, que estava sendo difundida não só pelos monarquistas – "que tinham prometido ao imperador acabar com o republicanismo em São Paulo" –, mas também pelos republicanos, esquecidos de que "tudo quanto na grande província tinha sido feito em relação ao problema" era obra republicana. Além de estar amparada numa falsa interpretação do Manifesto de 1873, a campanha de difamação orquestrada por um grupo republicano do Rio de Janeiro precisava ser combatida, pois fragilizava enormemente o partido:

> Nós não discutimos se devemos ser abolicionistas: somos tais porque entendemos que a liberdade humana é a base para todas as outras. [...] Trabalhemos todos para que de uma vez não haja mais um brasileiro dono de outro. [...] Mas temos o inimigo comum, a monarquia, que é preciso combater sem alívio e a hora não está longe em que precisamos achar prontos para isso. **Acabado o último escravo, a questão da for-**

---

412. À frente do jornal estavam Júlio de Castilhos e Venâncio Ayres.

ma de governo será a questão do momento. **Unamo-nos**
(*A Federação*, 22 de outubro de 1884 – grifo nosso).

Além das controvérsias sobre o republicanismo de São Paulo, outras questões estavam sendo consideradas no debate sobre o Projeto Dantas. Em primeiro lugar, impôs-se a reflexão a respeito das consequências políticas do eventual apoio republicano ao governo liberal. Com o mesmo título, "Republicanos e a abolição", vários artigos publicados nos anos de 1884-1885 exprimiram o receio de que a abolição – que "estava sendo feita pelo povo", dirigida por uma "maioria de republicanos" e pela aplicação dos princípios federalistas – fosse recuperada politicamente pela monarquia.

Num artigo publicado em *A Província de São Paulo*, Saldanha Marinho – um dos principais alvos de José do Patrocínio[413] – declarava-se pela abolição, mas considerava que os republicanos deviam continuar a agir individualmente, pois a aliança partidária podia desencadear dois efeitos indesejáveis: a confusão política e o fortalecimento da monarquia, que se serviria do ativismo republicano para a sua própria glória: "Individualmente sou pela liberdade dos escravos. […] Como político, porém, sou republicano. […] Temo as confusões políticas sempre nocivas à crença e ao vigor indispensável dos princípios" (*Gazeta da Tarde*, 5 de setembro de 1884).

Para o prosseguimento da nossa análise, é muito importante ressaltar a dimensão conjuntural desse posicionamento, pois, para o presidente do Partido Republicano Nacional, se a questão da escravidão se convertesse "**em lida verdadeiramente política**", "**colocando em xeque a forma de governo**", "neste caso o partido republicano deveria ocupar o lugar que lhe está destinado" (*Gazeta da Tarde*, 5 de setembro de 1884 – grifo nosso). Como veremos no capítulo 10, essa será a avaliação do Partido Republicano Nacional no início da Terceira Regência, em 1887.

Apesar de investirem na aliança com os partidos monárquicos para a libertação do Rio Grande do Sul, os republicanos de *A Federação* compartilhavam do mesmo receio de que os liberais a recuperassem politicamente. Aliás, o processo de libertação de Porto Alegre estaria demonstrando que a preocupação era justificada, pois, em lugar de saudar o povo como "o

---

413. Durante o mês de setembro, José do Patrocínio empenhou-se contra a "dissidência republicana dirigida pelo Sr. Saldanha Marinho". Além disso, combateu diretamente a candidatura de Saldanha Marinho, que, junto a Ubaldino do Amaral e Magalhães Castro, tinha sido escolhido para concorrer no primeiro escrutínio.

único fator da surpreendente vitória", os liberais estariam transformando o Visconde de Pelotas em grande herói:

> Reclamamos para o povo o que é do povo. [...] Nunca esperamos **que já no terreno do espontâneo movimento popular** tentasse ingloriosamente a paixão política perturbar a solidariedade, [...] protestamos contra essa **perturbadora e inglória tentativa**. Têm o dever de levantar esse protesto todos aqueles que, como nós, respeitando o **tácito compromisso comum**, têm-se abstido firmemente, no labor abolicionista, **do espírito de partido**" (*A Federação*, 4 de setembro de 1884 – grifos nossos)[414].

Na dimensão da disputa político-partidária com os liberais, convém destacar, ainda, o acirramento da crítica republicana à reforma eleitoral de 1881. Se o Projeto Dantas corria o risco de ser derrotado no Parlamento, a responsabilidade cabia aos liberais pelas "sucessivas burlas das aspirações livres do país[415].

> A Nação quer responder ao apelo **pedindo a abolição total dos escravos, porque a Nação é abolicionista**; mas não pode escolher os seus representantes. Por quê? Porque a maioria da Nação não vota. [...] **Quão fácil seria infligir a derrota eleitoral ao partido da escravidão se a maioria do país tivesse voto, se o povo votasse!** [...] **Diante das urnas o seu voto seria: abolição imediata!** (*A Federação*, 25 de agosto de 1884 – grifos nossos).

Em segundo lugar, era o próprio teor do projeto que estava sendo contestado. Como candidato do Partido Republicano do Rio de Janeiro ao primeiro escrutínio das eleições, Saldanha Marinho negava-se a prestar "concurso ilimitado e incondicional" a um "projeto que não satisfazia as aspirações abolicionistas" (*O Paiz*, 16 de novembro de 1884). "Em último caso", votaria na medida, "se fosse a única viável no Parlamento", mas considerava que a definição de um prazo de cinco anos para a abolição

---

414. Sobre a mesma questão, cf., também em *A Federação*, as edições de 7 e 19 de setembro de 1884.

415. Na carta de Saldanha Marinho apresentando a sua candidatura, o presidente do partido também considerou a questão: "A Nação, representada pelo limitado censo eleitoral da nova lei, devo dizê-lo, não pode tomar a parte que lhe compete na solução de um problema social, e, portanto, amplo e complexo como são os da índole do que ora se agita" (*O Paiz*, 16 de novembro de 1884). Nessa mesma carta, Saldanha Marinho afirmava que os jornais republicanos do Rio Grande do Sul e de São Paulo tinham tomado a sua defesa contra as acusações de José do Patrocínio.

total, **sem indenização**, conforme defendiam os paulistas, era uma solução muito melhor. A escolha pelo prazo sem indenização não quer dizer que, nesse contexto, Saldanha Marinho fosse contra a abolição imediata, mas, como candidato a um lugar no Parlamento, pensava num projeto alternativo ao Projeto Dantas. No início de 1886, Saldanha Marinho voltou à questão:

> As meias medidas não servem, são prejudicialíssimas. Prometer libertação a um prazo dado é acoroçoar a anarquia e autorizar a sedição. [...] O único caminho a seguir nas condições gravíssimas. [...] FICA EXTINTA A ESCRAVIDÃO NO BRASIL (*A Federação*, 9 de fevereiro de 1886).

Apesar de apoiar o governo Dantas, Júlio de Castilhos também considerava o projeto "insuficiente e muito longe de corresponder aos avanços da opinião do país. [...] [Era] um tímido golpe parcial na monstruosa posse, contra a qual protestam o direito, a moral, os brios nacionais. [...] Enquanto as províncias aceleravam o processo, o governo contemporizava com um grupo de senhores em duas ou três províncias. Que sabedoria governativa!" (*A Federação*, 1º de setembro de 1884). No dia seguinte, o jornal transcreveu um artigo de Júlio de Mesquita intitulado "Cartas de Campinas", que difundiu a mesma ideia. Dantas nunca tinha sido um abolicionista e apresentava um projeto paliativo e insuficiente para tentar remediar uma questão que tinha assumido uma dimensão nacional. Ao mesmo tempo, não compreendia como um projeto tão anódino podia provocar tanta ira.

* * *

Para concluir a análise sobre o apoio republicano ao governo Dantas e as repercussões do manifesto do Club Tiradentes, convém recuperar a intervenção do fluminense Aquino Fonseca, que procurou a imprensa para exprimir a dificuldade da sua posição. Na condição de orador oficial do Club Tiradentes, no ano de 1884, lamentou a desconfederação; como ativista da Confederação, criticou a aproximação excessiva com os monarquistas e a ofensiva de José do Patrocínio contra os seus correligionários[416].

Num dos seus artigos, Aquino Fonseca respondeu diretamente a Júlio Mesquita, que havia se referido aos abolicionistas republicanos da Confederação como "pseudodemocratas da Rua do Ouvidor". Na sua opinião, "poucos eram os censores dos irmãos de São Paulo", pois a maioria com-

---

416. No seu artigo, Aquino Fonseca também explicava a sua recusa em acompanhar o grupo da Confederação que se tinha retirado da reunião do partido.

preendia perfeitamente o princípio adotado pelo Manifesto paulista de 1873. A descentralização da questão servil não significava antiabolicionismo, mas associação intrínseca entre a luta política contra a centralização monárquica e a luta antiescravista. Aliás, o movimento de libertação nas províncias, "**sem audiência imperial** [...] **era uma nesga que se abria no escuro horizonte da centralização, o maior motor do mecanismo monárquico**" (*A Federação*, 12 de março de 1884 – grifo nosso)[417].

Por um lado, ele continuava defendendo a presença dos republicanos na Confederação – a "barraca do abolicionismo" –, pois, no "pleno campo de guerra do escravagismo", a unidade com os monarquistas reformadores era imprescindível para a vitória. Por outro, Aquino Fonseca indicava a especificidade do seu republicanismo no seio da Confederação, ao tomar distâncias em relação ao grupo de José do Patrocínio e à monarquização do movimento, ao encontro dos republicanos do Rio Grande do Sul e de São Paulo:

> **Os que se iludem supondo que nós, republicanos e abolicionistas, trabalhamos para a estabilidade do trono, enganam-se**; [...] continuo a ser no seio **do meu partido – republicano e, pois abolicionista; e na Confederação – abolicionista e republicano**. Nessa orientação de concórdia e de paz, [...] tenho minhas **reservas** mentais [...] votando, por exemplo, contra certo brinde **lembrado** no banquete abolicionista, e levantando-me, para não sancionar a aprovação unânime da moção ao Projeto Dantas. [...] Também [...] "andamos **preocupados com os preparativos de festejos a S.M. o Imperador**", no dia em que for sancionado **o projeto, incompletíssimo, quanto a mim, do Sr. Dantas** (grifos nossos).

Quanto ao risco de que os monarquistas ficassem com os louros, Aquino Fonseca procurava tranquilizar os seus correligionários com a análise de que a Coroa podia até abolir a escravidão, mas "**ninguém lhe agradeceria depois de tê-la mantido por tantos anos**", pois todos sabiam que a escravidão era a própria "argamassa do trono" que só interessava à "oligarquia, [a]

---

417. Apesar dos seus diferentes significados, a bandeira do federalismo unificou o campo republicano. Na discussão historiográfica sobre o federalismo, muitas vezes, essa reivindicação foi associada, exclusivamente, aos interesses oligárquicos. No entanto é preciso considerar que essa aspiração também foi defendida pelos republicanos populares, que viram nela um fator importante para a efetiva participação política. Dentre os historiadores que reconheceram esse último aspecto e refutaram a tese de que o federalismo fosse uma mera "desculpa" para o governo das oligarquias, cf. Sodré (1989); Pessoa (1983); Galdino (2006).

os poderosos, [a]os ricos, [a]os privilegiados da própria política imperial". No seu prognóstico sobre a narrativa histórica, só uma versão da abolição parecia plausível, a da "imposição da democracia, representada nas classes populares" com os "republicanos à frente da propaganda".

Aliás, na argumentação não só de Aquino Fonseca, mas também de Ennes de Souza e Jerônimo Simões, quanto maior o investimento republicano na abolição mais cedo ela viria. Com ela, imediatamente, viria a República, "consequência lógica do fim da escravidão".

Para o prosseguimento dessa história, é importante memorizar os prognósticos de Aquino Fonseca para compará-los aos de Saldanha Marinho, que, nesse mesmo ano de 1884, pedia aos republicanos que se mantivessem precavidos:

> Se a emancipação **dependesse somente da ação do partido republicano**, eu, como todos os nossos correligionários, **estaria à frente do movimento**. [...] *Não nos achando nesse caso* [...] a nossa intervenção deverá ser considerada como a de **instrumento do poder** que quer levar a efeito a determinação de sua vontade. **Nesta posição nos aguarda o desprezo dos monarquistas vencedores** (*Gazeta da Tarde*, 5 de setembro de 1884 – grifos nossos).

9
A queda de Dantas e a republicanização do movimento abolicionista

Apesar das divergências e da desconfederação do Club Tiradentes, os partidos republicanos acompanharam a posição da Confederação de apoio ao Governo Dantas. Fundado em outubro de 1884, *O Paiz* entrou com determinação na campanha abolicionista e na defesa do projeto. Se muitos republicanos o criticaram pela sua imparcialidade, *O Paiz* foi identificado ao movimento abolicionista tanto pelos seus ativistas quanto pelos seus adversários[418]. Inclusive, num dos seus primeiros editoriais, o jornal defendeu-se das acusações do *Brazil*, que denunciou a sua neutralidade "hipócrita" em razão do seu comprometimento com a causa abolicionista (*O Paiz*, 4 de outubro de 1884).

Por que, então, a Confederação Abolicionista, numa aliança com os partidos republicanos, se tornou a principal defensora do projeto emancipacionista quando já reivindicava a abolição imediata?

Se, na óptica do *Brazil*, a proposta da Confederação de lutar pela abolição por meio da imprensa, das conferências e dos tribunais significava uma ameaça à ordem, na visão dos seus líderes, ela representava o último compromisso com a legalidade frente a outros abolicionismos que sustentavam a ação direta junto aos escravizados. Se as fugas de escravizados, pela sua amplitude no ano de 1887 – dirigidas ou não pelas lideranças abo-

---

[418]. A edição de 15 de novembro de 1884 anunciou a colaboração de Quintino Bocaiuva, que, a partir daí, se tornou redator-chefe do jornal. Por ter mantido a "imparcialidade partidária", foi criticado diversas vezes por outros membros do Partido Republicano do Rio de Janeiro. Sobre a importância da participação de *O Paiz* e de Quintino Bocaiuva no movimento abolicionista e republicano, cf. Souza (1977); Pessanha (2006); Bogéa (2019).

licionistas –, foram determinantes para o fim da escravidão, há evidências de que, desde o fim da década de 1870, muitos abolicionistas já apostavam nesse procedimento. Por razões óbvias, os registros da imprensa e das associações não são as melhores fontes para recuperar, de uma forma clara e direta, a atuação desse abolicionismo "anônimo", que apostava nas fugas e no acoitamento dos escravizados. Essa evidência tem sido resgatada em outros tipos de fontes, mas, como vimos anteriormente, mesmo na imprensa, há muitos indícios de que a opção defendida pela Confederação – apesar de parecer revolucionária aos olhos dos escravistas – representava, justamente, uma tentativa de evitar a revolução, ou seja, a abolição feita pelos próprios escravizados[419].

Em diversos momentos desses tumultuados anos de 1884-1885, a Confederação insistiu no compromisso com a ordem:

> O povo fluminense, **pacífico e sempre generoso**, em todas as suas grandes manifestações, **saberá corresponder ao nosso patriótico apelo**, mantendo-se em esfera superior às provocações propositais. [...] Um povo, enobrecido com o renome de herói da cruzada civilizadora da redenção dos cativos, **não pode aceitar luta em terreno inferior**. [...] Com **risos, flores e músicas**, tomaremos, muito breve, as últimas fortalezas dos exploradores de carne humana (*Gazeta da Tarde*, 24 de janeiro de 1885 – grifos nossos).

Mesmo com toda a resistência dos partidos republicanos em apoiar as candidaturas monarquistas e o Governo Dantas, a opção defendida pela Confederação parecia aceitável quando comparada às ações do "abolicionismo mal compreendido"[420]. Apesar da desconfederação do Club Tiradentes, os republicanos uniram-se na luta parlamentar/eleitoral contra a reação escravista. Mas como apostar nas eleições se elas tinham sido totalmente depuradas da representação popular justamente pelos liberais?

O manifesto de José do Patrocínio ao eleitorado fluminense, como candidato à Câmara dos Deputados pelo 3º Distrito, nas eleições de dezembro de 1884, delimitou o terreno da lei e das urnas como o campo de atuação, ao mesmo tempo que reconheceu a impossibilidade da vitória eleitoral:

---

419. Sobre essa discussão, cf., dentre vários outros, o livro de Machado (1994).
420. Expressão utilizada por Rangel Pestana no *Província de São Paulo* em 1883.

> A Confederação Abolicionista não tem ilusões, [...] sabe que uma errada noção política restringiu de tal modo o exercício da soberania popular que em um município como o da Corte [...] apenas 6.793 gozam do mandato eleitoral, [...] permanecendo um sistema parlamentar, todo no interesse de castas (*Gazeta de Notícias*, 3 de setembro de 1884).

Nesse sentido, a luta pela questão social no terreno eleitoral acabou aprofundando a crítica ao sistema político. Ao se incorporar às fileiras abolicionistas como porta-voz do Governo Dantas, Rui Barbosa, que tinha sido o redator do projeto da Lei Saraiva, foi levado a reconhecer publicamente o seu erro[421].

No seio da Confederação, José do Patrocínio e João Clapp, sempre dispostos a sustentar a aliança com os monarquistas, serviram-se da campanha eleitoral como um recado aos escravistas: o Projeto Dantas era a última oportunidade para que a revolução se fizesse de cima para baixo; caso contrário, teriam "que assistir à revolução de baixo para cima" (*Gazeta da Tarde*, 20 de dezembro de 1884)[422].

Apesar da pouca confiança nas urnas, os militantes do Rio de Janeiro investiram em todos os procedimentos disponíveis para eleger os candidatos republicanos no primeiro escrutínio e os candidatos empenhados na defesa do projeto, independentemente da filiação partidária, no segundo escrutínio.

No âmbito desse processo eleitoral, principalmente na fase da diplomação dos eleitos[423], é importante destacar a proximidade cada vez maior entre os ativistas da Confederação – ligados a Patrocínio – e as lideranças dos partidos republicanos, dentre elas, Quintino Bocaiuva, Campos Salles e Prudente de Morais.

Na visão de José Maria dos Santos (1942), o apoio do PRP ao Projeto Dantas tinha sido o resultado de um cálculo político sem lastro em qualquer convicção abolicionista. Em razão disso, Campos Salles e Prudente de Morais, ao chegarem ao Rio de Janeiro após a vitória eleitoral, teriam

---

421. Sobre o papel de Rui Barbosa na Lei Saraiva, cf. Leão (2013).
422. Alguns dias depois das eleições, Joaquim Nabuco também argumentou que "os abolicionistas não apoiariam nenhum outro ministério e que o governo devia saber que tudo encaminhava para uma solução extraparlamentar" (*Gazeta da Tarde*, 4 de janeiro 1885).
423. Os candidatos eleitos só tomavam posse após a verificação do resultado por duas comissões: a Comissão de cinco membros e a Comissão de Diplomação – composta por três membros.

se esquivado do espaço público e rechaçado qualquer vínculo comprometedor com o abolicionismo para evitar desagradar as suas bases eleitorais: os fazendeiros escravistas. Desse modo, teriam sido recebidos com frieza pelos "republicanos cariocas, constantes abolicionistas", até mesmo pelo evolucionista Quintino Bocaiuva[424]. Mas a imprensa da época permite-nos contar uma história muito diferente.

* * *

Nos meses de janeiro e fevereiro de 1885, a recepção dos candidatos eleitos desencadeou grandes eventos. Apesar da incontestável magnitude da recepção a Joaquim Nabuco – "a mais ingente e estrondosa manifestação popular que pode almejar um homem"[425] –, é importante recuperar a ênfase de *O Paiz* na chegada de Campos Salles. No seu editorial e em outras colunas da primeira página, o jornal destacou a Marselhesa e os "vivas à República" lançados no Largo de São Francisco por uma "enorme aglomeração do povo", que, em seguida, marchou pelas redações dos jornais despertando os aplausos de espectadores "apinhados" na Rua do Ouvidor"[426].

Nas entrelinhas, *O Paiz* também nos "informou" sobre a trégua entre o abolicionismo de Patrocínio e o republicanismo de São Paulo, pela ênfase na recepção – "a mais cordial e a mais esplêndida" – "feita ao Dr. Campos Salles pelo nosso ilustrado colega da *Gazeta da Tarde*". Da sacada travestida em palanque, o "nosso colega José do Patrocínio proferiu um dos seus eloquentes discursos, saudando ao ilustre representante de São Paulo"[427].

Apesar de não ter aceitado o pacto com os partidos monárquicos, a "palavra ardente e apaixonada do Dr. Aristides Lobo" também foi destacada; mas, na escolha das frases, o redator delimitou, com precisão, o alvo e a recepção da sua fala: dirigida "aos representantes da ideia republicana",

---

424. Quintino Bocaiuva, assim como José do Patrocínio, teriam "virado as costas" aos paulistas. Cf. Santos (1942, p. 222).

425. Com essa frase, iniciou-se a longa cobertura do evento pela *Gazeta da Tarde*, reproduzida por *O Paiz*. Ao contrário da *Gazeta da Tarde*, que deu um maior destaque à recepção de Joaquim Nabuco, em *O Paiz*, foi a chegada de Campos Salles que teve maior repercussão.

426. Todas as citações referentes à recepção de Campos Salles estão em *O Paiz* (7 de fevereiro de 1885).

427. O jornal *A Semana*, fundado em janeiro de 1885 por Valentin Magalhães, também deu grande destaque à recepção de Campos Salles. Na descrição, associou o republicanismo e o abolicionismo e destacou o discurso de José do Patrocínio: "A recepção que lhe fizeram os seus correligionários e todos os simpáticos à causa da República e da abolição – foi imponente. [...] Chegou Campos Salles onde o esperava uma multidão enorme. [...] Da redação da *Gazeta da Tarde* falaram os srs. Patrocínio e Magalhães Castro" (*A Semana*, 7 de fevereiro de 1885).

"calorosamente aplaudida pelos seus correligionários". Do "notável discurso" de Campos Salles, o redator de *O Paiz* selecionou a frase de um líder abolicionista: "Quem diz 'liberdade' e 'democracia' exclui a ideia de toda a escravidão".

Apesar da vitória de candidatos comprometidos com o Projeto Dantas, as eleições não conseguiram reverter a maioria escravista na Câmara. Mesmo assim, o abolicionismo manteve-se mobilizado no apoio ao governo contra a reação escravista que, dentre outras ações, investiu em manobras no Parlamento para impedir a diplomação dos deputados abolicionistas.

Na sua edição de 12 de fevereiro, o *Brazil* destacou a "anarquia" provocada pelo abolicionismo que, após uma tumultuada sessão da Câmara, teria levado vários grupos a desfilarem pelas ruas principais do Centro acompanhados dos seus "deputados prediletos" aos gritos de "vivas e morras" (*Brazil*, 12 de fevereiro de 1885).

Diante do clima cada vez mais tenso, a Confederação lançou, no dia 17 de fevereiro de 1885, um manifesto pedindo calma aos seus correligionários, num diálogo indireto com outros abolicionismos:

> Decidida a não apartar-se da **linha de moderação** que se traçou, [...] a Confederação **prefere ser julgada demasiado prudente** a sacrificar por injustificável impaciência os sacrifícios de uma vida toda de abnegação e de civismo. É por isso que, ainda uma vez, **pede aos seus correligionários calma enérgica**, serenidade patriótica. [...] Contemporiza momentos, porque só quer tomar resoluções definitivas. [...] Empenhados **em nos fazer considerar anarquistas**, os nossos adversários procuram atribuir-nos a responsabilidade de acontecimentos supervenientes à destruição lenta da ordem, por eles praticada. Não o conseguirão porque estamos de sobreaviso (*O Paiz*, 17 de fevereiro de 1885 – grifos nossos).

Até a queda de Dantas, a Confederação oscilou entre a recomendação de prudência e as ameaças às autoridades. Em abril, ao responder às acusações de compra de armas com o uso do dinheiro arrecadado nas festas abolicionistas, deixou claro os limites da sua moderação:

> A Confederação dá e dará o seu fraco mas sincero apoio ao ministério atual, porque entende que ele quer **encaminhar a questão da abolição dos escravos para o terreno legal**. [...] As **armas que compramos** com o produto das Kermesses

> são essas [imprensa e conferências]; e com elas é que chegamos até aqui. [...] Se, porém, os caricatos *clubs* armados da lavoura tentarem a luta no terreno que nos ameaçaram, nos artigos secretos dos seus estatutos, nós **usaremos um expediente muito fácil, que é chamar em auxílio da causa que defendemos, a greve dos escravos**, que são os mais interessados no direito que lhes querem negar (*Gazeta de Notícias*, 18 de abril de 1885 – grifos nossos).

Porém, no início de maio – ainda confiante de que o imperador provaria o seu apoio a Dantas por uma nova dissolução da Câmara –, a Confederação voltou a conclamar a "multidão" à calma, inclusive, recriminando a vaia como um meio de protesto: "A luta pelo assobio nós não a aceitamos" (*Gazeta da Tarde*, 2 de maio de 1885). Mesmo depois da evidência de que o Parlamento reunia uma maioria escravista, a Confederação apostou na Coroa para a manutenção de Dantas. Numa das manifestações populares que tomaram as ruas durante o processo de diplomação, João Clapp conclamou a "multidão" a se manter "nos limites traçados pela moderação", explicando "que a situação do gabinete não era desesperada, que a Coroa ia ser ouvida" (*Gazeta da Tarde*, 6 de maio de 1885). Quintino Bocaiuva, à frente de *O Paiz*, também conclamava pela permanência de Dantas, apesar da vitória eleitoral da oposição. Além disso, exigia que o Projeto Dantas fosse, pelo menos, apreciado. No entanto, contra a expectativa da Confederação, o imperador decidiu não dissolver a Câmara (cf. *A Federação*, 14 de setembro de 1885).

A queda do gabinete, em 6 de junho, e a ascensão de Saraiva[428] lançaram a pá de cal na "linha da moderação" defendida pela Confederação. Dois dias depois da queda do ministério, Carlos de Lacerda foi preso em Campos justamente sob a acusação de provocar a fuga dos escravizados[429]. Enquanto a Confederação acionava o seu setor jurídico para conseguir o *habeas corpus*, o *Brazil* comemorava:

> A prisão dos **anarquistas** produziu no espírito público grande contentamento. Há ideia de uma manifestação às autoridades. Preparam-se grandes manifestações às autoridades policiais

---

428. Sobre o projeto Saraiva e a sua repercussão junto aos abolicionistas, cf. Conrad (1975); Alonso (2015).
429. Sobre o abolicionismo de Carlos de Lacerda em Campos, cf. Lima (1981); Monnerat (2015).

e judiciárias do distrito, pela energia contra os perturbadores da ordem pública (*Brazil*, 5 de junho de 1885 – grifo nosso).

Durante os cento e seis dias do Governo Saraiva até a ascensão dos conservadores, os ativistas vão servir-se de todas as contingências para levar o povo às ruas e mostrar, publicamente, a força do abolicionismo derrotado no Parlamento. Antes disso, em fevereiro de 1885, os "terremotos da Andaluzia" já tinham levado milhares de pessoas ao Campo da Aclamação, com grande destaque para as sociedades abolicionistas e as associações carnavalescas – também abolicionistas – com os seus carros alegóricos, na mais recente "invenção" da cultura popular religiosa, os bandos precatórios, organizados na sede do jornal *O Paiz*[430]. "A cidade do Rio de Janeiro assistiu ontem à mais notável solenidade popular que se tem realizado nessa capital, [...] o mais extenso préstito que jamais se formou nessa cidade"[431].

A exemplo dos republicanos franceses, que, sob o Império de Napoleão III, não puderam adotar os *meetings* em espaços abertos, os enterros tornaram-se grandes manifestações públicas (cf. Pigenet, 2012). Um mês depois da queda de Dantas, o enterro da esposa de Quintino Bocaiuva

---

[430]. Como indicado no capítulo 2, para a contextualização dos eventos abolicionistas no quadro mais amplo das manifestações públicas do Império, procedemos ao levantamento dos termos utilizados pelo abolicionismo para se referir às suas próprias manifestações, dentre eles, "bando precatório". No *Jornal do Commercio* (a partir de 1829), a primeira ocorrência do termo dá-se, justamente, em 30 de janeiro de 1885, em referência aos eventos organizados para socorrer as vítimas dos terremotos de Andaluzia, do mesmo modo que nos jornais *Gazeta de Notícias*, *O Paiz* e *Gazeta da Tarde*. Ao que tudo indica, os **bandos precatórios** existiam em Portugal, e, na ocasião dos terremotos de Andaluzia, representantes da imprensa de Lisboa tentaram organizar um desses bandos, que, no entanto, foram proibidos pelas autoridades portuguesas. O ministro negou a autorização afirmando que "não simpatizava com a ideia do bando precatório, não só porque molestava o público, impedindo o trânsito, mas porque receava que algum mal intencionado aproveitasse o ensejo da reunião para promover desaguisados". Portanto o Bando Precatório de Lisboa organizado, dentre outros, pelo republicano Rafael Bordalo Pinheiro, artista e intelectual português, foi "transplantado" para o Brasil, num momento de disputas políticas em torno da iminente queda do Governo Dantas, em que o abolicionismo procurava mostrar a sua base popular. Vale lembrar que Rafael Bordalo Pinheiro esteve no Brasil entre 1875 e 1879; fundou o jornal *O Besouro*, no qual apresentou várias caricaturas críticas a Pedro II; e sofreu dois atentados em razão da sua atuação na imprensa, tendo circulado no meio republicano. Para as articulações entre a comissão da imprensa portuguesa, Rafael Bordalo e a imprensa brasileira, cf. as edições de *O Paiz* entre 28 de janeiro e 23 de fevereiro de 1885.

[431]. Dentre as associações que compuseram o bando estavam a Comissão da Central da Imprensa, representada por Quintino Bocaiuva, a cavalo; o carro da Escola Militar, "seguido dos alunos da mesma escola"; os carros das Escolas de Medicina e da Escola Politécnica; o carro com o estandarte da Confederação Abolicionista, acompanhado dos seus membros; os carros dos clubes abolicionistas dos Libertos; Sete de Novembro; José do Patrocínio; Gomes dos Santos; Ferreira de Menezes; o carro com o estandarte do Club dos Socialistas; além dos carros dos clubes carnavalescos Fenianos e Tenente do Diabo (*O Paiz*, 23 de fevereiro de 1885).

apresentou – a despeito de qualquer deliberação a esse respeito – a aliança política em torno do abolicionismo, com a presença de Dantas, Campos Salles e Joaquim Nabuco com mais de cento e vinte carros e representantes de várias associações, dentre elas, o Partido Republicano, o Club Tiradentes, a Confederação Abolicionista e a Sociedade Central de Imigração (*Gazeta de Notícias*, 3 de junho de 1885).

Um dia antes da ascensão de Cotegipe, no dia 19 de agosto de 1885, o enterro da mãe de José do Patrocínio transformou-se numa grande manifestação política, com a presença dos republicanos Campos Salles e Ferreira de Araújo ao lado de Dantas e de Rui Barbosa no ato solene de segurar a alça do caixão (*Gazeta da Tarde*, 20 de agosto de 1885)[432].

* * *

A ascensão dos conservadores e o seu Regulamento Negro, que tornou o acoitamento de escravizados crime passível de dois anos de prisão, levou imediatamente à republicanização do movimento abolicionista[433]. Na tribuna da Confederação, a presença de Quintino Bocaiuva ao lado de José do Patrocínio tornou-se constante, ao mesmo tempo que é possível perceber a radicalização do próprio Joaquim Nabuco, que, em abril de 1886, entrou para a redação de *O Paiz*[434].

Diante da impossibilidade de fazer avançar o processo de emancipação no Parlamento, Joaquim Nabuco começou o seu mandato justamente com a apresentação da bandeira mais antiga do republicanismo, a federação. Entretanto a reação de José do Patrocínio, no editorial da *Gazeta da Tarde*, no dia 14 de setembro de 1885, exprimiu a nova correlação de forças entre monarquistas e republicanos. Além de prever o arquivamento do projeto devido ao total isolamento do seu redator, dentro do Partido Liberal, José do Patrocínio procurou convencer os seus leitores da completa incoerên-

---

432. Esse ato é destacado em todas as descrições da imprensa sobre os enterros no século XIX.

433. Esses regulamentos da Lei Saraiva-Cotegipe, emitidos em 12 de junho de 1886, foram apelidados de "Regulamento Negro" pelos abolicionistas por favorecerem a escravidão, por exemplo, pela criminalização do acoitamento de escravizados. Convém lembrar que o regulamento foi elaborado por Antônio Prado, importante proprietário de Campinas, que permaneceu irredutível a qualquer avanço na questão abolicionista até as fugas em massa de escravizados, em São Paulo, no ano de 1887. Cf. Conrad (1975).

434. Alguns trabalhos mais centrados na trajetória de Joaquim Nabuco também apontam para esse momento de radicalização. Cf. Salles (2002); Alonso (2015). No final de 1885, o monarquista Antônio Bento também tinha passado a colaborar no jornal republicano dirigido por Américo de Campos, o *Diário Popular*.

cia de tal proposta, já que a "ideia federal era **genuinamente republicana como era também a ideia abolicionista**" (grifo nosso).

Com esse posicionamento, José do Patrocínio tentava recolocar-se no campo republicano, que via com muitas reservas o "federalismo de Nabuco":

> O Sr. Nabuco foi o escolhido para a imagem de regateira dos liberais [...] e ele se presta a essa especulação. [...] Ou **o Sr. Nabuco está comissionado para desacreditar essa ideia republicana, como o seu partido desacreditou outras que roubou para a sua bandeira**? Se é assim, está no seu papel de monarquista. O que admira é ter Sua Excelência encontrado apoio dos republicanos, já uma vez enganados pelos liberais em que confiaram tanto que com eles se confundiram (*Carbonário*, 18 de setembro de 1885 – grifo nosso).

Ao identificar, no projeto liberal, mais uma das manobras para fragilizar o campo republicano, Aristides Lobo pediu aos liberais "sinceros" que aceitassem a morte do "velho partido dos sofismas e das mistificações" e abraçassem a República:

> Empunhando a bandeira da federação das províncias, [...] esse grupo [do Joaquim Nabuco] ultrapassa as fronteiras do partido imperialista; e **se não quiser fazer política sem moral, se for animado por intenções honestas e puras**, há de ser impelido pela lógica incontrastável dos acontecimentos aos arraiais da República (*A Federação*, 14 de setembro de 1885 – grifo nosso)[435].

Ao mesmo tempo, Aristides Lobo elogiou a "uniformidade de vistas com que os republicanos, **em todo o Império**", tinham reagido à "manobra", dando uma prova irrefutável "da firmeza de **orientação política do partido**"[436] (grifos nossos).

Se, poucos meses antes, José do Patrocínio exprimira a sua confiança no compromisso da monarquia com a emancipação, agora ele se tornava

---

435. Assim como vários outros artigos de Aristides Lobo, esse texto foi publicado na parte editorial do jornal, a fim de mostrar o completo acordo com o ponto de vista defendido pelo republicano. Esses artigos de Aristides Lobo eram transcrições da seção "Cartas do Rio", publicadas no *Diário Popular* de São Paulo. Os republicanos paulistas também reagiram prontamente contra a apresentação do projeto de federação apresentado por Nabuco, inclusive no Parlamento, por meio dos posicionamentos de Campos Salles e Prudente de Moraes. Cf. Galdino (2006).

436. Essa carta intitulada "Solidariedade republicana", de Aristides Lobo, foi publicada no editorial de *A Federação* no dia 26 de setembro de 1885.

o porta-voz da perspectiva republicana. No prosseguimento da sua argumentação contra o projeto federalista de Nabuco, José do Patrocínio recuperou a narrativa republicana da história do Brasil, exaltando a Confederação do Equador de 1817 e os revolucionários de 1831 pela proclamação dos princípios federais e pela proposta da abolição imediata da escravidão. Além disso, ele reforçou a tese das origens republicanas do abolicionismo, contrariando a perspectiva das raízes monarquistas do movimento, que era defendida por Joaquim Nabuco. Mesmo com a "admiração que nutria pelo monarquista" e na eventualidade da aprovação do seu projeto de federação, José do Patrocínio confessava o seu descontentamento, pois a nova lei "seria simplesmente um simulacro federal".

Se, no momento da ascensão de Dantas, ele havia comemorado o abolicionismo do imperador; agora, Pedro II era visto como a expressão "da mais brutal das centralizações, o centro de atração em torno do qual gravitava a oligarquia ferrenha que esmagava o país". Com a força da sua retórica e do seu "órgão de propaganda", José do Patrocínio voltava às fileiras republicanas, inclusive, legitimando as dúvidas levantadas um pouco antes pelo Club Tiradentes:

> **Esta recente e dolorosa experiência**[437] nos põe de sobreaviso para com a proteção que o atual partido liberal pretenda dar às nossas ideias. **Preferimos que ela tenha a vida imaterial da propaganda.** [...] Convença-se o Sr. Joaquim Nabuco de que, durante a monarquia, só uma federação pode existir nesse país: a que o Sr. Silveira Martins descreveu, a federação das barrigas (*Gazeta da Tarde*, 14 de setembro de 1885 – grifos nossos).

Apesar da crítica veemente ao uso político da bandeira federalista, as recriminações dos republicanos à aproximação de José do Patrocínio com os monarquistas não desapareceram completamente, como se depreende da posição do *Carbonário*, correligionário de Apulcho de Castro:

> O Sr. Joaquim Nabuco disse bem claramente que queria a confederação das províncias, porque ela ia ferir diretamente ao predomínio do imperador; mas não disse que renegava a monarquia, porque não quer de todo perder as esperanças que no sistema monárquico pode alimentar. Não é com essa gen-

---

437. "Aconteceria com a reforma federal o mesmo que se deu com a do elemento servil" (*Gazeta da Tarde*, 14 de setembro de 1885).

> te que iremos para qualquer parte. [...] Queremos um velho como Saldanha Marinho, e não o fazendeiro da Pojuca; um moço como Lopes Trovão, e não o inglês que anda de rojo ao pé das atrizes. [...] Admira que o Sr. Patrocínio esteja recolhendo essa gente nas suas fileiras (*Carbonário*, 19 de julho de 1886).

De todo modo, com o seu reposicionamento, José do Patrocínio respondia, indiretamente, às questões do mais ilustre representante do "puritanismo" republicano, Aristides Lobo, no momento em que, diferentemente da Confederação, previra a queda de Dantas pela "indiferença" do imperador:

> E se tal acontecer, onde fica e como fica a opinião abolicionista dentro e fora do Parlamento **com os entusiasmos e suas afirmações resolutas**? [...] Há ideias que **só podem vingar ao grande ar das agitações populares**. Transplantado para a **estufa imperial**, o grande *roble abolicionista* vai reduzir-se talvez à estatura medíocre do cactus rudimentário (grifos nossos)[438].

Em setembro de 1885, numa comemoração da lei de 1871 organizada pela Confederação, Joaquim Nabuco e José do Patrocínio encontraram-se na mesma tribuna, e, mais uma vez, é possível identificar a nova correlação de forças. No seu discurso, Joaquim Nabuco criticou os liberais pelo acordo Saraiva-Cotegipe, mas não perdeu a oportunidade de desacreditar o Partido Republicano no tratamento da questão abolicionista. Nessa mesma direção, procurou defender-se das acusações republicanas – de certo modo, a do próprio Patrocínio na citação anterior – de que a sua iniciativa de apresentar, no Parlamento, o projeto de federação fosse puro oportunismo. Por outro lado, legitimou com todas as letras o acoitamento de escravizados, mesmo lembrando que ainda não podia tirar todas as consequências de um tal posicionamento devido à proteção da sua imunidade parlamentar.

Na continuidade do evento, José do Patrocínio defendeu, ainda mais enfaticamente, a proteção aos escravizados fugidos e definiu o seu lugar de fala de uma forma muito semelhante à de Apulcho de Castro, evidenciando a centralidade da questão racial nesse contexto:

---

[438]. "Carta" de Aristides Lobo intitulada "O roble abolicionista", transcrita pelo editorial de *A Federação* no dia 16 de abril de 1885.

> Sua Ex. [Nabuco] disse que não podia falar ainda com toda a isenção de espírito, porque ainda o acobertavam as imunidades parlamentares. Pois o orador que não as tem, o **orador que é pobre, que é negro e que é plebeu** declara ao Império que há de sentar-se no banco dos réus porque a sua casa é franca para os escravos fugidos (*Gazeta de Notícias*, 29 de setembro de 1885 – grifo nosso).

Talvez essa aproximação tenha sido vislumbrada pelo próprio Patrocínio, que, no fluxo do seu discurso sobre a repressão, relembrou o *Corsário*:

> O orador recolheu-se nas modestas colunas do seu jornal, desse jornal que deve receber em breve a visita da gente da polícia, como se fosse um *Corsário*, às antigas aspirações da sua mocidade, à forma republicana (*Gazeta de Notícias*, 29 de setembro de 1885).

Assim como Apulcho de Castro antes do seu assassinato, José do Patrocínio reiterou tanto a sua prontidão para o sacrifício quanto as ameaças aos reis impopulares: "Está pronto a **morrer**, mas alguém há de pagar o **sangue** que se derramar. Podem persegui-lo, mas Sua Majestade tem família e deve recordar-se dos exemplos que a história lhe oferece" (*Gazeta de Notícias*, 29 de setembro de 1885 – grifos nossos).

Mais uma vez, é preciso admitir que as repetidas referências à revolução, ao sangue e à violência exprimiam tensões sociais, raciais e políticas, que o repertório escolhido pela Confederação, "de flores e música", não era suficiente para apaziguar. Nesse contexto, a evidência mais expressiva da republicanização do movimento abolicionista foi a "União Federal Republicana".

Exatamente um mês depois da ascensão de Cotegipe, José do Patrocínio, procurando fortalecer a sua posição no campo republicano, convocou, pela *Gazeta da Tarde*, uma "grande reunião" com o objetivo de "organizar o Partido Republicano no Rio de Janeiro para impulsionar a propaganda". Nesse primeiro encontro, esteve presente Campos Salles, que, após ter se empenhado na defesa do Projeto Dantas, ganhara credibilidade junto aos fluminenses para apontar os problemas decorrentes da "fraca organização" partidária no Rio de Janeiro.

Nesse ponto, é importante lembrar que grande parte da historiografia continua minimizando o impacto do Partido Republicano e do republicanismo na história do Império em razão da sua frágil estrutura organizativa, do seu pretenso descompromisso com a abolição e dos seus "pífios" resultados eleitorais[439].

* * *

De certo modo, as bases dessa interpretação foram lançadas no próprio âmbito das disputas políticas do século XIX. Por um lado, as alegações de José do Patrocínio e de Joaquim Nabuco sobre o "republicanismo escravista" contribuíram para eliminar o envolvimento do partido de São Paulo com a questão abolicionista. Por outro, as referências dos paulistas – e, às vezes, dos próprios fluminenses – à desorganização do Partido Republicano do Rio de Janeiro serviram para ofuscar a sua relevância na vida política do Império e no próprio movimento abolicionista.

No sentido de aprofundar a compreensão sobre os termos desse debate, é importante ressaltar alguns aspectos. Em primeiro lugar, tal como considerado no capítulo anterior, mesmo admitindo que o Partido Republicano Paulista, em suas declarações oficiais, não tenha assumido a posição mais avançada do abolicionismo, as críticas a esse respeito precisam ser relativizadas, levando-se em consideração alguns pontos importantes: as denúncias dos monarquistas na década de 1870, associando as fugas de escravizados, na Província de São Paulo, à ação republicana; a permanência dos "abolicionistas populares" no PRP; a adesão do núcleo agrário ao Projeto Dantas; e, finalmente, a presença de Campos Salles ao lado de José do Patrocínio no evento que estamos em vias de analisar. Em segundo lugar, é preciso tentar compreender as declarações sobre a desorganização do Partido Republicano do Rio de Janeiro, tendo em vista dois aspectos interligados: o sistema eleitoral e a tensão entre revolucionários e evolucionistas.

---

439. Sobre essa visão a respeito do Partido Republicano no Império, na historiografia mais recente, cf., dentre outros, Lemos (2009); "Radicalismo e republicanismo" (Carvalho, 2009); Castro (2013). Como mostrou Emília Viotti Costa (1985), as disputas a respeito do papel do Partido Republicano no processo político, que se desdobrou no 15 de novembro, tiveram início logo após a Proclamação da República. Em relação à visão sobre a inorganicidade e a desorganização do Partido Republicano, a autora chama a atenção para a importância da obra de Oliveira Viana, *Ocaso do Império*, escrita em 1925, que serviu de base para a análise de José Maria dos Santos (1942), referência ainda atual nos estudos sobre o Partido Republicano, apesar de ter sido escrita nos anos 1940. Nas palavras de Emília Viotti Costa, ambos "não escondiam a admiração que tinham pelo regime monárquico e as restrições que faziam à República" (COSTA, 1985, p. 292). Voltaremos a essa questão no capítulo 13.

O compromisso do Manifesto de 1870 com a evolução não significou um consenso a respeito das vias para se chegar à República. No caso do Rio de Janeiro, é muito difícil afirmar que o evolucionismo tenha sido a posição majoritária, apesar do prestígio incontestável de Quintino Bocaiuva. A tensão permanente entre os adeptos da evolução e da revolução não reflete escolhas relacionadas a perspectivas teóricas bem definidas, mas resulta de análises conjunturais sobre as possibilidades de se chegar à República pelas vias institucionais[440].

Nesse ponto, é preciso recuperar dois aspectos, de certo modo, evidentes, mas que são frequentemente ignorados. Primeiramente, a única forma de obter alguma tolerância com a propaganda republicana não era, certamente, postulando a organização de um partido revolucionário. Mesmo com todo o evolucionismo do manifesto e a pretensa liberdade de imprensa, os jornais declaradamente republicanos foram, muitas vezes, impedidos de circular, sem contar a repressão que se abateu sobre a cidade durante as manifestações do Vintém, da reforma eleitoral e após o assassinato do negro republicano Apulcho de Castro. Além disso, para defender o caminho da evolução, era necessário acreditar que o investimento na propaganda iria se desdobrar numa maioria parlamentar. Desse modo, o combate pelo evolucionismo impunha a aposta no processo eleitoral.

Diferentemente da história política dos anos 1940 e 1950, que minimizou a relevância da maioria dos partidos republicanos do Império em razão dos repetidos fracassos eleitorais, as abordagens mais recentes começam, justamente, pela historicização das noções de partido e de sufrágio. É exa-

---

440. A tese de Reynaldo Xavier Carneiro Pessoa (1983) questionou o caráter conservador tanto do Manifesto de 1870 quanto o de 1873, destacando, também, a importância crescente do Partido Republicano desde a sua fundação, na contramão dos trabalhos anteriores de José Maria dos Santos (1942) e George Boehrer (2000). Além disso, ele enfatizou a relevância da divisão entre evolucionistas e revolucionários para a compreensão do papel do partido na história política do Império. Apesar de fornecer muitos exemplos da atividade dos adeptos da revolução – num trabalho muito bem documentado –, considerou que o partido permaneceu fiel ao princípio evolucionista até o ano de 1888, quando rompeu com essa diretriz, principalmente pela propaganda de Silva Jardim. No nosso entendimento, o fato de o partido não se ter pronunciado oficialmente pela revolução, a não ser pelo manifesto de São Paulo de fevereiro de 1888, não nos permite minimizar a importância da linhagem revolucionária. Se nos limitarmos aos dados fornecidos pelo próprio trabalho de Reynaldo Xavier sobre o partido do Rio de Janeiro, pouquíssimos se mantiveram do início ao fim completamente fiéis ao princípio evolucionista. Nesse sentido, mais do que definir o partido pela sua fidelidade ao princípio da evolução, é importante identificar a tensão entre as duas diretrizes como um dado incontornável da história do partido, sem o qual é impossível avançar na compreensão da história política do período.

tamente no decorrer do século XIX que os partidos políticos – como entidades com aspiração ao exercício do poder por meio das eleições – estão se constituindo, não só no Brasil, mas em todo o Ocidente[441].

Por sua vez, essa história é inseparável dos enfrentamentos em torno da ampliação do sufrágio, que representava, ao mesmo tempo, a delimitação do espaço da política na relação com as eleições. A identificação entre a esfera política e o voto não tem nada de "natural", principalmente quando a maioria da população está excluída desse direito. Como afirmar a inorganicidade dos partidos republicanos no Império pela referência aos seus "pífios" resultados eleitorais sem analisar o impacto das legislações eleitorais em cada província do Império?[442]

Esse fator é fundamental para entender as diferenças entre as estruturas partidárias desenvolvidas em cada província, assim como as tensões entre evolucionistas e revolucionários. Nos termos colocados pelo Manifesto de 1870, a questão colocava-se da seguinte forma: como manter o partido no terreno da evolução sem progredir na esfera das eleições? Nesse aspecto, a lei de 1881 representou um marco. No Rio de Janeiro, se nem todos aderiram ao radicalismo da campanha liderada pelo Club de São Cristóvão contra a reforma, poucos continuaram confiantes no papel do sistema eleitoral para o avanço do republicanismo[443].

---

441. "Essa relação entre extensão do sufrágio e nascimento dos partidos modernos é evidenciada na Grã-Bretanha desde a reforma eleitoral de 1832. [...] Na França, o fenômeno é mais tardio e nasce com a Terceira República. [...] O nascimento dos partidos políticos modernos aparece assim como um fato histórico tardio" (BERSTEIN, 1996, p. 63-64). Ao analisar a construção dos partidos "modernos" na "pequena fatia histórica que lhes diz respeito", entre o fim do século XIX até os dias atuais, o autor serve-se de alguns critérios para diferenciar essas novas estruturas em relação a outras forças políticas (clubes, clientelas etc.). Cumpre ressaltar que o Partido Republicano no Império atende, mesmo que parcialmente, à maioria desses critérios: duração no tempo; extensão no espaço (organização e hierarquização de núcleos nacionais e locais); aspiração ao exercício do poder (aglutinando interesses divergentes e mecanismos de mediação); e busca por apoio na população (formação de militantes e busca de eleitores). Para uma história conceitual do sufrágio, cf. Rosanvallon (1992). Na historiografia sobre os partidos republicanos no Império, destacamos o trabalho já citado de Antônio Galdino (2006) como um exemplo do uso desses novos paradigmas e que analisa a relação entre evolucionismo e sistema eleitoral.

442. Como Boehrer (2000), que desconsidera o impacto das legislações eleitorais sobre a formação do partido. Como dito anteriormente, várias interpretações recentes que minimizam a importância do Partido Republicano no Império, em razão dos seus resultados eleitorais, baseiam-se nesse autor.

443. Já que o votante potencialmente republicano fora excluído pela nova legislação. Sobre essa questão, cf. capítulo 3.

Apesar das frequentes tentativas de "reorganização" e do lançamento de candidaturas, a dinâmica partidária no Rio de Janeiro continuou indissociavelmente ligada à ação dos seus clubes, que investiram fortemente na propaganda política, mas não visando ao eleitor, e sim ao "meetingueiro"[444]. Desse modo, além do aspecto estrutural das atitudes personalistas, o conflito entre evolucionistas e revolucionários é um fator importante para se compreender a pretensa "desorganização" do partido do Rio de Janeiro.

Essa tensão atravessou o republicanismo do Rio de Janeiro durante todo o período. Na comemoração do 21 de abril, no ano de 1884, por exemplo, Aristides Lobo destacava-se entre os defensores da via revolucionária: "O fio revolucionário, decepado no patíbulo pelo ferro do despotismo aguarda a continuidade da sua marcha interrompida assinalando a exigência de um princípio de reclamação que reclama executores" (*O Tiradentes*, Edição 4, 1885). Nesse mesmo ano de 1884, Saldanha Marinho indicou o seu posicionamento em relação ao debate: "Não tenho nem as ansiedades irrequietas de uma ambição impaciente, nem a imobilidade indiferente do evolucionismo platônico" (*O Paiz*, 16 de novembro de 1884). Na edição anual de *O Tiradentes*, os articulistas questionaram a posição dos "evolucionários a todo transe", defendendo a legitimidade da revolução. No caminho da evolução, os republicanos continuariam a ser devorados como foram "os de 1817, os de 1824", como foram "monarquizados os de Santa Luzia e os do Rio Grande do Sul, mantendo o Brasil como exceção na América, representante do feudalismo dinástico europeu" (*O Tiradentes*, Edição 4, 1885).

A carta publicada pelo Club Tiradentes – felicitando Quintino Bocaiuva pelos votos recebidos nas primeiras eleições sob a Lei Saraiva – ilustra muito bem essa dissenção no âmbito do partido, ao mesmo tempo que, num malabarismo retórico, tentava conciliar o inconciliável:

> Se não foi ela [a votação] suficiente para dar-vos entrada no Parlamento nacional, foi bastante para atestar o conceito que mereceis de vossos correligionários e para evidenciar a **coesão de um partido essencialmente revolucionário**, em contraste com a discórdia intestina das facções monárquicas que infelicitam a nossa pátria (*Gazeta de Notícias*, 29 de novembro de 1881 – grifo nosso).

---

444. O termo aparece nos dicionários do início do século XX, referindo-se aos frequentadores ou aos oradores dos *meetings* (cf. Figueiredo, 1913), mas, no final do século XIX, esse termo já estava sendo empregado, como teremos a oportunidade de observar a seguir.

Já em São Paulo, a situação era muito diferente. Num dos poucos estudos que procuram articular a história do partido à compreensão sobre o sistema eleitoral, Antônio Carlos Galdino (2006) mostra como a lei de 1881 teve, inicialmente, um impacto positivo sobre os resultados eleitorais do PRP, devido ao partido de Campinas, justamente pelo desempenho do seu núcleo agrário amparado no quesito da comprovação de renda. Enquanto, no resto do país, a lei de 1881 reduziu em 7 vezes o número de eleitores, em Campinas, o impacto teria sido bem menor, em torno de 4,5 vezes.

Ao contrário do sistema eleitoral anterior, que restringia a representação republicana às municipalidades, a partir de 1881, ela não só chegou regularmente à assembleia provincial, como se traduziu na presença de dois deputados no Parlamento, mesmo com a clara adesão ao Projeto Dantas nas eleições de 1884-1885 (cf. Galdino, 2006). Desse modo, pelo menos até as eleições de 1886, os resultados eleitorais favoreceram a corrente evolucionista no PRP e deram algum fôlego aos evolucionistas nas outras províncias. O júbilo de Quintino Bocaiuva – até os elogios da monarquia – com os resultados do PRP, nas eleições de 1884-1885, exprimia, justamente, a importância do processo eleitoral para a aposta evolucionista:

> É a **primeira manifestação solene** de uma ideia política que envolve em si uma transformação radical. [...] Partindo da **luta legal**, conseguiu abrir espaço. [...] É **honroso para a própria monarquia** atestar ante o mundo civilizado que **dentro da órbita da legalidade** e só pelo **emprego dos meios constitucionais** pode uma opinião radicalmente oposta [...] elevar-se ao Parlamento (*O Paiz*, editorial de Quintino Bocaiuva na edição de 1º de janeiro de 1885 – grifos nossos).

No contexto do século XIX, as diferenças entre as estruturas partidárias foram percebidas, exclusivamente, no quadro das disputas políticas. Incorporadas pelos historiadores, acabaram levando à tese da irrelevância do Partido Republicano na história do Segundo Reinado. No entanto, quando permanecemos nesse registro, também deixamos à margem da história o empenho do ativismo republicano na construção de um partido diferente "dos meros ajuntamentos de interesses pouco confessáveis" (*A Federação*, 12 de março de 1884)[445].

---

445. São inúmeras as referências desse tipo.

Uma das maiores evidências desse esforço é a presença maciça desses discursos impressos com os quais vimos construindo essa história. Mesmo com todas as dificuldades para garantir a circulação de jornais partidários, os republicanos apostaram, insistentemente, nesse procedimento para fazer política, a despeito do grande dispêndio de dinheiro e de trabalho. Apesar da permanência das práticas antidemocráticas dos "gastos corrilhos monárquicos"[446], no seio do republicanismo, não é possível ignorar a insistência em criar novas modalidades de participação política pela referência obrigatória: ao sufrágio universal; às decisões democráticas em assembleias; às conferências e aos *meetings* de rua; à publicização de programas, manifestos e teses pela imprensa. O fracasso em instituir essa nova cultura política não pode ofuscar a história dessa militância, que se esforçou para colocá-la em funcionamento. Ignorá-la é deixar de investir na compreensão sobre as razões pelas quais essa construção continua sendo um desafio da atualidade.

Além de várias outras iniciativas pouco exploradas pela historiografia, a União Federal, que se estruturou a partir de 1885, é um exemplo claro desse empenho, apesar do seu pretenso fracasso em dar ao Rio de Janeiro um partido "bem estruturado". Além disso, a União Federal é muito importante para a compreensão dessa conjuntura pela referência à indissociabilidade entre a história do abolicionismo e a do Partido Republicano.

Enfim, o processo de reestruturação do partido do Rio de Janeiro, no momento de radicalização do movimento abolicionista, evidencia uma discussão bastante densa sobre a formação dos partidos provinciais como base para a constituição do Partido Republicano Brasileiro.

* * *

No seu discurso, Campos Salles relacionou o isolamento dos republicanos no Parlamento à falta de organização partidária no Rio de Janeiro. O paulista reconhecia a importância dos clubes republicanos – dentre eles, o de São Cristóvão e o de Tiradentes –, mas lamentava a fragilidade do partido no Município Neutro.

---

446. Essa expressão foi usada no manifesto do Club São Cristóvão dirigido ao Partido Republicano do Rio de Janeiro, no qual os membros do clube denunciaram atitudes antidemocráticas de seus correligionários, que não estariam respeitando as decisões das assembleias (*Gazeta da Tarde*, 29 de outubro de 1881). Sobre o manifesto, cf. capítulo 3.

A coesão nacional, que se devia exprimir no Parlamento, dependia da organização partidária nas províncias e, principalmente, na Corte, que, pelo próprio processo de centralização, ocupava um lugar preponderante: "Todos, nas províncias, responsabilizavam o Rio de Janeiro pelo atraso em que se acha, relativamente aos princípios republicanos"[447]. Para reverter esse quadro, o que fazer?

Ao abrir a reunião, José do Patrocínio havia proposto a eleição de uma Constituinte. No seu discurso, Campos Salles, mesmo considerando "aceitável, em tese, a organização lembrada por Patrocínio", sugeriu que fossem adotados "os processos já conhecidos", que, pelos seus resultados positivos, pareciam os mais eficazes. Se o paulista reconhecia que o movimento republicano de 1870 tinha sido deflagrado no Rio de Janeiro, os fluminenses precisavam admitir que a melhor estrutura partidária estava sendo experimentada na província de São Paulo.

O segredo do sucesso era o respeito pela organização civil da sociedade como base para a representação dos municípios que, por sua vez, se desdobrava no congresso provincial. Com reuniões bianuais, esse congresso representava o legislativo da agremiação, que se desdobrava, também, numa comissão permanente com atribuições de poder executivo do partido da província de São Paulo.

Nesse momento do seu discurso, algumas pessoas no auditório lembraram que era, também, esse o formato adotado no Rio Grande do Sul, e Campos Salles, aproveitando-se da interferência, enfatizou que o mesmo procedimento vinha sendo empregado em Minas Gerais. Se, no Rio de Janeiro, a base partidária não podia ser formada pelos municípios, era conveniente compô-la a partir dos distritos e das paróquias. Com esse tipo de organização, o congresso nacional do partido seria formado com os representantes de cada província.

Nesse ponto, Campos Salles deixou clara a sua posição no debate entre os partidários da solução evolucionista e a opção revolucionária para a instauração da República. Após a estruturação do partido nacional, com base municipal e provincial,

---

447. Essa e outras citações do discurso de Campos Salles na "Grande reunião republicana" estão na *Gazeta da Tarde* de 22 de setembro de 1885.

e conhecendo assim o estado das províncias, preparar as coisas e **dar o golpe necessário para fazer desaparecer pela violência** o obstáculo à declaração da República. (**Apoiados, muito bem!**) Mas antes de chegar a este estado, quem terá a coragem de imolar inutilmente um **golpe** arriscado como esse que lhe acarretaria quiçá um inútil esforço, e que importaria talvez um sacrifício à própria ideia republicana? (grifos nossos).

Para chegar a esse ponto, o fortalecimento do partido no Rio de Janeiro era fundamental, pois "é sobre os republicanos desta corte que deve pesar principalmente a responsabilidade do atraso em que nos achamos (apoiados)".

Essa intervenção de Campos Salles, seguida de aplausos, permite relativizar a tese sobre a fidelidade do Partido Republicano à diretriz evolucionista, que só teria sido abandonada com o Manifesto Paulista de fevereiro de 1888, em razão do ressentimento dos escravistas contra a abolição sem indenização[448]. O retorno a esse discurso também será importante para desmistificar o caráter estritamente conjuntural e militar do golpe de 15 de novembro.

* * *

Após essa primeira reunião do dia 20 de setembro, sucederam as notícias na *Gazeta da Tarde*, sob o título "União Federal Republicana", com as decisões e os comentários sobre os encontros semanais ao longo dos anos 1885-1886.

Mesmo com vários pontos de divergência, em reuniões algumas vezes tumultuadas, é importante destacar a presença das diferentes linhagens do republicanismo, indicando um certo grau de superação dos conflitos anteriores. Nessa iniciativa, estiveram, lado a lado, Quintino Bocaiuva, Saldanha Marinho e Patrocínio, bem como Aristides Lobo e Vicente de Souza – ambos tinham deixado a Confederação. Além disso, todas as reuniões do partido foram realizadas na sede do Club Tiradentes, na Rua do

---

448. Antônio Galdino (2006) também se opõe a essa tese, indicando que, no ano de 1887, a ruptura com o evolucionismo já estava colocada, pois os resultados das eleições após a volta dos conservadores tinham mostrado, definitivamente, a impossibilidade de se chegar ao poder pelas eleições. Mesmo na esfera municipal, Glicério perdeu as eleições de novembro de 1886 contra todas as expectativas devido à "manobra monárquica" (GALDINO, 2006, p. 136).

Rosário, 34[449], com a presença de vários ativistas de fundamental importância na abolição e na República – dentre eles, Ubaldino do Amaral, João Clapp, Ferreira Vianna Júnior, Pedro Tavares, Cyro de Azevedo, Campos da Paz, Mathias Carvalho, Gomes dos Santos, Almeida Pernambuco, Aquino Fonseca, Ennes de Souza, Jerônimo Simões, Evaristo da Costa, Júlio de Lemos, Timóteo Antunes e Padre Trindade.

Apesar das sugestões de Campos Salles, a proposta de uma Constituinte para a elaboração de uma constituição do partido saiu vitoriosa. Paralelamente, a organização de clubes por freguesia ganhou novo impulso, com destaque para a atuação de Ferreira Polycarpo e Esteves Júnior. Nesse segundo semestre de 1885, foram fundados o Club Republicano da Freguesia da Lagoa, da Glória, do Sacramento, da Candelária e de São José[450]. As assembleias do Club Republicano de São Cristóvão, sempre no Largo da Cancela, 30, voltaram a ser convocadas pelos jornais e, em outubro de 1885, reuniram, dentre outros, Almeida Pernambuco, Padre Trindade, Júlio do Carmo, Aristides Lobo e José do Patrocínio.

No dia 2 de dezembro, numa "assembleia solene", no salão do Club Tiradentes, realizou-se a eleição da Constituinte, que escolheu Ubaldino do Amaral, Cyro de Azevedo, João Clapp, Jerônimo Simões, Almeida Pernambuco, José do Patrocínio, Mathias Carvalho, Campos da Paz, Saldanha Marinho, Aristides Lobo, dentre outros. Depois disso, a *Gazeta da Tarde* apresentou-nos, semanalmente, a "Gazeta da Constituinte Republicana".

As notícias sobre a Constituinte também tiveram destaque na imprensa de outras províncias, como no caso da *Gazeta de Campinas*, que, no mês de dezembro, exprimiu as suas expectativas em relação à reorganização do partido da Corte, pois dela dependia o fortalecimento do republicanismo em todo o país: "O sucesso do seu cometimento será a vitória da democracia. Mas, também, é preciso dizê-lo, o insucesso será a mais

---

449. Além de sede para a Constituinte republicana, o Club Tiradentes reuniu Vicente de Souza, Bocaiuva, Patrocínio, dentre outros, nas comemorações do dia 21 de abril e na série de conferências nos teatros que prosseguiram durante todo o segundo semestre de 1886. Em cada conferência, um tema era apresentado ao público, abrindo-se para a discussão. Assim, na quinta conferência, Ubaldino do Amaral dissertou sobre o tema "federação", trazendo o debate sobre o melhor modelo a ser seguido, se o da Suíça ou o dos Estados Unidos; e Vicente de Souza dissertou sobre "democracia". Os jornais anunciavam pelo menos uma conferência por mês, dentre elas, a de Luiz Murat e Cyro de Azevedo.

450. Todos esses clubes foram fundados em outubro de 1885 e continuaram em atividade nos primeiros anos da República.

tremenda calamidade. Evitemos o desastre e proclamemos o triunfo" (*Gazeta de Campinas* apud *Gazeta da Tarde*, 11 de dezembro de 1885)[451].

* * *

Após a ascensão dos conservadores, Cotegipe pediu a dissolução da Câmara, e novas eleições foram convocadas para o dia 15 de janeiro de 1886. Mesmo sem nenhuma esperança de conter a reação escravista pelo Parlamento, os abolicionistas organizaram-se para a campanha. Em contraste com as eleições anteriores, a bandeira republicana teve maior destaque entre os abolicionistas, apesar do apoio da Confederação às candidaturas monarquistas de Joaquim Nabuco e de José Mariano. Dentre outros eventos, as "Conferências Políticas" para a apresentação dos programas dos candidatos foram anunciadas como uma iniciativa inovadora, "segundo a praxe adotada nos países mais civilizados da Europa", na contramão dos partidos do Império, que não possuíam "nem propostas nem programas". Ativista importante na luta por uma nova "cultura política", Aristides Lobo também frisou o aspecto inovador do empreendimento:

> **Nunca foi esse o modo pelo qual os representantes monárquicos se dirigiram aos seus eleitores.** Cabe ao partido republicano essa **prática decorosa e digna** que engrandece o seu eleitor o seu representante. Quando não conseguisse o partido republicano a vitória dos seus candidatos, **ninguém poderia contestar-lhe o mérito de ter inaugurado um regime de educação política** que há de ser fecundo em excelentes resultados[452] (grifos nossos).

Na conferência de inauguração, Quintino Bocaiuva foi chamado por José do Patrocínio ao palco do Teatro Lucinda, "onde estavam reunidos os membros da Constituinte e da Confederação Abolicionista". Poucos dias depois, no mesmo teatro, José do Patrocínio, candidato do partido pelo 3º Distrito[453], subiu ao palco, para colocar-se à frente de uma "luta sem tréguas contra a monarquia e a escravidão". No debate entre os evolucionistas e os revolucionários, José do Patrocínio defendeu a luta no terreno parlamentar

---

451. A *Gazeta de Campinas* circulou em Campinas entre 1869 e 1888. Dirigida por Quirino dos Santos, inicialmente, tinha periodicidade bissemanal e, depois, passou a ser diária.

452. Transcrição do "Cartas do Rio" por *A Federação*, na sua edição de 14 de janeiro de 1886 – grifos nossos.

453. Também foram escolhidos Quintino Bocaiuva, Ubaldino do Amaral e Aristides Lobo – esse último renunciou à sua candidatura.

e reivindicou em seu programa uma nova lei eleitoral, pois o "eleitorado brasileiro era o eleitorado da aristocracia". Assim como na propaganda abolicionista, aqui também José do Patrocínio propunha que a luta se mantivesse no terreno da legalidade enquanto ele fosse respeitado pelos adversários, pois, "se quiserem fazer com o partido republicano as mesmas violências, [...] então faremos uma lei que nos garanta". Um pouco antes, Patrocínio já advertira que o governo não devia contar com uma passividade eterna, pois o espírito de revolta dos anos 1830 não tinha desaparecido (*Gazeta da Tarde*, 14 de novembro de 1885).

Nesse processo eleitoral, vale a pena recuperar o programa apresentado por Ubaldino do Amaral, em nome dos republicanos do Rio de Janeiro, no qual o combate político pela República democrática, por meio do sufrágio universal, estava associado às lutas sociais contra a escravidão e à crítica ao monopólio da terra[454]: "Pensamos, os republicanos, que à deprimente centralização cumpre opor a forma federativa; à oligarquia, o sufrágio universal. [...] Federação, sufrágio universal e abolição do elemento servil, tais são as teses capitais do meu programa".

Ubaldino do Amaral reafirmou, também, o compromisso dos republicanos com o processo de laicização, recusando a "competência teológica ao Estado e a autoridade civil nas seitas religiosas" e exigindo: a obrigatoriedade do casamento civil; a secularização dos cemitérios; o ensino laico; o estabelecimento do registro civil; e a supressão do orçamento do culto oficial. Enfim, a realização da República democrática exigia a destruição do regime do privilégio – que se exprimia "na dinastia, na igreja oficial, no senado vitalício, no monopólio do solo" – e "o efetivo exercício do direito de cada cidadão, fazendo-o intervir nos negócios do município, da província e do Estado".

Logo após as eleições – que deram a vitória aos conservadores e ao Governo Cotegipe – um "*meeting*" no Polytheama reuniu Patrocínio, Bocaiuva e Ubaldino do Amaral para uma análise do pleito eleitoral[455]. Para os republicanos, estava muito claro que a vitória do Partido Conserva-

---

454. Ubaldino do Amaral, assim como José do Patrocínio e Quintino Bocaiuva, foram escolhidos como candidatos pela Constituinte republicana. Nesse contexto, Ubaldino do Amaral era, também, o presidente do Club Tiradentes.

455. Os três republicanos ocuparam a mesma tribuna em vários outros eventos até março de 1888. Em 1886, vale destacar, no dia 7 de setembro, o mesmo dia das festas oficiais da Independência, o "*meeting*" de protesto no Teatro Lucinda contra um acordo assinado pelo governo conservador

dor resultaria na repressão a todo ativismo político, pois só "ele sabia o segredo de manter a ordem sem o prestígio da autoridade"; só ele sabia impor "as leis mais selvagens", as medidas mais violentas e "sufocar em sangue" as "cóleras revolucionárias" (*Gazeta da Tarde*, 16 de janeiro de 1886). Ainda assim, depois de criticar a nova conjuntura político-parlamentar, Quintino Bocaiuva encerrou o seu discurso apelando para a resistência legal.

O processo de republicanização do movimento abolicionista fica ainda mais evidente nos eventos que seguiram aos encaminhamentos da Câmara dos Deputados para declarar nula a eleição de José Mariano pela província de Pernambuco. No dia 13 de julho, a Confederação reuniu mais de oito mil pessoas, "sem contar a imensa multidão nos arredores do teatro" em protesto contra as "manobras da Câmara" para invalidar a eleição do deputado liberal. Desse evento, temos a reprodução dos discursos de José do Patrocínio e de José Mariano, que aproveitaram a proximidade do 14 de julho para trazer à tona o tema da revolução. O primeiro conclamou o povo a se manter unido, já que "o governo do povo pelo povo" era o resultado inevitável de protestos como aquele. Ao olhar a bandeira tricolor, "flutuando no teatro em festas", recuperou a lição que ela transmitia: "Bastava uma palavra, para levantar um povo; para que ele erga-se medonho e pegue em armas ou levante as calçadas para vingar os seus direitos esmagados pelo despotismo".

Por sua vez, José Mariano definiu-se como um "liberal até o limite da República" que, espoliado da Câmara, estaria em todos os *meetings* populares de Pernambuco, lutando pela abolição, "pela democracia do capital e do solo". Às vésperas da tomada da Bastilha, declarou-se pronto para "destruir a bastilha da escravidão" assim que o povo o desejasse:

> Já se tem bastante feito a propaganda: agora que cada um aprenda a manejar mais do que a espingarda de Comblain, a bomba de dinamite. Que importa o sangue se os nossos antepassados derramaram tanto para a pouca liberdade de que gozamos. Luta-se e morre-se subindo ao patíbulo ao som da Marselhesa, o hino da liberdade. (*Prolongados aplausos e vivas*) (*Gazeta da Tarde*, 14 de julho de 1886).

---

com a companhia inglesa Waring Brothers. O acordo tratava da construção de uma estrada de ferro de Vitória a Natividade (*Gazeta da Tarde*, 7 de setembro de 1886).

Apenas dois dias depois, um segundo "grande *meeting*", com a presença de mais de dez mil pessoas, reagiu contra a decisão definitiva da Câmara de não nomear o deputado eleito, José Mariano.

No meio do discurso de José do Patrocínio, Joaquim Nabuco – que tinha justificado a sua ausência pela morte de uma parente – entrou no teatro "e foi muito aplaudido"[456]. No prosseguimento da sua fala, José do Patrocínio elogiou a atitude de Nabuco – que tinha "vencido o recolhimento imposto pela morte, em honra da liberdade" – e, ao finalizar, posicionou-se, mais uma vez, em relação à solução revolucionária. No seu entendimento, a melhor revolução era a pacífica e, além disso, não lhe agradava a ideia de "arrastar um **povo inerme e sem inteira consciência de si** ao sacrifício e à morte" (grifo nosso). Mas, se o emprego da força não era aconselhável ao povo, José do Patrocínio pedia que se confiasse nos "concidadãos militares, pois o **Exército nada mais era do que o povo fardado**" (grifo nosso). Numa conjuntura marcada pela "questão militar", o republicano mostrava a sua adesão ao postulado da "mocidade militar" de que "o soldado brasileiro só se distinguia do cidadão civil pela farda e nada mais" (BENJAMIN CONSTANT apud CASTRO, 2013, p. 197)[457].

O compromisso de José do Patrocínio com a "revolução pacífica" não impediu que Joaquim Nabuco exprimisse, logo em seguida, a sua percepção da republicanização e radicalização do processo abolicionista. Antes de tudo, o orador confessou ao auditório do Polytheama que, por trás da sua decisão de não comparecer ao evento, estavam razões pessoais, mas também políticas. No *meeting* do dia 13, Joaquim Nabuco tinha percebido o "fermento republicano" sob a superfície dos discursos e intervenções. Ao avaliar que a sua presença talvez inibisse essa manifestação republicana, tinha decidido não participar, para que "de forma alguma diminuísse a expansão da chama subterrânea que ele sabia existir naquele auditório". Nesse ponto, Joaquim Nabuco procurou explicar ao público porque mantinha a sua adesão à monarquia e não estava "ainda filiado ao partido

---

456. Na abertura, João Clapp disse que começaria o evento no horário fixado, em "respeito ao povo", mesmo sem a presença dos deputados liberais, ao mesmo tempo que justificou a ausência de José Bonifácio, Otaviano, Afonso Celso, Dantas e Joaquim Nabuco.
457. Essa expectativa dos civis em relação à participação dos militares será recuperada no próximo capítulo, que tratará da questão militar.

republicano", como a maioria dos seus correligionários abolicionistas[458]: "Não por uma superstição monárquica, não por uma idolatria de forma de governo, [...] mas por uma **compreensão diversa da hierarquia, da ordem social**" (grifo nosso).

Desse modo, a sua presença no evento não visava inibir a manifestação republicana. Pelo contrário. Sem querer "especular com o Partido Republicano para a realização das suas ideias", julgava muito oportuna essa manifestação do republicanismo para que "o imperador pudesse ver, sem que nenhum véu o cubra, o abismo que tem a seus pés". Além disso, ele – que era chamado de anarquista por Paulino de Souza e Cotegipe – procurava oferecer um meio-termo "entre o liberalismo moderado de uns e a explosão republicana de José do Patrocínio".

Diferentemente do estudo que prioriza o conjunto da sua trajetória e da sua obra, a análise do discurso de Joaquim Nabuco como ativista político indica-nos a sua exata posição nessa conjuntura. Distante dos republicanos pela "compreensão diversa da ordem e hierarquia sociais", Joaquim Nabuco, nesse 16 de julho de 1886, dois meses depois da ascensão de Cotegipe, exprimiu as dificuldades do seu posicionamento: monarquista e fiel ao imperador; anarquista aos olhos da reação escravista; fragilizado no movimento abolicionista diante da volta incisiva de José do Patrocínio às fileiras republicanas.

Em outubro de 1886, a visita de José do Patrocínio ao Club Republicano de Campinas marcou a reorganização do partido, resultado da trégua entre o abolicionismo republicano do grupo de Patrocínio e o republicanismo abolicionista do Rio de Janeiro e de outras províncias.

É interessante recuperar o fato de que o clube foi criado, justamente, num momento em que a vitória esmagadora dos conservadores, nas eleições de janeiro de 1886, fragilizava a vertente evolucionista até mesmo no PRP[459]. Criado por Alberto Salles – um dos grandes propagandistas do

---

458. Muitos republicanos – dentre eles, Aristides Lobo, Júlio de Castilhos e Prudente de Morais – colocaram essa questão a Joaquim Nabuco. Convém manter em mente que, nesse momento, ele admitia que a maioria dos abolicionistas era republicana. Como veremos no prosseguimento deste trabalho, essa posição será rejeitada pelo monarquista numa conjuntura posterior.

459. Inclusive, o acordo entre conservadores e liberais para derrotar o Partido Republicano em São Paulo teria fortalecido o discurso pró-abolição de Campos Salles, que viu na aliança "a liga do puro escravismo" (cf. Galdino, 2006, p. 69).

separatismo paulista –, o clube definia-se como "órgão de propaganda" sem nenhuma vinculação com a política eleitoral[460].

Para Antônio Galdino (2006), a discussão sobre o separatismo foi um primeiro prenúncio da ruptura com o evolucionismo"[461]. No entanto, apesar da grande resistência que encontrava no Rio de Janeiro, o separatismo não foi uma questão que interessou apenas aos paulistas. Nas conferências do Club de Campinas, no ano seguinte, tanto Saldanha Marinho quanto Ubaldino do Amaral admitiram que, provavelmente, a República começaria "por fazer estados, para depois fazer federação"; "todas ao mesmo tempo não estão preparadas para isso e, portanto, iniciem a revolução as que têm possibilidade para ela" (apud DEBES, 1975, p. 70-71)[462].

Para concluir, convém enfatizar que, no processo de republicanização do movimento abolicionista, após a queda do Ministério Dantas, a maioria dos discursos citados neste capítulo discutiu, direta ou indiretamente, a conveniência da revolução. No próximo capítulo, examinaremos dois fatores que serviram tanto para aprofundar esse processo de republicanização quanto para fortalecer a opção revolucionária: o avanço da questão militar e a Terceira Regência da Princesa Isabel.

---

460. Nesse mesmo ano de 1886, Alberto Salles publicava a obra de propaganda do separatismo paulista A *pátria paulista*. Sobre o Club Republicano de Campinas e essa discussão sobre o separatismo, cf. Galdino (2006, p. 132; 269-273). Sobre a importância do separatismo no republicanismo paulista, cf., também, Costa (1985), capítulo "A Proclamação da República".

461. "Evolucionismo só era possível com as eleições. [...] Todas as expectativas alimentadas desde 1881, e que cresceram, sobretudo de 1884 a 1886 convencendo até monarquistas de que o Partido Republicano cresceria [...] se desvaneceriam, mostrando-se irreais" (cf. Galdino, 2006, p. 135-139).

462. Para o autor, o separatismo, "ao contrário do que se supõe, não se trata de um movimento circunscrito a São Paulo". Para comprová-lo, o autor cita esses discursos de Saldanha Marinho e Ubaldino do Amaral, dentre outros. No Congresso do PRP, no ano de 1887, os paulistas discutiram a incorporação do separatismo ao programa partidário. Na sua análise, Antônio Carlos Galdino (2006) ressalta a preocupação de Campos Salles com a organização do Partido Republicano no plano nacional. Apesar de ser favorável ao separatismo, acreditava que a inclusão podia gerar insatisfação nas outras províncias que estavam em processo de reorganização e expansão. Para Galdino, a discussão sobre o separatismo funcionava, sobretudo, como uma ameaça aos monarquistas.

10
A oposição ao Governo Cotegipe e a confluência entre as questões social, militar e religiosa

A historiografia sobre a Proclamação da República construiu-se pela referência a três questões principais – religiosa, militar e abolicionista –, mas, frequentemente, elas são examinadas separadamente, tanto do ponto de vista das motivações quanto dos atores envolvidos[463]. Certamente, cada uma delas apresenta a sua própria dinâmica, em contextos e com atores específicos. No entanto, gostaríamos de enfatizar algumas conexões importantes entre o ativismo dos militares e dos civis em torno dos mesmos ideais (republicanos e abolicionistas) e que, entre outras reformas, reivindicou a separação entre a Igreja e o Estado.

No excelente trabalho *Os militares e a República* (2013), Celso Castro procurou traçar o perfil dos militares envolvidos na conspiração republicana de 1889 e mostrou que a maioria era composta de jovens das Escolas Militares[464]. Na sua argumentação, Benjamin Constant não foi o dirigente que converteu os seus estudantes ao golpe, mas o "pacato professor" que se transformou em "líder radical" pela pressão da mocidade militar (CASTRO, 2013, p. 120). Apesar dessa reformulação, o autor reitera a tese de que a Proclamação da República foi o resultado de uma conspiração militar com fraquíssima participação dos civis e do Partido Republicano[465].

---

463. Para a avaliação da discussão historiográfica sobre a Proclamação da República a partir dessas três questões, cf. Costa (1985), capítulo "A Proclamação da República".

464. A análise dos "pactos de sangue" – abaixo-assinados recebidos por Benjamin Constant alguns dias antes da proclamação – mostra que, dos 173 signatários, "havia apenas 2 oficiais superiores, [...] 13 capitães, 37 tenentes, 120 alunos de escolas militares" (CASTRO, 2013, p. 29).

465. Essa questão será aprofundada no capítulo 13.

Antes de tudo, nossa intenção, neste capítulo, é recuperar o terreno comum, no qual se desenrolaram as questões militar, social e religiosa. Para isso, será preciso argumentar que, em razão da maneira como a juventude militar via a sua participação na política, o ativismo dos soldados não pode ser desvinculado da militância dos civis. Por um lado, o ideal do soldado cidadão previa a conciliação entre a política e a disciplina militar[466]; por outro, com base na "Revolução da Abdicação", os civis viam nos militares um instrumento para passar do evolucionismo à revolução, caso as condições políticas assim o exigissem.

Até o seu falecimento, em janeiro de 1889, Senna Madureira embalou os planos de revolução dos jovens militares e dos civis. A razão disso deve ser procurada não apenas no seu protagonismo na questão militar, mas no seu declarado republicanismo[467]. Se muitos militares se posicionaram pelo fim da escravidão, "a mocidade militar era republicana" e, assim como os civis, via na República a consequência lógica da abolição[468].

Apesar das especificidades da carreira militar, o perfil socioeconômico da juventude da Escola Militar, envolvida com a questão abolicionista e republicana, na década de 1880, apontava para os mesmos obstáculos encontrados pelos civis numa sociedade com pouquíssimas oportunidades de ascensão e autonomia[469]. Como nos mostra Celso Castro (2013), a revolta

---

466. "O soldado brasileiro só distingue-se do cidadão civil pela farda e nada mais" (Discurso de Benjamin Constant no Club Militar no dia 9 de novembro de 1890 apud CASTRO, 2013, p. 197). Para o autor, esse ideal do "soldado cidadão" era o eixo central da formação científica da mocidade militar.

467. Como veremos a seguir, as próprias questões militares não podem ser compreendidas sem o protagonismo dos civis. Celso Castro (2013) também reconhece a importância da imprensa republicana nas questões militares. No entanto, como sua pesquisa não identificou o processo de organização do Partido Republicano, nesse contexto inseparável da radicalização do movimento abolicionista, não pôde redimensionar o peso da articulação entre o ativismo dos civis e dos militares na preparação da revolução ou do golpe republicano. Dizemos golpe ou revolução, pois esse foi justamente um dos pontos centrais das divergências entre os civis. Convém destacar o fato de que, dentre os jovens mais citados no trabalho de Castro como representantes dessa mocidade militar radical, Serzedelo Correia, Saturnino Cardoso, Aníbal Cardoso, Lauro Sodré, Euclides da Cunha e Barbosa Lima atuaram junto aos civis, antes e depois da instauração da República.

468. "Feita a abolição, o próximo passo para os jovens oficiais 'científicos' só poderia ser a República" (CASTRO, 2013, p. 133).

469. Celso Castro (2013) procura traçar um perfil socioeconômico dos alunos da Escola Militar e mostra as dificuldades financeiras de vários deles, que, sem contar com famílias de posses, dependiam dos soldos para a sobrevivência na Corte, na qual o custo de vida era muito alto. Para se manter, exerciam outras atividades, tais como aulas particulares ou venda "de pequenas mercadorias". "Muitas vezes, encontramos nas memórias de ex-alunos o reconhecimento de que seguiram para a Escola Militar mais por necessidade que por vocação. O ingresso na carreira militar e a ascensão

contra as dificuldades estruturais para a ascensão profissional aglutinava esses jovens, assim como marcou a trajetória de Benjamin Constant[470].

Nos discursos de Ferreira de Menezes, Lopes Trovão, Apulcho de Castro, Vicente de Souza, Ennes de Souza, dentre tantos outros, encontramos a mesma denúncia contra os entraves a uma carreira profissional construída exclusivamente em torno do talento. Antes de tudo, o combate desses ativistas era o da "República do mérito" contra a "monarquia do nepotismo". Se a bandeira do republicanismo abrigava diferentes concepções filosóficas, políticas e sociais, ela gerava coesão entre os jovens civis e militares devido à insatisfação com o regime dos privilégios, do apadrinhamento e do patronato.

Não obstante os seus diferentes desdobramentos, a noção de mérito foi central no debate político do século XIX, em torno da qual se construiu a trincheira contra a sociedade dos privilégios. "Uma aberração nas Américas", a monarquia era, para os republicanos, a continuidade do passado colonial e do Antigo Regime, dentre outras razões: pela vinculação entre o Estado e a Igreja; pela existência de uma nobreza; pela necessidade das "boas relações" para aceder aos cobiçados cargos do funcionalismo público; e pelo monopólio português sobre o comércio e o crédito. Esse aspecto era visto como uma barreira intransponível à ampliação dos setores médios. Como já indicado em capítulos anteriores, a crítica à preponderância absoluta do estrangeiro, sobretudo do português, no comércio e nas finanças esteve na pauta do republicanismo desde a regência até os anos iniciais da República. Uma série de artigos de Aristides Lobo com o título "Questão social" ilustra bem essa discussão a respeito da dominação estrangeira. Num desses artigos, o autor apresentou dados estatísticos que indicavam o comércio dominado pelos portugueses e concluía: "Convém olhar muito seriamente para esse desapossamento espontâneo ou forçado, mas quase absoluto, do elemento indígena que quase desaparece no concurso das indústrias impropriamente denominada nacionais" (*A Federação*, 19 de abril de 1886).

---

por mérito [...] representavam assim, muitas vezes, a única possibilidade de ascensão social aberta para esses jovens" (CASTRO, 2013, p. 48).

470. "Vários pontos da biografia de Benjamin Constant encontram ressonância na cultura da 'mocidade militar'. Inicialmente temos o baixo capital social herdado e o ingresso na carreira militar antes por necessidade que por vocação" (CASTRO, 2013, p. 121).

Apesar dos obstáculos, os civis encontraram, na imprensa e nas associações, as formas de exprimir, pelos ideais republicanos e abolicionistas, a aspiração por reformas e revolução. Aos militares, a expressão da opinião, na esfera pública, era um pouco mais difícil. Possivelmente, essas limitações eram ainda menos toleradas devido à autorrepresentação da "mocidade militar" que, em razão da sua formação "científico-acadêmica"[471], se considerava capaz de interferir na política.

Se, entre 1883 e 1887, os desentendimentos entre os militares e a esfera governamental tiveram origem na defesa de interesses corporativos, foi o uso da imprensa que os configurou como "questão militar"[472]. Além disso, a demissão de Senna Madureira do comando da Escola de Tiro de Campo Grande pelo ministro da Guerra, em 1884, esteve articulada à expressão pública do seu apoio à abolição da escravatura no Ceará[473]. Em agosto de 1886, Senna Madureira procurou o jornal republicano *A Federação*, do Rio Grande do Sul, para contestar a fala do ex-ministro no Senado, que voltou a legitimar a sua demissão. Em nenhuma das suas edições dos meses de setembro, outubro e novembro de 1886, o jornal republicano deixou de empunhar a bandeira dos militares contra o governo conservador[474].

---

471. "A mocidade militar, formada na Praia Vermelha, lutava para situar-se dentro de um campo social dominado pelos bacharéis em direito. A escola da Praia Vermelha, antes que militar, era *rival* das academias civis." Nesse sentido, os "científicos" se opunham aos tarimbeiros, termo depreciativo que vem de "tarimba", estrado de madeira em que dormiam os soldados nos quartéis, e designava oficiais ligados à tropa, geralmente sem estudos superiores (CASTRO, 2013, p. 51; 17).

472. Em 1883, Senna Madureira liderou o protesto público contra o projeto do Visconde de Paranaguá, que obrigava os militares a contribuir para o montepio obrigatório que "feria os interesses dos oficiais". Nesse episódio, estiveram envolvidos Serzedelo Correia, Lauro Sodré, dentre outros. Cunha Mattos também foi repreendido por ter respondido pela imprensa às críticas de um deputado. Sobre os episódios da questão militar, cf. Castro (2013). Cumpre recuperar o fato de que as declarações pela imprensa foram, também, consideradas o estopim da questão religiosa. O Padre José Luiz de Almeida Martins pronunciou um discurso elogiando o Visconde de Rio Branco pela lei de 1871, explicitando os seus próprios vínculos com a maçonaria. Em resposta à repreensão do bispo do Rio de Janeiro, que exigiu a sua saída da maçonaria, o padre publicou o seu discurso em jornais de grande circulação, deflagrando a questão religiosa, após ter sido impedido de exercer a ordem sacra. Sobre a "questão religiosa", cf. Holanda (1985).

473. Em abril de 1884, ainda no contexto das comemorações da abolição do Ceará, os alunos da Escola de Tiro de Campo Grande receberam o jangadeiro cearense Francisco José do Nascimento. Como comandante da escola, Senna Madureira foi demitido, pois se negou a prestar informações sobre o ocorrido ao Ministro da Guerra, Franco de Sá. Depois disso, foi transferido para a Escola Preparatória de Rio Pardo, na província do Rio Grande do Sul. Em 2 de junho de 1884, o jornal *A Federação* comentou os debates da Câmara dos Deputados: "O fato culposo que serviu de real motivo à demissão do Sr. Madureira foi a recepção do jangadeiro Nascimento".

474. O protesto de A. Senna Madureira também foi publicado pela *Gazeta da Tarde* na edição de 7 de outubro de 1886.

No Rio Grande do Sul, a "questão militar" desdobrou-se num antagonismo crescente entre Júlio de Castilhos – redator-chefe de *A Federação* – e o liberal Silveira Martins, que saiu a campo para defender a política conservadora contra os militares liderados por Deodoro. Nesse cenário, tanto *A Federação* quanto *O Paiz* e a *Gazeta da Tarde*[475] foram atores importantes da questão militar, na medida em que se constituíram em barricada dos militares na imprensa[476]. Além disso, a "questão militar" reuniu todos no combate ao ministério conservador, pois, "depois de caluniar todas as classes sociais e de procurar desmoralizar a sociedade civil, passou a agredir o Exército" (*Gazeta da Tarde*, 7 de outubro de 1886).

Apesar de *A Federação* declarar, em 30 de setembro de 1886, "não querer saber quais eram as opiniões políticas, nem [...] as aspirações que politicamente nutria o exército", o grande apoio recebido pelos militares não pode ser dissociado das convicções republicanas e abolicionistas defendidas publicamente por Senna Madureira e pela juventude da Escola Militar.

Conforme a análise proposta no capítulo anterior, os discursos abolicionistas de 1885-1886 exprimiram não só a republicanização do movimento, mas também a controvérsia a respeito da conveniência da revolução. No início do processo de reestruturação do Partido Republicano do Rio de Janeiro, em 1885, o próprio Campos Salles legitimara o recurso à violência, indicando, no entanto, a necessidade de se investir, primeiramente, na organização nacional do republicanismo.

Poucos meses antes do artigo de Senna Madureira em *A Federação*, José do Patrocínio, mesmo conclamando pela "revolução pacífica", exprimira a sua confiança na solução militar para a resolução da questão so-

---

475. Em *O Paiz*, os monarquistas Joaquim Serra e Joaquim Nabuco também se exprimiram enfaticamente contra o posicionamento do governo e dos deputados e senadores liberais – dentre eles, Silveira Martins – na questão militar. Cf. artigos de *O Paiz* transcritos por *A Federação* na edição de 21 de outubro de 1886. O discurso do Senador Silveira Martins, legitimando as punições contra os militares, teve ampla repercussão e levantou protestos dos civis e dos militares em diversas províncias. Cf. artigos de *A Federação* e de *O Paiz* no mês de outubro de 1886. A questão militar também é muito explorada pela *Gazeta da Tarde*, que apresenta a seção "Coisas militares" em várias edições de 1886-1887.

476. "O ministro da guerra mandou repreender em ordem do dia o tenente coronel do corpo do estado-maior de primeira classe Senna Madureira, por ter publicado um artigo com a sua assinatura, sem haver obtido a necessária licença. [...] O artigo a que se refere o aviso é o que foi publicado nessa folha pelo ilustre militar" (*A Federação*, 23 de setembro de 1886).

cial[477]. Nessa perspectiva, o ativismo republicano-abolicionista, que vinha se constituindo em torno da imprensa, das associações e das manifestações públicas (no espaço da rua ou em recintos fechados), começava a investir na aliança com os militares como uma possível saída para a impermeabilidade do sistema político às reformas sociais, principalmente depois da volta dos conservadores ao poder.

Mesmo ciente dos efeitos negativos da militarização da política, José do Patrocínio, por exemplo, exaltava o desempenho dos militares na "Revolução da Abdicação" para mostrar que, na história brasileira, o Exército já tinha fornecido provas da sua sabedoria e obediência, pois, depois de lutar ao lado do povo, havia retornado "ao seu lugar", deixando o governo aos civis[478]. Além dessas declarações, outros acontecimentos também revelam as conexões estreitas entre militares e civis.

Antes da demissão de Senna Madureira, em fevereiro de 1884, um artigo intitulado "A colonização suburbana", do republicano Ennes de Souza, mostrava o envolvimento do "ilustrado Sr. tenente-coronel, mui digno diretor da Escola de Tiro de Campo Grande" com o seu projeto, em parceria com Vicente de Souza, de "acomodar muitas dezenas de famílias **que se queiram dedicar à pequena lavoura**, com a propriedade do lote" nos

---

477. Retrospectivamente, José do Patrocínio, no seu "Manifesto ao eleitorado fluminense" – publicado no *Cidade do Rio* em 9 de setembro de 1890 –, referiu-se a uma articulação entre Senna Madureira e João Clapp para a instauração da República, sem, no entanto, identificar, com exatidão, o ano: "Estávamos nessa situação, quando se travou a primeira questão militar e entre os principais diretores desta e a propaganda abolicionista celebrou-se tal aliança que o presidente da Confederação Abolicionista, o imortal João Clapp, foi convidado a organizar popularmente a revolução que devia então derrubar o Império. Descoberto assim o enorme prestígio conquistado pelo Partido Abolicionista, verificado que a chefia do partido republicano revolucionário passava às mãos do chefe abolicionista, que foi pelo agora reconhecido pelo próprio Exército supremo, diretor da opinião nacional. [...] Felizmente para eles [chefes escravistas] a revolução planejada pelo grande Senna Madureira não vingou, mas para acentuar a aliança com o abolicionismo, o Exército praticou um ato que servia ao penhor da sua lealdade: negou-se a capturar escravos fugidos". Cumpre ressaltar que outras memórias indicam o nome de Senna Madureira no centro de conspirações republicanas anteriores a 1889. Falecido antes da Proclamação da República, em janeiro de 1889, não parece ter deixado os seus próprios registros sobre esses planos. Portanto as alusões às conspirações devem ser contextualizadas pela referência às disputas políticas em curso no momento da produção das memórias. De todo modo, todas as declarações coincidem sobre o fato de que civis e jovens militares confiavam em Senna Madureira para a "revolução republicana".

478. No artigo "Questão militar", publicado na *Gazeta da Tarde* em 6 de outubro de 1886, Patrocínio escreveu: "Sempre que os acontecimentos têm encaminhado o poder para o militarismo, o Exército o tem restituído à sociedade civil. Fê-lo em 1831 quando, dando as costas ao imperador, entregou a Constituição ao povo".

subúrbios do Rio de Janeiro (*Gazeta da Tarde*, 21 de fevereiro de 1884 – grifo nosso)[479].

Durante a questão militar, o enterro de José Bonifácio de Andrade, no dia 28 de outubro de 1886, tornou-se um grande evento do campo reformador. No momento dos discursos, José do Patrocínio falou em nome da Escola Militar, enquanto o republicano Campos da Paz, representante da Confederação Abolicionista, prometeu que "ou o país comemoraria o aniversário da revolução francesa com o fato da abolição da escravidão, ou nessa data muitos cadáveres viriam juntar-se ao do grande morto que ali estava" (*Gazeta da Notícias*, 29 de outubro de 1886).

No dia 5 de julho de 1887, o jornal *O Paiz* – ao descrever a sessão de aprovação dos estatutos do Club Militar – referiu-se à convocação de uma outra reunião para tratar da candidatura de Deodoro a uma vaga no Senado[480]. Na notícia, o redator ressaltou o pedido de Benjamim Constant para que Deodoro já apresentasse, ali mesmo, os pontos principais do seu programa.

> Acedendo ao convite, disse o Sr. General Deodoro, que não podia na ocasião fazer um discurso programa; porém que, quanto às duas questões principais, podia declarar que era **francamente abolicionista** e que aceitava o princípio da **separação da Igreja e do Estado** (*O Paiz*, 5 de julho de 1887 – grifos nossos).

Poucos dias depois, a Confederação convocou um préstito para comemorar os votos recebidos por Deodoro nas eleições, e, no dia 19 de julho, a *Gazeta da Tarde* noticiou: "Por um simples aviso em nosso número de ontem, o povo reuniu-se em grande massa [duas mil pessoas] diante de nosso escritório [...] e daí [Largo de São Francisco] seguiu um imponente préstito para a residência do Marechal Deodoro, na Praça 11. [...] Abria o préstito, uma banda de música, seguida pela diretoria da Confederação e diversas comissões militares". Na descrição desse evento, cumpre destacar a ênfase dos redatores à "multidão na Praça Onze tão compacta que por mais de meia hora o serviço de *bonds* ficou interrompido". Ao mesmo tempo, as lideranças procuravam manter o controle sobre a afluência popular,

---

479. Ennes de Souza citou, diversas vezes, a autoridade de Senna Madureira no sentido de legitimar o seu projeto, que foi defendido no âmbito da Sociedade Central de Imigração.
480. Sobre a fundação do clube e a candidatura de Deodoro, cf. Castro (2013), capítulo 6.

já que coube a João Clapp encerrar a manifestação, "pedindo ao povo que se dispersasse" (*Gazeta da Tarde*, 19 de julho de 1887).

As narrativas da solenidade exaltaram, sobretudo, a fala de Deodoro aderindo à causa "mais nobre da pátria" e decretando, do mesmo modo que os civis, um "prazo fatal" para a abolição, em 14 de julho de 1889. Nas suas palavras de agradecimento "à prova de estima da Confederação e dos seus colegas do Exército", Deodoro definiu-se como "abolicionista franco, não de hoje, mas desde os primeiros tempos de sua vida".

Entre 1887 e 1888, alguns militares ganharam destaque nos eventos da Confederação, dentre eles, o Capitão do Exército, Serzedelo Correia, que teve um papel central na conspiração republicana[481].

Na sua edição de 13 de agosto de 1887, a *Gazeta da Tarde* apresentou a ida de Senna Madureira para o Sergipe como "deportação", reverenciando-o como o "espantalho da reação escravista". No dia 30 de agosto, o seu embarque transformou-se numa manifestação pública com a presença dos militares e representantes da Confederação Abolicionista, que o nomeou sócio honorário. Do evento, a *Gazeta da Tarde* registrou a promessa de Senna Madureira de dar o "seu quinhão de sacrifícios à causa dos escravos".

* * *

Um mês antes, em 30 de junho de 1887, o início da Terceira Regência de Isabel fortalecera ainda mais a posição republicana na frente abolicionista[482]. Com a viagem do imperador à Europa para tratamento de saúde, a ascensão de Isabel ao trono foi tratada por grande parte da imprensa como o início do Terceiro Reinado[483].

481. O Capitão Serzedelo foi caracterizado por Celso Castro (2013, p. 125) como "um dos expoentes da "mocidade militar", que procurou articular a "radicalização republicana da questão militar", em 1887, com biografia "típica dessa geração de jovens oficiais científicos, que conspirou ativamente pela República".

482. Além dos aspectos já indicados no capítulo anterior que atestam o fortalecimento do republicanismo na Confederação, é interessante retomar alguns outros indícios no ano de 1887. Na *Gazeta da Tarde*, continuaram as chamadas para as reuniões do Partido Republicano e do Club Tiradentes, assim como a seção "Franklin", escrita por Ennes de Souza em defesa do republicanismo. A sessão comemorativa do dia 21 no Club Tiradentes foi presidida por Quintino Bocaiuva e, dentre os oradores, estavam José do Patrocínio e Campos da Paz, além de Vicente de Souza, Cyro de Azevedo e Coelho Netto.

483. Na sua análise sobre a terceira regência, Maria Luiza Mesquita (2009) incorporou a percepção dos contemporâneos como um dado indispensável para a compreensão da conjuntura política. Para a maioria da "opinião pública", a ascensão de Isabel representava, de fato, o início do Terceiro Reinado. Como base documental, a autora considerou o conjunto de correspondências trocadas entre Isabel e o Conde d'Eu; entre o imperador e a sua filha, mostrando as especificidades dessa

Na sua análise sobre as regências de Isabel, a historiadora Maria Luiza Mesquita (2009) procurou contestar a tese sobre a incapacidade da princesa para o governo, construída pela referência à sua formação e à sua religiosidade, ambas ligadas à sua condição feminina. Com o propósito de relativizar esse discurso, a autora considerou a sua formação intelectual, as suas regências e as suas viagens pela Europa e pelo Brasil como demonstrações do seu treinamento político para o exercício do poder[484]. Quanto à religiosidade inegável de Isabel, ela se teria restringido à esfera privada, enquanto, nas questões de Estado, os seus posicionamentos teriam sido o resultado de cálculos políticos.

Ainda que a formação de Isabel tenha, de fato, resultado na sua capacitação para o exercício do governo, na opinião dos contemporâneos, ela não existia. A rejeição ao Terceiro Reinado reunia membros de todos os partidos, pois, antes de tudo, estava o antagonismo "natural" entre a condição feminina e a política. Mas se, para os monarquistas, essa questão podia ser minimizada, o suposto início do Terceiro Reinado arrefeceu as disputas intrarrepublicanas entre revolucionários e evolucionistas, pois, para estes, a data da extinção da monarquia coincidiria com a da morte do imperador. No início da Terceira Regência, Quintino Bocaiuva, o principal representante da linhagem evolucionista, no Rio de Janeiro, afirmou:

> Do paquete *Gironde* pode-se dizer que neste momento representa de fato um esquife. Não leva o cadáver embalsamado de um homem, mas leva o cadáver de uma instituição. [...] **A monarquia brasileira é a que hoje embarca para a Europa** (*O Paiz*, 30 de junho de 1887 – grifo nosso).

Além da questão de gênero, a rejeição do campo republicano ao Terceiro Reinado estava associada ao ultramontanismo de Isabel, entendido como obstáculo intransponível a uma das suas bandeiras mais importantes: a secularização do Estado e do ensino.

---

regência, que, diferentemente das duas primeiras, não foi preparada pelo imperador, pegando de surpresa a própria casa imperial.

484. Roderick Barman (2005) também mostrou que a instrução de Isabel não foi determinada pela sua condição feminina e que Pedro II muito se empenhou na sua formação. No entanto, para o autor, não houve por parte do imperador nenhum engajamento na sua formação para a política, ao passo que, para Maria Luiza Mesquita (2009), as regências e as viagens foram vistas por ele como um treinamento político.

Na década de 1870, os conflitos entre a maçonaria e os bispos orientados pelas diretrizes do "Silabo dos erros de nossa época" transformaram-se na "questão religiosa", dentre outras razões, pelo protagonismo dos membros do recém-formado Partido Republicano, sobretudo, o de Saldanha Marinho[485]. Se Isabel não se exprimiu publicamente a respeito da anistia dos bispos, o seu pretenso apoio a essa medida, associado às suas práticas religiosas, marcou definitivamente a sua trajetória política[486].

A sua segunda regência, iniciada em março de 1876, em meio a novos episódios da "questão religiosa", foi marcada pela forte oposição republicana[487]. Inclusive, na sua volta dos Estados Unidos, em setembro de 1877, num contexto de franca expansão da propaganda republicana na Corte, o imperador teve o cuidado de tomar distâncias em relação à regente, que, depois disso, se afastou durante alguns anos da esfera política[488].

---

485. Em 1864, o Papa Pio XI promulgou esse silabo condenando, entre outros "erros", o racionalismo, o comunismo, a maçonaria, a separação entre a Igreja e o Estado e o liberalismo. No início da década de 1870, a maçonaria, no Brasil, começou a adotar uma posição abertamente anticlerical, gerando a reação de alguns bispos, que passaram a proibir os maçons de frequentarem missas e fazerem parte das irmandades, além de negarem aos padres a possibilidade de se reunirem na maçonaria. Advertidos pelo governo de que deviam declarar nulas tais interdições, os bispos D. Vital, de Olinda; D. Pedro Maria Lacerda, do Rio de Janeiro; e D. Macedo Costa, do Pará, mantiveram-nas e foram condenados e presos. Estava conflagrada a "questão religiosa", que teve um novo desdobramento, quando o governo conservador anistiou os bispos, em setembro de 1875. Contra a anistia dos bispos levantou-se Saldanha Marinho, com o pseudônimo Ganganelli, no *Diário do Rio de Janeiro*, responsabilizando a princesa pela decisão. Sobre a "questão religiosa" na perspectiva da Princesa Isabel, cf. Mesquita (2009). Para uma análise mais recente sobre o papel de Saldanha Marinho na "questão religiosa", cf. Galdino (2006).

486. A análise da sua correspondência com o pai mostra claramente a sua posição a respeito do conflito entre os maçons e os bispos: "Se os maçons têm tanto apego às coisas da Igreja que não queriam ser expulsos desta, por que não abandonam a maçonaria?" (Carta de Isabel ao pai em 31 de agosto de 1873, Arquivo Grão Pará – acervo privado da família Orléans e Bragança – no Arquivo Histórico do Museu Imperial de Petrópolis apud MESQUITA, 2009, p. 54). Não existe nenhuma evidência de que Isabel tenha se pronunciado publicamente a favor da anistia dos bispos, o que não a impediu de ter sido acusada pelos republicanos de ter tomado parte nessa decisão. Inclusive, "as acusações feitas à Isabel levaram o imperador a escrever para o chefe do gabinete ministerial de então uma nota em que negava a influência da filha na sua decisão de anistiar os bispos. [...] O governo negou a intervenção da princesa neste assunto, mas não obteve resultado. As críticas continuaram" (MESQUITA, 2009, p. 58).

487. Logo após o anúncio da viagem, Saldanha Marinho escreveu: "O imperador deixa o Império na ocasião mais crítica. Sua filha fanatizada ao extremo [...] guiada por seu confessor [...] comprometerá todo o país" (*Diário do Rio de Janeiro*, 10 de outubro de 1875 apud MESQUITA, 2009, p. 59). Maria Luiza Mesquita (2009) analisa a forte oposição republicana às três regências de Isabel.

488. Em carta ao seu pai, o Conde d'Eu exprimiu o seu estranhamento a respeito do distanciamento que Pedro II teria adotado em relação à princesa após a sua volta: "Ele não conversou nem com Isabel nem comigo" (Carta de 29 de novembro de 1877, Arquivo Grão Pará – acervo privado da família Orléans e Bragança – no Arquivo Histórico do Museu Imperial de Petrópolis). Antes mesmo de reassumir o trono, a sua primeira medida foi declarar pelos jornais: "S.M. quer que se saiba que no

Na volta do Partido Liberal ao poder, em 1878, um dos eixos centrais da oposição republicana foi a indiferença do governo pela adoção de medidas relativas à secularização do Estado. A dissonância das vozes republicanas – dos evolucionistas aos socialistas – harmonizava-se diante dessa reivindicação, que, mais uma vez, tinha sido amplificada por Saldanha Marinho, no Senado.

Agora, em 30 de junho de 1887, a notícia da Terceira Regência, entendida como o Terceiro Reinado, acirrou os ânimos dos republicanos, que, em meio à questão militar, discutiram, mesmo na imprensa e nos lugares públicos, outros meios, além das "flores e música", de chegarem à abolição e à República.

Em 9 de julho de 1887, o novo órgão do republicanismo do Rio de Janeiro, *O Grito do Povo*[489], escreveu: "Está terminado o Segundo Reinado. [...] O verdadeiro soberano é o povo, [...] inaugure, enérgico e magnânimo, a era da República".

* * *

Apenas um dia depois do início da Regência de Isabel, reuniu-se o Congresso Nacional do Partido Republicano para a aprovação do projeto de reorganização partidária, conforme as diretrizes propostas em 1885[490]. Segundo as "bases orgânicas adotadas pelo Congresso", foi eleito um Conselho Federal, com sede na capital, para a Direção Central. "Por falta de tempo", algumas circunscrições não puderam eleger os seus delegados, o que não impediu que exprimissem a sua adesão ao "Manifesto do Congresso Nacional Republicano", lançado logo em seguida[491].

---

correr de toda a sua viagem de 18 meses não dirigiu a S. A. I. Regente, nem a nenhum dos ministros de Estado um só telegrama sobre negócios do governo e do país" (*A Reforma*, 28 de setembro de 1877). Ambas as citações estão em Mesquita (2009, p. 66-67, respectivamente), que indica, também, o afastamento da princesa da cena política brasileira após essa regência. Cumpre ressaltar que essa estratégia não conseguiu frear a expansão do ativismo republicano no Rio de Janeiro, que, em 1877, já havia se transformado num fato da macropolítica. Cf. capítulo 2.

489. Esse periódico foi fundado em junho de 1887, por Ferreira Polycarpo, um dos signatários do termo de compromisso de 1877 e que vinha atuando na criação de vários clubes republicanos, nos anos de 1885-1886, com importante papel na organização da propaganda popular da República, após a abolição, como veremos no capítulo 13.

490. Na edição do dia 1º de julho de 1887, a *Gazeta da Tarde*, de José do Patrocínio, anunciou o Congresso e explicou que ele era composto pelos "delegados dos clubes republicanos existentes no Brasil", mas, apesar de fornecer a lista dos participantes, não indicou os respectivos clubes de origem.

491. Esse esclarecimento é dado por *O Paiz*, na sua edição do dia 5 de julho de 1887, que também indicou as províncias representadas no Congresso (Pará, Pernambuco, Espírito Santo, Município Neutro, Rio de Janeiro, Minas Gerais, São Paulo, Paraná, Santa Catarina e Goiás). No entanto, em

Qual a explicação para tanta celeridade no lançamento do manifesto?

> No momento em que, por motivo de grave enfermidade, foi o imperador obrigado a abandonar o governo do Estado e a retirar-se do Brasil; no momento em que, por essa mesma causa, acaba de assumir o poder majestático a princesa herdeira do trono; julgam os abaixo-assinados, delegados do partido republicano brasileiro, reunidos em congresso nessa capital, dever dirigir-se aos seus concidadãos, a fim de esclarecê-los sobre os intuitos que animam o partido republicano brasileiro, e sobre a atitude que lhe cumpre manter em face da nova situação.[492]

Na análise da conjuntura, todos os aspectos trazidos a público apontavam para um quadro de crise "extremamente grave", cuja responsabilidade era imputada à forma de governo. A visão depreciativa sobre a monarquia exprimia, evidentemente, uma perspectiva partidária que, como todas as outras, deve ser contextualizada. No entanto a análise mais pontual desse manifesto permite-nos relativizar o caráter conservador que muitos historiadores atribuem ao republicanismo.

Em primeiro lugar, o manifesto exprimia os ideais da República do mérito contra a monarquia dos "conchavos e privilégios", que enfraquecia todas as "energias cívicas e aniquilava todos os impulsos da independência individual". A função do sistema era sufocar "todos os caracteres altivos que não se acomodavam à subserviência". A experiência da monarquia, durante cinquenta anos, tinha mostrado a sua incapacidade de realizar o objetivo de todas as instituições sociais, "melhorar a sorte moral, intelectual e física da **classe mais numerosa e pobre de um país**". Assentada no regime

---

relação aos signatários do manifesto publicado por *O Paiz* em 8 de julho de 1887, só foi possível identificar representantes dos clubes: de São Paulo, Campos Salles e Rangel Pestana; do Rio Grande do Sul, Álvaro José Gonçalves Chaves (advogado) e José Romanguêra da Cunha Correia; do Rio de Janeiro e Município Neutro, Saldanha Marinho, Quintino Bocaiuva, Aristides Lobo (provavelmente pelo Club Tiradentes), Almeida Pernambuco (provavelmente pelo Club São Cristóvão), Ubaldino do Amaral, Júlio Borges Diniz (pelo Club do Sacramento), José de Nápoles Telles de Menezes, Oscar da Cunha Correia (provavelmente pelo Club dos Estudantes da Escola Politécnica, pois, em 1886, era aluno dessa escola) e Ennes de Souza (apesar de residente no Rio de Janeiro e professor da Escola Politécnica, talvez estivesse como representante pelo Club do Maranhão); e de Pernambuco, Belarmino Carneiro. Apesar de ter sido noticiado pela *Gazeta da Tarde*, cumpre notar a ausência de referências a José do Patrocínio nesse Congresso.

492. Esse é o início do manifesto. Todas as referências a seguir estão na edição do dia 8 de julho de 1887 na edição de *O Paiz*. A realização do Congresso já era prevista, mas não necessariamente o lançamento do manifesto, que exprimiu, sobretudo, um posicionamento sobre a situação política criada pela regência.

do privilégio, "que cria classes e distinções no seio do povo", a monarquia negava o regime democrático, fundado na igualdade, permitindo a "**exploração do maior número para nutrir e enriquecer alguns privilegiados**" (grifo nosso).

Em oposição às necessidades civilizatórias de maior investimento em educação, o Estado Monárquico abandonava, deliberadamente, a instrução pública no intuito de "preservar o povo na ignorância de seus direitos". Só as classes dirigentes, "à custa do imposto geral", usufruíam da instrução, mantendo, desse modo, "o monopólio de todas as posições oficiais".

Além de manter o povo "nas trevas da ignorância", a monarquia tinha "sequestrado o voto popular", impedindo a sua participação política para preservar o Parlamento como lugar das "**oligarquias aparelhadas**" para toda ordem de "conspiração contra a liberdade dos cidadãos" (grifo nosso).

Do ponto de vista econômico, o sistema "dissipava o patrimônio social em negócios ruinosos fomentados pela especulação e a sede imoderada de lucros, sem trabalho e em detrimento do contribuinte". Antes de tudo, a monarquia era a responsável "pela manutenção obstinada da escravidão", base do "**feudalismo bastardo constituidor da propriedade territorial**" (grifo nosso). E, quanto às manufaturas, oferecia isenções às estrangeiras, nada fazendo para proteger as nacionais.

Em todos os aspectos, via-se o efeito funesto da centralização sobre o imenso território. Mas, se o manifesto fazia apelo às "virtudes másculas e à virilidade" para "reagir contra este estado social mórbido" em relação aos procedimentos de combate pela República, prometia fidelidade ao "terreno legal da propaganda" pelo uso da tribuna e da imprensa, da participação nos processos eleitorais, das campanhas de filiação e da congregação em clubes ou grêmios, e terminava indicando a abolição da escravidão como a ação mais urgente do partido.

Apesar da promessa do manifesto de se manter no terreno legal, não podemos esquecer a fala do Presidente do partido, Saldanha Marinho, que, em 1884, defendera a posição de que a abolição só fosse incorporada ao programa do partido no momento em que se convertesse "**em lida verdadeiramente política**", "**colocando em xeque a forma de governo**". "Neste caso o partido republicano deveria ocupar o lugar que lhe está destinado" (*Gazeta da Tarde*, 5 de setembro de 1884 – grifo nosso)[493].

No início da Terceira Regência, foi essa a avaliação do Partido Nacional que, em sintonia com o discurso de Campos da Paz (pela Confederação) e de Deodoro (pelos militares), sentenciou com um viés menos evolucionista:

> O que nos resta **exigir** e promover é a **abolição total da escravidão** no Brasil dentro de um período que não exceda **a data aniversária e gloriosa da Revolução Francesa** – quando foram proclamados pela primeira vez os direitos inauferíveis do homem (grifos nossos).[494]

Apenas quatro meses depois, no dia 25 de outubro, os militares, reunidos no Club Militar, decidiram que a manutenção da ordem exigia não a captura dos escravizados fugidos, mas a extinção da escravidão. Nessa reunião, foi aprovado o envio de uma petição dirigida à princesa, solicitando que os militares não fossem mais obrigados a perseguir os escravizados.

* * *

Enquanto o republicanismo se aglutinava em torno da reivindicação abolicionista, no apoio aos militares e no combate à Terceira Regência, o Ministério Cotegipe mantinha a política repressiva adotada desde o início do seu governo, em 1885, ditada pelos Clubs da Lavoura e os representantes do escravismo no Parlamento. Ainda assim, em agosto de 1887, a Confederação, em vez de se manter no terreno das manifestações festivas nos teatros, convocou um *meeting* em praça pública.

Na regulamentação da Lei dos Sexagenários, o governo determinou a realização de uma nova matrícula dos escravizados que, pelos procedimentos previstos, levava à reescravização de libertos. Essa decisão e outras cláusulas do "regulamento negro"[495] precipitaram reações em diversas par-

---

493. Discurso proferido no contexto da discussão sobre a aliança partidária com os monarquistas no momento da ascensão do Governo Dantas. Cf. capítulo 8.

494. Essa citação também faz parte do manifesto, publicado em *O Paiz* em 8 de julho de 1887. Nessa mesma edição de *O Paiz*, um artigo na "Seção livre", intitulado "A classe militar e a regente", convidava a princesa a romper com o governo conservador se quisesse manter a monarquia. Os erros da regência levariam, inevitavelmente, à República, "cujo evento era questão de tempo". Se a regente optasse pela continuidade do Ministério Cotegipe, precisava ter consciência de que não poderia contar com a classe militar "em qualquer emergência".

495. A partir de novembro de 1885, o Ministro da Agricultura, Antônio Prado, começou a regulamentar a aplicação da Lei Saraiva-Cotegipe, estabelecendo novas regras para o registro de escravizados, que passaram a não exigir informações sobre as famílias dos cativos. Para regulamentar a

tes da província, com destaque para as cidades de Campos e Macaé, onde os abolicionistas foram duramente reprimidos[496].

Logo após essas ocorrências, o Senado reuniu-se, no dia 5 de agosto, para analisar a proposta de Dantas de dirigir uma moção ao governo, pedindo a retirada dos avisos "que reescravizavam treze mil indivíduos"[497]. Pouco depois do encerramento da sessão que aprovou a moção, Quintino Bocaiuva, Campos da Paz, Ennes de Souza e José do Patrocínio foram para o Largo da Lapa discursar num *meeting* com "mais de cinco mil pessoas" que "espontaneamente se reuniram sem anúncio prévio"[498]. Segundo a *Gazeta de Notícias* do dia 15 de agosto de 1887, o evento acabou com uma "pequena assuada".

Apesar de Quintino Bocaiuva ter pedido moderação ao povo ao discursar no *meeting*, no dia seguinte, *O Paiz* passou a liderar a oposição ao governo, convocando "sessão permanente do povo por meio de *meetings* sucessivos, até que se desafronte a consciência e a dignidade nacional **pela retirada do atual gabinete**" (*O Paiz*, 6 de agosto de 1887 – grifo nosso). Desse modo, a finalidade dos *meetings* não era mais a retirada dos avisos, mas sim do próprio ministério conservador.

No dia seguinte, outro *meeting* foi convocado, mas agora em recinto fechado, no Teatro Polytheama, provavelmente tentando evitar novos conflitos com a polícia. Apesar da precaução, o discurso de Quintino Bocaiuva foi interrompido por bombas lançadas por "capangas". Nas descrições da *Gazeta de Notícias* e de *O Paiz*, a mesma referência a uma "horda de facínoras" que teriam invadido o teatro e impedido o prosseguimento do *meeting*. Depois disso, "o povo se aglomerou em torno de Quintino Bocaiuva" e marchou pela Rua do Lavradio até a Rua do Ouvidor, "saudando

---

medida que considerava que os escravizados enviados de uma província para outra seriam considerados livres, Antônio Prado estabelecia que o Município Neutro, no que se referisse à implementação dessa cláusula, seria considerado parte da província do Rio de Janeiro. Dessa forma, os quase trinta mil escravizados do Município Neutro poderiam ser transferidos para o interior da província e permanecer na sua condição de escravizados. Cf. Conrad (1975).

496. Entre outras ações repressivas, no dia 31 de julho, mais de duzentas pessoas armadas agrediram o público presente na Festa de Sant'Anna, em Macaé, porque o clube organizador do evento contava com grande número de sócios abolicionistas. Cf. *O Paiz* (5 de agosto de 1887).

497. O Senado representou, nesse contexto, um freio à política dos conservadores, tanto na questão militar quanto na questão abolicionista.

498. Na descrição de *O Paiz* no dia 6 de agosto de 1887, em "*Meeting* de indignação", tem destaque a articulação entre a questão militar e a questão escravista nos discursos proferidos no evento.

a abolição e o **Exército brasileiro**" (grifo nosso). Do mesmo modo que no evento anterior, os jornais nomearam apenas lideranças republicanas – dentre elas, Clapp, Patrocínio, Luiz Murat, Luiz de Andrade, Ennes de Souza e Quintino Bocaiuva.

Mesmo com esse desfecho, um novo *meeting* foi convocado, e o lugar indicado foi o "Campo da Aclamação". Aspectos estruturais e conjunturais que vêm sendo analisados ao longo deste trabalho confluem nesse *meeting* do dia 8 de agosto de 1887, e, em razão disso, justificamos o aprofundamento da narrativa do evento.

Primeiro, a escolha do *meeting* em espaço aberto em oposição às manifestações que vinham sendo privilegiadas pela Confederação nos espaços fechados ou no quadro da cultura popular religiosa. Desse modo, assistimos ao retorno dos procedimentos republicanos adotados entre 1878 e 1883, duramente reprimidos pelos liberais. Cumpre enfatizar que a escolha pelos *meetings* nas ruas era, reconhecidamente, um ato de radicalização[499].

Em segundo lugar, é importante ressaltar o empenho dos republicanos em articular o "*meeting* abolicionista" e a "questão militar". Um terceiro ponto diz respeito à geografia do conflito entre as forças policiais e os populares, que nos remete a uma história de longa duração, com ecos nas manifestações públicas na cidade do Rio de Janeiro até os dias atuais. Em quarto, está o papel da imprensa nesses eventos, que nos remete a funções não previstas na definição de "grande imprensa". Apesar do caráter neutro e apartidário defendido incessantemente por Quintino Bocaiuva, a convocação do *meeting*, os seus organizadores, o seu trajeto, o discurso de legitimação do evento, tudo passa pela imprensa – nesse caso, pelo jornal *O Paiz*.

Por último, o *meeting* coloca-nos face a uma questão crucial em todo esse processo sobre os meios legítimos para se alcançarem as reformas. Apesar do entendimento de que a abolição e a República representavam uma revolução, a maioria dos discursos das duas principais lideranças envolvidas nesse *meeting* referia-se à necessidade de construir uma revolução

---

[499]. Dentre outros registros a respeito, convém recuperar o discurso de Silva Jardim, publicado na *Gazeta de Notícias* em 6 de janeiro de 1889, que se serviu da referência aos *meetings* como uma ameaça: "Falarei em pequenas salas [...] ou se a tanto for levado, como não estão proibidos por LEI alguma os *meetings* em praça, [...] e certo que não se deve obedecer a ordens ilegais. [...] ORAREI EM PRAÇA PÚBLICA, qualquer que seja o número dos que me acompanharem num tal ato de civismo" (JARDIM, 1889 apud PESSOA, 1973, p. 131 – grifos do original). Essa citação será contextualizada no capítulo 13.

pacífica. Em momentos de acirramento das tensões, tanto José do Patrocínio quanto Bocaiuva, em campos muitas vezes opostos, pediram a moderação para se evitar o "derramamento de sangue". Mas, diante da expansão da violência repressiva que impedia o caminho das reformas pacíficas pelas conferências e o Parlamento, o que fazer? Nesse contexto marcado pela reação conservadora, a convocação do *meeting* num espaço aberto era uma escolha que se desdobrava, necessariamente, no reconhecimento e na aceitação de que "certos atos de violência" eram inevitáveis.

Quando as lideranças republicanas escolheram o Campo de Santana "fronteiro ao edifício do quartel general", esperavam, com isso, a proteção dos militares? Lugar dos grandes acontecimentos políticos, o Campo da Aclamação era lembrado, pelos republicanos, como o palco da "Revolução da Abdicação", resultante do apoio dos militares à "causa do povo" (*O Paiz*, 8 de agosto de 1887)[500].

E se não é possível inferir sobre as verdadeiras intenções e expectativas dos ativistas, é preciso insistir na articulação cada vez mais direta entre a questão social e a questão militar, o que levou o jornal *O Paiz* a destacar, na sua primeira página do dia 8 de agosto de 1887, tanto a convocação para o "*meeting* abolicionista" quanto a descrição da reunião do Club Militar no dia anterior.

Com o objetivo claro de aproximar as duas questões, a reunião do Club Militar foi apresentada pelo editorial do jornal como "A crise. Outra moção de censura". Apesar de a "moção" do clube se referir à criação de comissões para avaliar a situação das Forças Armadas e indicar soluções "à vista da indiferença do governo", *O Paiz* "noticiou-a", no mesmo dia 8 de agosto, como o "voto de censura e de desconfiança mais solene que jamais tenha sido proposto ou aprovado em qualquer país contra um governo"[501].

---

500. O local mudou várias vezes de nome, e, no século XIX, essas mudanças estiveram atreladas à história política. Até 1753, o local era chamado de Campo da Cidade, quando passou a ser chamado de Campo de Santana. Após ter sido palco da sanção popular de Pedro I como Imperador do Brasil, em 1822, tornou-se o Campo da Aclamação. Depois do movimento pela abdicação de Pedro I, em 1831, o local passou a ser chamado de Campo da Honra, voltando a ser chamado de Campo da Aclamação no momento da coroação de Pedro II em 1841. No período analisado, encontramos as duas denominações – Campo de Santana e Campo da Aclamação –, mas constantemente associadas, pelo discurso republicano, à abdicação.

501. A moção tratava, basicamente, das "precárias condições do Exército e da Armada" e da indiferença das autoridades, mas também foi entendida como uma afronta ao governo pelo Senador Teixeira Júnior, que explicou a sua posição contrária à moção do Senado do dia 5: "Entendia que

Desse modo, as duas moções – a do Senado e a do Club Militar – serviram para legitimar a posição dos republicanos abolicionistas de "*meetings* permanentes" até a queda do governo[502]. Mas, no mesmo dia, a política do "povo em *meetings*" foi interditada pelo edital do chefe de Polícia da Corte, que decretou estado de sítio, proibindo "os **ajuntamentos nas ruas e praças**; sendo somente permitidos nos edifícios públicos e salas de espetáculo durante o dia"[503] (grifo nosso).

Para explicar a sua decisão ao ministro da Justiça, o Chefe de Polícia Coelho Bastos alegou a "virulência da linguagem dos discursos dos oradores do *meeting* da Lapa contra as instituições do país que eram atacadas com vivas à República". Para legitimar a medida, os ministros do governo declararam em uníssono: "O atual ato **era o mesmo que chefes de polícia do domínio liberal haviam expedido**. [...] Se a proibição do atual chefe de polícia é ilegal, foi também ilegal o daquelas autoridades liberais"[504] (grifo nosso).

Apesar disso, os organizadores mantiveram a convocação, mas aconselhando "o povo a não oferecer nenhuma resistência material" (*O Paiz*, 8 de agosto de 1887)[505]. Ademais, enviaram um ofício aos deputados e aos senadores abolicionistas para que comparecessem ao local "**não para uma sedição**, mas para garantir um direito constitucional" (grifo nosso). Na resposta – assinada por Dantas e dirigida aos republicanos João Clapp, José do Patrocínio e Quintino Bocaiuva –, os senadores e os deputados negaram-se a participar do *meeting*, já que "a reunião tendo sido proibida pela autoridade, não nos é lícito comparecer".

Na hora prevista para o *meeting* no Campo da Aclamação, o local foi ocupado por "um considerável contingente da força pública", e "em todas as esquinas foram postadas patrulhas de cavalaria". De início, os "promotores do *meeting*" estiveram no local junto à "grande aglomeração de povo", mas,

---

o Senado invadia atribuições alheias e com a sua intervenção autorizava procedimento igual das sociedades e grupos, como o provou anteontem o Club Militar" (*O Paiz*, 9 de agosto de 1887).

502. José do Patrocínio enviou um telegrama ao abolicionista francês Victor Schoelcher, logo após os ataques ao Polytheama, para avisá-lo da situação no Brasil e informá-lo da decisão dos abolicionistas de manter os *meetings*: "Meeting em favor da abolição foi perturbado pela polícia. O povo reagiu. Houve ferimentos. Os *meetings* continuarão. Patrocínio" (*O Paiz*, 7 de agosto de 1887).

503. Edital da Secretaria da Polícia da Corte em *O Paiz*, 7 de agosto de 1887.

504. O texto refere-se às medidas de exceção tomadas pelos chefes de Polícia Pindaiba de Mattos e Tito de Mattos nos dias do Vintém; no momento das manifestações contra a reforma eleitoral e após o assassinato de Apulcho de Castro, conforme visto nos capítulos anteriores.

505. Todas as citações sobre o *meeting* no Campo da Aclamação estão na primeira página dessa edição.

diante da repressão que impedia a "permanência tranquila em qualquer ponto", pediram "aos seus amigos que se retirassem e se ausentassem do lugar".

Apesar disso e da "oposição feita pelas patrulhas", "considerável multidão de povo" começou a afluir para o Campo da Aclamação, vindo de todas as ruas. A força da multidão era tal que a polícia foi impotente para "impedir a entrada para o parque do Campo". A tropa tentou invadir o parque e foi atacada por "diversos projéteis", assim como o terceiro-delegado, Dr. Gusmão, que, "recebido a pedras, teve que fugir". Em seguida, um contingente de infantaria foi chamado para invadir o parque e dispersar o povo.

No prosseguimento da descrição, *O Paiz*, mais uma vez, salientou uma suposta relação de simpatia entre o povo e o Exército, articulando a questão militar e a questão social:

> Logo que ficou só a força de linha, o povo cedeu espontaneamente, penetrando ela no jardim e sendo recebida com **vivas ao Exército**. [...] Não obstante a força de cavalaria de linha dispersar em correrias os grupos, estes, ao retirarem-se, davam **vivas ao Exército**. [...] A força de linha, bem ao contrário da força policial, absteve-se de brutalidades. [...] No seu instintivo bom senso, o povo compreendeu que **o próprio Exército estava vexado da missão que lhe impunha o governo** (grifos nossos).

Se a presença do Exército foi aclamada, o reforço da polícia "foi recebido a pedradas". O embate entre as forças policiais e os manifestantes continuou durante a noite. Enquanto a polícia percorria as ruas dos arredores dando "pranchadas em todos quantos encontrava", "agredindo os grupos populares **desarmados e de nenhum modo dispostos a atos de violência**", a resistência de "alguns indivíduos" lançou mão de projéteis, pedras e fogo (grifo nosso).

Na citação a seguir, fica evidente a preocupação dos redatores de *O Paiz* de configurar "alguns atos de violência" como respostas à repressão:

> Tantas foram, porém, as **provocações**, que a **irritação cresceu** e **alguns atos violentos** foram praticados. [...] O Sr. Dr. Gusmão avistado [...] passou um mau quarto de hora. [...] O Sr. ministro da guerra [...] foi também reconhecido pela multidão e vários projéteis foram arrojados contra a sua pessoa. [...] Esses projéteis [...] danificaram dois quiosques [...] e alguns lampiões da iluminação pública (grifos nossos).

Apesar de terem conseguido dispersar a população do Campo da Aclamação, a ação policial prosseguiu com "patrulhas que desfilavam a grande galope" na Rua do Ouvidor, "ponto habitual de reunião pública", onde se formaram "aglomerações de **pessoas pacíficas**" (grifo nosso). Como resposta, "formou-se, como por encanto, uma coluna compacta" que, dirigindo-se à sede do jornal *O Paiz*, aclamou os seus jornalistas e a imprensa livre, convocando Quintino Bocaiuva a discursar. Diante disso, o republicano voltou à rua e declarou que "a causa da abolição merecia tal preito e devotação", mas conclamou o povo a "não manchar a nobre manifestação que acabavam de fazer com algum ato irrefletido **de sedição ou resistência**" (grifo nosso). A "força moral da opinião estava salva", já que tinham realizado o *meeting* proibido pela polícia.

Enquanto Ferreira de Araújo, pela *Gazeta de Notícias*, tomou o partido dos manifestantes contra o governo, o *Carbonário*, em 12 de agosto de 1887, criticou a posição vacilante da Confederação, que teria cancelado os *meetings* após a proibição das autoridades, e isso não pela "falta de adesão do povo, mas por covardia dos organizadores que temiam enfrentar o governo".

Mais uma vez, a referência a Apulcho de Castro evidenciava uma outra forma de se posicionar na disputa cada vez mais acirrada entre o movimento abolicionista e a reação escravista:

> Parece incrível que isto façam [recuar diante da decisão do governo] aqueles que viram o exemplo de um só homem – Apulcho de Castro – lutando pelos seus direitos contra todos os poderes deste Império. [...] É que Apulcho, antes de tudo, afrontava os perigos, **arriscando a vida**. [...] Os atuais agitadores **não querem arriscar coisa alguma** por aquilo que eles chamam a defesa dos direitos e interesses do povo. Nem a prisão, nem o degredo, nem as feridas em tumulto. [...] Estamos certos que os abolicionistas estão em maior número; mas tendo diante de si, firme e resoluto um exército de escravocratas. E ou havemos de ir ganhando terreno, passo a passo pacificamente, ou havemos de batê-los [...] com **os generais à frente** (*Carbonário*, 12 de agosto de 1887 – grifos nossos).

A posição do *Carbonário* coloca-nos frente à complexidade do campo republicano-abolicionista em relação aos meios legítimos para a obtenção das reformas. Essa discussão – que é central não somente no século XIX, mas também nos dias atuais – tem sido analisada por certos cientistas políticos a partir da referência à noção de "violência política".

Na análise proposta pelo sociólogo Philippe Braud (2004), a história política do século XIX deve ser compreendida pela referência incontornável à noção de revolução e pela discussão sobre o uso da violência para se realizarem as reformas sociais, econômicas e políticas. Nesse sentido, as diferentes linhagens políticas podem ser analisadas segundo a recusa ou a aceitação de diferentes graus de violência na realização das lutas sociais.

No Brasil, o ativismo republicano-abolicionista foi permeado pelas mesmas tensões e dilemas quanto ao uso da violência para o avanço das transformações socioeconômicas e políticas. Nesse processo de construção de uma cultura republicana, um dos principais pontos de dissenção estava na aceitação ou não de outros métodos além das conferências, da imprensa e do Parlamento na consecução das reformas. No horizonte desses ativistas estava a necessidade de desconstruir a visão saquarema, que responsabilizou o "republicanismo-anarquista-separatista" pelo "caos regencial", justamente por ter levado a propaganda política "às classes perigosas".

A vitória saquarema representou o "desaparecimento" do republicanismo que, ao "ressurgir" no Partido Republicano em 1870, procurou conformar-se, em algumas das suas linhagens, ao evolucionismo como forma de permanecer na vida política do Império. Quintino Bocaiuva, como principal representante dessa linhagem, no Rio de Janeiro, construiu a sua atuação na defesa constante da moderação face ao republicanismo popular de outros manifestantes de 1870 – dentre eles, Lopes Trovão, Almeida Pernambuco, Aristides Lobo e Jerônimo Simões – e dos militantes dos Clubs de São Cristóvão e Tiradentes; também se posicionou contra o republicanismo ainda mais popular e radical constituído em torno de Apulcho de Castro e dos seus correligionários.

Porém, nesse contexto de radicalização da questão abolicionista, Quintino Bocaiuva – em contraste com o seu posicionamento nas campanhas contra o Vintém e a reforma eleitoral – esteve à frente do "povo em *meeting*", não só pela imprensa, mas também na praça pública, visando à deposição do governo conservador. Com esse posicionamento, Quintino Bocaiuva, assim como todos os outros ativistas envolvidos, sabiam que seriam vistos como "meetingueiros" e "anarquistas" tentando "alterar a ordem pública", e, portanto, como alvos de uma "repressão legítima"[506].

Contra essa visão, *O Paiz* propôs uma narrativa detalhada do *meeting*, procurando justificar a "violência de alguns indivíduos" como resposta aceitável à repressão desproposidada das forças policiais. Além disso, insistiu na glorificação do Exército, muito possivelmente em razão da crescente convicção de que nenhuma reforma seria possível sem algum tipo de atrito. Nesse caso, a aliança com o Exército seria a única forma de impor a vitória, mas, ao mesmo tempo, de limitar, ao máximo, a expansão da violência num processo revolucionário sem controle. Nessa mesma perspectiva é que podemos compreender a palavra "golpe", em vez de "revolução", no discurso de Campos Salles, assim como a referência de José do Patrocínio à colaboração dos militares e o seu pedido de que o povo guardasse a moderação "na resolução da questão social".

Após essas considerações, voltemos às acusações do *Carbonário*. Mesmo se adotarmos a perspectiva crítica desse jornal em relação ao posicionamento dos abolicionistas citados anteriormente, não resta dúvida de que a convocação de atos em praça pública, mesmo após o decreto do estado de sítio, foi uma demonstração de força. E para entender essa postura, é necessário recuperar, nessa mesma conjuntura, os fatos da resistência dos escravizados.

Se a luta dos escravizados pela liberdade por meio das evasões, dos crimes e dos processos judiciais é muito anterior ao abolicionismo dos anos 1880, a sua capacidade de gerar mudanças institucionais acentuou-se ao longo dessa década em razão do investimento de certas linhagens do abolicionismo nas fugas. Como temos visto, um dos pontos de tensão na frente abolicionista era, justamente, o grau de envolvimento direto com os escravizados e as modalidades aceitáveis de intervenção.

---

506. Na seção "A pedidos" do *Jornal do Commercio*, numa carta intitulada "O jornal *O Paiz* julgado pelo comércio", Quintino Bocaiuva era definido nos seguintes termos: "O documento seguinte, o mais honroso ao governo, responde soberanamente à campanha anarquista movida e sustentada por *O Paiz*. Foi esse jornal que no dia 9 deste mês [agosto] convidou o povo para fazer *meetings* permanentemente, e foi o redator-chefe de *O Paiz* o *meetingueiro* [grifo do original] que tentou alterar a ordem pública". O documento ao qual se refere o texto, transcrito nesse mesmo artigo, é uma Carta da Associação Comercial do Rio de Janeiro, datada do dia 19 de agosto de 1887, dirigida ao Ministério Cotegipe, parabenizando-o pela repressão contra as "recentes tentativas de alteração da ordem pública".

No discurso que os membros da Confederação tornaram público pela imprensa, os meios eram a propaganda pacífica, as associações de libertos e escravizados e as intervenções no campo jurídico pela referência à lei de 1831. Inclusive, os republicanos de *A Província de São Paulo* aderiram ao programa da Confederação como contraponto a um abolicionismo paulista, que já estaria apostando em outros meios[507]. No ano de 1887, essa interação entre a ação abolicionista e a resistência dos escravizados fortaleceu o movimento de evasão das fazendas, determinante para o fim da escravidão muito antes do prazo previsto pelos proprietários e até mesmo do "limite fatal" anunciado por civis e militares.

No próximo capítulo, analisaremos a importância das fugas dos escravizados na província de São Paulo para a queda de Cotegipe, assim como as divisões intra-abolicionistas subsequentes à ascensão do novo ministério conservador.

---

507. Cf. capítulo 6.

11
As fugas dos escravizados, a queda de Cotegipe e a monarquização da Confederação Abolicionista

No abolicionismo que se estruturou entre os setores livres da população brasileira, a maior ou menor aproximação com a luta dos escravizados sempre foi um ponto de tensão. O que nós, hoje, como estudiosos do período, chamamos de "resistência escrava" – fugas, homicídios, formação de quilombos, roubo e venda de produtos roubados – desdobrava-se no uso de vários graus de violência que, por sua vez, repercutia diferentemente nas outras camadas sociais.

A ordem escravista configurou-se, ao mesmo tempo, pela extrema violência "necessária" à manutenção do trabalho escravo e pela convivência com os crimes dos escravizados nas suas lutas muitas vezes desesperadas contra a violência da escravização. Quanto aos crimes, é muito pouco provável que a maioria das autoridades usasse da mesma atenção analítica dos historiadores para recuperar, nos processos criminais, as razões indicadas pelos escravizados para as suas ações de violência[508]. Destituída, no âmbito jurídico, de toda conotação política inerente à noção de "resistência escrava", a violência contra as pessoas e a propriedade era isolada nos processos criminais, sendo usada, muitas vezes, como argumento para "comprovar"

---

508. Diversos historiadores debruçaram-se sobre os processos criminais com o objetivo de identificar as concepções dos próprios escravizados sobre o cativeiro e a liberdade. Nessas análises, identificou-se a importância da referência a um "cativeiro justo", reconhecido tanto por parte dos escravizados quanto por parte dos senhores, mesmo se, antes da lei de 1871, ele não estivesse amparado no direito escrito, mas nos costumes. Dentre os motivos mais indicados pelos escravizados para explicar os crimes cometidos estavam as vendas, os castigos "injustos" e a alteração do ritmo de trabalho. Cf., dentre outros, Mattos (2013); Chalhoub (1990); Azevedo (1987).

a "brutalidade" da raça negra e para justificar a escravidão e o seu aparato repressivo.

Na garantia da ordem, a explosão da violência "apolítica" contra as pessoas e a propriedade – mesmo quando os atingidos eram os beneficiados pela própria ordem – era, de certo modo, inevitável e "tolerável" até o limite da individualização possível dos crimes. Mesmo assim, a expansão da violência por meio de crimes contra a pessoa e a propriedade, ainda que sem nenhuma relação direta com um movimento social para a abolição, gerava receios e levava os indivíduos a se posicionarem no âmbito privado e público, sobre as supostas causas e soluções para tais ocorrências. Desse modo, necessariamente, a "resistência escrava", na sua acepção mais ampla, foi um fator incontornável da história social e política do século XIX e foi fundamental para o fim da escravidão[509]. Essa convivência com a violência foi um aspecto da sociedade brasileira que muito chamou a atenção do viajante francês Emile Allain, em 1885, no auge da campanha abolicionista[510].

Em contrapartida, qualquer grau de violência nas manifestações públicas – pedras atiradas contra lampiões, trilhos arrancados ou "vivas à República" – era entendido como ato de barbárie e respondido pelo forte aparato repressivo e com o estado de sítio. Desse modo, apesar de toda a retórica pacifista, a construção do abolicionismo era vista como uma ameaça direta à ordem, pelo fato de estabelecer uma relação de causalidade entre a extrema violência da instituição escravista e os crimes dos escravizados.

As célebres frases "a escravidão é um roubo" e "o escravo que mata o senhor não comete um crime"[511] – ditas nos jornais ou nas conferências – eram incendiárias na medida em que politizavam os crimes dos escravizados. Ainda que, pessoalmente, não estivessem envolvidos diretamente com as diversas ações da resistência escrava, os discursos dos abolicionistas ameaçavam a continuidade do tratamento exclusivamente jurídico e policial dos crimes, colocando-os no centro de uma questão social.

---

509. Quanto à importância de "despolitizar" a resistência escrava, João José Reis mostrou como, depois de Palmares, a repressão se reestruturou para combater com mais rigor toda articulação coletiva, inclusive, por uma definição de quilombo como "ajuntamento de cinco ou mais negros fugidos arrancados em sítios despovoados" (REIS, 1995/1996).

510. Emile Allain, viajante francês residente no Brasil que, nas suas críticas à instituição escravista, destacou "uma clemência excessiva a propósito de crimes cujo horror não deviam merecer nenhuma piedade". Sobre a posição desses e de outros autores franceses no debate sobre o fim da escravidão no Brasil, cf. Santos (2013, p. 130).

511. Frases de José do Patrocínio e Luiz Gama, respectivamente.

Nessa perspectiva, é necessário recuperar, mais uma vez, o papel desestruturador da militância jurídica de Luiz Gama e dos Irmãos Campos, que, desde meados da década de 1860, postulavam a liberdade dos escravizados com referência à lei de 1831. A ação desse abolicionismo extrapolou os limites dos tribunais e não pode ser desvinculada do movimento que, na década de 1880, apostou diretamente nas fugas dos escravizados (cf. Azevedo, 2010).

Quando os advogados ofereciam gratuitamente os seus serviços aos que se sentiam injustamente escravizados, quando falavam em conferências e nos jornais sobre a ilegalidade da escravidão, eles legitimavam as fugas. Ademais, estavam "ensinando" aos livres que muitos crimes cometidos pelos escravizados eram lutas pela liberdade[512]. Tanto nas décadas de 1860-1870 quanto na década de 1880, o caráter "incendiário" dessa referência à lei de 1831 era identificado e combatido pelos setores conservadores justamente pelo fato de legitimar a resistência escrava. Aliás, ainda no ano de 1871, o próprio Luiz Gama esclareceu sobre as suas intenções: "Aconselharei e promoverei não a insurreição, que é crime, mas a resistência, que é uma virtude cívica" (apud AZEVEDO, 1999).

No entanto a ação jurídica e política pautada na tese da ilegalidade da escravidão não se desdobrava necessariamente na incitação pública às ações de violência. Inclusive, o próprio Apulcho de Castro, talvez o único a fazer da "revolução sangrenta" uma plataforma política, mostrava, em 1882-1883, muita cautela a esse respeito, pois, para lançar mão dessa alternativa, considerava necessário que os abolicionistas estivessem dispostos a arriscar a própria vida, a exemplo dos escravizados que, ao seguirem os "conselhos" das conferências, se tornavam alvo da repressão.

Desse modo, a participação dos próprios escravizados e os significados atribuídos à resistência estavam no centro de um acirrado debate, que também abordava, de forma mais ampla, a legitimidade do uso da violência como meio para se chegar às reformas.

---

512. Ao comentar um artigo de Luiz Gama em 1880 sobre o linchamento de quatro escravizados que tinham assassinado os seus senhores, Elciene Azevedo (2010, p. 169) mostra como o abolicionista conferia conotação política aos crimes dos escravizados: "Enquanto ampla parcela da população via naquele crime um ato de barbarismo, insubordinação intolerável e revoltante do escravo contra o seu senhor, Gama conferia ao acontecimento um caráter político, cuja legitimidade se sustentava no argumento de ser a escravidão um crime".

Como temos mostrado, diante da repressão conservadora, o ativismo republicano abolicionista aproximou-se, cada vez mais, da "questão militar", justamente na expectativa de instrumentalizar o Exército para a consecução das reformas sem o risco da generalização incontrolada da violência.

* * *

Há décadas, o desafio da historiografia da abolição tem sido, por um lado, comprovar a autonomia da resistência escrava e, por outro, identificar as suas conexões com o movimento abolicionista[513]. A análise do ativismo republicano-abolicionista pela imprensa e as associações não permite estabelecer os fatos dessa articulação, mas revela a tensão em torno dos métodos de atuação, assim como as disputas relativas ao protagonismo dos diversos atores envolvidos nesse processo. Se, no âmbito das memórias, o planejamento das fugas e a "organização" de quilombos foi propalada e glorificada, no próprio contexto, a imprensa abolicionista não nos fornece detalhes a esse respeito, pelo simples fato de que o envolvimento com as fugas era um crime.

A despeito do debate sobre o protagonismo, o fato é que, ao longo de 1887, os escravizados da província de São Paulo abandonaram as fazendas e, em grandes grupos, atravessaram estradas e cidades provocando reações de medo, de ódio e de repressão, mas também de simpatia e adesão. Esses acontecimentos ocuparam lugar central nos periódicos, que dificilmente podem ser vistos como fonte de informação segura sobre os participantes, os percursos, a estrutura organizativa etc., pois estavam inseridos numa "batalha de representações" e eram atores importantes nesse processo[514].

Fato incontornável, o movimento dos escravizados na província de São Paulo era, nos jornais conservadores, uma insurreição, obra de anarquistas e agitadores, que deixava rastros de sangue por onde passava. Já nos jornais abolicionistas, eram movimentos ordeiros e pacíficos que somente assumiam caráter violento pelo uso da repressão ilegítima contra o legítimo abandono das fazendas. Ao defini-las como insurreições, os conservadores exigiam o aprofundamento da repressão; vistas como ações legítimas e pacíficas, os abolicionistas demandavam que as forças policiais e, principalmente, o Exército não continuassem a perseguir os fugitivos.

---

513. A respeito dessa discussão, cf. Machado e Gomes (2015).
514. Sobre os relatos da imprensa a respeito das fugas de escravizados no ano de 1887, principalmente em São Paulo e em Campos, cf. Silva (2021).

No campo abolicionista, não havia dúvidas sobre a pertinência do movimento dos escravizados instigado e amparado pelos caifazes. Se, em momento posterior, já no registro das memórias, os monarquistas Joaquim Nabuco e André Rebouças lamentaram o envolvimento dos abolicionistas com o movimento dos escravizados, ao longo de 1887, não parece terem surgido divergências a esse respeito. Aliás, a atuação de Joaquim Nabuco no jornal *O Paiz*, a sua intervenção junto aos militares para convencê-los a não participarem da repressão, era implacavelmente vendida como anarquista e comunista pelas folhas conservadoras que pediam a sua prisão. Mesmo o "moderado" Nabuco era, para a reação escravista, um "fora da lei" à frente da "insurreição escrava"[515].

Em relação ao abandono em massa das fazendas, em 1887, Célia Maria de Azevedo (1987) procurou mostrar que os caifazes, sob a liderança de Antônio Bento, só teriam apostado na organização das fugas quando elas já eram um fato incontornável. Nesse sentido, o objetivo desse movimento seria apenas controlar as fugas, impedir a disseminação da violência e direcionar os escravizados para o trabalho assalariado sem colocar em risco a manutenção da grande propriedade.

Se é impossível caracterizar todo o abolicionismo a partir desse projeto, é possível que Antônio Bento estivesse, de fato, entre os mais conservadores em relação aos desdobramentos da abolição. Sem pretender minimizar o mérito de qualquer ativista, numa conjuntura de disputas acirradas contra o escravismo, é preciso contextualizar a sua glorificação, em detrimento da atuação de tantos outros.

Nesse ponto, é importante recuperar o fato de que os principais líderes associados às grandes fugas de 1887, em São Paulo e em Campos, Antônio Bento e Carlos de Lacerda, respectivamente, foram membros da Confederação, que, apesar do seu papel importante na construção de uma unidade, não deve ofuscar o protagonismo de outras associações e abolicionismos. Além de convergirem na Confederação, as trajetórias de Carlos de Lacerda e Antônio Bento aproximaram-se em outros pontos – por exemplo, como representantes de um abolicionismo não republicano, tendo sido, ambos, membros do Partido Conservador. Além disso, é importante articular a notoriedade tanto de Antônio Bento e de Carlos de

---

515. Sobre a reação dos jornais conservadores à atuação de Joaquim Nabuco, cf. Silva (2021).

Lacerda quanto da própria Confederação ao relativo sucesso dos seus jornais – *A Redenção*, *Vinte e Cinco de Março*, *Gazeta da Tarde* e *Cidade do Rio* – diferentemente de outros abolicionismos que não puderam contar com os mesmos canais de expressão[516].

Independentemente da discussão sobre o papel determinante no processo – que, logo veremos, se iniciou antes mesmo do 13 de maio –, somente a unidade do movimento abolicionista na conexão e no apoio às lutas dos escravizados foi capaz de modificar o entendimento dos escravistas de São Paulo e a atitude da regente, que, no fim de fevereiro de 1888, aceitou a demissão de Cotegipe e chamou João Alfredo para compor o gabinete em 10 de março.

Do ponto de vista da história política da frente abolicionista, nosso interesse é mostrar que as fugas de escravizados, ao longo de 1887, ocorreram numa conjuntura em que o republicanismo liderava o abolicionismo, ao mesmo tempo que instrumentalizava a "questão militar" e a rejeição ao Terceiro Reinado. Inclusive, é importante enfatizar o contraste entre o posicionamento do PRP e o dos partidos monárquicos em relação ao movimento das fugas dos escravizados na província de São Paulo. Enquanto os republicanos paulistas defendiam a abolição imediata, o antigo ministro da Agricultura do Ministério Cotegipe e autor do Regulamento Negro, Antônio Prado, procurava frear as fugas com a proposta de libertação condicional[517]. Na primeira reunião da Associação Libertadora e Organizadora do Trabalho, fundada por Antônio Prado, em maio de 1887, Campos Salles defendeu a abolição imediata e incondicional e, ao ser derrotado, retirou-se do recinto[518].

Por sua vez, a trajetória de Antônio Bento, como líder dos caifazes, traz ainda mais complexidade às disputas entre monarquistas e republicanos, que fragilizaram a frente abolicionista logo após a ascensão de João Alfredo. Membro da Confederação desde 1884, o conservador Antônio Bento acompanhou o movimento de radicalização do abolicionismo após a queda

---

516. Mais recentemente, Alexandre Otsuka (2015) procurou discutir o papel das memórias – todas elas escritas bem depois dos acontecimentos – na glorificação de Antônio Bento.

517. Antônio Prado só deixou o Ministério Cotegipe em maio de 1887.

518. Conforme analisado por Galdino (2006). O próprio José Maria dos Santos (1942), que insistiu na tese do escravismo do PRP, conclui, nas últimas linhas do seu livro: "O impulso final para a extinção do cativeiro partiu de todo o PRP. [...] Foi ali que se fendeu e entrou no seu rápido e espetacular desmoronamento a bastilha conservadora levantada pelo Barão de Cotegipe em 1886 para indefinidamente protelar o ato final da abolição" (SANTOS, 1942, p. 325).

do Ministério Dantas. Entre 1885 e o fim de 1886, foi no *Diário Popular*, de propriedade do republicano Américo de Campos, que Antônio Bento construiu a sua propaganda abolicionista.

No entanto, foi no início de 1887 – justamente num momento em que o republicanismo se mostrava coeso em torno da abolição imediata – que Antônio Bento saiu do *Diário Popular* e fundou o seu próprio jornal, *A Redenção*, não só para continuar o combate pelo fim da escravidão, mas também para se opor ao Partido Republicano (cf. OTSUKA, 2015). Em razão de certos acontecimentos que vamos analisar em seguida, é plausível supor que, diante da força do republicanismo, o combate dos abolicionistas monarquistas para impedir a instauração da República – como "consequência lógica da abolição" – tenha se iniciado nesse contexto.

* * *

Em relação ao período que vai da ascensão do gabinete João Alfredo até a Proclamação da República, passando pelas grandes festas da abolição, é muito comum, na historiografia, a adoção da perspectiva dos membros da Confederação Abolicionista, principalmente Joaquim Nabuco, José do Patrocínio e André Rebouças[519]. Com a análise mais pontual dessa conjuntura extremamente complexa, a partir das suas múltiplas perspectivas, nosso objetivo é recuperar os antagonismos que impediram a manutenção da unidade do campo reformador e, por conseguinte, o encaminhamento de outras reformas vistas como "consequências lógicas do fim da escravidão".

Nos anos de 1886-1887, apesar da ativa participação dos monarquistas, a Confederação Abolicionista, pelo seu porta-voz na imprensa – o *Cidade do Rio*[520] –, exprimia a preponderância do republicanismo[521]. Em razão disso, Joaquim Nabuco multiplicou as suas críticas ao Partido Republicano, desencadeando reações como a de Aristides Lobo, que, mais uma vez, convidou o monarquista a rever as suas posições partidárias:

---

519. Cf., dentre outros, Conrad (1975); Alonso (2015).

520. Em 1887, José do Patrocínio vendeu a *Gazeta da Tarde* e fundou o *Cidade do Rio*.

521. As comemorações do 21 de abril e as várias outras manifestações organizadas pelo Club Tiradentes, nos anos de 1886 e 1887, mostram a coesão do republicanismo, que apresenta, na mesma tribuna, Vicente de Souza, Quintino Bocaiuva, José do Patrocínio, Cyro de Azevedo, Ubaldino do Amaral, Luiz Murat, Coelho Neto, Campos da Paz, dentre outros. O Club Tiradentes também abriga a reunião dos estudantes republicanos paulistas, mineiros e riograndenses que se organizam na Corte nos anos de 1886-1887.

> O ilustre chefe abolicionista – o Sr. Nabuco – está cheio de **injustas mágoas** para com os republicanos. [...] Que reformas, pois, são essas de que nos fala o ilustre escritor, que o partido republicano impede ou demora, causando dissabores ao partido liberal e despertando a sua simpatia? [...] A vossa passagem pelo poder [...] fez-se notável somente pela evidente oposição e quase extermínio das ideias que haveis proclamado. [...] **Os liberais de 1831 decompuseram a revolução de caráter acentuadamente democrático** [...] em benefício do sentimentalismo monárquico. [...] Vós falais em nome dos direitos do povo e das expansões democráticas, [...] para chegar aos seguintes resultados – **o despojo dos direitos políticos da Nação obscura, subalterna e triste na manutenção da escravidão**. [...] Melhor fora que [...] o Sr. **Nabuco viesse tomar no seio da verdadeira democracia o lugar que lhe está assinalado**. O ilustre publicista, imbuído em demasia de suas ideias inglesas, está prejudicando o verdadeiro ideal de suas crenças (*A Federação*, 3 de fevereiro de 1887 – grifos nossos)[522].

Dois meses antes da ascensão de João Alfredo, o *Cidade do Rio* estava fechado com o campo republicano na guerra contra o Terceiro Reinado, dando destaque à moção dos vereadores da Câmara Municipal de São Borja, no Rio Grande do Sul, que pedia a consulta plebiscitária sobre a forma de governo a ser adotada após a morte de Pedro II. Do mesmo modo, José do Patrocínio apoiou o *meeting* de Silva Jardim em Santos, que, com "um monumental discurso combatendo o orleanismo", iniciou a campanha de adesão dos municípios paulistas e de outras províncias à moção (*Cidade do Rio*, 30 de janeiro de 1888).

Em fevereiro de 1888, José do Patrocínio acompanhou com entusiasmo a adesão das municipalidades paulistas, exaltou a atuação de Silva Jardim[523], denunciou a perseguição ao republicanismo e se colocou à frente do movimento contra o Terceiro Reinado na Corte:

> O ministério parece resolvido a fundar o Terceiro Reinado no terror. [...] Mandou buscar um número do *Cidade de Santos* em que veio publicado o discurso de Silva Jardim. [...] O processo em que vai incorrer o Dr. Silva Jardim deve

---

522. Mais uma vez, o jornal gaúcho traz as "Cartas do Rio" de Aristides Lobo, publicadas no jornal paulista *Diáric do Povo*, para o seu editorial, mostrando a adesão às ideias defendidas no artigo.
523. "Um dos mais belos ornamentos da mocidade brasileira."

estender-se a todos. [...] Nós reclamamos o nosso quinhão penal na partilha despótica da perseguição à liberdade de pensamento e de opiniões. Nós, como a Câmara de São Borja; como os cidadãos de Santos, de Campinas, de São Vicente, de São Simão entendemos que é necessário uma Constituinte. [...] Mais ainda: fazemos votos para que o resultado da revisão constitucional seja a Proclamação da República. [...] **Nós somos republicanos, aderimos às manifestações das câmaras municipais, e ao *meeting* de Santos; pensamos que o terceiro reinado há de ser uma calamidade nacional**; porque será o governo dos favoritos e dos desabusados da superstição e da usura. [...] Os processos [contra os republicanos] servirão para assinalar na história que, **desde a Regência, o Terceiro Reinado estava julgado**; que não surpreendeu a ninguém. [...] **E não precisará muito esforço para convencer o país de que a monarquia** é tão aviltante como a escravidão (*Cidade do Rio*, 10 de fevereiro de 1888 – grifos nossos).

Nesse contexto, além do *Cidade do Rio*, os recém-fundados *Gazeta Nacional* (de Almeida Pernambuco e Aristides Lobo) e *O Grito do Povo* (de Ferreira Polycarpo) engajaram-se ainda mais diretamente no combate ao Terceiro Reinado[524].

Antes de seguirmos na análise dessa conjuntura, convém recuperar o grupo político representado por esses dois últimos títulos – *Gazeta Nacional* e *O Grito do Povo* –, que, ao contrário de *O Paiz* (de Quintino Bocaiuva), se definiam como órgãos da propaganda republicana[525].

O jornal *O Grito do Povo* foi fundado em junho de 1887, em meio aos grandes acontecimentos da resistência escrava em São Paulo, pelo "industrial" Ferreira Polycarpo, que, desde 1885, era protagonista do movimento de reorganização do Partido Republicano no Rio de Janeiro[526]. O título do

---

524. O *meeting* de Silva Jardim em Santos ocupou toda a primeira página da *Gazeta Nacional* em 31 de janeiro de 1888. Depois disso, o jornal procurou noticiar todas as intervenções do propagandista republicano.

525. Além desses três periódicos, *O Mequetrefe* – jornal mensal fundado em 1875 – e a *Gazeta de Notícias* também defenderam, nesse contexto, essas posições, mas, enquanto o primeiro se posicionou de uma forma contundente, a *Gazeta de Notícias*, apesar da adesão do seu proprietário ao republicanismo e ao abolicionismo, conservou, principalmente na questão republicana, uma posição mais neutra. Esses dois jornais não foram analisados tão sistematicamente como *O Grito do Povo* e a *Gazeta Nacional*, que tiveram todas as suas edições consultadas.

526. Dentre os clubes fundados por José Ferreira Polycarpo estava o Club da Freguesia do Sacramento, do qual também faziam parte Jerônimo Symões (da Confederação), Thimóteo Antunes e

jornal recuperava o *Le Cri du peuple*, do socialista Jules Vallès, importante ativista da Comuna de Paris em 1871[527]. No seu primeiro número, *O Grito do Povo* analisou a iminente derrota do escravismo e a necessidade de organização dos republicanos para o combate ao Terceiro Reinado e a Proclamação da República.

Já a *Gazeta Nacional* foi fundada em dezembro de 1887 por Almeida Pernambuco e Aristides Lobo e tinha como redatores: Saldanha Marinho, Mathias Carvalho, Evaristo de Morais, Timóteo da Costa, dentre outros. Apesar da participação no movimento abolicionista, os dois grupos exprimiram, em diversas oportunidades, as suas reservas em relação à aliança com os partidos monárquicos. Além disso, ambos compartilhavam da perspectiva de que tanto a abolição quanto a República só podiam ser realizadas como obra do povo, pois "o melhor meio de ensinar um povo a governar-se, é deixar que ele se governe" (*Gazeta Nacional*, Número 1, 3 de dezembro de 1887)[528].

Em fevereiro de 1888, um mês antes da ascensão de João Alfredo, encontramos o campo republicano unido em torno da "organização da vitória abolicionista"[529] e do combate ao Terceiro Reinado, enquanto, dentro da Confederação, os monarquistas André Rebouças e Joaquim Nabuco empenhavam-se na aproximação com a Coroa. Enquanto André Rebouças investia nas relações de proximidade com a família Bragança em Petrópolis,

---

Júlio Borges Diniz. Como dito na introdução, muitos desses republicanos, apesar da importância que possuíram na história dos séculos XIX-XX, não possuem biografias. Em relação a José Ferreira Polycarpo, a informação "industrial" aparece na propaganda de *O Paiz* da chapa republicana para juízes de paz da freguesia do Sacramento. Essas informações esparsas recolhidas na imprensa estão sendo organizadas e serão devidamente apresentadas e analisadas na segunda parte deste livro.

527. Jules Vallès, jornalista, escritor e ativista político francês nascido em 1832 e falecido em 1885, teve participação ativa tanto na Revolução de 1848 quanto na Comuna de Paris em 1871. Por essa última, foi condenado à morte, tendo permanecido exilado em Londres entre 1871 e 1880. Com forte atuação na imprensa, fez diversas tentativas de manter o seu próprio jornal, dentre eles, o *La Rue*, entre 1866 e 1868, com períodos de interrupção por causa da censura; e o *Le Cri du peuple*, em 1871, durante a Comuna, e depois da sua volta do exílio, em 1880. Sobre as ideias e a atuação de Jules Vallès, cf. Winock (2006).

528. Ambos os grupos se encontravam no Club Tiradentes. Do ponto de vista da história da imprensa, *O Grito do Povo* era um panfleto de propaganda quinzenal, enquanto a *Gazeta Nacional*, apesar de se definir como órgão republicano, apresentava características de um jornal comercial.

529. Título de uma série de artigos publicada por *O Grito do Povo*, em fins de 1887, que será analisada logo em seguida.

Joaquim Nabuco viajou a Roma com o objetivo de obter uma declaração do Papa que pudesse converter a princesa à causa da abolição[530].

No início de março, um conflito entre praças da marinha e a polícia – comandado pelo ícone da repressão escravista, Coelho Bastos – forneceu à princesa a oportunidade de aceitar a demissão de Cotegipe e convocar João Alfredo, agora abolicionista, para formar um novo ministério[531]. Devemos enfatizar que essa conversão de João Alfredo ao abolicionismo, assim como a de Antônio Prado, se deu somente após as fugas em massa de escravizados em São Paulo. Até ali, ambos mantiveram posições contrárias a uma nova lei emancipacionista.

Se, até o fim de fevereiro, o *Cidade do Rio* foi, ao mesmo tempo, o porta-voz da Confederação pela abolição e do Republicanismo contra o Terceiro Reinado, uma nova correlação de forças estabeleceu-se na frente abolicionista com a adesão da Coroa à emancipação.

Enquanto a Confederação, por meio do *Cidade do Rio*, começou a construir uma base de apoio ao Ministério João Alfredo[532], as críticas republicanas ganharam as páginas da *Gazeta Nacional* e de *O Grito do Povo*, apesar do apoio à abolição. Se os presidentes do conselho, Alfredo e Prado "estavam dando para abolicionistas"[533], tinham como aliados o "Sr. Thomas Coelho, que [...] era uma coluna do escravismo" (*Gazeta Nacional*, 14 de

---

530. Em audiência particular, Joaquim Nabuco encontrou-se com o Papa Leão XIII no mês de fevereiro de 1888. Em 12 de fevereiro, André Rebouças anotou em seu diário: "Primeira manifestação abolicionista de Isabel", referindo-se à Batalha de Flores e ao Bando Precatório organizado em Petrópolis, parece que com a sua ajuda, para emancipar os últimos escravizados. Sobre a atuação de André Rebouças junto a Isabel em favor da causa da abolição, cf. Silva (2003); Mesquita (2009).

531. Sobre esse episódio, cf. Conrad (1975).

532. Evaristo de Moraes, que era redator do *Gazeta Nacional*, com dezoito anos em 1887, diz, nas suas memórias, que a posição de Patrocínio começou a mudar já em janeiro, pois teria "previsto" a queda de Cotegipe e se adiantado no apoio à Coroa. Na proximidade com os monarquistas André Rebouças e Joaquim Nabuco, é possível que também ele estivesse apostando na mudança da posição de Isabel, ainda que, em 10 de fevereiro de 1887, como mostramos anteriormente, José do Patrocínio se mantivesse no campo republicano. No entanto, num artigo de 30 de janeiro de 1888 publicado pelo *Cidade do Rio*, ao exaltar a adesão da Câmara de Santos à moção de São Borja, "deixara passar" estas linhas: "A abolição é a porta única pela qual o Terceiro Reinado pode entrar em nossa história".

533. Um pouco antes da formação do ministério, a *Gazeta Nacional*, em consonância com os republicanos de São Paulo, criticava a posição de Antônio Prado, pois, apesar de ter contribuído para o processo de emancipação em São Paulo, não pressionava o Governo Cotegipe e o seu ministro da Agricultura, Rodrigo Silva, para decretar a abolição imediatamente. Apesar de não "contestar os serviços prestados pelo ilustre chefe conservador à abolição de São Paulo, [...] a sua palavra lhe impõe a obrigação de intervir na solução geral do problema" (*Gazeta Nacional*, 20 de fevereiro de 1888).

março de 1888). Em relação a Ferreira Vianna, que ocuparia o cargo de ministro da Justiça no novo ministério, a *Gazeta Nacional* denunciava um "ultramontano, cavaleiro do syllabus, ao serviço de Deus e à salvação das almas". Para o jornal de Almeida Pernambuco e Aristides Lobo, "ainda que o gabinete realizasse **a abolição imediata como a desejamos**, [...] não deixaríamos o nosso posto de combate, porque **separam-nos dos partidos monárquicos os princípios da nossa escola**" (*Gazeta Nacional*, 6 de abril de 1888 – grifos nossos)[534].

Nesse ínterim, começou a discussão em torno do processo eleitoral para a Câmara dos Deputados[535]. Enquanto a Confederação lançava um manifesto de apoio a Ferreira Vianna, a maioria do campo republicano, apesar de comprometida com a abolição, fechou com a candidatura de Quintino Bocaiuva. No manifesto, os membros da Confederação explicaram o apoio à candidatura de Ferreira Vianna pela necessidade de forçar o ministério a decretar a abolição imediata e sem indenização contra os projetos de abolição com prazo e prestação de serviços, que também estavam em pauta. Além disso, como a abolição nunca tinha sido uma questão partidária, era dever dos abolicionistas apoiar um ministério que vinha "servir com sinceridade" a abolição, independentemente do seu partido.

Nesse sentido, os "abolicionistas republicanos, ainda os mais intransigentes" não deviam "trair os aliados monarquistas da véspera". No diálogo com o campo republicano, o manifesto indicava uma contradição entre a luta anterior de Quintino Bocaiuva pela queda de Cotegipe "com todos os meios ao seu alcance" e a sua candidatura atual, que negava a sanção ao Ministério 10 de Março.

No dia 8 de abril, a *Gazeta Nacional*, apesar de lamentar a "profunda cisão" entre os republicanos fluminenses, dedicou toda a sua primeira página à propaganda da candidatura republicana, além de continuar noticiando, cotidianamente, as adesões à moção de São Borja e os *meetings* de Silva Jardim contra o Terceiro Reinado.

---

534. Apesar da disposição do novo gabinete para fazer uma lei que acabasse com a escravidão, ainda não havia consenso sobre o prazo nem sobre as condições. Sobre a discussão parlamentar a respeito dos diferentes projetos para abolir a escravidão, cf. Conrad (1975).

535. Para que Ferreira Vianna pudesse ocupar o Ministério da Justiça no Gabinete João Alfredo, era necessário que ele se elegesse como deputado. Em razão disso, fez-se uma "eleição avulsa". Cf. Alonso (2015, p. 345).

Antes mesmo da publicação do manifesto da Confederação, a *Gazeta Nacional*, em 6 de abril de 1888, já rejeitava qualquer aproximação com a Coroa com o argumento de que a abolição era um fato consumado. Se "a revolução estava feita", se "**faltava apenas instigar a fuga dos poucos escravos que se conservavam no eito**", "por que agora arrastar-se de gatinhas e ir bater a uma porta até a pouco condenada?". "O escravismo, abalado, rui por terra; prossigamos aplicando-lhe o último golpe e decisivo; **a vitória será toda nossa**. [...] Tudo o mais só tem esses qualificativos: apostasia, contrassenso, fraqueza, incoerência, deplorável inexperiência"[536] (grifos nossos).

Além de provocar a pronta reação do republicanismo não confederado[537], o apoio à candidatura conservadora trouxe problemas para a unidade no seio da própria Confederação. Se, em 1884, Jerônimo Simões – segundo-secretário da Confederação como representante do Club Tiradentes – tinha se colocado contra os seus correligionários para apoiar o Ministério Dantas, agora, em abril de 1888, não assinou o manifesto, cedendo o seu lugar a Ignácio Von Doellinger[538]. Em agosto de 1888, estará no Club Tiradentes recepcionando Silva Jardim na sua transferência para a Corte (*Gazeta de Notícias*, 13 de agosto de 1888).

Alguns dias antes da publicação do manifesto, Ennes de Souza foi criticado publicamente por outro membro republicano da Confederação, o médico Campos da Paz, por estar "concitando os republicanos a não votarem em Ferreira Vianna".

E, na tentativa de conciliar, dentro da Confederação, o seu apoio ao "ministério abolicionista" e a sua oposição ao Terceiro Reinado, Ennes de Souza escreveu uma série de artigos intitulada "Abolição e República", na qual retomou parte da sua argumentação em defesa do Governo Dantas, em 1884, dirigida a Aristides Lobo:

---

536. No artigo, os republicanos realçavam o papel do movimento abolicionista que, até ali, tinha enfrentado junto os obstáculos na luta "contra os sequazes da junta do coice", os seus "centros da lavoura", a sua "polícia rural", as suas "ameaças de prisão por acoitamento" (*Gazeta Nacional*, 6 de abril de 1888).

537. A partir da divulgação do manifesto, a *Gazeta Nacional* publica cartas e artigos dos republicanos das províncias de São Paulo, Rio Grande do Sul, Minas Gerais e Rio de Janeiro, insatisfeitos com a decisão da Confederação.

538. A partir dessa data, não encontramos outras menções a Jerônimo Simões nos eventos da Confederação.

> Dizia eu, no correr de minha *resposta* [...] ao meu colega Dr. Aristides Lobo – só aceito o ato da Coroa (na abolição da escravidão, então parcial e hoje total) como a manifestação individual de um coração humanitário, [...] **mas não à consolidação de uma dinastia impossível.** [...] **Dado o fato da abolição [...] de forma alguma implicará meu procedimento o mínimo compromisso político.** O republicano **só tem compromissos políticos com o seu partido.** [...] **Trabalharei pois pela República**, com a mesma fé e com o mesmo afinco com que tenho me batido pela abolição da escravidão (*Cidade do Rio*, 6 de abril de 1888 – grifos nossos).

No momento da desconfederação do Club Tiradentes, o acordo tácito entre os republicanos tinha sido enunciado por Aquino Fonseca e Ennes de Souza no próprio seio da Confederação: "Depois da abolição venha a República, que são ambas a aspiração constante dos brasileiros que sentem na alma o amor sagrado da pátria"[539].

Apesar das críticas republicanas ao manifesto, a Confederação prosseguiu apostando na coesão do campo reformador pela organização de eventos de apoio ao ministério e à Coroa, com grande apelo popular e participação dos militares, com destaque para Serzedelo Correia e o Tenente Vinhaes[540]. Três dias depois das comemorações da eleição de Ferreira Vianna, José do Patrocínio, em editorial intitulado "Abolicionistas no seu posto", voltou a sustentar a posição da Confederação junto aos republicanos, ao mesmo tempo que colocava ênfase na militância monarquista, em particular a de Joaquim Nabuco:

> Apresentado em nome da República o Sr. Quintino Bocaiuva, a Confederação não podia sufragar-lhe a candidatura **sem atraiçoar compromissos anteriores com abolicionistas que são sinceramente monarquistas**. Um destes é o Sr.

---

539. Continuação do artigo de Ennes de Souza no *Cidade do Rio* (6 de abril de 1888). Em agosto de 1888, Ennes de Souza fundou o seu próprio jornal, *Franklin Jornal*, com uma tiragem de três mil exemplares, preço de 40 réis, com redação no Largo da Carioca, juntando-se ao campo republicano contra o Terceiro Reinado e o isabelismo. Quanto ao estudante de Medicina Aquino Fonseca, não temos o seu posicionamento, pois ele faleceu em 1886.

540. A análise mais pontual das lideranças da Confederação citadas pelo *Cidade do Rio* levaria, certamente, a identificar com mais precisão as mudanças na correlação de forças no seio da associação. Algumas lideranças têm destaque num dado momento e depois desaparecem. No período compreendido entre a ascensão do gabinete João Alfredo e a abolição da escravidão, tem destaque a referência aos militares Serzedelo Correia, Tenente Vinhaes, Saturnino Cardoso, dentre outros. Dentre os civis, Brício Filho e os literatos Pardal Mallet, Luiz Murat e Olavo Bilac.

Joaquim Nabuco, o **nome mais prestigioso do abolicionismo dentro e fora do país** (*Cidade do Rio*, 23 de abril de 1888 – grifos nossos).

Na continuação do artigo, José do Patrocínio dizia que a eventual vitória da candidatura republicana teria obrigado o governo a defender-se contra os senhores em duas frentes: para garantir a liberdade dos cativos e para salvar o trono. Contra essa argumentação, os republicanos responderam que todos tinham perfeita clareza, inclusive os membros da Confederação, de que a candidatura republicana, pela própria estrutura do sistema eleitoral, nunca tinha colocado a vitória de Ferreira Viana em risco. O apoio de todos os membros do Partido Republicano à candidatura de Quintino Bocaiuva tinha como finalidade demonstrar a força e a unidade do republicanismo.

Do mesmo modo, o evento anual organizado pelo Club Tiradentes em homenagem ao 21 de abril procurou exibir a unidade republicana com discursos de representantes de várias províncias – dentre eles, Martins Júnior (Pernambuco); Lúcio de Mendonça (Minas Gerais); Sá Valle, Saldanha Marinho e Quintino Bocaiuva (Rio de Janeiro); e o líder cearense João Cordeiro (Fortaleza), que associou a abolição da escravidão à instauração da República ao dizer que "o Ceará, lavado da mancha da escravidão dos negros não deixaria vazio o seu posto quando o povo brasileiro fosse chamado a lavar-se do cativeiro dos brancos". Do mesmo modo, o discurso de Saldanha Marinho indicava a proximidade da República: "Entre nós, a revolução é franca e a revolução virá. [...] Avante e chegaremos" (*Gazeta Nacional*, 23 de abril de 1888).

Apesar da dissenção, José do Patrocínio ainda reconhecia em Quintino Bocaiuva "o imortal jornalista republicano", que tinha sido, "desde o dia em que se dedicou à propaganda", "um batalhador que nunca descansou, que nunca escolheu campo de combate, nem posto no exército beligerante". No entanto, a partir de 28 de abril, quinze dias antes do decreto da abolição, o tom conciliatório desapareceu. Em editorial, José do Patrocínio declarou guerra ao seu partido, criando um racha no campo reformador que era, nesse momento, majoritariamente republicano.

O grande desafio na análise dessa conjuntura – de mudança rápida dos posicionamentos políticos, característica dos contextos de crise – é retornar ao tempo curto dos acontecimentos sem adotar uma das perspectivas e sem desistir de uma abordagem que indique conexões entre o "fato político" e os fatores estruturais.

A declaração de José do Patrocínio contra o republicanismo insere-se num contexto em que o tipo de abolição – "imediata e sem indenização" ou com obrigação de trabalho – ainda estava em discussão no Parlamento e entre os membros do próprio governo.

No dia 6 de abril, a *Gazeta Nacional* criticou o projeto de abolição do ministro da Agricultura, Antônio Prado, justamente porque previa a obrigação de trabalho e restrições ao direito de ir e vir durante dois anos, ao mesmo tempo que elogiava a posição dos republicanos paulistas que, dirigidos por Campos Sales, rejeitavam essa proposição. Como dito anteriormente, o ex-ministro de Cotegipe e autor do Regulamento Negro Antônio Prado, como grande proprietário em São Paulo, tinha modificado o seu posicionamento no confronto com a resistência escrava nessa província, mas, ainda assim, o seu projeto de abolição previa a obrigação de três meses de trabalho na mesma propriedade e de permanência de dois anos na mesma municipalidade.

Mesmo reconhecendo o avanço na posição do ministro, a *Gazeta Nacional* considerava que o único projeto aceitável era o da abolição imediata e sem indenização, pois a obrigação de trabalho era uma indenização e a restrição do direito de ir e vir era injusta e inaceitável. Ao comentar "O crime do Rio do Peixe", *O Paiz*, em 20 de fevereiro de 1888, também criticou a posição dúbia de Antônio Prado, que defendia a emancipação, mas, à frente do *Correio Paulistano*, apoiava o presidente da província de São Paulo, que nenhuma providência tinha tomado contra os "fazendeiros assassinos" que todos conheciam. Em relação ao referido crime, no dia 11 de fevereiro de 1888, o delegado de polícia da cidade da Penha do Rio do Peixe (SP), Joaquim Firmino de Araújo Cunha, foi barbaramente assassinado dentro da própria casa por fazendeiros da região. O delegado era acusado pelos fazendeiros de proteger os escravizados fugidos.

Apesar do empenho pela "abolição imediata e sem indenização" e da rejeição a uma nova lei para reprimir a ociosidade[541], a *Gazeta Nacional* legitimava a punição dos libertos no caso da "mendicância e da vagabundagem":

---

541. Conforme algumas propostas que circulavam nesse contexto, inclusive do Ministro da Justiça, Ferreira Vianna.

> Para nós o liberto é um cidadão, sujeito ao regime comum. Se entregar-se à mendicância e à vagabundagem deverá ser punido correcionalmente conforme as leis vigentes. A nossa aspiração não é substituir escravos por servos de gleba, já o temos dito (*Gazeta Nacional*, 6 de abril de 1888).

Mas, no dia 26 de abril, a *Gazeta Nacional*, apesar de continuar rejeitando uma legislação contra a ociosidade, propôs a criação de colônias de correção contra os "crimes" de vagabundagem e mendicância. Diante do temor de que a "libertação de mais de um milhão de escravos" provocasse distúrbios, os republicanos da *Gazeta Nacional* – que apoiavam o movimento de fugas e apostavam na revolução para a instauração da República – propunham, ao mesmo tempo, colônias correcionais destinadas "a reabilitar mendigos e vagabundos"[542].

Esse artigo da *Gazeta Nacional* foi o estopim para a guerra de Patrocínio, não só contra o posicionamento a respeito das colônias correcionais, mas contra todo o republicanismo: "Declaro de uma vez por todas que não confio no atual partido republicano, que não me subordino à sua atual orientação, que não aceito nenhuma solidariedade com ele, que **me servirei de todas as armas** para combatê-lo" (*Cidade do Rio*, 28 de abril de 1888 – grifo nosso). É importante destacar a data desse pronunciamento – dia 28 de abril de 1888 – pois, posteriormente, José do Patrocínio disse que só declarou guerra "com todas as armas" contra os republicanos em resposta ao Manifesto do Partido Paulista de 24 de maio de 1888.

Mesmo considerando legítima a crítica de José do Patrocínio à proposta das colônias correcionais, é preciso, ao mesmo tempo, ponderar que, na sua declaração de guerra, ele desconsiderou todas as outras proposições republicanas em favor de uma sociedade mais igualitária, do ponto de vista socioeconômico e político. Dentre elas, convém recuperar o "programa social" da própria *Gazeta Nacional*, que propunha a diminuição das desigualdades sociais como desdobramento da divisa "liberdade, igualdade e fraternidade" que, longe de ser uma utopia, era o verdadeiro princípio orientador da iminente "República dos livres": "Caberá no possível evitar sábia e dignamente tamanhas desigualdades, repartindo as fortunas por todos, sem

---

542. Em 2 de maio, a *Gazeta Nacional* dirigiu-se a Patrocínio para indicar-lhe que o Governo João Alfredo também estava apresentando um projeto contra a vagabundagem e a mendicância. Se Patrocínio "tinha vibrado armas" contra a *Gazeta Nacional*, agora devia fazer o mesmo com o governo que "tem engrandecido e endossado" (*Gazeta Nacional*, 2 de maio de 1888).

atacar o direito e a justiça de ninguém, de maneira a desaparecerem as grandes riquezas e as grandes misérias" (*Gazeta Nacional*, 18 de abril de 1888). Do mesmo modo, não considerou a proposta de "organização da vitória abolicionista"[543] de *O Grito do Povo* que, dentre outras medidas, propunha a democratização do acesso à terra.

Na versão de Patrocínio, que tomou contornos definitivos logo após o 13 de maio, a proposta de "democracia rural" foi identificada, exclusivamente, à Confederação abolicionista, principalmente ao seu núcleo monarquista – em particular, a André Rebouças. No entanto esse grupo republicano também defendia a distribuição de terras para os libertos como "consequência lógica do fim da escravidão", além de se opor, radicalmente, a qualquer medida de repressão contra os libertos.

O principal objetivo desse programa republicano era impedir que o liberto – em nome de uma suposta "incapacidade para o trabalho" – permanecesse numa situação próxima à escravidão:

> Dizer que os negros, uma vez livres, não trabalharão mais é supor-lhes os vícios dos brancos parasitas. Os que nunca trabalharam é que têm esse temor. [...] E perguntamos ainda: **quantos milhões de negros e mulatos, ingênuos ou libertos tem o Brasil? Quantos deles não trabalham?** [...] O verdadeiro perigo na questão que nos ocupa, não está senão em que se prolongue o regime de exploração do trabalhador. Isto é que é pernicioso e é o que cumpre obviar (*O Grito do Povo*, n. 8, 6 de agosto de 1887 – grifo nosso).

Para garantir a liberdade do ex-escravizado, protegendo-o do poder do grande proprietário, o jornal propunha diferentes soluções, mas, em todas elas, procurava atrelar o liberto à posse da terra: "Abandonar o trabalhador agrícola ou foreiro à ganância e à sagacidade do senhor do estabelecimento rural, é permitir que continue a exploração da atividade do fraco, o que constitui essencialmente o regime escravocrata" (*O Grito do Povo*, n. 8, 6 de agosto de 1887)[544].

---

543. Essa série de artigos foi muito elogiada pelo *Gazeta de Notícias*, de Ferreira de Araújo.

544. Para a análise detalhada das diferentes soluções propostas no panfleto, cf. "A questão fundiária na 'transição' da monarquia para a República" (SANTOS, 2011).

Na defesa de concessão de terras para os libertos, os abolicionistas de *O Grito do Povo* afrontavam, diretamente, os defensores de medidas coercitivas para os ex-escravizados no pós-abolição:

> Os libertos devem entrar franca e plenamente na comunhão brasileira, [...] a sua liberdade não terá restrições, senão garantias. [...] O espírito escravista reclama sem cessar do governo leis que obriguem o liberto ao trabalho. [...] Assim como não queremos a pena de cadeia para os ociosos proprietários agrícolas não deixamos senão ao livre alvidrio do liberto trabalhar ou não, aceitar ou não a direção deste ou daquele chefe prático. [...] **A medida primordial que ao governo caberia tomar em relação a esses libertos** seria fornecer-lhes meios de empregarem a sua atividade. [...] **Ora, o primeiro elemento para o trabalho rural é sem dúvida, a terra. A concessão de terrenos ao liberto não poderá ser considerada um favor. É dever do governo brasileiro preferir a população nacional na concessão de terras devolutas. Persista embora no seu irracional empenho de atrair imigrantes**; mas que, enquanto houver um lavrador brasileiro a quinhoar não ceda a forasteiros a posse e o domínio das terras do Estado (*O Grito do Povo*, 27 de agosto de 1887 – grifos nossos).

O Grito do povo, de Ferreira Polycarpo, não somente defendia as pretensões do liberto contra o projeto imigrantista como se posicionava no debate europeu sobre a emigração, assumindo a "defesa do proletariado" na questão social europeia:

> Devemos aqui protestar contra a pretensa razão de humanidade invocada pelos imigrantistas. [...] Abandonando a sua pátria europeia, podem alguns milhares de ocidentais achar na América [...] o bem-estar material, [...] mas a **horrível situação dos seus irmãos do proletariado** persistirá, prolongando-se definitivamente, enquanto a emigração conseguir desviar periodicamente o excesso dos miseráveis. [...] É [a emigração] o meio sofístico de elidir a grande questão social dos nossos dias – **a incorporação do proletariado** (*O Grito do Povo*, 27 de agosto de 1887 – grifos nossos).

Fora da Confederação, os republicanos uniram-se contra José do Patrocínio, não pelas suas críticas à *Gazeta Nacional*, mas pela exclusão dos republicanos da sua versão histórica que, cada vez mais, priorizava o papel da Coroa no processo da abolição.

O vislumbre de que o debate em torno da abolição pudesse "cavar um abismo entre os partidários da mesma ideia" (*Gazeta Nacional*, 2 de maio de 1888) não foi suficiente para amenizar as disputas.

Por um lado, os republicanos fora da Confederação denunciavam o movimento de adesão dos escravistas ao abolicionismo: "Não é todavia para desprezar o fato de com tanta facilidade irem-se amoldando as classes conservadoras aos processos revolucionários" (*Gazeta Nacional*, 20 de abril de 1888). Essa frase seguia o comentário sobre o "recém-convertido ao abolicionismo", o ministro da Justiça Ferreira Vianna, antigo aliado de Andrade Figueira. Aliás, não só os republicanos chamaram atenção para o fato. Em *O Paiz*, o abolicionista liberal Joaquim Serra, ao comentar os debates parlamentares em torno do projeto de abolição, também observou:

> O que faz número grosso, *quorum* excessivo, **maioria que chega a assustar**, é a matrícula das dedicações recentes. [...] Desejaríamos que a maioria parlamentar fosse tamanha que a escravidão parecesse fulminá-la sem dar um gemido, e instantaneamente. **Isso, porém, não é possível, não está na ordem natural das coisas, e é esta a razão que torna suspeita a estatística.** [...] Tanta gente parece demais, e é prudente que o cativo, esse pobre que mendiga há três séculos de porta em porta, desconfie ante a grandeza da esmola. [...] O momento é de feias e perigosas contravenções (*O Paiz*, 1º de maio de 1888 – grifos nossos).

Por outro lado, Patrocínio já se pronunciava contra a eventual corrida dos escravistas para o republicanismo. Apesar de preverem a manobra dos escravistas de aceitar a lei da abolição e de aderir à República, para melhor conservar a ordem senhorial, não foram capazes de identificar prontamente um dos fatores mais importantes na vitória do abolicionismo, qual seja, a unidade de todas as correntes, muito além do ativismo isolado de qualquer liderança.

Tanto antes quanto depois, José do Patrocínio reconheceu que a maior parte do movimento abolicionista era republicana. Além disso, ele sabia que, tanto dentro quanto fora da Confederação, a maioria dos republicanos tinha feito, em 1884, a última concessão aos partidos monárquicos[545].

---

545. Como vimos, a posição defendida pelo republicano Ennes de Souza foi de apoiar o Governo João Alfredo, mas sem defender o Terceiro Reinado. Outros republicanos dentro da Confederação apoiaram a posição de José do Patrocínio, como no caso de João Clapp, Campos da Paz, Olavo Bi-

No processo de reorganização do partido, iniciado em 1885, os republicanos da Confederação tinham aderido ao postulado de que a consequência lógica da abolição era a República.

Então como explicar essa cisão tão drástica quinze dias antes do decreto da abolição? Do ponto de vista historiográfico, por que atribuir tanta importância à mudança do posicionamento de José do Patrocínio nesse contexto em que todas as narrativas convergem para os festejos do 13 de maio?[546] Qual é a relevância das ações individuais na esfera política frente ao complexo jugo das determinações estruturais?

Antes de tudo, é preciso reconhecer que, do ponto de vista da conjuntura, a declaração de José do Patrocínio gerou uma nova correlação de forças no campo reformador com desdobramentos importantíssimos para a história política do pós-abolição.

Como compreender a aposta de José do Patrocínio no seu próprio protagonismo como suficiente para levar a termo as reformas democráticas sem a maioria republicana? Sua atitude, assim como a de vários outros ativistas republicanos, foi criticada e explicada como manifestação do "personalismo", como na análise de *A Rua*[547], em 25 de maio de 1889:

> No meio dessa **balbúrdia de individualidades que se chocam**, em plena evidência desse **personalismo que nos aniquila**, convinha, entretanto, nortear o oceano vasto dos princípios. O exame de nossa atualidade política nos ensina o aproximar inevitável e fatal de uma grande revolução (grifos nossos).

Por um lado, as narrativas históricas das crises políticas, no Brasil, levam-nos a identificar o retorno constante das "atitudes personalistas", por meio do rompimento completo do diálogo, dos "insultos impressos", da fragmentação do campo reformador, resultando no embaralhamento completo das posições políticas. Por outro, o retorno estrutural desse "fato político" merece um aprofundamento para além da constatação do personalismo.

---

lac, Luiz Murat e Pardal Mallet, mas vão pouco a pouco se distanciando do seu isabelismo ao longo dos anos 1888-1889. Cf. capítulo 13.

546. Apesar da referência aos "rachas abolicionistas" (ALONSO, 2015, p. 344), não é comum o aprofundamento dessas divergências para a compreensão do contexto político que antecede a Proclamação da República.

547. Esse jornal foi fundado em abril de 1889 por Pardal Mallet, Olavo Bilac, Luiz Murat – depois que os três romperam com o isabelismo – e Raul Pompéia. A sua participação no debate político será analisada no capítulo 13.

Para isso, parece-nos imprescindível a articulação entre a história política – com a sua própria lógica e dinâmica – e a história socioeconômica. Por sua vez, quando estabelecemos uma relação de causa e efeito entre as estruturas socioeconômicas e o "fato político", mas sem o aprofundamento dos fatores conjunturais, não avançamos muito na compreensão desse fenômeno.

* * *

O combate pela "sociedade do mérito" era o que mais unificava o campo republicano, seguido de perto das bandeiras da laicização do Estado e da educação pública. Durante todo esse período, os republicanos denunciaram, insistentemente, os obstáculos a uma carreira profissional construída, de forma exclusiva, pelo talento, com autonomia em relação ao apadrinhamento e ao nepotismo. Além disso, o "jacobinismo" contra o grande comércio português foi um ingrediente fundamental, tanto no republicanismo da regência quanto do Segundo Reinado, na medida em que os portugueses teriam "banido sistematicamente os brasileiros do trabalho comercial" (*O Grito do Povo*, 7 de setembro de 1887)[548].

Em *Ideias em movimento* (2002), Ângela Alonso identificou, na experiência compartilhada de "marginalização política", a chave para entender as manifestações intelectuais da geração de 1870. No horizonte desses produtores de "ideias novas", estavam as "instituições imperiais que prejudicavam suas carreiras ou bloqueavam seu acesso às posições de proeminência no regime imperial" (ALONSO, 2002, p. 43)[549]. Sem contestar tal fato, achamos importante entender essa "marginalização" como um aspecto da concorrência mais geral pela própria sobrevivência numa sociedade com extrema concentração de riqueza e de propriedade.

---

548. Inclusive, nesse momento, o posicionamento dos grandes comerciantes portugueses, na imprensa da época, a favor das instituições – leia-se escravidão – levou os republicanos, tanto em *O Grito do Povo* quanto em *O Paiz*, a retomar o discurso antilusitano de vários órgãos republicanos anteriores: "Querem recolonizar-nos. Das discussões parvas nos fundos dos armazéns, passaram para a imprensa onde são o sustentáculo poderoso de todas as instituições retrógradas que fazem de nós uma exceção vergonhosa no seio da América. [...] Ameaça de frente o nosso progresso, [...] **pondo-se mercenariamente ao serviço da mais infame das causas: a escravidão**" (*O Grito do Povo*, 7 de setembro de 1887 – grifo nosso).

549. Cumpre recuperar o fato de que, na sua análise sobre o movimento intelectual da geração de 1870, a autora partiu de uma definição que limitou o "movimento intelectual à elite e mais especificamente a indivíduos com alta escolaridade" (ALONSO, 2002, p. 46) e, em razão disso, excluiu aqueles que não passaram pelas faculdades imperiais e/ou não publicaram obras, como é o caso da maioria dos ativistas analisados neste trabalho.

A exiguidade dos setores médios, inscritos quase que exclusivamente nos centros urbanos, exprimia as dificuldades de ascensão social para a maioria esmagadora da população. A maior parte das carreiras disponíveis, além de depender do acesso à educação formal, principalmente aos cursos superiores, estava condicionada às relações de apadrinhamento. Em razão disso, os republicanos, além do combate ao nepotismo, apostavam na educação pública e laica. O discurso de Lopes Trovão intitulado "Compatibilidade e incompatibilidade dos republicanos com os cargos públicos", de 12 de maio de 1878, é emblemático da revolta de uma geração (incluindo civis e militares) contra as barreiras impostas a uma carreira profissional com autonomia em relação aos interesses dos grandes proprietários de terras ou do comércio[550].

Entre os ativistas republicanos elencados neste trabalho, muitos chegaram à Corte vindos de outras províncias[551] e tinham, na educação formal e na habilidade intelectual, o principal capital para a construção de uma carreira profissional com certa autonomia. A disputa pelas vagas no funcionalismo – uma das raras opções de ascensão social – estava no horizonte de todos eles. Daí a indignação de Lopes Trovão em relação à diretriz do Partido Republicano contra a ocupação dos cargos públicos, pois "essa orientação jogava os republicanos na miséria num país com pouquíssimas oportunidades". Quando Mathias Carvalho morreu "em extrema penúria", em 1901, os seus panegíricos o definiram como um desses "puritanos" que, durante o Império, tinham se recusado a aceder aos cargos públicos, conservando-se como simples "guarda-livros".

---

550. O discurso foi publicado em várias partes, na seção "Folhetim" do *Corsário*, a partir do dia 12 de outubro de 1882. Dentre as várias outras manifestações sobre as dificuldades de autonomia profissional e financeira está o artigo de *O Mequetrefe* de janeiro de 1875: "Na corte imperial da América é moeda somente a cortezanice; por mais clara e robusta que seja a inteligência, acendrado o patriotismo e sincera a convicção, não há esforço potente que baste sem ela, para a defesa do direito e da liberdade, **nem meio honesto de que usar para a compra da vida**" (grifo nosso). Esse jornal foi fundado em 1875, com sede na Rua da Alfândega, 31, mas mudou algumas vezes de endereço – uma delas, já na terceira edição, para a Rua Teófilo Ottoni, 72. Antes da *Revista Ilustrada*, esse jornal também usava caricaturas e ilustrações em pelo menos duas das suas sete páginas. No início, os redatores usavam pseudônimos. Era um jornal quinzenal, que indicava preços de assinaturas, mas não de venda avulsa. Em relação a esse periódico, pouco explorado neste trabalho, devemos ressaltar a sua longa duração, evidenciando o seu sucesso comercial e também político, já que, mesmo não se definindo como órgão de propaganda republicana – e daí, provavelmente, uma das razões da sua longa sobrevivência –, fez referências claras de adesão à causa republicana.

551. Dentre eles, Almeida Pernambuco, Apulcho de Castro, Vicente de Souza, Ennes de Souza, Aristides Lobo, Aquino Fonseca, Campos da Paz e Pardal Mallet.

Alguns passaram pelas escolas de Medicina e de Farmácia, mas não seguiram a profissão ou, então, exerceram uma dupla carreira profissional, com passagens pelo magistério e por disputas pelas concorridas vagas do Pedro II[552]. Outros, como advogados ou engenheiros, concorreram por clientela e vagas num exíguo mercado de trabalho na Corte[553]. Já os comerciantes e os "industriais" de pequeno porte alimentaram as críticas contra o grande comércio português[554]. Muitos passaram pela imprensa como redatores, colunistas e tipógrafos ou apostando no seu próprio periódico, na difícil condição de conciliar o "seu negócio" e o seu projeto político num campo acirrado de disputas por leitores-consumidores (cf. capítulo 1)[555].

Os discursos proferidos no momento da morte prematura de Ferreira de Menezes, recolhidos em *Escritos de liberdade* (PINTO, 2018), exprimiram o primeiro combate desses ativistas: "Fez-se por si, erguendo-se do nada" – publicou *A Província de São Paulo*. "Ele que nascera pobre e desconhecido, conquistara pelo seu talento e civismo lugar eminente entre os vultos mais importantes da nossa imprensa [...]" – registrou a *Gazeta de São Paulo*. "De nascimento obscuro, pobre, desprotegido, elevou-se a grande altura por seus merecimentos pessoais" foram palavras de *O Sapucaiense*[556]. Em várias dessas biografias, a mesma insistência

---

552. Vicente de Souza, Lopes Trovão, Campos da Paz e Aquino Fonseca foram alguns dos que se formaram em Medicina, mas exerceram outras profissões.

553. Dentre os advogados, destacamos Aristides Lobo, Alberto de Carvalho e Ferreira de Menezes. Ennes de Souza formou-se em Engenharia e se tornou professor da Escola Politécnica. Almeida Pernambuco se formou como engenheiro geógrafo pela Escola Central em Pernambuco e atuou como engenheiro no Rio de Janeiro a partir de 1876.

554. Dentre eles, Ferreira Polycarpo, proprietário de *O Grito do Povo*, e Jerônimo Simões, que era guarda-livros, trabalhou como professor de escrituração mercantil no Liceu de Artes e Ofícios e, depois, abriu um pequeno negócio.

555. Na análise das trajetórias de Ferreira de Menezes, Luiz Gama, José do Patrocínio e Machado de Assis, dentre outros, Ana Flávia Magalhães Pinto (2018) enfatizou as dificuldades de ascensão social, acrescidas dos obstáculos impostos aos "homens de cor", e mostrou que, para todos eles, a imprensa foi, ao mesmo tempo, lugar de expressão de seus projetos políticos e possibilidade de obtenção de certo grau de autonomia socioeconômica. "Traço que aproxima as trajetórias dos personagens centrais desta narrativa, a aposta pessoal, política e profissional na imprensa" (PINTO, 2018, p. 154). O trabalho de Rodrigo Cardoso Soares de Araújo (2012) sobre o ressurgimento dos pasquins, na década de 1880, colabora muito para o entendimento da imprensa como um campo de disputas, ao mesmo tempo, políticas, econômicas e socioprofissionais. A exploração de escândalos e o discurso agressivo por parte dos "pasquineiros" foi condicionada por necessidades, ao mesmo tempo, políticas e financeiras. No entanto, como também mostra o autor, essa escolha não foi exclusiva dos pasquins, mas atravessou toda a imprensa da época.

556. Antes de apresentar esses discursos, Ana Flávia Magalhães Pinto (2018, p. 38) escreveu: "Ferreira de Menezes teria contrariado 'as regras' de uma sociedade fundada na dependência de pes-

em recuperar a ascensão pelo mérito, como em relação a Silva Jardim durante a sua campanha pela liderança do Partido Republicano em 1889: "Seus pais eram pobres e muitas dificuldades foram superadas pelo moço estudioso. [...] Lecionando ganhou meios materiais para poder estudar" (*Gazeta de Notícias*, 18 de agosto de 1889)[557].

Até que ponto essa disputa por posições numa sociedade com pouquíssimas oportunidades explica os frequentes conflitos e a ruptura do diálogo entre os "chefes" do movimento? Num campo socioeconômico, com raras chances de ascensão fora dos caminhos do apadrinhamento e do nepotismo, é possível conjecturar que a disputa por capital político dentro do campo reformador seja condicionada, em muitos dos seus procedimentos, por essa competição mais estrutural por "mera" sobrevivência.

Habituados desde sempre a contemplar o nosso país no topo do *ranking* da concentração de riqueza e de propriedade, talvez tenhamos um pouco de dificuldade para avaliar o peso desse fator socioeconômico em todas as dimensões da nossa vida cotidiana. Quando dizemos "elevada concentração de riqueza e propriedade", estamos falando, ao mesmo tempo, de alta competitividade para aceder a uma renda compatível com os padrões da civilização contemporânea. É possível separar a competitividade pelas condições de existência – no seu sentido mais antropológico – dos demais aspectos das relações sociais?

Se a rivalidade é inerente ao campo político, a confluência entre a luta por um projeto político e a conquista de autonomia socioprofissional pode ajudar a entender a irrupção frequente das atitudes personalistas, do discurso violento, com rupturas do diálogo no campo reformador.

Por um lado, alguns republicanos foram capazes de identificar que, numa sociedade com pouquíssimas oportunidades, as denúncias de enriquecimento ilícito eram uma arma monarquista mais perigosa e poderosa do que as ameaças de morte[558]. Por outro, não foram capazes de apreciar

---

soas livres pobres em relação aos donos do poder e se tornado alguém exitoso em se fazer pelo próprio esforço".

557. Perfil de Silva Jardim redigido por Raymundo Sá Valle na seção "Política republicana".

558. É o caso de Lopes Trovão, que, ao propor que o Partido Republicano revisse a recomendação de não ocupação de cargos públicos, indicou que a arma mais poderosa utilizada pelos adversários não era a morte, mas a difamação: "Eles empregam outro processo porventura mais piedoso e expedito, para aniquilarem os seus adversários: entregarem-nos à calúnia" (*Corsário*, 12 de outubro

com exatidão os principais ingredientes da vitória abolicionista frente ao peso das estruturas socioeconômicas e demográficas.

No imenso território do Império, as cidades, com os seus jornais, as suas associações e a sua militância organizada, abrigavam apenas 6% a 8% da população total. Os setores médios, dos quais faziam parte esses militantes, praticamente só existiam nos centros urbanos[559]. A "abolição imediata e sem indenização" só foi possível pela aliança entre os ativistas dos setores médios, as camadas populares e os próprios escravizados, numa frente ampla com ramificações em todo o território. Do mesmo modo, as reformas antioligárquicas presentes em diversos programas republicanos e dos monarquistas abolicionistas só seriam concebíveis com a permanência dessa unidade.

Diante da cisão no republicanismo fluminense, Almeida Pernambuco responsabilizou a "impenetrável muralha do personalismo" pela inviabilização do "único fator eficiente" capaz de gerar a vitória, "o grande princípio da união":

> Não fosse a inabalável convicção que temos na bondade de uma ideia triunfante, [...] **sobejas razões teríamos de arrefecer em nossa propaganda** e de quebrar a pena em presença de tropeços sem qualificativo na designação de manejos e ardis inconfessáveis e **de recolhermo-nos à obscuridade dos que antepõem o próprio sossego e bem-estar material a qualquer outro ideal** (*Gazeta Nacional*, 8 de abril de 1888 – grifos nossos).

Na dissenção operada nessa conjuntura, o que chama a atenção não é a divergência entre os projetos sociais e políticos, mas a incapacidade de manutenção do diálogo com os aliados, ao mesmo tempo que se opera uma aproximação com os "inimigos" da véspera[560].

---

de 1882). Durante esse período, vários ativistas foram acusados de corrupção, dentre eles, o próprio Lopes Trovão, José do Patrocínio e João Clapp.

559. O artigo de Rodrigo Goyena Soares (2019) retoma a discussão sobre os setores médios pela análise das listas eleitorais e privilegiando o quesito renda, lembrando que a definição de "classe média" continua gerando controvérsias, assim como o papel político desempenhado por esses setores. Sobre essa discussão, cf., também, Pinheiro (1994).

560. Como, por exemplo, as edições do *Cidade do Rio*, que chegaram a exprimir o desejo de que Silva Jardim fosse assassinado, enquanto Antônio Prado – o autor do regulamento negro – se tornava o "ilustre brasileiro"; "inimigo implacável do obscurantismo e da rotina"; "adversário do preconceito e da superstição tradicionalistas"; "o apóstolo fervoroso da liberdade"; "reformador prático"; "estadista emérito" com "aspiração de progresso" e com "tendência reformista irresistí-

Um pouco depois do 13 de maio, Silva Jardim – na continuidade da sua campanha "revolucionária" contra o Terceiro Reinado e pela República – exprimiu a sua confiança em que os republicanos saberiam seguir os conselhos da história: "Ensinados pelo exemplo das **dissenções que impossibilitaram as Regências, o que nos fizeram cair no Segundo Império**, [...] seríamos mais **unidos e patriotas, de modo a possuir a República**" (JARDIM, 1888 apud PESSOA, 1975, p. 713 – grifos nossos).

No entanto, a essa altura, a guerra já tinha começado entre os dois carismáticos líderes: José do Patrocínio e Silva Jardim. Enquanto José do Patrocínio tornou-se aliado dos "abolicionistas de última hora" – João Alfredo, Antônio Prado e Ferreira Vianna, dentre outros –, Silva Jardim foi, paulatinamente, considerando normal a adesão dos "republicanos do 14 de maio".

Se essa digressão permite vislumbrar possíveis vínculos entre a alta competitividade socioeconômica e a extrema fragilidade das alianças políticas, no campo reformador, ela não é suficiente para esclarecer, conjunturalmente, sobre os fundamentos da aposta política de José do Patrocínio no Terceiro Reinado, ao contrário da maioria do campo republicano, que apostava, desde 1884, na Proclamação da República como consequência lógica do fim da escravidão.

Para compreendê-la, é preciso ir em busca dos vínculos de José do Patrocínio com os monarquistas Joaquim Nabuco e André Rebouças, que, desde o início, percorreram o caminho da "revolução pelo alto"[561] e pela Coroa. Para eles, a "revolução social" prosseguiria com a luta pelo imposto territorial, enquanto, para os republicanos, ela era o primeiro passo para a "revolução política".

* * *

Na maioria das narrativas históricas, tanto a ida de Nabuco a Roma quanto a aproximação de Rebouças da família imperial se inscrevem no registro da sequência final dos acontecimentos da vitória abolicionista. No entanto, no quadro de uma história política, esses eventos merecem aprofundamento, já que exprimem uma tentativa de associar a Coroa à abolição,

---

vel". Cf., dentre outros, *Cidade do Rio* (26 de fevereiro de 1889). A disputa entre José do Patrocínio e Silva Jardim será aprofundada no capítulo 13.
561. Essa expressão aparece diversas vezes no discurso de José do Patrocínio, como no artigo do *Cidade do Rio* de 27 agosto de 1888, que analisa a volta do imperador ao Brasil.

diferentemente do campo republicano – majoritário – que procurava identificar o abolicionismo à luta contra o Terceiro Reinado.

Em setembro de 1886, no auge da republicanização do movimento abolicionista, Nabuco explicara a sua posição monarquista frente à maioria republicana como fruto de uma "compreensão diferenciada da ordem e da hierarquia sociais"[562]. No início de 1888, essa "compreensão diferenciada" exprimiu-se, nitidamente, tanto na sua ida ao Vaticano quanto nas suas descrições – publicadas em *O Paiz* – sobre a emancipação dos escravizados numa fazenda do Vale do Paraíba fluminense.

O simples recurso ao Papado já seria objeto de críticas republicanas, já que uma das principais reivindicações desse campo era a separação entre a Igreja e o Estado. Mas o discurso dirigido ao Papa foi considerado uma verdadeira traição, já que, além de "oferecer" os libertos à ação da Igreja, destacava a preponderância dos próprios proprietários no processo abolicionista. A frase: "Não seremos nós abolicionistas que havemos de impedir a aproximação entre os novos cidadãos e a única religião capaz de os conquistar para a civilização" retornou ao debate político diversas vezes, no ano de 1888, para enfatizar a distância entre o projeto de Nabuco e o projeto republicano.

Na série de artigos intitulada "Uma festa de libertação", publicada um pouco antes do 13 de maio, Joaquim Nabuco propôs uma descrição da emancipação dos escravizados da Fazenda Bella Aliança, na qual os seus temores e as suas expectativas assumiram o primeiro plano. Certos aspectos dessa narrativa ajudam a entender melhor as divisões no campo reformador.

No olhar dos ex-escravizados, Joaquim Nabuco "viu" o "temor do desconhecido"; "o medo do exílio"; um sentimento de "saudade maior do que o de alegria". Em "conexão" com os pensamentos dos libertos, Nabuco teve a certeza de que "cada um **pensava menos no prazer de ser livre**, no uso que ia fazer de sua liberdade, do que nessa família que formaram por tantas gerações", na fazenda, que era a "verdadeira terra santa para os escravos"[563] (grifo nosso). Ao projetar as suas próprias expectativas de ordem

---

562. Para a análise da conjuntura desse enunciado, cf. capítulo 9.

563. Ao se contrapor à tese de que o abolicionismo brasileiro não abordou a questão racial, Ana Flávia Magalhães Pinto (2018) mostra que essa interpretação se apoia, sobretudo, no abolicionismo de Joaquim Nabuco e não pode ser atribuída a todos os abolicionismos. Na análise da posição defendida por Joaquim Nabuco, a autora faz um comentário com o qual estamos completamente de acordo: "Já vimos, à luz das cartas sobre Machado de Assis, que Nabuco gostava de nutrir cren-

e hierarquia social no olhar e no pensamento do liberto, Joaquim Nabuco estruturou o seu projeto para o pós-abolição:

> A abnegação do escravo, [...] **a ligação moral entre ele e a família do senhor** e por último o seu amor à terra que cultivou, são virtudes que é preciso não deixarmos o mercantilismo matar. [...] **Vincular o liberto ao solo, mas vinculá-lo somente pelo amor, conservar neles o culto do reconhecimento** [...] **continuar a tradição que os prende à família que serviram**. [...] **Se a raça negra não aceitar plenamente o fato da escravidão como uma das fases de sua evolução** [...] **correrá o risco de tornar-se uma raça de ingratos ou revoltados**. [...] Para essa obra de construção do futuro com os elementos do passado, [...] um dos principais elementos **tem que ser a religião e o outro a escola** (*O Paiz*, 3 de maio de 1888 – grifos nossos).

Se o temor da desordem levou o republicanismo da *Gazeta Nacional* a exigir a lei contra a "vagabundagem e a mendicância", o "medo do desconhecido" levou Nabuco a estruturar um projeto de pós-abolição baseado nos sentimentos de gratidão do liberto em relação ao ex-senhor, do negro em relação ao branco[564].

Por um lado, Nabuco produziu uma análise importante sobre o peso da escravidão na formação da sociedade brasileira, enfatizando a necessidade de outras medidas para o rompimento com o passado escravista. Por outro lado, no momento da organização da vitória abolicionista, Joaquim Nabuco escolheu um futuro no qual os vínculos de gratidão e de submissão – estimulados pela "única religião" – continuariam atrelando o liberto aos senhores, ainda que previsse duas medidas fundamentais para a completa emancipação, também reivindicadas pelos republicanos de *O Grito do Povo*: a escola e o acesso à terra.

Mas, se os republicanos esperavam uma forma de governo na qual o povo conquistaria as suas próprias vitórias pela participação política e o sufrágio universal, Joaquim Nabuco idealizou o "Partido Abolicionista" como

---

ças a respeito do que as pessoas 'de cor' pensavam acerca de si mesmas e de suas vidas" (PINTO, 2018, p. 241).

564. Essa e outras passagens deixam claro que Joaquim Nabuco compartilhava da ideia de inferioridade da raça negra que, em razão disso, devia ser dirigida pelos brancos. Nesse sentido, concordamos plenamente com o artigo de Célia Maria de Azevedo (2001), intitulado "Quem precisa de São Nabuco?", que indicou diversos discursos do abolicionista que evidenciam esse aspecto.

base do governo de Isabel, que concederia ao povo as reformas sociais. Na divergência entre os dois campos, convém recuperar a centralidade da questão religiosa, na medida em que evidencia concepções muito diferentes sobre a ordem e a hierarquia social. Enquanto a maioria republicana se empenhava na laicização do Estado e da educação, Joaquim Nabuco apostava na experiência religiosa como elemento fundamental para a coesão social, concedendo à regente um papel importante nesse projeto. Entre os dois "partidos", José do Patrocínio escolheu o isabelismo, com forte apelo à religiosidade popular, inclusive pela escolha dos adjetivos – "redentora e santa" –, associados à princesa.

Retrospectivamente, e do ponto de vista da construção de uma sociedade menos desigual, podemos conjecturar que tanto a "monarquia popular" de Joaquim Nabuco quanto a "República democrática" sonhada pelos membros do Club Tiradentes eram, ambas, opções melhores do que a "República dos cafeicultores", que, após muitas batalhas, saiu vitoriosa na manutenção da "ordem senhorial".

Entretanto, se compararmos a influência do republicanismo e do monarquismo entre as lideranças dos movimentos sociais na época, é impossível não reconhecer a predominância do elemento republicano. Nenhum dos contemporâneos de José do Patrocínio podia, com honestidade, desconsiderar o peso do republicanismo na mobilização popular, alegando a fraqueza parlamentar e eleitoral do partido. O próprio Nabuco reconheceu, em diferentes momentos, o "fermento" republicano da propaganda abolicionista, o peso do republicanismo na sua província natal e em várias outras províncias. Entretanto qual era a base para a formação do "Partido Abolicionista" se, mesmo entre os membros da Confederação, o apoio ao Ministério João Alfredo não incluía, necessariamente, a luta pela monarquia e o Terceiro Reinado?[565]

Em diversos momentos, Joaquim Nabuco argumentou, junto aos republicanos, que a principal questão no Brasil não era política, mas social. Desse modo, todos deviam continuar unidos para a continuidade das reformas sociais, assim como tinham feito para o fim da escravidão. Mas se, para Nabuco, a abolição tinha sido feita pela Coroa e pelo Parlamento, para

---

565. Apesar do empenho da Confederação em manter a unidade no pós-abolição, os membros republicanos retiraram-se progressivamente da associação, como teremos ocasião de assinalar nas análises de conjuntura dos anos 1888-1889.

os republicanos, ela tinha sido imposta pelo povo e pelos escravizados, já que o sistema político era, e continuaria sendo, impermeável aos anseios populares.

Desse modo, os embates fratricidas, durante os anos 1888-1889, foram inseparáveis da disputa extremamente acirrada – que se prolonga até os dias atuais – em torno dos "heróis da abolição".

12
Os heróis da abolição e os caminhos para a República

No dia 10 de julho de 1888, teve lugar, na França, um banquete de comemoração do 13 de maio, organizado pelo "Comité Franco-Brésilien", dirigido pelos monarquistas Santa-Anna Nery e Eduardo Prado[566], dentre outros. Nas homenagens prestadas, chama a atenção a honra concedida aos proprietários de escravizados – em especial, a Antônio Prado.

Mesmo Victor Schoelcher – que, em outras oportunidades, se pronunciou a favor dos abolicionistas contra o próprio imperador – minimizou a ação dos populares e dos escravizados:

> As duas câmaras apenas **sancionaram a obra que os próprios senhores**, de acordo com a opinião pública, tinham **magnificamente começado**. Foram os senhores – pode-se dizer com segurança – **sim foram os senhores – que no Brasil tiveram a honra de abolir a escravidão**. [...] Foi o amplo movimento emancipador desencadeado na província de São Paulo por um filantropo eminente, **o Sr. Antônio Prado**, que determinou o voto diligente das duas câmaras legislativas

---

566. O Comité Franco-Brésilien foi formado em 1888 visando tanto à Exposição Universal de 1889, em Paris, quanto à emigração de europeus para o Império. À frente dessa iniciativa estiveram Santa-Anna Nery e Eduardo Prado, que também atuaram juntos em Paris na organização de uma oposição monarquista à República instaurada no Brasil em novembro de 1889. Para as versões francesas sobre a abolição da escravidão no Brasil e a atuação do Comité Franco-Brésilien, cf. Santos (2013). Nesse contexto, Eduardo Prado possuía residência em Paris frequentada pelos seus amigos Barão do Rio Branco, José Maria da Silva Paranhos Júnior, Santa-Anna Nery e Émile Levasseur. Cf. Levi (1977). Em relação à atuação de Santa-Anna Nery, cf. Ferreira dos Santos (1994).

(*Banquet commémoratif de l'abolition de l'esclavage au Brésil*, Paris, 10 de julho, p. 61 – grifos nossos).[567]

De certo modo, essa versão já estava em curso na mensagem de Joaquim Nabuco ao Papa, aprofundou-se nos seus artigos de *O Paiz* nos anos 1888-1889 e se cristalizou, definitivamente, no seu livro *Minha formação* (1999)[568].

No seu estudo sobre os Prado de São Paulo, Darrell E. Levi argumenta que, diante da mobilização dos escravizados, a família teria iniciado diálogo com Joaquim Nabuco para tentar obter apoio "para a empresa dos plantadores paulistas":

> Se puder acontecer que a **grande maioria dos fazendeiros** na província de São Paulo prometa libertar todos os seus escravos **no fim de [18]89**, ficará o seu partido (os liberais abolicionistas) satisfeito? Pode ele se limitar a exercer pressão sobre os proprietários de escravos do Rio de Janeiro para que imitem o exemplo dos paulistas? (LEVI, 1977, p. 205 – grifos nossos).

Essa carta foi escrita pelo monarquista Eduardo Prado, um dos organizadores do evento, na França, com importante papel na reação monárquica durante os primeiros anos da República[569].

---

567. Sobre os posicionamentos do abolicionista francês Victor Schoelcher sobre o processo abolicionista brasileiro, cf. Santos (2013).

568. A maior parte do livro *Minha formação* foi publicada no *Comércio de São Paulo* em 1895, em plena campanha de Joaquim Nabuco pela volta da monarquia. Em relação ao abolicionismo, ele identificou o início do movimento à apresentação do projeto de Jerônimo Sodré no Parlamento, em 1879, e negligenciou o ativismo de Luiz Gama e dos Irmãos Campos em São Paulo desde o meio da década de 1860. Nesse livro, referendou a versão que apresentou na sua visita ao Papa sobre o papel decisivo dos proprietários de escravizados no 13 de maio. Até mesmo o historiador monarquista José Maria dos Santos (1942, p. 288) chamou a atenção para a injustiça de Joaquim Nabuco, sobretudo em relação a Luiz Gama: "Joaquim Nabuco, que o tentou fazer [a história da abolição], certamente pecou por omissão, ao deixar de olvido o nome de Luiz Gama", que, segundo esse autor, teria sido o "precursor do abolicionismo", ao iniciar a sua luta pela imprensa e nos tribunais em 1864.

569. Carta de Eduardo Prado para Joaquim Nabuco citada por Carolina Nabuco no seu livro sobre o pai apud LEVI, 1977, p. 205. Darrell E. Levi também chama a atenção para a posição defendida por Joaquim Nabuco junto ao Papa, em 10 de fevereiro de 1888, quando argumentou que o abolicionismo havia se tornado um "movimento da própria classe dos proprietários de terra", citando a posição recém-adotada de Antônio como uma prova (LEVI, 1977, p. 205). Se não sabemos da resposta de Joaquim Nabuco à carta, na prática, o abolicionista parece ter aceitado a proposta de Eduardo Prado, já que glorificou os proprietários pela abolição. A exaltação dos feitos de Antônio Prado também é bastante evidente nos artigos de José do Patrocínio no *Cidade do Rio*.

A troca de correspondência com a família Prado, assim como a sua visita a Roma, indicam, muito provavelmente, que a aposta de Joaquim Nabuco numa versão monarquista do processo abolicionista estava sendo construída antes do 13 de maio, como uma resposta ao republicanismo, amplamente majoritário e que, antes da ascensão do gabinete 10 de março, estava unido na convicção de que a República viria como "consequência lógica da abolição"[570].

Na verdade, essa "versão" sempre orientou o ativismo de Joaquim Nabuco, que, em outubro de 1881, já decretara:

> A abolição só pode ser feita por lei, **não pode ser obra de um decreto nem de uma revolução**; a lei [...] há de ser feita entre nós, **pelos representantes do atual monopólio da terra**. A nova lei de emancipação tem pois que ser [...] **uma concessão dos senhores de escravos** (*Abolicionista. Órgão da Sociedade contra a Escravidão*, 28 de outubro de 1881).[571]

O combate pela história não é posterior, mas inerente às disputas políticas em torno da forma de governo. Além de "pensador do Império", Joaquim Nabuco foi, nessa conjuntura, um ativista monarquista que, junto a Eduardo Prado, lutou durante vários anos contra a República. Ambos tiveram um papel importante na produção de uma "nostalgia imperial"[572].

Nesse sentido, vale a pena um retorno aos dias que antecederam a ascensão do gabinete João Alfredo para relativizarmos a versão de Joaquim Nabuco, que condenou os republicanos pelo pacto com o escravismo. Se os republicanos foram complacentes com a conversão dos fazendeiros ao republicanismo, após o 13 de maio, não podemos esquecer que Joaquim Nabuco – no seu discurso ao Papa – atribuiu aos fazendeiros o papel decisivo

---

570. É possível que essa tenha sido, também, a estratégia adotada por Antônio Bento, no início de 1887, quando deixou o jornal republicano *Diário Popular*, no final de 1886, para fundar o seu próprio jornal *A Redenção*, em 1887. Segundo Alexandre Otsuka (2015), o periódico assumiu uma posição muito crítica em relação ao Partido Republicano de São Paulo. De todo modo, o papel de herói atribuído a Antônio Bento, principalmente no âmbito das memórias produzidas no pós-abolição, serviu para reforçar a tese do abolicionismo dos monarquistas e do escravismo dos republicanos.

571. Essa citação foi utilizada por alguns historiadores para caracterizar o abolicionismo pelo seu caráter reformista e conciliador em relação aos interesses dos senhores. Entretanto é preciso, mais uma vez, ressaltar que essa foi a posição defendida por Joaquim Nabuco na frente abolicionista que, no entanto, incorporou vários outros abolicionismos.

572. Referência aos dois excelentes livros do historiador Ricardo Salles: *Nostalgia imperial* (1996) e *Joaquim Nabuco, um pensador do Império* (2002).

na abolição da escravidão. Se o campo republicano aceitou o republicano do 14 de maio, Nabuco inventou o abolicionista do dia 12:

> Descrevi o movimento abolicionista no Brasil, como tendo se tornado **proeminentemente um movimento da própria classe dos proprietários**, e dei, como devia, e é justo, **aos operários desinteressados da última hora a maior parte na solução definitiva do problema, que sem a sua generosidade seria insolúvel**. Expus como **não havia na história do mundo exemplo de humanidade** de uma grande classe igual à desistência feita pelos senhores brasileiros dos seus títulos de propriedade escrava (NABUCO, 1981, p. 157 – grifos nossos).

Em fevereiro de 1888, quando o republicanismo se apresentava coeso no apoio às fugas dos escravizados e à moção de São Borja, os fazendeiros não apostavam na República como forma de manter o poder. Não estava em cena "a enxurrada do fazendeirismo escravista" em direção ao movimento republicano. Diante das fugas de escravizados em São Paulo, enquanto os republicanos exigiam a abolição imediata e sem indenização, Antônio Prado, ainda lembrado pelo "Regulamento Negro", procurava negociar uma liberdade com obrigação de trabalho e com fixação de residência, que, aliás, continuou defendendo até abril.

A referência a esse contexto retornou inúmeras vezes nos textos republicanos para rechaçar as acusações de Nabuco e Patrocínio contra o "republicanismo escravista"[573].

Já sabemos o fim da história. Com a ascensão do Gabinete 10 de Março, a unidade desfez-se, e José do Patrocínio, com a sua imensa popularidade no centro do Império, aderiu ao projeto isabelista de Nabuco. Nesse exato momento, e não antes, teria começado a suposta avalanche do "fazendeirismo" para o republicanismo, com a complacência das suas lideranças, enquanto José do Patrocínio, no seu apoio incondicional a João Alfredo, teria se mantido impassível diante da política de recrutamento denunciada pelos republicanos como prática de reescravização.

---

573. Como no artigo a seguir, da *Gazeta de Campinas*, transcrito pela *Gazeta Nacional* em 11 de maio de 1888: "Que mais inequívocas provas podem ser dadas em **abono do nosso radicalismo abolicionista** do que o procedimento dos republicanos iniciando a propaganda da abolição imediata e incondicional, contra a opinião do Sr. Prado [defendido por Patrocínio e Nabuco] no Congresso dos Fazendeiros? [...] Só podemos explicar a crueza do ódio que nos votou [Patrocínio], pela necessidade de justificar o seu ministerialismo e monarquismo atual" (grifo nosso).

Diante da pressão dos movimentos sociais e da fuga dos escravizados, os escravocratas e os seus representantes – na ânsia de manter os poderes econômico, social e político intactos – apostaram em vários caminhos e em todos os partidos.

Muitas pesquisas têm mostrado a corrida dos fazendeiros aos tribunais para a obtenção das tutelas dos ingênuos, num movimento de reescravização denunciado tanto por Quintino Bocaiuva quanto por José do Patrocínio. Muitos Clubs das Lavouras transformaram-se em clubes republicanos, enquanto, no Parlamento, Barão de Cotegipe e Paulino de Souza representaram o partido da indenização para a manutenção da monarquia.

Do ponto de vista partidário, pouco antes da ascensão dos liberais, em junho de 1889, ninguém podia afirmar com segurança onde estavam os escravistas. Mesmo a votação da Lei Áurea, normalmente citada para indicar o caráter consensual da decisão sobre a abolição imediata e sem indenização, pode ser considerada como um indício das divisões das classes proprietárias. Quando contabilizamos o grande número de abstenções (33), e não apenas os votos contrários (9) e a favor (83), é possível argumentar que, mesmo na instância parlamentar, constituída majoritariamente de representantes das classes proprietárias, a deliberação não foi tão simples.

Para muitos proprietários de escravizados, a República mostrou-se uma aposta melhor, pois, logo depois da abolição, a monarquia estava sendo defendida, no centro do Império, não só por Joaquim Nabuco, mas também por José do Patrocínio, que, empunhando a bandeira da reforma do sistema fundiário, pretendia mobilizar o povo para defender Isabel, a Redentora.

Mas podemos nos perguntar, como se perguntaram vários ativistas no decorrer do processo: e se Patrocínio, em vez de abraçar o isabelismo, tivesse se mantido junto aos republicanos abolicionistas para promover a República como "consequência lógica da abolição" e a democratização do acesso à terra, como recomendada por *O Grito do Povo*? A aposta dos fazendeiros teria sido a mesma? A permanência da conjuntura de fevereiro de 1888 – com a coesão entre o republicanismo de Silva Jardim, em São Paulo, e de Patrocínio, na Corte – teria permitido que os escravistas vissem uma saída na Proclamação da República?

A grande decepção do campo republicano em relação à mudança de posição de José do Patrocínio ganhou as páginas do jornal sulista de Júlio de Castilhos antes mesmo do decreto da abolição:

> Agora que a questão está vencida, esperávamos que pusesse o seu talento, a sua tenacidade, **as notáveis qualidades de agitador** ao serviço da ideia republicana; é quando justamente o Sr. Patrocínio entende separar-se violentamente do seu partido e declarar-lhe guerra. Isso quer dizer que o Sr. Patrocínio **vai prestar decidido concurso à monarquia** [...] [contra] o **partido que ainda ontem era o seu** (grifos nossos).[574]

Entre o 13 de maio e o 15 de novembro, o debate pela imprensa colocou em pauta as questões agrária, racial, educacional, religiosa e política. Por sua vez, essas discussões estiveram ligadas, e mesmo condicionadas, pela controvérsia sobre os "heróis da abolição".

Se a glória pertencia à Redentora, a verdadeira bandeira das reformas democráticas estaria sendo empunhada pelos defensores do Terceiro Reinado. Se o herói era o povo, caberia a ele defender as reformas democráticas – a primeira delas, a República. Nunca é demais insistir que, para todos esses ativistas – de Nabuco a Silva Jardim, passando por Quintino Bocaiuva –, o 13 de maio era apenas a primeira das reformas.

* * *

Além do papel proeminente atribuído aos fazendeiros, Joaquim Nabuco logo converteu as manifestações populares de apoio à abolição em sentimento de gratidão e de apoio à monarquia. Já em 4 de maio, o abolicionista – mais uma vez no papel de intérprete dos sentimentos do povo – escreveu: "O **povo sentiu** que se estava na véspera da sua libertação, era à princesa que ele principalmente devia" (*O Paiz*, 4 de maio de 1888 – grifo nosso).

Ao longo de 1888, Joaquim Nabuco não só diminuiu progressivamente o protagonismo dos populares e do republicanismo, como também gerou uma versão monarquista de toda a história do Brasil. Contra a acusação do centro positivista de que ele estaria colocando os sentimentos pessoais acima dos interesses públicos, Joaquim Nabuco argumentou que a monarquia

---

574. O artigo "José do Patrocínio e a República" foi publicado no editorial de *A Federação*, no dia 9 de maio, e transcrito pela *Gazeta Nacional* em 4 de junho de 1888. O texto continua: "Se a propaganda abolicionista foi feita fora do Parlamento e da ação direta dos partidos, não há razão, por causa da abolição, para deixar o partido republicano e apegar-se a um outro, seja ele qual for".

era a "depositária dos verdadeiros interesses nacionais e democráticos". A família imperial "não era uma dinastia", mas somente a primeira das famílias brasileiras, "tão simples, **como qualquer família de operário**". Nenhum brasileiro teria contribuído mais do que o imperador para a "unificação da pátria", após "as **convulsões do republicanismo separatista**" (*O Paiz*, 22 de novembro de 1888 – grifos nossos), numa afirmação que era, ao mesmo tempo, um combate pela história e uma declaração de guerra aos republicanos que, nesse momento, vislumbravam o separatismo como uma alternativa ao isabelismo da Corte.

Numa versão com grande futuro na historiografia, Joaquim Nabuco opôs a indiferença do Partido Republicano pela abolição ao engajamento de Pedro II que, a partir de 1865, sem nenhuma "agitação abolicionista prévia", teria feito da lei de 1871 "uma obra sua" (*O Paiz*, 8 de novembro de 1888)[575].

Ao longo de 1888, Joaquim Nabuco canonizou a Coroa sobretudo por ter impedido que a questão escravista se desdobrasse numa guerra civil e racial, fazendo do 13 de maio uma "revolução inigualável no mundo, sem o derramamento de uma única gota de sangue". Se o principal papel na abolição pertencia à princesa e à monarquia, a ela também cabia a realização das reformas – dentre elas, a adoção do imposto territorial. Já a expansão do republicanismo era apenas o resultado da vingança escravista, que pretendia conseguir da Coroa a indenização: "É conosco que está a bandeira das reformas, com eles está somente o programa do despeito"[576].

Publicado na *Gazeta do Povo* de São Paulo, o artigo "Mais uma vítima" exprimiu a revolta de grande parte dos republicanos em relação à atitude de Joaquim Nabuco[577]. Para o articulista, a agressividade do monarquista contra os republicanos era um ato de "ingratidão e de perfídia", pois, além de ser injustificável, vinha de alguém que convivera estreitamente "com os democratas".

Apesar das suas "esperanças infundadas" na realização das "reformas com a monarquia", os republicanos tinham acreditado na sua atitude de

---

575. Essa versão sobre a lei de 1871 foi incorporada por alguns historiadores, como Conrad (1975).
576. Cf. artigos da seção "Campo neutro" em *O Paiz*, nas edições de 8 e 22 de novembro de 1888.
577. Publicado, originalmente, na *Gazeta do Povo* de São Paulo, foi transcrito na "Seção livre" de *O Paiz*, na edição do dia 8 de outubro de 1888. Nessa mesma edição, a seção "Partido Republicano" transcreveu o artigo de Rangel Pestana, de *A Província de São Paulo*, intitulado "Em guarda", contra a glorificação da princesa.

"liberal adiantado e de radical sincero" e, em razão disso, tinham transformado o seu abolicionismo parlamentar em "gloriosa investida contra o escravismo".

Mas em vez de reconhecimento, Joaquim Nabuco tinha retribuído com desrespeito. No início de 1888, quando precisaram "que ele tomasse uma posição avançada e de responsabilidade no **movimento revolucionário, voltou outra vez** para a Europa" e "beijou, suplicante, os pés do Sumo Pontífice" (grifo nosso). Enquanto isso, os republicanos combatiam pelos fatores que, de fato, seriam determinantes para o fim da escravidão: a fuga dos escravizados, a questão militar, a desorganização do trabalho nas fazendas, enfim, "a iminência da revolução".

Depois do fato consumado, regressou, "mas não para abraçar os companheiros", não para atribuir as glórias aos "verdadeiros heróis – o povo, e até a ele próprio, Nabuco – mas para dá-la à regente e à monarquia". "Perdeu de vista o nosso antagonista que a lei do 13 de maio surgiu do cérebro incendido e do **coração fervente dos revolucionários**" (grifo nosso). O autor usou a frase "volta de novo para a Europa", porque anteriormente, no mesmo artigo, procurou mostrar que Joaquim Nabuco já tinha agido da mesma forma em 1881, quando, derrotado nas eleições, foi fazer "propaganda estéril nos banquetes dos *clubs* de Londres", enquanto os "republicanos abolicionistas não deixaram um instante sequer o campo da luta".

No combate aos seus antigos companheiros, Joaquim Nabuco teria modificado não só a história da abolição, mas toda a história do Brasil: fazia da Independência uma obra da dinastia quando, de fato, tinha sido o resultado do patriotismo; transformava a unificação nacional em grande legado da monarquia, quando ela fora o "resultado da compressão absolutista contra as **tendências republicanas e federalistas** das nossas tantas **revoluções sufocadas**" (grifos nossos).

Impulsionado por uma "ambição vulgar", Joaquim Nabuco estaria tratando os republicanos de "despeitados e especuladores", enquanto o celebrado governo de João Alfredo mandava recrutar os libertos, coronelizava todas as classes, corrompia com graças e condecorações; aumentava o déficit, confiscava a liberdade e preparava o predomínio clerical. Por fim, o articulista pedia que Nabuco ficasse com a "Rosa de Ouro" e com os abades, mas deixasse de dar conselhos aos republicanos no Brasil, pois estavam "quase a terminar a gloriosa campanha contra o poder absoluto", que levaria, fatalmente, à desintegração do Império.

No Rio de Janeiro, a oposição mais incisiva à interpretação monarquista de Joaquim Nabuco veio da *Gazeta Nacional* e de *O Grito do Povo*, que, para isso, se serviram dos jornais republicanos de outras províncias[578]. Nesse diálogo pela imprensa, é possível avaliar como o combate pela história orientava as alianças políticas nessa nova conjuntura.

Durante as festas do 13 de maio – que tomaram as ruas das cidades brasileiras e, principalmente, da Corte – a *Gazeta Nacional* foi vista pela imprensa republicana de São Paulo e do Rio Grande do Sul como a voz dissonante em luta contra o isabelismo:

> Nas ovações à regente e ao ministério, no grande cortejo popular à glória da princesa que **sobe lenta e arteiramente os degraus do trono**, tornou-se voz dissonante a *Gazeta Nacional*. É um ato de civismo esse que praticou a folha republicana. Romper por entre as massas cegas pelo entusiasmo, **desorientadas pela lisonja estudada e habilmente levada a efeito**, [...] é revelar coragem (grifos nossos).[579]

Pela transcrição da *Gazeta de Campinas*, os articulistas da *Gazeta Nacional* reafirmaram a crítica aos festejos, pois os "homens de estado e princesa" apenas tinham cedido à "**vitória popular** que já fizera a abolição de fato **por meio dos escravos que abandonaram pacífica e energicamente o cativeiro**". Contra a "mentira propalada pelo Dr. Joaquim Nabuco e os demais vivificadores da ser eníssima", os redatores apontavam o verdadeiro herói: "Ao povo, **aos atuais libertos**, [...] eis a quem deve o país a abolição do escravo. [...] É o povo, vós que ganhastes a batalha; é vosso, tão somente vosso, o triunfo atual" (grifos nossos)[580].

Por *A Federação*, do Rio Grande do Sul, os militantes da *Gazeta Nacional* recuperaram o papel determinante do republicanismo no movimento

---

578. Por meio desses jornais, exprimiram-se membros de destaque do Club Tiradentes. Do mesmo modo, a seção "Partido Republicano", de *O Paiz*, que se transformou em campo de batalha contra o isabelismo. Dessa seção, Aristides Lobo comemorou a mudança dos editoriais argentinos, que trocavam a "lenda principesca", forjada pela imprensa da Corte, pelo destaque à "cooperação poderosa e direta do partido republicano": "Fica **resgatada das mãos da calúnia, a obra do povo** e a decisiva colaboração republicana no trabalho glorioso da libertação" (*O Paiz*, 3 de julho de 1888 – grifo nosso).

579. Artigo de Rangel Pestana em *A Província de São Paulo* do dia 18 de maio, transcrito pela *Gazeta Nacional* no dia 22 de maio de 1888.

580. Artigo transcrito da *Gazeta de Campinas* pelo *Gazeta Nacional* no dia 25 de maio de 1888.

abolicionista: "Sem falar em Luiz Gama, o iniciador do movimento abolicionista, sem falar em s.s. [José do Patrocínio], [...] **a maior parte da Confederação Abolicionista**, essa associação que sempre o sustentou, é composta de republicanos" (grifo nosso)[581].

No corpo de redatores da *Gazeta Nacional*, o poeta socialista Mathias Carvalho – um dos fundadores do Club Tiradentes – não só rejeitou a versão da abolição como dádiva da Coroa como também se posicionou radicalmente contra o formato das comemorações do 13 de maio:

> Insistimos em considerar descabidas, absurdas, imerecidas as ovações tributadas à regente cujo papel em toda essa epopeia limitou-se a colher os louros alcançados através de terríveis pugnas em que, de certo, **nós militamos com magno ardor**. A aclamação de uma intitulada redentora, quando já o desenlace tocava à meia e entrevíamos o triunfo, **importa em apostasia, traição palmar e inegável** (*Gazeta Nacional*, 15 de maio de 1888 – grifos nossos).

Mas nem todos os ativistas do Club Tiradentes, membros do corpo de redatores da *Gazeta Nacional*, compartilharam do posicionamento de repúdio às grandes festas do 13 de maio[582]. Ubaldino do Amaral e Júlio Borges Diniz criticaram Mathias Carvalho pelo seu tom ofensivo contra a princesa e declararam o seu desligamento do corpo de redatores.

Nesse episódio, Almeida Pernambuco, na posição de proprietário da folha, desculpou-se por ter deixado passar alguns "excessos", mas defendeu Mathias Carvalho pela "sua abnegação ao republicanismo". Além disso, reafirmou o seu posicionamento contra a versão isabelista:

> A lei de 13 de maio não é o resultado do ideal, do trabalho e da vontade espontânea dos representantes da atual dinastia. Essa lei foi **arrancada ao poder** pela propaganda e pelos esforços e **lutas populares** durante mais de dez anos. É a capitulação da monarquia e do trono que sempre resistiram com os seus servidores até o último momento. [...] Aqueles que, tendo combatido com o povo, **querem hoje arrebatar** do **povo vencedor**, as glórias da grande batalha, que só a ele pertencem, para entregá-las ao vencido, fazendo delas pre-

---

581. O editorial de *A Federação* intitulado "José do Patrocínio e a República" foi transcrito pela *Gazeta Nacional* no dia 4 de junho de 1888.

582. Sobre a magnitude das festas do 13 de maio e a sua importância nas disputas pela memória e história da abolição da escravidão, cf. Moraes (2007).

sente ao poder na pessoa da princesa regente, **são traidores e como tais devem ser tratados** (*Gazeta Nacional*, 5 de junho de 1888 – grifos nossos).[583]

Na sua conclusão, conclamou o povo para a continuação da revolução:

> **Com o mesmo povo com que fizemos a abolição da escravatura**, se há de levantar a República. Sim! [...] Cidadãos, trabalhemos. Não percamos o momento. [...] É a conclusão da obra iniciada, a abolição do cativeiro. **Continuemos a ser abolicionistas** (*Gazeta Nacional*, 5 de junho de 1888 – grifos nossos).

Mas como fazer a República popular "com o mesmo povo com que foi feita a abolição" se, no Centro do Império, ele estava sendo mobilizado pelo isabelismo de José do Patrocínio? Mantida a situação, a República espelharia a projeção de Joaquim Nabuco – "uma revolução que se amanhã saísse à rua pareceria um funeral de chapéus altos" (*O Paiz*, 22 de novembro de 1888) – ou a do próprio Mathias Carvalho: na capital, ou "a República se faz ruim, burlescamente, como cena carnavalesca, ou há de vir de uma imposição da força, erguida sobre a espada gloriosa de algum general" (*Gazeta Nacional*, 22 de maio de 1888).

Nesse grupo, alguns caminhos foram vislumbrados para a proclamação popular da República contra o Terceiro Reinado. Antes de tudo, era preciso apoiar o republicanismo das províncias, pois, diante do isabelismo da Corte, competia "às populações do interior tomarem a iniciativa" (*Gazeta Nacional*, 15 de maio de 1888). O papel determinante atribuído a São Paulo no combate pela história da "revolução social" projetava os paulistas à posição de comando na "revolução política": "Não fosse o impulso dos paulistas ainda estaríamos debatendo-nos no caos das vacilações, das tibiezas covardes e das abjurações asquerosas, [...] não seriam discursos inflamados nem artigos subversivos desfechados dessa capital que por si só alcançariam o triunfo" (*Gazeta Nacional*, 28 de maio de 1888). "**Foi São Paulo que desequilibrou o grande monolítico da escravidão**, é São Paulo que deve dar o grande impulso da revolução política que deve salvar"[584] (grifo nosso).

---

583. Cumpre retomar a constante referência à ideia de traição, conforme definição do Termo de Compromisso de 1877 assinado por vários republicanos, dentre eles, José do Patrocínio e João Clapp. Cf. capítulo 8.

584. Artigo de Aristides Lobo no *Diário Popular*, transcrito pelo *Gazeta Nacional* no dia 15 de maio de 1888.

Para fragilizar a construção dessa unidade interprovincial do republicanismo contra o isabelismo da Corte, José do Patrocínio serviu-se do seu lugar no centro do Império para ironizar o discurso dessa "militância provinciana": "o jornal sulista" "vê bem, mas vê atrasado; "por causa sem dúvida da grande distância, [...] o órgão republicano de Porto Alegre vê os fatos retardados" (*Cidade do Rio*, 21 de agosto de 1888)[585]. "Nunca me caíra sob as vistas um tal *Diário Popular*", afirmou o jornalista em relação à folha do abolicionista Américo de Campos, em circulação desde 1885, na qual Aristides Lobo publicava as suas "Cartas do Rio" e Antônio Bento atuou até o fim de 1886.

* * *

Se o republicanismo do Rio de Janeiro se dividiu com a ascensão do Gabinete 10 de Março, a campanha de adesão à moção de São Borja prosseguiu em São Paulo sob a direção de Silva Jardim. Em razão disso, o representante do Club de Santos saiu do Congresso do PRP, logo após o 13 de maio, como uma das suas principais lideranças[586].

Na perspectiva do grupo liderado por José do Patrocínio, o Congresso era a expressão do ressentimento dos fazendeiros contra a abolição[587]. Na visão dos congressistas, sustentada por membros do Club Tiradentes, o partido estava apenas dando prosseguimento à campanha iniciada em 1887 com o apoio do próprio Patrocínio, que, agora, num ato de traição, inventava o isabelismo para defender a monarquia.

No Congresso paulista, Silva Jardim defendeu a "comunicação contínua e constante com os correligionários de outras províncias" (PESSOA, 1975, p. 714). Antes de tudo, era crucial o investimento numa imprensa que, no Rio de Janeiro, "falasse uma linguagem clara, franca e decidida ao combate".

---

585. José do Patrocínio referia-se ao jornal *A Federação*, de Júlio de Castilhos.

586. No dia 7 de abril, Silva Jardim foi convidado pelo Club Republicano de São Paulo para proferir palestra sobre uma das grandes datas da história republicana, a "Revolução da Abdicação". Sobre a projeção de Silva Jardim como importante liderança partidária nesse contexto, cf. Pessoa (1975). Cf., também, Pessoa (1973).

587. Sob a presidência de João Clapp, a Confederação Abolicionista manteve-se como porta-voz do isabelismo. No entanto, apesar da tentativa de exibir a sua unidade, é possível identificar, no decorrer dos anos 1888-1889, a alteração da sua composição pela saída dos membros republicanos. Como já indicamos, Ennes de Souza, um dos líderes de destaque da associação, recusou o seu apoio ao Terceiro Reinado, e Jerônimo Symões deixou a sua posição de segundo-secretário já no momento da eleição de Ferreira Vianna.

Na disputa pelos "heróis da abolição", o movimento republicano liderado por Silva Jardim uniu-se ao ativismo do Club Tiradentes. Assim como a abolição da escravidão tinha sido "arrancada" ao poder pela "exigência popular" e por um "ato revolucionário", do mesmo modo a República democrática seria instaurada. Mas, se a "revolução abolicionista tinha sido feita nos quilombos e nas fazendas, a revolução política precisava ser feita nas ruas, em torno dos palácios do imperante e dos seus ministros" (PESSOA, 1975, p. 714).

Durante o mês de maio, a *Gazeta Nacional* aplaudiu cada decisão do Congresso paulista, "que decidiu manter a atitude enérgica contra o Terceiro Reinado" (*Gazeta Nacional*, 25 de maio de 1888) ao mesmo tempo que encorajava "os chefes reconhecidos e aclamados [do Rio de Janeiro] a se colocarem à testa do movimento salvador" (*Gazeta Nacional*, 2 de junho de 1888).

A partir de setembro, *O Grito do Povo* tornou-se a "imprensa de combate" de Silva Jardim na Corte. Mas, enquanto os ativistas de *O Grito do Povo* e da *Gazeta Nacional*, na conexão com as províncias, procuravam organizar um movimento popular para a revolução republicana, outros "reconhecidos e aclamados" chefes do republicanismo fluminense rejeitaram essa posição.

Em meio à discussão sobre os heróis da abolição, constituiu-se um terceiro grupo republicano, que rejeitou tanto o isabelismo quanto a posição defendida por membros do Club Tiradentes.

* * *

Apesar de participar dos eventos do clube e de ter aderido aos *meetings* em praça pública, no ano de 1887, Quintino Bocaiuva manteve-se como o principal representante da linhagem evolucionista no Rio de Janeiro, fiel ao Manifesto de 1870 e ao seu compromisso de evitar a revolução com a explosão da violência.

Na difícil tarefa de construir uma posição de centro, em meio à guerra no campo reformador, Quintino Bocaiuva, além de manter *O Paiz* como órgão apartidário, abriu duas novas seções: "Campo neutro", na qual Joaquim Nabuco manifestou as opiniões analisadas anteriormente; e "Partido Republicano", tribuna de Aristides Lobo e de outros membros do Club Tiradentes. Como redator-chefe, reservava-se o "direito de veto em relação às injúrias de personalidades" e à "linguagem imprópria" (*O Paiz*, 26 de junho de 1888)[588].

Em conformidade com esse posicionamento, os editoriais de Quintino Bocaiuva sobre o 13 de maio exprimiram um dificílimo meio-termo entre as versões históricas do republicanismo e do isabelismo.

No dia 14 de maio, ao anunciar a "abolição", Quintino Bocaiuva enalteceu o caráter conciliatório de uma "revolução que a outros países tinha custado todos os horrores de uma guerra fratricida". Em razão disso, os louros pertenciam a "todas as classes da comunhão social e a todos os partidos", e, principalmente, ao movimento abolicionista, mas sem destaques para quaisquer individualidades. Apesar de se recusar a combater no terreno da história – que "ainda não era o momento de escrever" –, Quintino Bocaiuva não deixou de fazê-lo ao propor uma narrativa da abolição que, além de minimizar o seu caráter conflituoso, praticamente eliminava os personagens tão glorificados pela visão republicana: o povo e os escravizados.

Principal fator para o fim da escravidão, o movimento abolicionista teria provocado "uma séria convulsão" se não fosse o "patriotismo de cada um dos partidos". Por sua vez, os próprios partidos teriam sido impotentes para evitar a guerra civil se "a monarquia não tivesse sido posta tanto em 1884 como em 1888 ao serviço da ideia abolicionista".

Apesar do seu esforço conciliatório, numa versão do 13 de maio que o aproximava de Joaquim Nabuco, Quintino Bocaiuva estava consciente do aniquilamento que o isabelismo projetava para o ativismo republicano e, nesse sentido, procurou garantir o seu próprio protagonismo na história da abolição:

---

588. Nessa edição, Quintino Bocaiuva apresentou o "Campo neutro": "Como é sabido, a nossa folha é neutra nas contendas dos partidos políticos que entre si disputam a preponderância no governo do Estado. [...] Não obsta a que entre os seus próprios redatores e colaboradores, como entre os seus próprios leitores, haja divergências doutrinárias e antagonismos políticos e partidários. [...] Em tal caso, a imprensa neutra é a arena do debate. [...] Tal é o intuito com que abrimos hoje a seção 'Campo neutro', na qual serão inseridos tão somente os artigos políticos que tragam a assinatura dos seus autores. É assim que, sob a responsabilidade de seu nome, que o nosso ilustre colega Joaquim Nabuco ou outro qualquer redator ou colaborador da nossa folha poderá discutir as questões sociais e políticas que se agitam no nosso país, com inteira liberdade sob o seu ponto de vista individual, doutrinário ou partidário. Em outro plano e correspondendo a uma outra ordem de interesses, abrimos também hoje uma seção especial, que, por convenção, fica pertencendo ao 'Partido Republicano', que por meio dos seus escritores terá a liberdade de fazer a propaganda dos seus princípios e a de defender os seus legítimos interesses".

> Outros e não nós mesmos devem ser os juízes do concurso que possamos ter **prestado à causa da abolição desde o dia em que começamos a nossa carreira jornalística, [...] desde o nosso primeiro número até o de ontem estivemos sempre na brecha abolicionista.** [...] Também o povo desta capital nos tem demonstrado a sua simpatia e a sua estima de modo que penhora para sempre a nossa gratidão (*O Paiz*, 14 de maio de 1888 – grifo nosso).

Sem confrontar diretamente o discurso de José do Patrocínio que, ao longo de 1888-1889, invalidou a sua militância abolicionista[589], Quintino Bocaiuva deixou que outras colunas de *O Paiz* o defendessem. Nas disputas em torno da "coragem" e da "virilidade" – uma das faces da alta competitividade que perpassava o campo reformador –, a transcrição do artigo do *Correio de Santos* desempenhou um papel importante:

> O conselho republicano andou com inteira justiça saudando o popular jornalista. [...] Foi **um dos mais destemidos soldados do exército abolicionista.** [...] O antipatriótico gabinete 20 de agosto encontrou nele até os últimos dias um inimigo de **proporções hercúleas.** [...] Quem escreve essas linhas pode conhecer de perto o valor e **intrepidez** do distinto patriota, **porque esteve junto a ele no memorável *meeting* que a Confederação Abolicionista teve a glória de ver interrompido pelos capangas assalariados.** Quintino Bocaiuva que estava com a palavra [...] não recusou um só instante, **não empalideceu um só momento, apesar das bocas dos revólveres que eram-lhes apontados**, apesar dos tiros que se cruzavam (*O Paiz*, 26 de maio de 1888 – grifos nossos).

* * *

Os combates pela história eram, ao mesmo tempo, lutas políticas. Em razão disso, as versões do 13 de maio alteraram-se com a conjuntura, fazendo com que um mesmo jornal ou ativista reformulasse as suas interpretações ao longo dos anos de 1888-1889. Se, em maio de 1888, José do Patrocínio ainda reconhecia algum mérito na participação de Quintino

---

589. Não encontramos, nas edições de *O Paiz*, entre maio de 1888 e novembro de 1889, nenhuma resposta direta de Quintino Bocaiuva às acusações de José do Patrocínio. No entanto José do Patrocínio escreveu vários artigos bastante agressivos contra o líder republicano.

Bocaiuva, em janeiro de 1889, a sua militância abolicionista desapareceu completamente[590].

Outro exemplo vem do "imparcial e apartidário" *Gazeta de Notícias*, de propriedade do republicano Ferreira de Araújo, que, no seu editorial de 14 de maio de 1888, erigiu José do Patrocínio como o grande herói da abolição, mesmo reconhecendo que o seu apoio incondicional ao governo tinha "impelido [o Partido Republicano] para os escravocratas". Mas, em meados de junho, quando o representante dos escravistas do Vale do Paraíba fluminense Paulino de Souza passou a exigir a indenização como única forma de minimizar a revolta dos fazendeiros contra a monarquia, Ferreira de Araújo acrescentou um caráter muito mais conflituoso à sua versão como forma de enfraquecer o argumento pró-indenização.

A abolição imediata e sem indenização não tinha sido uma escolha do governo ou da monarquia, mas imposta pelo movimento dos escravizados e do povo; o escravizado, "esse novo elemento que entrava na campanha abolicionista", mostrou a "impossibilidade em que se achavam os poderes públicos" de manter a escravidão (*Gazeta de Notícias*, 18 de junho de 1888). "O escravo entrou na questão e fez valer o seu voto, [...] fez-se a abolição imediata e incondicional, **porque o escravo recusava-se a continuar a ser escravo**" (*Gazeta de Notícias*, 20 de junho de 1888 – grifos nossos).

* * *

Durante muito tempo, predominou a versão do 13 de maio, que começou a ser construída antes mesmo da abolição e que minimizou ou extinguiu a participação popular, republicana e dos escravizados. Até mesmo José do Patrocínio, aclamado como herói em maio de 1888, foi progressivamente retirado do panteão, que passou a ser ocupado sobretudo pelo Parlamento, pela princesa e pelo imperador[591].

---

590. Nos artigos "À ponta de pena", escritos em janeiro de 1889, José do Patrocínio radicalizou a sua crítica a Quintino Bocaiuva. Sobre as mudanças de posicionamento de José do Patrocínio em relação ao líder republicano no ano de 1889, cf. capítulo 13.

591. Na verdade, a desvalorização da militância de José do Patrocínio começou logo após o 13 de maio. Entre os monarquistas, o jornalista abolicionista Gusmão Lobo reafirmou a mesma versão de Joaquim Nabuco. O movimento tinha se iniciado no Parlamento em 1879, e o abolicionismo "mais puro e desinteressado" tinha se constituído em torno dos monarquistas. Numa carta ao Barão do Rio Branco, datada de 7 de setembro de 1888, Gusmão Lobo escreveu sobre José do Patrocínio: "Patrocínio: um recém chegado ao partido da abolição pelo qual já eu me batia ao lado de Nabuco, Rebouças e [Joaquim] Serra quando o **negro** hesitava e queria transigir com os pacatos do Centro da Lavoura. Foi depois disso um herói da pena e da palavra, mas **sempre especulando, ele, Clapp e outros**, com os pecúlios, com os serviços dos negros fugidos, etc. Esta é a história verdadeira.

Mas as batalhas retóricas sobre os "heróis da abolição" não teriam maiores consequências se o 13 de maio tivesse sido, de fato, uma obra dos fazendeiros, do Parlamento e da Coroa. No entanto, desde meados de 1870, a interlocução com as camadas populares era peça-chave da militância republicano-abolicionista nas conferências, nas sedes dos jornais e nos *meetings*. Nesse sentido, a exclusão do povo da história da abolição era, ao mesmo tempo, uma tentativa de retirá-lo do combate pela continuação das reformas democráticas.

Desse modo, os debates e os acontecimentos políticos, entre maio de 1888 e novembro de 1889 – os quais serão analisados no próximo capítulo –, não podem ser plenamente compreendidos sem a referência à permanência da mobilização popular e do esforço associativo dos homens de cor por uma sociedade mais democrática.

> Pouco importa se o que foi contado depois priorizou a atuação abolicionista de representantes das elites. As multidões que ocuparam as ruas e compareceram às atividades públicas se comportavam como protagonistas. De tal sorte, o momento [entre a abolição e a República] convocava uma tomada de posição a respeito (PINTO, 2018, p. 324).

Cândido, **leal e sincero foi Rebouças**. [...] **Admirável foi Nabuco:** a alma da abolição. Trabalhador **persistente, infatigável e inteiramente desinteressado, fui eu.** Além do mais é incontestável que o *Jornal* [*do Commercio*] **teve grande papel na propaganda** e isso só a mim foi devido" (Cadernos do CHDD/Fundação Alexandre de Gusmão, Centro de História e Documentação Diplomática, 2004 apud BRANDÃO, 2009, p. 85 – grifos nossos).

13
"Golpe ou revolução?" O protagonismo do Partido Republicano na proclamação

No dia 15 de novembro de 1889, a cidade do Rio de Janeiro amanheceu tomada pelas tropas militares comandadas por Deodoro. Na parte da tarde, alguns ativistas reunidos na Câmara Municipal lançaram uma moção, que conclamava os militares a instaurarem um novo regime, num ato que ficou conhecido como a "Proclamação civil da República".

Junto com a proclamação, instaurou-se, também, a disputa pela sua história. No mesmo dia, Aristides Lobo escreveu a sua célebre frase publicada três dias depois no *Diário Popular*: "O povo assistiu àquilo bestializado, atônito, surpreso, sem conhecer o que significava. Muitos acreditaram seriamente estar vendo uma parada".

Com a autoridade de um dos principais signatários do Manifesto de 1870, partícipe da conspiração republicana e membro do governo provisório, a frase deixava pouco espaço para contestação. Nem participação popular, nem protagonismo decisivo do Partido Republicano ou dos civis, nenhuma revolução, apenas um golpe militar.

No denso debate historiográfico sobre a instauração da República, cujos eixos centrais começaram a ser construídos no dia 15 de novembro, algumas questões nortearam as múltiplas e divergentes interpretações. Mesmo que os historiadores pouco tenham contestado o caráter conspiratório e militar da proclamação do dia 15, os mais recentes trabalhos ainda discutem o peso das questões religiosa, militar e abolicionista e o papel do Partido Republicano e dos civis.

Ao longo deste trabalho, procuramos recuperar o protagonismo republicano na organização da frente ampla em prol da abolição da escravidão. No capítulo 10, procuramos demonstrar a conexão estreita entre as questões abolicionista, militar e religiosa, principalmente pelo papel determinante da militância republicana em todas elas. A partir de 1887, mesmo com as divisões insuperáveis, o republicanismo uniu-se pela abolição imediata, contra o Terceiro Reinado, e considerou, de uma forma ou de outra, a participação dos militares na Proclamação da República.

Desse modo, nossa intenção é mostrar que a "revolução" republicana estava sendo construída pelos civis – na relação com os militares – desde, pelo menos, 1885. Se, na data específica do 15 de novembro, a conspiração – pelo caráter inerente a toda conspiração – realmente gerou alguma surpresa, o advento da República – pela união entre civis e militares – já vinha sendo claramente anunciado. Entre maio de 1888 e novembro de 1889, apenas se discutiu a melhor forma e o melhor momento para a Proclamação da República. E, se a intervenção dos militares veio sem a "tomada do Palácio de São Cristóvão" pelo povo, dificilmente a razão deve ser procurada na ausência de participação popular na vida política.

Era a presença irrefutável do povo nas conferências abolicionistas e nos *meetings* republicanos que conferia credibilidade às constantes alusões à iminência da revolução e disparava as medidas repressivas dos governos liberais e conservadores. Era a presença do povo nas manifestações públicas que explicava as referências dos setores conservadores ao comunismo e ao anarquismo. Era a mobilização popular que gerava o receio entre os evolucionistas, liderados por Quintino Bocaiuva, de que a revolução republicana se fizesse pelo uso imoderado e incontrolado da violência.

Quanto ao pretenso sentimento monarquista da população para explicar a sua passividade diante da Proclamação da República, é preciso, primeiramente, indicar a dificuldade de se construir, do ponto de vista metodológico, por meio da análise comparativa de fontes, uma argumentação consistente a esse respeito. Além disso, é preciso constatar que, dentre os oradores mais diretamente envolvidos com a mobilização popular, estavam Lopes Trovão, José do Patrocínio e Silva Jardim, todos republicanos.

Mais do que procurar estabelecer onde estava o sentimento do povo (com os republicanos ou com os monarquistas) – o que nos levaria a permanecer no mesmo terreno das disputas políticas do século XIX –, nossa intenção é mostrar que o "povo" estava no centro dessa disputa pelo simples fato de que, após a Lei Áurea, ele continuava mobilizado nos espaços públicos das conferências, dos *meetings* e das associações[592].

Desse modo, a intenção, aqui, é relativizar três aspectos que continuam presentes em vários estudos sobre a Proclamação da República: a ausência de projetos de reformas estruturais no debate político do período; o desinteresse do povo pela política; e o papel secundário do Partido Republicano.

Na tentativa de compreender a complexidade da crise que antecedeu a Proclamação da República, o capítulo foi dividido em duas partes. Na primeira, examinaremos, separadamente, três aspectos: a pauta de reformas, a mobilização popular e a organização do Partido Republicano. Já na segunda, analisaremos as disputas pela liderança do partido e a série de acontecimentos conflituosos que antecederam a proclamação. Nossa convicção é de que o retorno a esse tempo curto dos acontecimentos permite identificar um certo padrão das crises políticas no Brasil: "Temos que nos perguntar mais frequentemente como as coisas aconteceram para descobrir por que elas aconteceram" (SCOTT, 1995, p. 86).

* * *

Parte 1
As reformas estruturais

A partir da análise da imprensa, procuramos recuperar o ativismo do campo reformador – com ênfase no republicanismo –, mas a sua compreensão ainda é limitada devido à ausência de estudos mais sistemáticos sobre a reação conservadora. A adesão dos fazendeiros ao republicanismo é um fato constantemente aludido, mas pouco documentado nas suas dimensões regionais, nos seus aspectos quantitativos e nas suas alterações ao longo dos anos de 1888-1889[593].

---

592. Dentre os autores que se referem ao sentimento monarquista do povo está José Murilo de Carvalho (1987, p. 30), que afirma: "A simpatia dos negros pela monarquia reflete-se na conhecida ojeriza que Lima Barreto, o mais popular romancista do Rio, alimentava pela República".

593. Apesar de ser visto como um fenômeno homogêneo, tanto no aspecto geográfico quanto no aspecto temporal, e entendido como um dos fatores principais para a instauração da República, apenas um ano e três meses depois da abolição, "ainda está por se demonstrar em que dimensão

O qualificativo de "indenizistas" aplicado aos republicanos paulistas, por exemplo, não encontra nenhum embasamento nos discursos produzidos pelo "núcleo agrário" do PRP, além do fato de que o Congresso Federal de 1888 rejeitou formalmente a proposta[594]. Em 10 de novembro de 1888, *O Grito do Povo* acreditava que "os fatos" já tinham demonstrado que a bandeira da indenização estava com os monarquistas:

> A monarquia atribui ao despeito o movimento republicano e, para desprestigiar os republicanos, qualifica-os de republicanos da indenização. [...] **Felizmente os fatos vieram mostrar que os agentes da realeza é que ora procuram, senão todos, ao menos um grande número, abraçarem-se com a bandeira da indenização** (grifo nosso).[595]

Diga-se de passagem, a insistência do republicanismo em condenar a indenização não foi capaz de modificar a visão do isabelismo que, por sua vez, foi reproduzida pela maioria das análises sobre o período. Em contrapartida, o combate republicano contra a prática "tirânica do recrutamento" dos libertos no pós-abolição foi completamente silenciado[596].

Sem contestar a ampla adesão dos fazendeiros à República, Richard Graham (1979) procurou identificar outras razões para explicar a aposta

---

está correto o argumento de que o republicanismo, no plano nacional, ganhou mais fôlego após a abolição legal, especialmente nas províncias do sul, pela adesão dos ex-senhores de escravizados, os chamados 'republicanos do 14 de maio' ressentidos com a regente ou a monarquia e em busca de indenização na República" (GALDINO, 2006, p. 91).

594. Além de recuperar a decisão do Congresso, Antônio Carlos Galdino (2006) argumenta que, em Campinas, não se colocou a questão da indenização, e "no conjunto da província de São Paulo as evidências indicam na mesma direção". Como lembra o autor, a fonte normalmente citada para confirmar essa tese sobre o "indenizismo" dos republicanos vem de Joaquim Nabuco (GALDINO, 2006, p. 91 e nota 187).

595. Cf., dentre outros desmentidos republicanos de que estariam defendendo a indenização, *O Paiz* (8 de outubro de 1888), na seção "Partido Republicano"; e *Gazeta de Notícias* (11 de outubro de 1888), sob o título "Congresso federal no Club Tiradentes".

596. A citação é do artigo de Silva Jardim publicado na *Gazeta de Notícias* do 13 de maio de 1889. Poucos dias depois da abolição, começou a ser discutido um projeto que autorizava o recrutamento forçado para "o preenchimento dos claros" que existiam no Exército. Uma lei de 1871 permitia o recrutamento obrigatório, mas tinha caído em desuso face às constantes denúncias de abuso. Desse modo, a medida passou a ser criticada pelos republicanos como uma forma de coerção sobre os libertos por meio de uma lei não declarada contra "a vagabundagem e a ociosidade". Apesar de o governo ter recuado na decisão, na prática, o recrutamento parece ter continuado, pois as denúncias permaneceram durante os anos de 1888-1889 (cf., dentre outros, *O Paiz*, 21 de maio de 1889). Como José do Patrocínio ofereceu apoio incondicional ao governo, a prática do recrutamento foi relativizada, diferentemente de Ferreira de Araújo, que, na sua *Gazeta de Notícias*, se uniu ao campo republicano. Em relação ao recrutamento, cf., dentre várias outras edições, *Gazeta de Notícias* (25 de fevereiro de 1889); *Gazeta Nacional* (6 de junho de 1888); e *O Paiz* (19 de junho de 1888).

arriscada na mudança da forma de governo. Para ele, o principal motivo não era propriamente a indenização, mas a predisposição do Ministério João Alfredo e da monarquia em continuar as reformas propostas pelo abolicionismo – dentre elas, a democracia rural. Ao contrário de outras interpretações que apresentaram a adesão escravista ao republicanismo no quadro de uma linearidade irreversível rumo à República conservadora, a explicação de Richard Graham recuperou a centralidade dos projetos de reformas estruturais nessa conjuntura política. No entanto, ao associá-los exclusivamente aos monarquistas, a sua interpretação reforçou a tese da inevitabilidade da República oligárquica pelo aspecto conservador do próprio republicanismo[597].

Mais do que aprofundar a controvérsia em torno do suposto "republicanismo do 14 de maio", é importante ressaltar a divisão das classes proprietárias. A projeção das camadas populares e dos escravizados na cena política impôs a abolição imediata e sem indenização, dividindo os proprietários quanto à melhor forma de conservar a ordem senhorial.

Nesse contexto, não era segredo para ninguém a forte influência das ideias republicanas entre os militares e a relação estreita entre os movimentos sociais e as questões militares. Na medida em que a vitória da República parecia bastante plausível, não seria aconselhável aos proprietários tentar imprimir-lhe a direção mais conservadora?

Essa explicação foi cogitada várias vezes no campo reformador, como no discurso do jornal *A Rua*[598], em 22 de junho de 1889, que chegou a identificar o aspecto estrutural da resposta conservadora aos anseios reformistas:

> Neste momento de agora, em que **a onda revolucionária** cresce de dia para dia, [...] os **mais espertos entre os membros das classes dirigentes e exploradoras efetuam as manobras de sempre – transmigram para o campo dos vitoriosos de amanhã**. [...] Essa transmigração de última hora, **cuja ação perniciosa está indicada à saciedade pela história**, tenta primeiramente sofrear as impetuosidades da corrente, empregando o processo das meias reformas, das meias concessões e, somente depois de re-

---

597. Em artigos anteriores, compartilhamos dessa perspectiva defendida pelo historiador Richard Graham (1979). Cf. "A questão fundiária na 'transição' da monarquia para a República" (SANTOS, 2011, p. 217-237).

598. O jornal *A Rua* foi fundado em abril de 1889 por Pardal Mallet, Olavo Bilac, Luiz Murat e Raul Pompéia.

conhecer o improfícuo de todas essas manobras, incorpora-se definitivamente à onda revolucionária. [...] **Basta de meias reformas!** (grifos nossos).

Mas as divisões dos setores conservadores só são compreensíveis pela referência às cisões no campo reformador, desde a configuração do isabelismo. Por sua vez, a ruptura do diálogo entre os reformistas não deve encobrir a centralidade dos projetos de reforma estrutural, que nos permite redimensionar a inevitabilidade da feição oligárquica da República como decorrência do conservadorismo republicano. *A posteriori*, podemos lamentar a opção política que não rechaçou a aproximação dos "republicanos do 14 de maio", mas não é possível referendar a visão de que a luta pela República era, nesse momento, um golpe para frear as reformas reivindicadas pela Confederação.

No afã de organizar a revolução contra o isabelismo, Silva Jardim justificou a filiação dos fazendeiros, mas sem deixar de reiterar que o objetivo da República era a incorporação do proletariado[599]. No primeiro aniversário da abolição, condenou o Gabinete 10 de Março justamente pela sua indiferença em relação ao "conjunto de reformas sociais" do programa abolicionista:

> O antigo escravo ficou tão miserável, tão infeliz e tão desprotegido como antes. **Ninguém pensou em dar-lhe o que se oferece ao colono estrangeiro**; ninguém tratou de constituir-lhe a base indispensável da existência material, **dando-lhe terras devolutas e instrumentos de trabalho** (*Gazeta de Notícias*, 13 de maio de 1889 – grifos nossos).

Imbuídos da ideia de que o movimento revolucionário da abolição devia conduzir à instauração da República – os republicanos julgaram possível neutralizar a influência dos "adesistas" após a vitória. Numa de suas conferências no Rio de Janeiro, Silva Jardim exprimiu a convicção de que os "verdadeiros republicanos" mantinham a direção sobre o movimento: "Quanto à adesão dos fazendeiros – [...] mesmo se fossem elementos maus, a República se depuraria" deles (*Gazeta de Notícias*, 20 de janeiro de 1889)[600].

---

599. Silva Jardim afirmou em diversas ocasiões: "A República é o governo do proletariado. [...] A verdadeira República é incompatível não só com a escravidão colonial como ainda com o rebaixamento do proletariado" (*Gazeta de Notícias*, 20 de janeiro de 1889).

600. O termo "adesista" foi muito utilizado, logo após a proclamação, para denunciar o apoio interesseiro dos monarquistas ao novo regime. Se, num primeiro momento, essa adesão foi entendida

Enquanto isso, o campo isabelista apostava na luta pela adoção do imposto territorial como principal procedimento para a formação de pequenas propriedades[601]. Nessa disputa, José do Patrocínio, Joaquim Nabuco e André Rebouças afirmaram que os republicanos eram adversários desse projeto pelos interesses que os ligavam aos grandes proprietários de terra. Essa afirmação é invalidada não só pelos vários discursos republicanos a favor da proposta, mas pelo fato de que a maioria das associações que aderiu ao programa da Confederação de "abolição imediata e de democracia rural" era liderada por republicanos[602].

Na guerra entre republicanos e isabelistas, é interessante recuperar a centralidade da pauta reformista a partir da atuação jornalística de Ferreira de Araújo. Apesar de se manter como representante de uma imprensa neutra e apartidária, o jornalista assumiu um papel central nessa conjuntura política na defesa da reforma do sistema fundiário.

Logo após o 13 de maio, Ferreira de Araújo sustentou o Gabinete João Alfredo, tanto em razão da abolição quanto pela expectativa do aprofundamento das reformas sociais. Diferentemente do isabelismo, o seu apoio não era incondicional, mas atrelado à aprovação desses projetos.

Em 5 de junho de 1888, a *Gazeta de Notícias* – que imprimia uma das maiores tiragens do período – iniciou uma nova seção escrita por Ferreira de Araújo chamada "A nova era". Nela, o jornalista apresentava as suas

---

por algumas lideranças – dentre elas, Quintino Bocaiuva – como um elemento que podia contribuir para a vitória republicana, ela foi vista, posteriormente, como uma das principais razões para a fragilização do projeto da República antioligárquica.

601. Apesar de perder o apoio de Jerônimo Simões, Ennes de Souza, Júlio de Lemos, Cyro de Azevedo, Barata Ribeiro, Ubaldino do Amaral, Esteves Júnior, dentre vários outros "confederados", o isabelismo manteve um grupo de ativistas republicanos – dentre eles, João Clapp e Campos da Paz, além dos jovens literatos Pardal Mallet, Olavo Bilac e Coelho Neto, que ganharam, ao longo de 1888, uma grande projeção no *Cidade do Rio*.

602. Apesar da aversão à aliança com os partidos monárquicos, não podemos esquecer que o signatário do Manifesto de 1870, Jerônimo Simões, fundador do Club Tiradentes, foi secretário da Confederação Abolicionista até março de 1888, em concordância, portanto, com o seu programa. Entre os que não aceitaram fazer parte da Confederação – como Vicente de Souza, José Ferreira Polycarpo, Ferro Cardoso, dentre outros –, essa posição também era defendida. Ativista de destaque na Confederação, o professor da Escola Politécnica Ennes de Souza escreveu inúmeros artigos defendendo a reforma do sistema fundiário para a formação da pequena propriedade. Logo após a abolição, Ennes de Souza separou-se do isabelismo e, em 1889, foi escolhido por Quintino Bocaiuva para fazer parte do Conselho Executivo do Partido Republicano. Logo após a instauração da República, Ennes de Souza colocou-se à frente de várias inciativas, visando à formação de pequenas propriedades. Os projetos para a expansão da pequena propriedade com o trabalhador nacional no início da República serão analisados na segunda parte deste projeto.

propostas, dentre elas: a profunda transformação do sistema de impostos; a utilização de terras incultas para a formação da pequena propriedade; o casamento civil; a secularização de todos os registros; e a instrução das "massas populares".

Criticado por alguns contemporâneos como representante da grande imprensa e desvalorizado por parte da historiografia pelo mesmo motivo, Ferreira de Araújo defendeu a reestruturação do sistema tributário pela ampliação dos impostos diretos, em conformidade com as reivindicações dos setores reformistas que, em várias partes do mundo, lutavam pela tributação sobre a propriedade e a renda, em detrimento dos impostos indiretos[603].

No caso do Brasil, o imposto direto mais importante era, na sua opinião, o territorial[604] "sobre as terras cultivadas, [...] agravado o que recair sobre os terrenos incultos". Com isso, o articulista esperava o "aproveitamento de riquezas desprezadas" e a consequente disseminação do "bem-estar pela grande massa da população proletária inativa, de que os poderes públicos não têm cuidado" (*Gazeta de Notícia*, 6 de junho de 1888).

Além disso, Ferreira de Araújo tornou-se o porta-voz do projeto dos burgos agrícolas em contraposição à solução que estava sendo adotada em São Paulo da "imigração subsidiada para as grandes propriedades". Os burgos "seriam constituídos de lavradores proprietários" e todos os esforços seriam feitos "para que a maioria fosse de famílias brasileiras". Para isso, o jornalista solicitava que o governo apoiasse a empresa na sua demanda de um auxílio de 400 réis por família, que se estabelecesse como "pequeno proprietário lavrador"; além "da venda de terras devolutas pertencentes ao Estado pelo preço mínimo"; do "direito de desapropriação de terras incultas pertencentes a particulares e que se achassem encravadas nas zonas dos burgos" (*Gazeta de Notícias*, 8 de junho de 1888).

Essas reformas foram defendidas insistentemente por Ferreira de Araújo ao longo dos anos 1888-1889, mas, apesar da sua proximidade

---

603. Para esse debate sobre a tributação na Europa e nos Estados Unidos, cf. Delalande (2014).

604. Apesar de identificar a forte resistência contra os "impostos diretos por não conhecer a sua importância em relação aos indiretos". "Há mais de trinta anos que as repúblicas platinas contam entre as suas rendas a do imposto territorial, com a denominação de contribuição direta. [...] O imposto territorial, que aqui *realmente* existe, é o mais oneroso e o mais prejudicial que é possível imaginar – o da transmissão de propriedade; porque na sua quase totalidade recai sobre os menos protegidos da fortuna, que em mais curtos períodos realizam operações de compra e venda" (*Gazeta de Notícias*, 24 de dezembro de 1888).

com as reivindicações do isabelismo, suas ideias não tiveram nenhuma repercussão nesse campo político. Na sua guerra contra o Partido Republicano, José do Patrocínio chegou a dizer que "apenas o Sr. Quintino Bocaiuva, no meio de tudo, defende os *burgos agrícolas* que constituem uma empresa do Sr. Manoel Gomes de Oliveira" (*Gazeta de Notícias*, 15 de outubro de 1888).

No entanto a ausência de diálogo e as divisões incontestáveis não devem ofuscar a proximidade das propostas elaboradas dentro do campo reformador em oposição ao setor escravista. Se o isabelismo se tornou incapaz de escutar o campo republicano e vice-versa, é possível, retrospectivamente, fazê-los dialogar, identificando as suas semelhanças, principalmente quando contrapostos aos discursos conservadores.

Primeiramente, é possível identificar, nos jornais isabelistas e republicanos, as mesmas denúncias de reescravização e os pedidos para que as autoridades as punissem. Todos exigiam do Judiciário a ação contra os escravistas, que "propunham assinar termos de tutela, especialmente de menores de cor, [...] estabelecendo assim uma nova escravidão", escreveu a *Gazeta de Notícias* em 23 de maio de 1888.

Com a mesma veemência, o *Cidade do Rio* de 14 de novembro de 1888 denunciou:

> a tutela, que aqui mesmo nessa capital tem sido empregada como sucedânea da escravidão, é no interior uma restauração do cativeiro. Os ex-senhores requerem a tutela dos filhos das suas ex-escravas e, assim, mediante a soldada misérrima de cinco mil réis, obtêm serviços de rapazes e raparigas válidas, que podiam ganhar o quádruplo, se pudessem exercer livremente o direito de trabalho.

Do mesmo modo, *O Paiz* de 15 de maio de 1889 alertava os seus leitores de que

> muitas pessoas, por ignorância ou má-fé, têm procurado deter gratuitamente em seu serviço os ingênuos, filhos de mulheres que foram escravas suas. Essa detenção é ilegal, porque a *Magna Carta* de anteontem acabou com todos os vestígios da negra instituição. Não há mais ingênuos, não há mais libertos condicionais. As mães, os pais que os tinham violenta e ilegalmente separados de si, sob o criminoso pretexto de ingênuos, devem reclamá-los e procurar o apoio da autoridade.

Para avaliarmos bem a importância dessa denúncia, é preciso recuperar os dados da história social sobre a explosão dos processos de tutela logo após o 13 de maio. No Vale do Paraíba fluminense, por exemplo, cujos representantes políticos votaram contra a abolição, os proprietários de escravizados pediam, num único processo, a tutela de mais de cem ingênuos. E conseguiam[605].

A mãe de uma criança desaparecida reconheceu, em *O Paiz*, um aliado na sua tentativa de reencontrar o filho que, segundo o jornal, era uma "das crianças de cor enviadas para as fazendas" (*O Paiz*, 3 de julho de 1889). O mesmo jornal pedia providências contra a "prática" de fazendeiros do Rio de Janeiro de mandar prender "os libertos que saíam de suas fazendas por falta de pagamento de seus serviços", lembrando que, "apesar da abolição, a administração ainda estava nas mãos dos escravocratas".

Contra a reclamação dos fazendeiros que pediam emprego da força pública para levar libertos ao trabalho, *O Paiz* reagiu em 27 de maio de 1888: "Pagando não faltará quem trabalhe". Do mesmo modo, a *Gazeta Nacional* criticava a impassibilidade do governo diante dos "abusos dos ex-senhores [...] [que] em muitas fazendas da província do Rio mantinham os libertos como escravos, debaixo de castigos". Ao governo, os jornalistas exigiam que "além de retirar os libertos do poder dos ex-senhores que esses fossem punidos pela lei" (*Gazeta Nacional*, 6 de junho de 1888).

Em segundo lugar, todos defendiam a construção de um Estado com rígida demarcação entre o público e o privado, pelo fim do nepotismo e do patronato. Grande reivindicação do campo republicano, durante toda a década de 1870 e 1880, essa foi uma necessidade constantemente reiterada por Joaquim Nabuco.

No início de 1888, o abolicionista e republicano Martins Júnior passou em primeiro lugar para o concurso na Faculdade de Direito de Recife, mas não foi nomeado. No discurso de Joaquim Nabuco, transcrito a seguir, é interessante recuperar a alusão à convergência entre os "monarquistas mais convencidos" – só os mais convencidos – e os republicanos (sem ressalvas):

> Com a escravidão é preciso abolir outras coisas, e entre elas em primeiro lugar o patronato. O lugar tirado em concurso tem

---

605. Sobre esse uso dos processos de tutela no Vale do Paraíba fluminense, logo após a Lei Áurea, cf. Urruzola (2019).

apenas que ser confirmado pelo governo. [...] O Sr. Martins Júnior é republicano, e pelo seu talento de escritor e orador é um adversário sério da atual forma de governo. [...] **Os monarquistas mais convencidos pensam, como os republicanos, que a lei é igual para todos**, e é sabido que mesmo na guerra há um direito (*O Paiz*, 3 de julho de 1888 – grifo nosso).

Nesse artigo, convém recuperar também a sua alusão à importância do republicanismo: "Em Pernambuco, onde vive imortal a tradição de 1817, a República, é um sentimento popular hereditário. [...] O fundo da alma pernambucana é republicano".

Numa avaliação retrospectiva, é possível argumentar que essa única proposição já seria motivo suficiente para a manutenção da frente abolicionista, principalmente quando recuperamos a visão dos proprietários de escravizados sobre o funcionalismo público, uma das raras vias de acesso ao diminuto setor médio frente à concentração da propriedade e do capital. Logo após o 13 de maio, "muitos lavradores" assinaram a carta a seguir, publicada na seção "A pedidos" da *Gazeta de Notícias* no dia 23 de maio de 1888:

> Todos que concorreram para a crise atual devem ser considerados como **comunistas e antirreligiosos**. [...] Milhares de indivíduos que **infestam a capital à espera de empregos públicos** e muitos pretendentes a lugar de caixeiros, pois foi **esta a gente** que se prestou aos **comunistas** para proclamarem **leis anárquicas**. [...] O lucro que podíamos ter [se fosse dada a indenização] é distribuído pelos **homens dos *vivas* que não querem trabalhar** (grifos nossos).

Contra as propostas de reforma e as denúncias de reescravização, que estavam sendo debatidas no campo reformador, a pauta escravista e conservadora chegou às Câmaras em agosto de 1888: contra a indenização, a separação da Igreja e do Estado e a liberdade de cultos; solicitação para que menores pobres fossem entregues a lavradores; a favor da inutilidade das escolas agrícolas; e oposição à cedência de terras devolutas a companhias (cf. *Gazeta de Notícias*, 22 de agosto de 1888).

Como dito anteriormente, para a permanência das mesmas estruturas socioeconômicas, os grandes proprietários apostaram em todas as combinações políticas, desde os partidos monárquicos no Parlamento até "formar *clubs* em todos os municípios do país, os quais serão denominados republicanos" (carta publicada na seção "A pedidos" da *Gazeta de Notícias* no dia 23 de maio de 1888).

Já o campo reformador não conseguiu manter-se unido em torno de uma pauta reformista, dividindo-se a respeito dos meios e das prioridades: reforma social ou reforma política? Reformas pelo alto ou pela participação popular? Federação ou separação entre Igreja e Estado? Já do ponto de vista da base política necessária à realização das reformas, a oscilação de João Alfredo entre os projetos conservadores e os projetos reformistas resultou no seu total isolamento.

Por um lado, o governo não cedeu à indenização. Nem poderia. O isabelismo constituiu-se como base do governo justamente contra os republicanos que, supostamente, estariam dirigindo esse movimento[606]. Frente à pressão de Paulino de Souza, chefe do Partido Conservador fluminense, pela indenização, Nabuco relembrou, com todas as letras, qual era a base, não somente do Gabinete 10 de Março, mas da própria monarquia:

> Essa colossal tentativa de suborno não tornaria os descontentes mais monarquistas e com certeza **faria todo o abolicionismo republicano**. [...] Nem se pode presumir semelhante **suicídio dinástico** por parte da princesa, que deve bem compreender que a monarquia **queimou os seus navios no dia 13 de maio e confiou-se à lealdade do povo** (*O Paiz*, 26 de junho de 1888 – grifos nossos).

Por outro lado, o Gabinete João Alfredo concedeu auxílios à lavoura para tentar amenizar as insatisfações dos grandes proprietários. Imediatamente, Joaquim Nabuco saiu a campo para criticar a medida e lamentar o erro político do governo, numa posição mais próxima de Quintino Bocaiuva do que de José do Patrocínio, que se manteve na defesa incondicional do ministério[607].

Até maio de 1889, nenhum projeto de reforma tinha sido encaminhado ao Parlamento, apesar da constante pressão de Joaquim Nabuco, que, um mês após a abolição, já alertara: "A monarquia ainda não aceitou o **seu**

---

606. Como nas palavras de Nabuco, em outubro de 1888: "Eles dizem que fizeram a abolição; pois bem, agora estão fazendo a indenização" (*O Paiz*, 8 de outubro de 1888).

607. Sobre a posição de Quintino Bocaiuva a respeito dos auxílios à lavoura e à criação dos bancos de hipoteca, cf. *O Paiz* (27 de julho de 1888).

papel de reformadora e defensora do povo – ainda parece acreditar na virtude de títulos" (*O Paiz*, 26 de junho de 1888 – grifo nosso).

Quando, em 3 de maio de 1889, a Fala do Trono pediu às câmaras que examinassem a proposta de um imposto territorial e do retorno das terras devolutas ao Estado, nem mesmo a *Gazeta de Notícias* apoiou. Esse item da Fala do Trono serviu de base para a interpretação de que a Coroa era favorável às reformas, enquanto o republicanismo estaria comprometido com os interesses dos escravistas. Assim como Richard Graham (1979), aderimos a essa visão em artigos anteriores, já citados ao longo do texto. No entanto, esse item não pode ser isolado de outros aspectos dessa conjuntura extremamente complexa. Além disso, a reforma só entrou em discussão quando o governo já estava completamente isolado, e, mesmo assim, junto à pauta conservadora, como veremos em seguida.

Nessa conjuntura, convém salientar, mais uma vez, a relevância da questão religiosa na dificuldade de se manter a frente pelas reformas, pois, enquanto o campo republicano estava coligado contra o clericalismo, o monarquismo de Joaquim Nabuco identificava no catolicismo o principal fator de coesão social[608]. No nosso entendimento, o aprofundamento da compreensão das disputas políticas, nesse contexto, requer a inclusão desse tema, ao contrário da tendência, talvez majoritária, de se considerar o movimento abolicionista pela sua feição inteiramente laica.

Em relação ao seu clericalismo, Joaquim Nabuco foi interpelado diretamente pelo Centro Positivista em dezembro de 1888. Em resposta às críticas do centro, Joaquim Nabuco explicou a sua visita e as declarações ao Papa (cf. capítulo anterior) e reafirmou dois aspectos importantes do seu posicionamento: no Brasil, a religião católica cumpria um papel central na coesão social; a bandeira da secularização do Estado não era uma reivindicação importante naquele momento. O principal era reivindicar a autonomia provincial (cf. *O Paiz*, 5 de dezembro de 1888).

Em vários outros aspectos, a aproximação era tão evidente que os republicanos insistiam para que o abolicionista explicasse o seu apego a uma

---

608. Ricardo Salles (2002) é um dos poucos historiadores que enfatizam a questão religiosa na trajetória de Joaquim Nabuco, principalmente no período posterior à Proclamação da República. No entanto, acreditamos que essa questão, além de já ser relevante no Império, é um dos fatores que explica a sua não incorporação ao republicanismo. Nesse sentido, convém minimizar as rupturas entre o ativista abolicionista e o "pensador do Império", pois a sua militância junto ao movimento abolicionista foi construída com referência à concepção de política dos "estadistas do Império".

forma de governo que se vinha mostrando impermeável aos anseios reformistas. Em contrapartida, a questão religiosa esclarece-nos muito sobre as divergências.

A reação indignada do moderado Ferreira de Araújo à Fala do Trono de 3 de maio de 1889 exprimiu com perfeição a posição republicana em defesa do Estado e do ensino laicos como primeiro fator de coesão social. Enquanto o isabelismo do *Cidade do Rio* exaltou a menção ao imposto territorial, o redator da *Gazeta de Notícias* – em detrimento do seu completo acordo – viu, na Fala do Trono, somente a reação conservadora ao Estado laico.

Leiamos com atenção a longa citação a seguir, pois ela exprime com nitidez a natureza da crise política em torno do Governo João Alfredo, que, pressionado por um amplo movimento reformista, oscilou entre as reformas e a reação conservadora. Nessa "indecisão", ele afastou, até mesmo, a ala moderada do campo reformador, representada, aqui, por um republicano evolucionista disposto a apoiá-lo:

> O governo se lembra de mais uma vez afrontar a opinião pública, [...] **em vez de declarar [...] que vai promover o projeto de liberdade de cultos e o de casamento civil, declara, pelo contrário, que do que precisamos é de mais bispos, [...] que a necessidade é atender ao desenvolvimento do culto e do** *ensino religioso*. [...] **As escolas públicas funcionam em casas particulares a que faltam todas as condições higiênicas, as estações policiais são verdadeiras pocilgas, [...] mas tudo isso pode esperar; o que não espera é a Capela Imperial que está sendo reconstruída.** [...] Lá está o colégio dos Jesuítas de Itu, que tem muitas vezes mais alunos que o mais frequentado de todos os colégios do Brasil. [...] Aí estão os colégios de irmãs de caridade, gozando toda a sorte de privilégios, e **formando no clericalismo** a futura mãe da família brasileira. [...] **O governo quer fomentar o ensino religioso** [...] e nem vê que é perigoso atear mais uma paixão neste momento tão difícil, [...] **não vê que este ano, sagrado pelo centenário da grande revolução, é o menos próprio para desfraldar em uma terra livre da América, a bandeira de uma das instituições que mais contribuíram para que há cem anos se convulsionasse toda a Europa**, alagada em um mar de sangue. [...] Se é sua ideia, e não ti-

vesse outros motivos para ser abandonado, seria abandonado por esse; se não é sua, a maioria da Nação há de levantar-se como um só homem, para ir arrancá-la de onde ela estiver, custe o que custar, sofra quem sofrer, **caia quem cair** (*Gazeta de Notícias*, 6 de maio de 1889 – grifos nossos).

Apesar da referência da Fala do Trono à proposta de imposto territorial, Ferreira de Araújo só ressaltou as "traições" do governo ao projeto de instalação de colonos pequenos proprietários:

> Abandonou, sem que se saiba bem porque, a sua antiga ideia de que a imigração só é profícua com a condição de ser colono localizado na lavoura, e resolveu pagar o imigrante por cabeça, logo que chegue ao porto! [...] Não fez o contrato dos burgos agrícolas, mas fez contratos de imigração, deixando margens a abusos, de modo que em alguns casos tem sido obrigado a recorrer ao expediente da repatriação, que importa em espalhar, pelas aldeias europeias, centenas de pregoeiros de nosso descrédito, e em outros casos forneceremos às repúblicas platinas imigrantes trazidos da Europa à nossa custa (*Gazeta de Notícias*, 6 de maio de 1889).

Como se vê, as reformas estavam em pauta, mas a impermeabilidade do sistema político mostrava-se, nitidamente, tanto aos "monarquistas convencidos" quanto aos republicanos históricos, como, aliás, já havia se revelado na questão abolicionista. A diferença é que a frente ampla já não existia.

* * *

Joaquim Nabuco, apesar da defesa incondicional da monarquia, também reconhecia a impermeabilidade do sistema político às reformas. Nesse sentido, conclamava os seus correligionários a ficarem unidos, pois, assim, "o Partido Abolicionista de ontem [seria] o grande partido nacional de amanhã". No entanto, no dia em que Nabuco enunciava essa frase (25 de março de 1889), aderindo ao apelo de João Clapp pela unidade da Confederação, o monarquista sabia que o "Partido Abolicionista" acabava de perder os seus últimos aliados republicanos[609]. E se não era possível contar com o

---

609. Na mesma edição que trazia o discurso de Joaquim Nabuco, José do Patrocínio lamentava a perda de Pardal Mallet, Olavo Bilac e Luiz Murat: "O abolicionismo sabia que a proclamação da sua realeza sobre a opinião havia de custar-lhe a coroa de espinhos, [...] o que ele, porém não esperava **era ver o seu ramo caçula tomar parte na convenção do escravismo** e votar-lhe cinicamente

sistema político-partidário para o avanço das reformas democráticas, qual era a base da aposta isabelista?

Apesar da sua retórica exaltada com frequentes alusões à "revolução vinda de baixo", José do Patrocínio defendeu, na maior parte do tempo, a "revolução pelo alto". Todavia a sua trajetória política à frente da campanha abolicionista construiu-se pela interlocução com as camadas populares e, por isso, foi associado, por Joaquim Nabuco, à revolução[610]. Nessa nova conjuntura, José do Patrocínio – que já se via como um "morto" político – contava com o seu prestígio junto ao povo para combater o republicanismo do 14 de maio, "por todos os meios", esperando, com isso, que a Coroa se decidisse pelas reformas[611].

O entendimento sobre a efetiva participação política dos populares era, junto à questão religiosa, um dos aspectos centrais das divergências no campo reformador.

Diante da insistência dos republicanos por uma explicação a respeito da sua "intransigência" monárquica, Joaquim Nabuco havia declarado que a República não daria certo, dentre outras razões, pelas características da sociedade brasileira, constituída por "uma tão grande massa de elementos sociais rudimentares" (*O Paiz*, 28 de dezembro de 1888). De fato, o temor diante da projeção desses "elementos sociais" na arena política condicionava a própria adesão de Nabuco ao reformismo. Era necessário "reformar para conservar", pois, sem as reformas, o risco era de que a "massa rudimentar" adquirisse centralidade na política.

Ainda que tivesse receio de que a mobilização popular trouxesse a violência e a desordem, Joaquim Nabuco apostava na Confederação, que, por sua vez, investia claramente na participação popular e na Guarda Negra para sustentar o isabelismo. Mais tarde, Joaquim Nabuco lamentou ter se misturado a "essa fermentação revolucionária que acabou destruindo o trono", mas, nessa conjuntura, ele claramente apostou na mobilização popular como a única base política da monarquia.

Em relação à Guarda Negra, ela foi uma das várias associações de "homens de cor" fundadas nesse contexto e a que recebeu maior atenção da

---
a morte" (grifo nosso). Diante do seu isolamento progressivo, impressiona a acusação de pacto com o escravismo endereçada a todos os seus antigos correligionários.

610. Como na célebre referência: "Patrocínio é a própria revolução" (NABUCO, 1981, p. 144).

611. "Quem escreve essas linhas considera-se hoje um morto" (*Cidade do Rio*, 27 de agosto de 1888).

historiografia. Apesar disso, como nos lembra Flávio Gomes (2011), ainda sabemos muito pouco a respeito da sua organização e atuação. Sua fundação foi anunciada pelo *Cidade do Rio*, na edição do dia 10 de julho de 1888, que também apresentou as diretrizes orientadoras da associação, dentre elas: "Criar-se uma associação com o fim de **opor resistência material a qualquer movimento revolucionário que hostilize a instituição que acabou de libertar o país**" (grifo nosso)[612].

Era, também, com o povo que contava o republicanismo popular para combater o Terceiro Reinado e proclamar a República[613]. Objeto de disputas entre as lideranças políticas, a organização de várias associações de "homens de cor", nas cidades do Rio de Janeiro e de São Paulo, entre 1887 e 1889, não foi mera coincidência[614].

As sociedades – tais como a Liga dos Homens de Cor, a Sociedade Cooperativa da Raça Negra, a Guarda Negra e o Club Republicano dos Homens de Cor – exprimiam a importância da identidade racial e a capacidade organizativa das camadas populares que, numa conjuntura extremamente conflituosa, apresentavam os seus projetos sociais e políticos[615]. Ao contrário de outras conjunturas em que esse esforço associativo foi barrado pelas autoridades do Império, agora as sociedades dos homens de cor eram chamadas a falar na imprensa.

Inscritas na tradição associativa das classes trabalhadoras – de auxílio mútuo, valorização do trabalho e iniciativas educacionais –, essas socie-

---

612. Quanto aos fundadores, o jornal referia-se "aos pretos libertos Hygino, Manoel Antônio, Jason, Agripio Gaspar e Teocrito [que] reuniram-se em casa de Emílio Rouède". Nessa primeira notícia, não consta referência a Clarindo de Almeida, que, em dezembro de 1888, se projetou como chefe da associação.

613. Entre as várias lideranças comprometidas com a propaganda popular, no ano de 1888, na cidade do Rio de Janeiro, vale destacar Silva Jardim, Lopes Trovão, Vicente de Souza, Mathias Carvalho, Ferreira Polycarpo, dentre vários outros que serão citados ao longo deste capítulo.

614. Conforme o levantamento realizado por Ana Flávia Magalhães Pinto (2018, p. 333-341). Os jornais dos anos de 1888-1889, além de informarem sobre as reuniões, os programas e os eventos dessas sociedades, fazem questão de distinguir as comissões de "homens de cor" em eventos como casamentos, enterros etc. No *Cidade do Rio*, fundado em setembro de 1887, as ocorrências do termo "homens de cor" aparecem no ano de 1888. Das sessenta ocorrências no *Cidade do Rio*, trinta e seis estão nos anos de 1888-1889; e as vinte e quatro restantes estão distribuídas entre os anos 1890 e 1902.

615. Para associarmos os termos "homens de cor"/"camadas populares", principalmente no Rio de Janeiro, estamos considerando dados sobre a importância demográfica dos negros na população da cidade em várias análises produzidas pela história social – dentre elas, Chalhoub (1990).

dades projetaram-se diretamente no debate político do pós-abolição como representantes dos libertos e da raça negra[616].

Dentre as várias evidências da relevância dos libertos nas disputas políticas estão os telegramas enviados à *Gazeta de Notícias* para informar sobre as conferências de Silva Jardim nas províncias do Rio de Janeiro e de Minas Gerais. Seja para indicar que os libertos "se insurgiram contra os republicanos", seja para noticiar a adesão dos "homens de cor" à causa republicana, praticamente todos os curtos telegramas destacavam as manifestações dos libertos: "Muitos libertos aderiram à causa da República"; "grande entusiasmo dos pretos pela causa da República"; "houve ameaças dos libertos aos chefes republicanos"[617].

Em decorrência do papel determinante das camadas populares nas batalhas pela abolição, as disputas políticas do pós-abolição eram inseparáveis da concorrência pelo protagonismo do povo e, em especial, dos libertos[618]. Enquanto, para José do Patrocínio, os "homens de cor" estavam prontos a morrer pela redentora, para Silva Jardim, "o proletário, principalmente de cor, o mulato, sempre [tivera] simpatias pela República. […] Não obstante a intriga isabelista, nos acompanha tanto como no último período da abolição" (*Gazeta de Notícias*, 20 de janeiro de 1889).

A disputa pelo "povo" numa guerra fratricida entre as lideranças populares projetou, para essas associações, a batalha sobre os "heróis do 13 de maio". Enquanto a Guarda Negra prometia proteger Isabel, a Redentora, o Club Republicano dos Homens de Cor pretendia dizer às "vítimas do trono" que a abolição tinha sido o resultado dos esforços populares.

---

616. Entre as associações fundadas imediatamente após a Lei Áurea, convém ressaltar a importância do Centro 13 de Maio, que reuniu a "classe" dos tipógrafos – muitos deles, homens de cor –, categoria profissional com protagonismo fundamental no movimento abolicionista, representada por Alberto Víctor na Confederação Abolicionista no cargo de primeiro-secretário. Bastante atingidos pela lei de 1881, devido à rigidez estabelecida para a comprovação de renda, um dos objetivos principais desses tipógrafos era a ampliação da participação política. Cf. Rodrigues (2020, p. 87).

617. Cf. edições da *Gazeta de Notícias* entre fevereiro e abril de 1889. Muitos telegramas foram enviados pelos clubes republicanos das localidades visitadas por Silva Jardim.

618. Como observa Wlamyra de Albuquerque (2011, p. 50) ao analisar o contexto do pós-abolição: "A condição de cidadania dos homens de cor estava num campo de disputas, sendo configurada e delimitada por diferentes sujeitos sociais, baseados em memórias da escravidão, no processo emancipacionista […]". Sobre as disputas políticas das lideranças abolicionistas em torno da atuação da Guarda Negra, cf. o artigo "Na rua, nos jornais e na tribuna: a confederação abolicionista do Rio de Janeiro, antes e depois da abolição" (SANTOS, 2015).

A projeção da Guarda Negra, em detrimento das outras associações, tem servido à interpretação sobre a base popular da monarquia ou do sentimento monárquico da população, como na visão defendida por José Murilo de Carvalho (1987). Para a compreensão desse contexto, é preciso desfazer-se dessa premissa de que a guarda foi a única ou a mais representativa das organizações dos homens de cor e incluir as outras associações que representaram outros projetos políticos e sociais – dentre elas, o Club Republicano dos Homens de Cor.

De todo modo, se o povo não participou da "parada militar" do dia 15 de novembro, as razões não devem ser buscadas no seu desinteresse pelo funcionamento do sistema político. Pelo contrário. Excluídas do sistema eleitoral, as camadas populares atuaram pela ampliação da participação política durante toda a década de 1880. O povo que lutou pela abolição – nas associações, nas conferências, nos préstitos, nos *meetings* e no apoio às fugas dos escravizados – esteve à frente de vários acontecimentos decisivos nos anos de 1888-1889.

Nessa perspectiva, é nossa intenção mostrar que o cálculo político das lideranças envolvidas, diretamente, na conspiração militar do dia 15 de novembro era inesperável da constatação de que havia muita gente na rua tomando parte de um "processo revolucionário" em curso. Mas, igualmente, pretendemos argumentar que a guerra entre as lideranças populares foi um fator importante para o enfraquecimento do projeto de uma proclamação popular da República.

O Partido Republicano

Algumas interpretações historiográficas sobre as mudanças sociais, políticas e culturais ocorridas no Brasil, a partir de 1870, minimizaram a importância do Partido Republicano, principalmente pela sua pretensa omissão em relação à abolição. Além disso, o republicanismo não se teria desdobrado numa verdadeira estrutura partidária, à exceção do PRP[619].

---

619. Único "verdadeiro partido, com organização, disciplina e capacidade de competição eleitoral", conforme Carvalho (2011, p. 142). Essa afirmação baseia-se no livro de G. Boehrer (2000). Como já observado no capítulo 9, esse trabalho, publicado pela primeira vez em 1954, continua sendo o mais completo sobre o Partido Republicano. No entanto, escrito muito antes das problematizações da "nova história política", o autor naturalizou as noções de "partido", "voto" e "eleições", sem identificar o acirrado debate/confronto no qual os significados desses termos estavam sendo definidos. Nem mesmo a diminuição drástica do número de votantes, após a lei de 1881, foi

Outro argumento para afirmar a inorganicidade do republicanismo foi a dificuldade – enfatizada, frequentemente, pelos próprios republicanos – de conciliar as diferentes correntes dentro do partido.

No início das pesquisas sobre o abolicionismo, no Rio de Janeiro, não era nosso propósito rever essa intepretação sobre o Partido Republicano, pois havia certeza de que o republicanismo tinha sido majoritariamente retrógrado a esse respeito. No entanto, o aprofundamento da dimensão política do movimento abolicionista impede-nos de continuar defendendo a tese do conservadorismo majoritário do republicanismo e da sua desimportância na vida política do Império e na Proclamação da República.

Como temos mostrado até aqui, a militância republicana foi relevante nas diferentes conjunturas, desde 1875, e fundamental para transformar o abolicionismo num grande movimento social. Nesse cenário, a pouca ênfase no republicanismo faz parte de uma disputa política do século XIX, que se desdobra, ainda hoje, num combate pela história.

Sem dúvida, o Partido Republicano não se constituiu como um partido revolucionário. Aliás, a existência do republicanismo como partido passava, necessariamente, pelo compromisso com o evolucionismo que, ainda assim, não foi capaz de evitar as medidas repressivas. Todavia essa diretriz partidária não deve ofuscar a importância do ativismo republicano, que apostou na participação política das camadas populares como principal meio para se chegar às reformas.

Dentre os signatários do Manifesto de 1870, é comum a ênfase na atuação de Saldanha Marinho, Aristides Lobo e Quintino Bocaiuva – esse último muito citado para confirmar o caráter conservador do republicanismo. Contudo, Aristides Lobo sempre defendeu a necessidade da mobilização popular para as reformas, congregando em torno desse posicionamento importantes lideranças do Club de São Cristóvão e do Club Tiradentes, fundamentais na história do período.

Na análise de George Boehrer (2000), a referência ao grupo de "radicais" liderado por Aristides Lobo serve apenas para mostrar a divisão e a consequente fragilidade do partido do Rio de Janeiro. Mesmo assim, vale

---

incorporada à sua análise sobre a fragilidade eleitoral dos partidos republicanos no Império. Apesar de indicar inúmeras evidências da importância da propaganda republicana, durante toda a década de 1880, o livro *A República consentida* (2007), de Maria Tereza Chaves de Mello, privilegia a dimensão cultural e, nesse sentido, não chegou a aprofundar o protagonismo do Partido Republicano.

a pena recuperar o fato de que o autor também identificou a existência desse grupo, apesar de não ter reconhecido a organização do Club de São Cristóvão e do Club Tiradentes: "Bocaiuva pertencia ao grupo de republicanos moderados, que nem sempre viam com bons olhos os radicais dirigidos por Aristides Lobo" (BOEHRER, 2000, p. 48).

Embora signatário do manifesto, a militância de Lopes Trovão foi, num certo sentido, isolada do Partido Republicano e, frequentemente, separada do abolicionismo. Mais grave foi o desaparecimento de outro signatário do manifesto, Jerônimo Simões, que esteve à frente de importantes associações e jornais republicanos abolicionistas e se manteve como segundo-secretário da Confederação Abolicionista até a abolição.

Mesmo em São Paulo, é preciso contextualizar melhor a oposição entre republicanismo e abolicionismo, pois, para mantê-la, é necessário negligenciar a influência dos abolicionistas populares que, apesar das divergências com o núcleo agrário, permaneceram como importantes quadros do PRP. Ademais, as divisões constantemente mencionadas pelos próprios militantes como impedimento para o fortalecimento e a expansão do partido – e usadas pelos historiadores para atestar a fragilidade do republicanismo – não impediram a atuação conjunta na esfera partidária, tanto no âmbito provincial quanto no nacional.

No Rio de Janeiro, um dos obstáculos à organização de uma estrutura partidária como a de São Paulo provinha da forte oposição à corrente evolucionista. Enquanto o PRP investiu no processo eleitoral com alguma chance de êxito devido ao seu núcleo agrário, o partido do Rio de Janeiro, apesar de ter apostado nas eleições, era formado, majoritariamente, por grupos que não alimentavam nenhuma esperança na via parlamentar, principalmente depois da reforma eleitoral de 1881[620].

Se o critério para definir a influência do Partido Republicano na vida política do Império for o sucesso eleitoral, de fato, apenas o PRP merece atenção. Aliás, devemos nos perguntar quantos partidos permaneceriam na história política do Brasil República se o resultado eleitoral fosse o principal parâmetro para avaliar a sua importância.

No entanto, alguns aspectos levam-nos a relativizar esse critério. Em primeiro lugar, é preciso indicar a impermeabilidade do sistema político

---

620. Sobre essa discussão, cf. capítulos 8 e 9.

a uma representação construída fora dos vínculos oligárquicos. Inclusive, como resposta a esse problema, o sufrágio universal foi reivindicado em diversos jornais e documentos republicanos – dentre eles, o Manifesto de Quintino Bocaiuva ao Partido Republicano, após a sua escolha para a presidência do partido, em maio de 1889:

> Unitário ou federal, esse regime pressupõe o governo do povo pelo povo. A soberania nacional como a única fonte dos poderes legítimos, o sufrágio universal como o instrumento pelo qual a vontade do povo se pode manifestar, tais são os dois fundamentos do regime constitucional republicano (apud PESSOA, 1973).

Ao longo deste trabalho, indicamos o retorno constante dessa proposta no discurso republicano. Dentre os periódicos que trataram do tema, convém recuperar o jornal fundado por Jerônimo Simões e Mathias Carvalho em 1881. Mesmo o PRP, sempre definido pelo seu conservadorismo, trouxe, no seu "Bases para a constituição do estado de São Paulo", "o direito de voto a todo cidadão do sexo masculino com 21 anos de idade e que residisse pelo menos há 1 ano no distrito eleitoral". Cada votante seria elegível para cargo público. No caso de deputados e senadores, os limites de idade de vinte e cinco e quarenta anos e a comprovação de residência de dois a quatro anos no distrito eram exigidos, respectivamente (cf. Boehrer, 2000, p. 232). Essa proposta também foi defendida no programa de Silva Jardim para candidato à Câmara dos Deputados, em 1889: "Por sufrágio universal, sem limitação que não seja a de idade, pois o sufrágio universalizado é não só o regime mais justo, como o menos sujeito à corrupção" (*Gazeta de Notícias*, 23 de agosto de 1889).

A pouca ênfase da historiografia a essa reinvindicação demonstra como a análise sobre o republicanismo no Império é retrospectiva. Como a "República oligárquica" não adotou o sufrágio universal – apesar de ter ampliado significativamente o número de votantes do Império –, essa proposição foi completamente esquecida[621]. Portanto, insistimos: quando retiramos da história as propostas de reforma em razão da sua não realização, deixamos

---

621. De todo modo, para identificar as razões pelas quais a proposta republicana do sufrágio universal não foi vitoriosa, na Constituição de 1891, é preciso aprofundar a análise conjuntural da Constituinte de 1890. Vale lembrar que o voto do analfabeto – excluído pela Lei Saraiva em 1881 – só foi reincorporado ao sistema eleitoral pela Emenda Constitucional n° 25, de 15 de maio de 1985.

sem história a luta por essas reformas, em detrimento da sua centralidade no próprio contexto em que foi travada.

Em segundo lugar, quando estabelecemos o critério do sucesso nas eleições, ignoramos o republicanismo que, propositalmente, não investiu no processo eleitoral como principal eixo de atuação. E, em terceiro lugar, ao adotarmos a estrutura do PRP como modelo, desconsideramos outras dinâmicas, como as do Rio de Janeiro, onde os clubes, tais como o de São Cristóvão e o Tiradentes, tiveram uma importância incontestável. Apesar do protagonismo desses clubes, eles são os grandes ausentes do livro que continua sendo a referência mais importante sobre o Partido Republicano no Brasil (BOEHRER, 2000).

Foi na Rua do Rosário, 34, sede do Club Tiradentes, que, a partir de 1881, se realizou a maioria das reuniões do partido. Mesmo lamentando as divisões que ganharam a cena pública em diferentes ocasiões, todos os republicanos convergiram, em um momento ou em outro, para a sede desse clube que, nos anos de 1888-1889, se afirmou como o polo aglutinador da militância partidária.

Esse preâmbulo repetitivo sobre a necessidade de se recuperar a importância do Partido Republicano na história política do Império visa embasar a argumentação de que a Proclamação da República, em 15 de novembro – apesar do seu caráter conspiratório e militar –, foi construída no âmbito do partido. Além de relativizar uma visão bastante aceita pelos historiadores, essa argumentação contraria os discursos de alguns republicanos que, como Aristides Lobo, ressaltaram o caráter militar da Proclamação da República. No entanto, pretendemos mostrar que, a exemplo das disputas sobre os "heróis da abolição", o embate em torno dos "proclamadores da República" foi um dos desdobramentos do confronto mais estrutural entre os adeptos de uma revolução "pelo alto" e os partidários de uma revolução "vinda de baixo".

Parte 2

Um dos eixos centrais das análises sobre a campanha republicana, após o 13 de maio, é a concorrência entre Silva Jardim e Quintino Bocaiuva pela liderança do partido. Para a compreensão dessas disputas, alguns aspectos têm sido considerados, dentre eles, a oposição entre a opção evolucionista e revolucionária e as concepções diferenciadas sobre a organização da República[622]. Sem minimizar o peso desses fatores, nossa intenção é considerá-los à luz do embate entre isabelistas e republicanos que, ao longo de 1888-1889, trouxe a violência política para a cena pública.

Como ponto de partida, o discurso de Silva Jardim, publicado na *Gazeta de Notícias* em 6 de janeiro de 1889, permite-nos recuperar a percepção dos contemporâneos sobre a radicalidade dos *meetings* de rua em relação a outras modalidades de propaganda:

> Falarei em pequenas salas [...] ou se a tanto for levado, como não estão proibidos por LEI alguma os *meetings* em praça. [...] ORAREI EM PRAÇA PÚBLICA, qualquer que seja o número dos que me acompanharem num tal ato de civismo (JARDIM, 1889 apud PESSOA, 1973, p. 131 – grifos do original).

Apesar de se ter posicionado contra a realização dos *meetings* do Vintém e da reforma eleitoral, Quintino Bocaiuva esteve à frente do *meeting* republicano-abolicionista contra o Governo Cotegipe, no Campo da Aclamação, em 1887. Convém recuperar o fato de que *O Paiz* liderou a campanha do "povo em *meeting*" para pedir a demissão do Governo Cotegipe[623].

Já no pós-abolição – embora se tenha mostrado nos eventos do Club Tiradentes e apoiado, publicamente, a campanha de Silva Jardim –, Quintino Bocaiuva voltou a recomendar, insistentemente, a moderação, advertindo sobre os perigos dos *meetings* de rua.

Mesmo considerando a inevitabilidade da República, Quintino Bocaiuva projetava uma "segunda revolução, sem qualquer conflito ou ferimento, sem regar a sua vitória com o sangue irmão e amigo"[624]. Já Silva Jardim, na sua defesa da "revolução feita pelo povo", reconhecia a inevitabilidade de "alguma violência". Apesar das diferenças entre os dois projetos, é importante enfatizar que a concorrência pela liderança do movimento aconteceu no âmbito do partido[625].

---

622. George Boehrer (2000) também chama a atenção para o fator geracional.

623. Cf. capítulo 10.

624. Essa é a forma como o 15 de novembro foi apresentado pelo editorial de *O Paiz* em 16 de novembro de 1889. Voltaremos a essas versões.

625. Além disso, contrariamente à afirmação de vários historiadores, Silva Jardim não deixou o partido após o Congresso de maio de 1889, que deu a liderança a Quintino Bocaiuva. Cf. a seguir.

No Congresso republicano do PRP, de maio de 1888, Silva Jardim ganhou proeminência com um discurso revolucionário, que justificava o uso da violência, o exílio da família real e a eventual execução do Conde d'Eu, no caso de resistência. Junto a Américo de Campos e Rangel Pestana, redigiu o manifesto do PRP, que prometeu combater o Terceiro Reinado "em todos os terrenos" e foi plenamente apoiado na sua iniciativa de se transferir para a Corte com esse objetivo.

Essa decisão tem três aspectos importantes. Primeiramente, o manifesto foi redigido por três lideranças reconhecidas até mesmo pelos historiadores monarquistas como "republicanos abolicionistas": Américo de Campos, Silva Jardim e Rangel Pestana[626]. Em segundo lugar, o documento rompia, explicitamente, com os preceitos evolucionistas dos manifestos de 1870, de 1873 e de outros que vieram em seguida. Por último, a projeção de Silva Jardim no PRP significou, ao mesmo tempo, a derrota das correntes que defendiam uma revolução separatista imediata[627].

Em julho de 1888, Silva Jardim começou a sua viagem pela província do Rio de Janeiro com o aval do PRP, sendo inteiramente apoiado pelo Club Tiradentes, do qual se tornou sócio honorário em 20 de agosto. Nesse contexto, além de aglutinar as diferentes linhagens do republicanismo fluminense, o clube organizou o congresso federal do partido.

Além das reuniões partidárias, a Rua do Rosário, 34, acolheu vários outros clubes que foram fundados ao longo do ano, dentre eles: o Club Republicano Mineiro Felipe dos Santos, o Catarinense, o Lopes Trovão, o da Escola de Medicina e o da Escola Politécnica. Em setembro de 1888, o nosso conhecido abolicionista Vicente de Souza foi eleito presidente do Club Tiradentes[628], e, alguns meses mais tarde, em 3 de fevereiro de 1889,

---

626. Cf., por exemplo, Santos (1942).
627. Conforme indicado no capítulo 8, essa questão era importante não só em São Paulo, mas também em outras províncias. No que diz respeito à posição de Silva Jardim, ele também julgava que o ideal, a longo prazo, era a organização em "pequenas pátrias", mas, a curto prazo, defendia a unidade entre os republicanos de todas as províncias para a instauração da República. Em São Paulo, o separatismo ficou associado, sobretudo, a Alberto Sales pela publicação do livro A pátria paulista, em 1887, mas, segundo Célio Debes (1975, p. 74), apesar de o congresso desse ano ter decidido adiar a discussão, apenas dois republicanos se posicionaram contra a ideia separatista como condição para o federalismo: Júlio Mesquita e Rangel Pestana. Na análise do jornal Diário Popular, fundado por Américo de Campos em 1884, George Boehrer (2000, p. 116, 121) informa-nos sobre a sua "política republicano-abolicionista-separatista".
628. Os outros membros da diretoria eram Alfredo Esteves, Luiz Leitão, Garcia Leão, Timótheo Antunes, José de Siqueira Dias e José Antônio Esteves Júnior.

lá encontraremos um dos fundadores do Club Republicano dos Homens de Cor, Deocleciano Mártir, numa reunião sob a presidência de Lopes Trovão.

Para a recepção de Silva Jardim na Corte, o Club Tiradentes organizou um banquete, no dia 13 de agosto, que contou com a presença de Quintino Bocaiuva como o primeiro a "brindar ao tribuno", junto a Jerônimo Simões, Cyro de Azevedo, Saldanha Marinho, Aristides Lobo, Aníbal Falcão, Júlio Diniz, Barata Ribeiro, Raymundo de Sá Valle, Ferreira Polycarpo, Sampaio Ferraz, dentre outros (*Gazeta de Notícias*, 13 de agosto de 1888). Cumpre enfatizar a presença de Ferreira Polycarpo, proprietário de *O Grito do Povo*, que, em 1887, apresentava o programa da "vitória abolicionista" com propostas muito claras a respeito da transformação do liberto em pequeno proprietário. *O Grito do Povo* foi o primeiro órgão de propaganda utilizado por Silva Jardim no Rio de Janeiro.

Apesar da decisão de Quintino Bocaiuva de não fazer de *O Paiz* um órgão partidário, o jornal noticiou, nos seguintes termos, a primeira conferência de Silva Jardim no Rio de Janeiro:

> O discurso proferido foi mais do que uma revelação, foi a afirmação de uma alta capacidade política. [...] Sem receio de magoar nenhuma das individualidades que têm ocupado a tribuna das conferências políticas, podemos dizer que [...] o discurso de Silva Jardim fica sendo a obra mais completa e bem acabada da propaganda republicana entre nós (*O Paiz*, 12 de agosto de 1888).[629]

O apoio das principais lideranças do Partido Republicano à instalação de Silva Jardim no Rio de Janeiro também se evidencia na escolha do seu primeiro endereço profissional, no mesmo escritório de advocacia de Saldanha Marinho, na Rua do Rosário, 57.

Dois meses após a chegada de Silva Jardim, o Club Tiradentes sediou o congresso federal, que contou com representantes do Município Neutro e das províncias do Rio de Janeiro, de São Paulo, do Espírito Santo, de Santa Catarina, do Paraná, de Minas Gerais e da Bahia[630]. Na análise

---

629. Sob o título "Conferência Republicana", o artigo tem destaque na primeira página do jornal.

630. Dentre os representantes, destacamos a presença de Saldanha Marinho, Silva Jardim, Quintino Bocaiuva, Ubaldino do Amaral, Aristides Lobo, Rangel Pestana, Campos Salles, Francisco Glicério, Sampaio Ferraz, Francisco Portella, Martins Torres, Cyro de Azevedo e Vicente de Souza. Cumpre ressaltar a ausência de representantes de Pernambuco e do Pará, que estiveram presentes no congresso de 1887.

de G. Boehrer (2000, p. 207), esse congresso "não realizou nada de notável", apenas aceitou "a política adotada anteriormente, nesse mesmo ano, pelo Partido [Republicano] de São Paulo". Contudo, é na ausência de inovação que devemos procurar a sua significação, pois, ao acatar a decisão de São Paulo, o Partido Republicano Federal manteve a diretriz da propaganda revolucionária contra o Terceiro Reinado, tal como vinha fazendo Silva Jardim.

O congresso nacional de 1887 tinha instituído um conselho federal com o poder de executar as leis e as decisões dos congressos, composto de cinco membros com um mandato de dois anos. Faziam parte desse conselho: Saldanha Marinho (presidente), Quintino Bocaiuva (vice-presidente), Aristides Lobo (secretário), Campos Salles e Ubaldino do Amaral. O congresso de 1888 não alterou essa composição, mas o seu presidente, Saldanha Marinho, nomeou Silva Jardim para várias comissões importantes, dentre elas, a da revisão da Lei Orgânica do Partido, a de reorganização do Partido do Município Neutro e a da Comissão Financeira, além de ter sido escolhido para dirigir a imprensa republicana oficial. Nessa função, deu nova orientação à seção "Partido Republicano" em *O Paiz* e organizou a seção "Propaganda Republicana" na *Gazeta de Notícias*[631]. Desse modo, mesmo com a oposição de Quintino Bocaiuva à radicalização, o partido federal manteve a orientação que Silva Jardim vinha dando à propaganda.

A constatação de que a liderança do partido tinha sido deixada a Silva Jardim saiu da pena de um dos seus maiores adversários na Corte, José do Patrocínio, no *Cidade do Rio* de 25 de fevereiro de 1889:

> Cegos pela esperança que despertava a audácia do Sr. Silva Jardim, ["os próprios chefes republicanos"] **deram-lhe a vanguarda na obra de destruição dos homens**, [...] delegaram no moço propagandista o prestígio dos seus cargos. [...] Houve um momento, em que a alma, a ação do partido encarnaram-se na pessoa de Silva Jardim[632] (grifo nosso).

---

631. Saldanha Marinho elogiou, publicamente, a atuação de Silva Jardim à frente dessa função. Cf. *O Paiz* (3 de janeiro de 1889).

632. Nessa citação, Patrocínio também indicou as funções atribuídas a Silva Jardim: "Foi encarregado da direção da imprensa republicana; foi mais: o redator dos programas de congressos, o encarregado de vulgarizar em folhetos e discursos o pensamento do partido". A frase destacada na citação indica uma das inúmeras expressões da guerra fratricida entre as lideranças mais populares que vem sendo analisada desde o capítulo 11. O artigo intitulava-se "O feto barbado".

Para o fortalecimento da propaganda junto às camadas populares, o Club Tiradentes também investiu na volta de Lopes Trovão, que, em 4 de novembro de 1888, foi recebido por "uma numerosíssima concorrência do povo", que percorreu as ruas desde o Largo do Paço, prosseguindo pela Rua do Ouvidor até a sede do clube, na Rua do Rosário. Até mesmo o *Cidade do Rio*, em guerra contra o republicanismo, foi obrigado a noticiar o evento, dando destaque à presença do seu grande adversário, Silva Jardim (cf. *Cidade do Rio*, edições do dia 4 e 16 de novembro de 1888)[633].

A chegada de Lopes Trovão foi, também, um acontecimento na Praia Vermelha, como mais um exemplo da conexão estreita entre a militância dos civis e a da "mocidade militar". Quando avistaram o navio de Lopes Trovão, na Baía de Guanabara, os "alunos subiram ao baluarte da Escola Militar e saudaram-no com vivas e acenos de lenço" (CASTRO, 2013, p. 146). Impedidos de comparecer ao desembarque, os alunos resistiram com "vivas a Lopes Trovão" e outras demonstrações de apoio ao tribuno republicano. Em razão disso, chegou-se a cogitar o fechamento da escola, e, se o projeto não foi adiante, os acontecimentos acabaram resultando na expulsão de Euclides da Cunha.

A "situação explosiva na Escola Militar" estava em perfeita harmonia com a atuação de Silva Jardim e de Lopes Trovão, que apostaram nos *meetings* em teatros, mas também nas ruas para mobilizar as classes populares pela República[634]. Assim como o Club de São Cristóvão se juntara à insatisfação popular contra o Vintém, em novembro de 1888, a questão estrutural da falta de água tornou-se ocasião para a interlocução entre os ativistas e a rua.

Em meio à crise de abastecimento, num momento em que, normalmente, a cidade era atingida pelas epidemias, o governo resolveu instalar medidores de água. Imediatamente, os republicanos organizaram um *meeting* no Teatro Polytheama com discursos de Silva Jardim e Barata Ribeiro. Assim como tinha feito no Vintém, Ferreira de Araújo, pela sua *Gazeta de*

---

633. Do mesmo modo, noticiou a festa em homenagem ao tribuno recém-chegado da França, na qual todo o campo republicano esteve presente e na qual, também, Silva Jardim representou "a comissão organizadora do Partido Republicano".

634. A partir dos acontecimentos ligados à chegada de Lopes Trovão, Celso Castro (2013, p. 146) define a situação da Escola Militar, no final de 1888, como explosiva. No entanto, o autor não explora a conexão estreita entre a atuação dos civis e a dos jovens militares e desconsidera completamente o protagonismo do Partido Republicano.

Notícias, noticiou e apoiou a manifestação que era "mais contra o próprio governo e contra as instituições de que o povo vai descrendo". Na sua descrição, destacou que o "povo [tinha acompanhado] os oradores pela rua, erguendo-se vivas à República, abaixo ao medidor de água" (*Gazeta de Notícias*, 2 de novembro de 1888).

Poucos meses depois, mas numa conjuntura bem diferente, um outro "*meeting* da água", dessa vez em praça pública, organizado pelo Club Tiradentes sob a liderança de Lopes Trovão, contou com "enorme aglomeração de povo", conforme descrição da *Gazeta de Notícias* de 12 de março de 1889[635].

Até mesmo a epidemia e o abastecimento da água foram incorporados à guerra que se alastrava no campo reformador, pois, para os isabelistas, os jornais estavam dando "ao atual estado sanitário um caráter de gravidade que ele não possuía" (*Cidade do Rio*, 23 de janeiro de 1889).

Enquanto os eventos republicanos eram organizados pelo Club Tiradentes com a participação de Silva Jardim e Lopes Trovão, o campo isabelista tentava mostrar coesão pela referência à Confederação, que, nessa conjuntura, propôs um *meeting* no Teatro Recreio contra a proposta de imigração chinesa[636]. Nesse evento, João Clapp exprimiu com todas as letras que "a Confederação esperava que o povo impedisse a reescravização da pátria pela propaganda ou **pelas armas**" (*Cidade do Rio*, 12 de novembro de 1888 – grifo nosso).

Também em novembro de 1888, certos acontecimentos na província de São Paulo acirraram ainda mais o clima de guerra entre isabelistas e republicanos na Corte. A briga entre um policial e soldados do 17º Batalhão do Exército fez com que o chefe de Polícia de São Paulo entrasse no quartel para pedir esclarecimentos e reparações, provocando, assim, a reação dos militares. A decisão do Ministro da Guerra de transferi-los para evitar novos conflitos não obteve os resultados esperados. Na noite do dia 24 de novembro, um *meeting* no Largo de São Francisco (SP), com discursos

---

635. Esse acontecimento é ainda mais importante quando inserido no contexto que vamos analisar em seguida, após o dia 30 de dezembro de 1888, quando a conferência de Silva Jardim foi interrompida pela Guarda Negra. Nesse "*meeting* da água" em praça pública, destacamos a presença de Barata Ribeiro, Cyro de Azevedo, Germano Haslocher e Alberto de Carvalho.

636. Contra esse projeto, também se pronunciaram alguns republicanos, como Silva Jardim: "Combater a indenização, [...] combater a imigração chinesa, a criação de bispados [...]" (*Gazeta de Notícias*, 5 de junho de 1889).

de Campos Salles e Rangel Pestana, terminou em atos de violência, com dois mortos e vários feridos.

Nos dias seguintes, *A Província de São Paulo* responsabilizou o presidente da província pelos desdobramentos violentos do *meeting*, pois dele teria partido a ordem de se atirar sobre o povo que, pacificamente, demonstrava a sua solidariedade aos soldados (*A Província de São Paulo*, 26 de novembro de1888 apud DEBES, 1975, p. 77-79). Para evitar o acirramento da "questão militar", o jornal passou a exigir a demissão do chefe de Polícia.

Apesar da referência dos jornais a uma "questão militar", esse e outros eventos, que veremos em seguida, não costumam entrar nas análises historiográficas sobre o tema. No entanto esse acontecimento mostra, claramente, que a construção de uma "questão militar" fazia parte dos cálculos políticos das lideranças do partido para a instauração da República, conforme argumentou Quintino Bocaiuva na sua versão sobre a proclamação.

Para o conservador *Correio Paulistano*[637] – em conformidade com o relatório do chefe de Polícia –, os eventos nada tinham de uma "questão militar", mas de uma "conspiração republicana", a começar pelo procedimento dos próprios soldados que, em vez de se dirigirem ao presidente da província, levaram as suas reclamações ao jornal republicano *Diário Popular*, de Américo de Campos. A manifestação do dia 24 era republicana, e o "povo" nada mais era do que uma turba de "maltrapilhos e desordeiros" encomendada para dar "vivas à República" numa "balbúrdia revoltante e vergonhosa". Para piorar a situação, os jornais republicanos teriam "infestado os diários da Corte" com telegramas sobre uma "questão militar" inventada por eles[638].

Ainda que tenha ocupado a primeira página dos jornais da Corte, entre os dias 25 de novembro e 4 de dezembro de 1888, a questão foi resolvida rapidamente com a demissão do chefe de Polícia, conforme exigência dos jornais republicanos e do Club Militar. A partir do dia 25, a *Gazeta de Notícias* e *O Paiz* transcreveram os telegramas de *A Província de São Paulo*,

---

637. O *Correio Paulistano* foi fundado em 1854 pelo conservador Roberto de Azevedo e Marques, mas mudou várias vezes de direção ao longo do tempo. Em 1858, era dirigido pelos conservadores; em 1868, passou para os liberais; em 1872, foi dirigido por republicanos, retornando aos liberais em 1872, pelas mãos de Leôncio de Carvalho. Em 1874, foi readquirido pelo seu fundador. Nesse contexto que estamos analisando, no início de 1888, o jornal pertencia ao conservador Antônio Prado, que havia adquirido a sua propriedade em 1882. Cf. Schwarcz (1987).

638. Cf. edições do *Correio Paulistano* entre os dias 25 de novembro e 1º de dezembro de 1888.

assumindo a perspectiva desse jornal em oposição aos relatos do *Correio Paulistano*. No dia 28 de novembro, o Club Militar decidiu lançar uma moção "aderindo ao protesto firmado pela briosa oficialidade do 17º Batalhão de Infantaria"[639].

Mais do que os fatos ou a disputa em torno das versões, a referência a esse episódio serve para evidenciar alguns aspectos que vêm sendo tratados ao longo do capítulo: a aposta republicana na configuração de uma "questão militar"; a adesão aos *meetings* em praça pública dos líderes mais conservadores do PRP como indício contundente da mudança de tática do partido[640]; a irrupção da violência e o debate sobre a sua instrumentalização; e as disputas entre isabelistas e republicanos pelas Forças Armadas.

Apesar de muito enfatizada pela historiografia, a divergência entre Silva Jardim e Quintino Bocaiuva sobre o modo de conduzir a instauração da República não deve ocultar a relevância que ambos atribuíam aos militares. No apoio ao republicanismo paulista, as duas lideranças defenderam o papel político dos militares, apesar das diferenças no tom mais ou menos moderado dos seus discursos.

Desde o início de 1888, Silva Jardim vinha se referindo à "Revolução da Abdicação" como modelo para a revolução republicana[641]. Na verdade, a

---

639. Cf. o documento na edição de *O Paiz* de 29 de novembro de 1888.

640. Na sua história sobre o Partido Republicano em São Paulo, Célio Debes (1975, p. 75-79) chama a atenção para a participação nos *meetings* de rua, no ano de 1888, como um indício do rompimento com a diretriz evolucionista: "A índole conservadora dos homens da propaganda republicana jamais denotaria **que seriam eles capazes de se envolver em movimentos de rua**. Eram, formalmente, homens de gabinete, limitando suas campanhas de proselitismo aos trabalhos de imprensa e aos salões de conferências. Depois do Manifesto de 1888, os republicanos paulistas **alteraram sua tática**, passando à ação perturbadora da ordem pública". "Fiéis ao Manifesto de 1888, **passaram a empreender o movimento de rua**" (grifos nossos). Em relação ao papel de *A Província de São Paulo* nos acontecimentos, o autor escreve: "Agia o jornal republicano na conformidade da tática preconizada no manifesto de 24 de maio de 1888".

641. No seu discurso proferido no Congresso paulista de maio de 1888, Silva Jardim defendeu o rompimento com o preceito evolucionista do Manifesto de 1870 e, com isso, afrontou a questão da violência, definindo a revolução como "um levantamento em massa de um paiz ou de parte [...] a fim de derribar a instituição política, com ou sem o apoio da Nação inteira, por meio das armas no campo da batalha, ou por meio dos pronunciamentos nos parlamentos, na praça pública, nas reuniões, na imprensa, na tribuna, pelos artigos, pelos panfletos, pelos livros". Apesar de partidário da via revolucionária, procurou tranquilizar os seus opositores no que dizia respeito ao grau de violência necessário à instauração da República. Embora admirador das "várias outras revoluções" brasileiras, Silva Jardim tomava como modelo a "Revolução da Abdicação", "**desta revolução menos violenta**, mas não menos eficaz e enérgica, sustentável contudo, em caso de necessidade, pela força armada: 7 de abril" (PESSOA, 1975, p. 712 – grifo nosso).

referência à "Revolução da Abdicação" – como modelo a ser seguido – foi uma constante nos discursos republicanos dos mais diferentes matizes.

Agora, nesse novo episódio da "questão militar", as lembranças de 1831 e a abolição eram recuperadas, tanto por Silva Jardim quanto por Quintino Bocaiuva, para reafirmar a importância do "patriotismo e do legalismo" dos militares nas lutas políticas, a exemplo de *A Província de São Paulo*, que advertira as autoridades dos riscos de se afrontar a "classe" que "já tinha derrubado o Ministério Cotegipe": "Pode derrubar... Quem sabe o quê? Porque, com franqueza, do nosso país, tão estragado e tão corrompido, é a única que sabe agir com verdadeira e louvável solidariedade" (*A Província de São Paulo*, 24 de novembro de 1888 apud DEBES, 1975, p. 77).

Numa reformulação da sua versão sobre o 13 de maio, Quintino Bocaiuva serviu-se da mesma avaliação dos paulistas para expor o seu modelo de revolução: "Cooperação eficacíssima na obra nacional da abolição da escravidão, ato solene cuja antecipação foi, por assim dizer, **forçada pela vontade do povo auxiliado pela resolução e firmeza do exército e da armada nacional**" (grifo nosso)[642].

No dia 28 de novembro de 1888, Silva Jardim publicou, na seção "Propaganda republicana" da *Gazeta de Notícias*, o artigo "Soldados em guarda", no qual tratava dos eventos de São Paulo, recuperando a importância dos militares na história política do Brasil:

> Através dos tempos, o espírito de civismo do exército fê-lo reagir contra a monarquia toda vez que essa queria divorciá-lo da Nação. [...] **Foi por isso que em 1831** os militares abandonaram a Pedro I e pronunciaram-se a favor dos patriotas, [...] e foi por isso, ainda, que, **recusando-se à caça de pretos fugidos**, eles colaboraram tão decidida e tão decisivamente para a obra da abolição da escravidão (grifos nossos).

À frente do *Cidade do Rio*, José do Patrocínio tentou destruir a estratégia republicana de aproximação com o Exército, descrevendo os fatos segundo a óptica do *Correio Paulistano*, inclusive criticando os soldados por terem se dirigido ao *Diário Popular*. Apesar da moção do Club Militar de apoio ao movimento, a primeira página do *Cidade do Rio* denunciou agressivamente a "manobra" para produzir uma "questão militar",

---

642. "Questão militar" (*O Paiz*, 2 de dezembro de 1888). Sobre a reformulação das versões a respeito do 13 de maio na relação com as mudanças de conjuntura, cf. capítulo 12.

identificando a mesma disposição em Quintino Bocaiuva, Silva Jardim e os republicanos paulistas[643].

Contra a pretendida imparcialidade dos paulistas, na defesa do 17º Batalhão, José do Patrocínio descortinou planos conspiratórios do partido: "A moderação de *A Província* foi tão grande [...] que se **comunicou logo ao diretório** daqui desta capital, que destacou o cidadão Silva Jardim – o **pequeno Robespierre**, para ir dar uma descarga de palavras à chegada do 17º Batalhão" (*Cidade do Rio*, 28 de novembro de 1888 – grifos nossos).

Na luta abolicionista contra o Governo Cotegipe, José do Patrocínio também resgatara a Revolução da Abdicação para legitimar a intervenção dos militares na política. Agora, sem esquecer o papel do Exército na abolição, posicionava-se firmemente contra a intervenção militar para a mudança da forma de governo: "Os meios de derrubar governos em povos livres e civilizados são conhecidos; formar a consciência pública e dar em seguida combate quer parlamentar, quer revolucionariamente. Neste combate, devem entrar todas as classes e não só uma". E, em relação à sua aproximação com o Exército na campanha abolicionista, relembrou: "Fomos para defronte do quartel general é verdade, mas não para pregar a revolta" (*Cidade do Rio*, 3 de dezembro de 1888). No entanto, conforme vimos no capítulo 10, o *meeting* no Campo da Aclamação, no dia 8 de agosto de 1887, tinha sido contra o governo. Inclusive, a intenção inicial tinha sido manter a política do "povo em *meeting*" até a queda de Cotegipe.

Mesmo depois da moção do Club Militar, José do Patrocínio continuou afirmando que o Exército nunca se prestaria a ser o "instrumento de agitadores". "Para honra do Exército, afirmamos que o Sr. Quintino não logrará o seu intento. [...] Ele não conseguirá extrair pelo fórceps de 14 de maio a revolução que ele espera" (*Cidade do Rio*, 1º de dezembro de 1888).

Mas as disputas não se limitaram às páginas dos jornais. Dois dias depois do seu primeiro editorial dedicado ao "Caso de São Paulo", José do Patrocínio, ao sair da famosa Confeitaria Paschoal em companhia de Pardal Mallet e Coelho Netto, fora abordado por um grupo de "cinco a seis oficiais", que o ameaçaram de morte, caso continuasse criticando o Exército.

---

643. Apesar do seu empenho numa "questão militar", Quintino Bocaiuva, à frente de *O Paiz*, teve o cuidado de só intitular os seus artigos de "Questão militar" após a moção do Club Militar em apoio ao 17º Batalhão, no dia 28 de novembro. Antes disso, do dia 25 ao dia 29, referiu-se aos "Distúrbios de São Paulo".

Na narrativa das ocorrências, José do Patrocínio denunciou o "atentado contra a liberdade de expressão", ao mesmo tempo que procurou demonstrar a sua posição de força na luta contra os republicanos. A descrição do seu trajeto na cidade, por volta das 21h, logo após ter recebido a ameaça, publicizou a sua proximidade com o poder: depois de ter passado pelo *Jornal do Commercio* e pela *Gazeta de Notícias*, foi até a casa do Ministro da Justiça, a quem deu a "notícia do fato verbalmente", passando, em seguida, pela residência do chefe do Gabinete 10 de Março, que, por já estar "recolhido aos seus aposentos", receberia, no dia seguinte, o seu "cartão, referindo-lhe o acontecido" (*Cidade do Rio*, 29 de novembro de 1888).

Na edição do dia 30 de novembro, José do Patrocínio exibiu a imagem de uma ampla solidariedade à sua causa pela referência a notas de apoio da imprensa; mas, principalmente, pela menção à visita de uma comissão da Guarda Negra composta de trezentos homens. O esclarecimento do *Cidade do Rio* de que a presença da Guarda Negra não pretendia "acender rivalidades" não deve ter convencido os seus adversários, cientes dos objetivos da associação criada três meses antes de defender o Terceiro Reinado "em todos os terrenos".

Aliás, diga-se de passagem, o clima de guerra entre isabelistas e republicanos tinha chegado ao *Diario de Buenos Aires* dois meses antes. Sem citar a sua fonte, informou que o governo brasileiro "acabava de comprar cinquenta mil espingardas do sistema Lebel" para a eventualidade

> de uma comoção no Império, originada pelos trabalhos da propaganda republicana, que ultimamente tem assumido um caráter sério, pondo em perigo as instituições monárquicas. Com o fim de combater o elemento radical, está se organizando um grande exército, composto dos libertos do 13 de maio, exército que se intitula "Guarda Negra da Redentora" (*Gazeta de Notícias*, 29 de setembro de 1888)[644].

Não temos conhecimento da reação dos republicanos a essa demonstração de força do isabelismo, mas, no dia seguinte, a *Gazeta de Notícias* estampou a decisão da Comissão Executiva do Partido Republicano de reabrir as conferências públicas com os seus principais oradores, dentre os quais, Lopes Trovão, Quintino Bocaiuva e Silva Jardim:

---

644. A notícia foi transcrita na primeira página do jornal com o título do artigo argentino "O Brasil arma-se".

Realiza a primeira no Teatro Polytheama ao meio-dia o popular orador republicano Lopes Trovão. Sabemos que subirão em domingos sucessivos, à tribuna das conferências, os srs. Cândido Barata, Q. Bocaiuva, Silva Jardim, Cyro de Azevedo, Alberto de Carvalho, Alberto Torres, Valentim Magalhães e outros festejados oradores.

A expectativa em relação às conferências chegou ao *Monitor Campista*, que também ofereceu a sua análise sobre a importância da "questão militar" para os republicanos:

> Aproveitaram-se com tanta facilidade dos conflitos de São Paulo. [...] **Os agitadores acharam logo nessa frase um cheirinho de revolução republicana**. [...] Já na questão do fechamento das portas [do comércio] que se agitou há pouco no Rio – Silva Jardim tirou um partidão para o seu partido. Agora os militares. O Lopes Trovão também deita hoje na Corte, conferência *rouge*. Imaginamos com que ansiedade vai o povo ao Polytheama, ouvir o seu tribuno – o legendário **agitador da revolução do Vintém** (*Monitor Campista*, 2 de dezembro de 1888 – grifos nossos).

"Por motivo superior", a comissão executiva do Partido Republicano transferiu a conferência para o dia 9 de dezembro. Num Teatro Polytheama "completamente repleto", discursaram Lopes Trovão, "vivamente aclamado pelo povo", e outros "tribunos populares ", dentre eles, Cyro de Azevedo, Vicente de Souza e Campos da Paz. A presença do médico Campos da Paz, amigo e aliado de Patrocínio até poucos dias antes, deve ser ressaltada, pois atesta a "desconfederação" dos republicanos ao longo dos anos de 1888-1889 (*Gazeta de Notícias*, 10 de dezembro de 1888)[645]. É importante recuperar o fato de que Alberto Víctor, primeiro-secretário da Confederação Abolicionista, também já se mostrava do lado republicano junto a Lopes Trovão (*Gazeta de Notícias*, 7 e 15 de dezembro de 1888).

Antes do evento mencionado anteriormente, e ainda em meio à "questão militar", Silva Jardim tinha anunciado o seu desligamento das comissões no partido para "dedicar-se a seus trabalhos de propaganda republica-

---

645. No artigo "O ativismo político da Confederação Abolicionista antes e depois do 13 de maio de 1888" (SANTOS, 2018), analisamos o embate entre a Confederação e o republicanismo, mas numa perspectiva muito centrada nos discursos construídos pelo *Cidade do Rio*, que insistia na coesão do grupo. No entanto, os discursos sobre a unidade da Confederação, nessa conjuntura, indicam, justamente, a fragilização da associação, que vai, progressivamente, perdendo todos os seus associados republicanos, mesmo se alguns deles ainda participaram das comemorações abolicionistas.

na" (*Gazeta de Notícias*, 4 de dezembro de 1889)[646]. Em seguida, os jornais passaram a noticiar as suas conferências semanais no Rio de Janeiro e o seu projeto de levar a propaganda para Minas Gerais entre os dias 2 e 13 de janeiro.

No dia 15 de dezembro, o propagandista levou à tribuna da Sociedade Francesa de Ginástica o tema "O Exército e a Nação". No dia 23, no mesmo local, Silva Jardim escolheu "responder às calúnias de Joaquim Nabuco contra os republicanos", convidando o público para o prosseguimento do evento no domingo seguinte. No dia da conferência, a *Gazeta de Notícias*, na sua seção "A pedidos", publicou uma nota assinada pelo chefe da Guarda Negra, Clarindo de Almeida, informando a disposição de "desafrontar a sua raça", ao mesmo tempo que indicava o compromisso de não "perturbar a ordem, nem provocar a anarquia".

O fato é que a segunda conferência de Silva Jardim foi ameaçada antes mesmo do seu início, interrompida algumas vezes durante o discurso do orador e, definitivamente, encerrada com a invasão do recinto. O recurso à violência, inúmeras vezes evocado nos discursos inflamados dos militantes mais radicais, eclodiu no centro do Império.

Contudo, muito diferente da conjuntura anterior ao 13 de maio, o conflito não era mais entre os abolicionistas e os proprietários de escravizados, mas entre abolicionistas isabelistas e republicanos abolicionistas que, juntos, procuravam mobilizar o povo para as reformas.

Em relação à descrição dos "fatos", na perspectiva do *Cidade do Rio*, a Guarda Negra defendeu-se das provocações dos republicanos, envolvendo-se num conflito que acabou resultando num total de mais ou menos vinte feridos. Já nas versões republicanas, oitenta feridos e um morto eram a consequência da ação da Guarda Negra arregimentada por José do Patrocínio e pelo próprio governo. Apesar do apoio que ainda concedia a José do Patrocínio, a *Revista Ilustrada* também indicou o número de oitenta feridos.

No prosseguimento dessa análise, nossa intenção é mostrar que a decisão do congresso federal de maio de 1889 de atribuir a direção do partido a Quintino Bocaiuva construiu-se na relação estreita com os acontecimentos do dia 30 de dezembro, que explicitou as consequências do prosseguimento

---

646. Em relação à sua coluna na *Gazeta de Notícias*, intitulada "Propaganda republicana", Silva Jardim nomeou Aníbal Falcão, Júlio Diniz e Xavier da Silveira para substituí-lo.

da propaganda revolucionária na Corte enquanto o isabelismo se mantivesse como força política.

A guerra de José do Patrocínio/Nabuco ao republicanismo serviu à vitória das lideranças evolucionistas, especialmente porque, dentre os seus alvos, Silva Jardim foi, sem dúvida, o mais duramente visado. Depois dos vários recursos retóricos para destacar os aspectos negativos da liderança republicana, o jornal de José do Patrocínio chegou a declarar que "a boa lógica mandava matá-lo enquanto é tempo, como se matam as cascavéis antes que nos enrosquem pelas pernas" (*Cidade do Rio*, 21 de janeiro de 1889). Poucos dias depois, continuou: "O Iago perverso que há de ter a morte de todos os infames intrigantes, mas que é preciso matar, antes de completa a sua obra infernal" (*Cidade do Rio*, 8 de fevereiro de 1889, na seção "Fulano de tal").

Numa outra conjuntura, talvez os textos pudessem ser lidos como provocações sem maiores consequências, mas vinte e um dias depois do conflito que, de fato, colocou em risco a vida de Silva Jardim, os discursos ganhavam outra dimensão.

À frente do *Cidade do Rio*, Patrocínio, apesar de lamentar o conflito, viu na reação dos "homens de cor" uma resposta à violência da propaganda republicana, que "em má hora determinara sair da legalidade chamando a si a revolução". Já *O Grito do Povo* retomou a palavra de ordem apregoada pelo *Corsário*: "O período latente ou de incubação já passou. A retórica teve seu tempo. É preciso organizar a resistência e pegar em armas! A nossa Marselhesa é também o brado de todas as revoluções. [...] **Às armas cidadãos**, chegou a hora do combate!" (*O Grito do Povo*, 25 de janeiro de 1889 – grifo do original).

Depois do dia 30 de dezembro, a referência à revolução será repetida pelos jornais de diferentes matizes, principalmente porque os conflitos tiveram repercussão em outras partes do país, com destaque para o protagonismo das associações dos homens de cor. Depois do dia 30, a *Gazeta de Notícias* e *O Paiz* publicaram telegramas das províncias de solidariedade às lideranças republicanas, além de informações sobre a realização de manifestações de protestos, como os *meetings* em Ouro Preto, que resultaram em conflitos.

Uma semana depois dos conflitos, uma assembleia dos "homens de cor residentes na cidade de São Paulo" decidiu lançar uma moção contra as ações da Guarda Negra, pois não via na abolição uma obra da monarquia, mas sim uma conquista realizada "unicamente em virtude dos esforços populares". Dois dias depois, Quintino de Lacerda organizou uma manifestação no Quilombo de Jabaquara, em Santos, para protestar "contra aqueles que aliciavam os irmãos da raça, formando uma verdadeira farsa a que intitulam "Guarda Negra". Um mês depois, era a vez dos republicanos negros de Mogi Mirim e de Campinas protestarem contra a Guarda Negra e o recrutamento[647].

***

Durante todo esse tempo, Quintino Bocaiuva, talvez uma das lideranças mais constantes na sua recusa da violência, tanto no discurso quanto na prática, assistia "impassível" ao acirramento das tensões. Apesar das drásticas divisões na frente abolicionista, ao longo dos anos 1888-1889, não usou os editoriais de *O Paiz* para repudiar o isabelismo ou a Confederação. Pelo contrário, manteve o "campo neutro" que dava voz ao grande inimigo do republicanismo: Joaquim Nabuco.

Não obstante o discurso agressivo de Patrocínio, parece-nos que Bocaiuva se manteve fiel ao seu compromisso de evitar os "insultos impressos"[648]. Logo após o 13 de maio, engrandeceu as grandes festas da abolição e participou da campanha do Club Gutemberg de angariar fundos com o objetivo de comprar um prédio para o proprietário do *Cidade do Rio*[649]. Mesmo em relação ao episódio do dia 30, só encontramos acusações indiretas contra o líder abolicionista. Depois do dia 30, Quintino Bocaiuva

---

647. Todas as informações e as citações sobre a atuação das associações negras no pós-abolição estão em Pinto (2018, p. 324-344).

648. Já fizemos referência ao fato de que os "insultos impressos", identificados por Isabel Lustosa nos debates políticos do contexto da Independência, retornaram, constantemente, na imprensa desse período, não só pelos pasquins, mas também por outros periódicos. Do mesmo modo, já nos referimos ao fato de que a definição de neutralidade – defendida, insistentemente, tanto por *O Paiz* quanto pela *Gazeta de Notícias* – incluía, além da desvinculação partidária, o compromisso com um discurso "não insultuoso" e sem referências à vida privada.

649. O Club Gutemberg criou uma comissão encarregada de "promover os meios para a compra do prédio que será oferecido, em nome do povo, ao grande patriota José do Patrocínio". Entre os membros da comissão, destacamos: Quintino Bocaiuva, Ferreira de Araújo, André Rebouças, Capitão Serzedelo pela Escola Militar, Capitão Custódio de Mello e General Deodoro da Fonseca (*O Paiz*, 26 de maio de 1888). Em julho de 1888, Quintino foi orador num evento organizado pela Confederação em homenagem a um ministro argentino junto a Joaquim Nabuco, José do Patrocínio, Rui Barbosa e o Capitão Serzedelo (*Gazeta de Notícias*, 7 de julho de 1888). Cumpre destacar a presença do Capitão Serzedelo, "um dos expoentes da 'mocidade militar' e com papel importante na organização da conspiração do dia 15 de novembro" (CASTRO, 2013, p. 125).

intercedeu pela Confederação contra Rui Barbosa, que projetou para os festejos públicos do primeiro aniversário da abolição a eclosão de sérios conflitos[650].

Como qualquer outro ativista, Quintino Bocaiuva não podia ignorar a capacidade de José do Patrocínio de mobilizar as camadas populares[651]. Se o redator de *O Paiz* estava empenhado em evitar a todo custo a eclosão da violência, não era possível afrontar a popularidade do grande líder da abolição decidido a combater os republicanos "por todos os meios". Coerente com a sua posição, tentou dissuadir Silva Jardim de realizar a sua segunda conferência após as advertências da Guarda Negra[652]. No dia seguinte, chegou a atribuir aos republicanos uma parte da responsabilidade pelos conflitos[653].

No entanto, no dia 1º de janeiro, Quintino Bocaiuva reformulou a sua posição, com o argumento de que, após uma análise mais cuidadosa, teria identificado a influência do governo nos conflitos: "A responsabilidade dos tristes e vergonhosos acontecimentos, cuja impressão perdura ainda, pertence, na nossa opinião, exclusivamente ao governo" (*O Paiz*, 1º de janeiro de 1889, no editorial "Cartas na mesa"). Nas entrelinhas, Quintino Bocaiuva dirigiu-se tanto ao campo republicano quanto às autoridades governamentais. Em relação ao primeiro, ele tentava provar que a sua posição evolucionista, numa imprensa neutra, não era incompatível com a defesa da propaganda republicana contra os arbítrios do poder. Inclusive, para se reunir à indignação republicana contra o isabelismo e o governo, Bocaiuva procurou estabelecer uma equivalência entre a sua liderança e a de Silva

---

650. No artigo, Quintino Bocaiuva afirmou: "Estamos convencidos e folgamos de anunciar que as apreensões de desordens e distúrbios em tão glorioso dia, nenhum fundamento têm. [...] **Perca esperança o escravismo impenitente**: não há de ser a sua voz que faça morrer no coração popular o orgulho e o júbilo desta data, [...] **dia nacional por excelência**" (*Cidade do Rio*, 10 de maio de 1889 – grifos nossos). Inclusive, pelo *Cidade do Rio*, "os abolicionistas e os novos cidadãos" tomaram emprestadas as palavras de *O Paiz* e, com elas, "responderam aos seus detratores".

651. Como argumenta Ana Flávia Magalhães Pinto (2018, p. 330), naquele contexto, "era razoável acreditar que uma ordem de José do Patrocínio pudesse desencadear uma ostensiva reação negra".

652. Segundo o próprio Silva Jardim, após as ameaças de morte recebidas nas semanas anteriores, uma comissão do Club Tiradentes também teria pedido a ele que não arriscasse a vida. Cf. "Carta politica ao paiz e ao partido republicano (1889)" in PESSOA, 1973, p. 120.

653. Os jornais consultados falaram da sua mudança de posição, e o próprio Quintino Bocaiuva a reconhece no artigo do dia 1º de janeiro que será analisado em seguida. Infelizmente, não conseguimos ter acesso à edição do dia 31 de dezembro.

Jardim, destacando as investidas da Guarda Negra contra *O Paiz* nos conflitos do dia 30[654].

Ao se dirigir às autoridades, o jornalista sinalizou a sua fidelidade ao terreno legal, mas advertindo-as sobre os riscos da política ministerial que, ao apostar na "compressão", estava incitando à revolução que nenhum evolucionismo seria capaz de evitar. Vale recuperar, mais uma vez, a famosa frase do Manifesto de 1870, que orientou a conduta do partido, mas que sempre remeteu, necessariamente, a uma análise conjuntural: "Em um regime de **compressão e violência, conspirar** seria o nosso direito" (grifo nosso)[655].

Impossível dizer quais os reais motivos que levaram Quintino Bocaiuva a mudar a sua "interpretação dos fatos", mas, nessa conjuntura, a manutenção da sua antiga versão teria, provavelmente, levado ao seu isolamento dentro do partido[656].

Apenas seis dias após o evento, ciente dos telegramas de apoio recebidos dos clubes e dos partidos republicanos das províncias, Silva Jardim candidatou-se publicamente à presidência do partido. Confiante de que a sua posição era a do "Partido Republicano inteiro", a carta de 6 de janeiro prometia continuar a propaganda nas províncias e, principalmente, na Corte, contrapondo-se à avaliação de Quintino Bocaiuva de que, naquelas circunstâncias, era necessário suspender as conferências. Para realizar a revolução brasileira, a partir da cidade do Rio de Janeiro, no "ano de 1889, nada além!", Silva Jardim pedia apenas "o assentimento tácito ou expresso à [sua] carta política"[657].

---

654. Ao contrário da *Gazeta de Notícias*, por exemplo, que não deu relevância ao fato. Por sua vez, o jornal *Revista Ilustrada* exprimiu, no artigo "Liberdade de imprensa", a revolta contra o "atentado" ao jornal O Paiz. Nesse artigo, convém destacar, ainda, a importância atribuída a Quintino Bocaiuva e O Paiz no movimento abolicionista: "Não podemos compreender de que matiz de opinião exaltada partiria um ato tão revoltante contra o jornal que foi um dos maiores esteios da abolição. [...] Os serviços de O Paiz à causa abolicionista são imorredouros. [...] Até se dava acoitamento franco e à vista de todos, aos infelizes foragidos" (*Revista Ilustrada*, 5 de janeiro de 1889).

655. "Compressão-reação" era o título do artigo de Quintino Bocaiuva no dia 3 de janeiro de 1889.

656. No artigo "Cartas na mesa", Quintino Bocaiuva disse que a sua atitude, no jornalismo, tinha sido sempre a de acreditar nas "declarações feitas com ar de sinceridade pelos depositários do poder público", mas que, após ter "recolhido informações, examinado atentamente os fatos e analisado declarações das autoridades", tinha "o dever de declarar que o ministério do Sr. João Alfredo [tinha perdido] o direito à confiança e à estima do país" (*O Paiz*, 1º de dezembro de 1889).

657. Nessa carta, Silva Jardim analisou as razões que o habilitavam para a função em detrimento de outras lideranças (JARDIM, 1889 apud PESSOA, 1973).

Ao fazer de *O Paiz* o porta-voz da reação republicana contra o governo, Quintino Bocaiuva manteve-se na disputa pela liderança do movimento republicano, dividindo com Silva Jardim os telegramas de solidariedade, que chegavam das províncias e que eram estampados nas primeiras páginas, tanto de *O Paiz* quanto da *Gazeta de Notícias*. Aliás, como consequência dessa direção dada ao jornal *O Paiz*, Joaquim Nabuco deixou o "campo neutro" em 4 de janeiro[658]. Desse modo, entre janeiro e maio de 1889, mês em que o congresso federal se reuniu em São Paulo, a liderança do partido foi disputada publicamente nos jornais.

Se a imprensa não é capaz de nos fornecer todos os ingredientes dessa disputa, ela é um dos seus veículos, ao se constituir, explicitamente, como o espaço, talvez prioritário, de atuação e articulação entre os grupos.

Aliás, para aprofundarmos essa discussão, é interessante insistirmos nas especificidades da imprensa nesse período, que, apesar de inserida na lógica do mercado, manteve o seu compromisso – publicamente assumido até mesmo pelos programas neutros e apartidários – de intervir no debate político. De fato, os próprios significados dos termos "imprensa", "neutralidade" e "partido" estão sendo disputados num campo conceitual e político, em conexão com os conflitos socioeconômicos e culturais.

As articulações político-partidárias eram construídas pela imprensa, principalmente no que dizia respeito à conexão entre as diferentes províncias. Pelos artigos e pela troca de telegramas, os grupos opinavam sobre os acontecimentos e manifestavam as suas adesões. Mais do que nas reuniões e assembleias – muito esporádicas no plano nacional –, as discussões e as alianças ocorriam no âmbito das folhas. Não é à toa que vários ativistas citados neste trabalho tentaram, em um momento ou em outro, manter um jornal[659]. Apesar dos obstáculos, esse investimento ainda estava no horizonte da militância como um meio de garantir uma posição no debate público.

---

658. Quintino Bocaiuva anunciou a saída do monarquista na edição do dia 4 de janeiro, mas fez questão de indicar a permanência dos vínculos de amizade, ressaltando que as razões eram exclusivamente políticas. Em abril, ele será o único republicano – além de João Clapp e Patrocínio – na lista divulgada pela imprensa dos presentes no casamento de Joaquim Nabuco no palacete do Sr. Visconde da Silva (*Cidade do Rio*, 24 de abril de 1889).

659. Além de Ferreira de Menezes, José do Patrocínio e Quintino Bocaiuva, com os seus jornais que tiveram longa duração, vários outros ativistas lutaram para manter os seus periódicos. Dentre eles, destacamos Almeida Pernambuco, Aristides Lobo, Apulcho de Castro, Lopes Trovão, Mathias Carvalho, Jerônimo Simões, Luiz Leitão, Vicente de Souza, Ferreira Polycarpo, Pardal Mallet, Favilla Nunes e Júlio do Carmo.

Nas conjunturas de crise, a "explosão" do número de jornais é indicativa dessa dimensão política do investimento financeiro, do mesmo modo que revela o papel da imprensa no acirramento das divisões. No entanto, não parece que a exposição das divergências político-partidárias, nos jornais, fosse compreendida como um fator desagregador. Pelo contrário, a imprensa era entendida como espaço autorizado dessa disputa. Se o personalismo era visto como um obstáculo à unidade, não parece que esse uso da imprensa tenha sido compreendido como um elemento desagregador. O mesmo Aristides Lobo, que criticava insistentemente a falta de coesão partidária, não hesitava em publicizar, pela imprensa, as suas discordâncias em relação aos seus correligionários.

Na competição entre *O Paiz* e a *Gazeta de Notícias* pelos telegramas e pelas declarações de adesão[660], convém destacar o posicionamento de Campos Salles, que, num banquete oferecido a Silva Jardim, em São Paulo, agradeceu "em nome da comissão permanente do Partido Republicano os serviços que [Silva Jardim] podia trazer à agitação", saudando "o infatigável propagandista e intrépido agitador". Para o republicano paulista, "o feito do dia 30 de dezembro" era "uma vitória republicana", pois, na "luta sem trégua" "contra a monarquia", "todos os esforços eram necessários", devendo ser **combatida simultaneamente no duplo terreno da legalidade e da ilegalidade**". Em razão disso, considerava que, no seu discurso, Silva Jardim tinha colocado muito bem a questão: "**Revolucionários ou pacíficos todos os elementos [podiam] convergir para o mesmo fim**, devidamente aplicados"[661] (grifos nossos).

Menos de um mês antes do congresso que deu a liderança do partido a Quintino Bocaiuva, o discurso de Campos Salles foi interpretado como prova da adesão do PRP a Silva Jardim. Ao constatar que, da "forma como [tinha sido] divulgado na imprensa, o seu brinde a Silva Jardim

---

660. Como já foi indicado, a seção "Propaganda republicana", na *Gazeta de Notícias*, foi um dos canais da campanha de Silva Jardim na imprensa. Nessa seção e em outras páginas da *Gazeta de Notícias*, foram publicadas, entre janeiro e maio, muitas manifestações de adesão à carta de Silva Jardim, todas mais ou menos com o mesmo teor da carta de adesão do Club Republicano de Caçapava (RS) do dia 2 de maio: "Aceitamos de bom grado e jubilosos a vossa chefia como diretor do movimento revolucionário brasileiro".

661. O discurso foi publicado em *A Província de São Paulo*, no dia 21 de abril, e na *Gazeta de Notícias*, no dia 26 de abril de 1889.

podia gerar algum mal-entendido"[662], Campos Salles procurou os jornais para esclarecer que a sua anuência à ação revolucionária não excluía o reconhecimento de outros meios para se chegar à República. Ao mesmo tempo, insistiu na unidade partidária como a principal arma na luta contra a monarquia: somente o partido unido poderia derrotar a monarquia. Por isso, acatava todas as modalidades de luta, a pacífica e a violenta (*Gazeta de Notícias*, 26 de abril de 1889).

A referência ao posicionamento de Campos Salles é importante para desfazer a ideia de que a adesão de Silva Jardim à ditadura positivista como modelo de República era, nessa conjuntura, um fator que enfraquecia a sua posição partidária. A indicação do positivismo para explicar as divergências entre os republicanos é muito comum nos estudos sobre o Partido Republicano, mas, na maioria das vezes, essas referências são pouco contextualizadas.

No nosso entendimento, o positivismo está presente no horizonte intelectual da maioria dos ativistas e não chega a ser uma variável capaz de explicar as diferenças de posicionamento em relação aos temas do debate público[663]. Na pesquisa realizada, não foi identificada a importância da discussão sobre a ditadura positivista, antes do congresso de maio de 1889, como um fator que fragilizasse a posição de Silva Jardim.

Dentre as inúmeras adesões que recebeu, após a sua carta de 6 de janeiro, vale destacar a do republicano fluminense Alberto Torres, que, após o congresso, aceitou a chefia de Bocaiuva e justificou a sua escolha pelo fato de que a República defendida por Silva Jardim não era "a dos republicanos". Silva Jardim viu, na justificativa, apenas um pretexto, lembrando que, na sua propaganda, tinha procurado, justamente, "salientar mais as convergências dos que as divergências" (*Gazeta de Notícias*, 5 de junho de 1889).

Muito provavelmente, Silva Jardim tinha razão ao afirmar que, só depois do congresso, essa questão se tornou um obstáculo à sua liderança.

---

662. Nesse sentido, Campos Salles lamentou que os discursos de Francisco Glicério e Adolfo Gordo, membros da Comissão Permanente do PRP, com elogios a Saldanha Marinho e a Quintino Bocaiuva, não tivessem sido taquigrafados.

663. Na análise de George Boehrer (2000), por exemplo, as divergências são explicadas pela referência à faixa etária e, principalmente, pela ligação de Silva Jardim com o positivismo. Para o autor, a adesão do ativista ao manifesto de Pernambuco de dezembro de 1888 enfraqueceu a sua posição dentro do partido. Em relação aos estudos que se referem ao positivismo como fator importante para explicar as divergências no Partido Republicano, cf., também, Pessoa (1983).

Antes disso, evitara aprofundar a discussão, que dividia o campo republicano, justamente em razão do seu projeto de liderar uma revolução a partir da Corte contra as aspirações separatistas. Em várias situações, ele defendeu a unidade contra o separatismo, como nas conferências para rebater as críticas de Nabuco, que, justamente, o acusava de colocar em risco a integridade do Império. Daí a escolha pela propaganda na Corte e também uma das razões para a sua adesão ao manifesto de Pernambuco, que se posicionava claramente contra as aspirações separatistas: "Certamente, não só a federação, mas a própria fragmentação das grandes nacionalidades estão indicadas como devendo se realizar no futuro. [...] **No caso brasileiro, [...] o desmembramento seria atualmente um crime**" (SILVA JARDIM, apud PESSOA, 1973, p. 110 – grifo nosso).

Na carta do dia 6, dialogava com os separatistas, que, após os eventos do dia 30, reforçaram o argumento da impossibilidade da revolução a partir da Corte: "Eu não sou dos que pensam perdida para a República a cidade do Rio de Janeiro. [...] Descrer do Rio de Janeiro para a República seria descrer mesmo da República". Em relação à "ditadura" positivista, a carta do dia 6 apenas mencionou "a limitação das forças anárquicas do parlamentarismo", sem maior aprofundamento sobre a questão.

Na sua viagem a Minas Gerais, Silva Jardim deixou a direção da seção "Propaganda republicana" da *Gazeta de Notícias* a Aníbal Falcão – que chegara ao Rio de Janeiro vindo de Pernambuco no dia 10 de janeiro – e também a Júlio Diniz e Xavier da Silveira. No entanto não nos parece que o modelo de República seja uma questão central na seção que se dedicou, prioritariamente, à defesa do nome de Silva Jardim para a presidência do partido, publicando as várias cartas de adesão à sua liderança. Na verdade, o respaldo à liderança de Silva Jardim era tão expressivo nas províncias que o próprio Quintino Bocaiuva a reconhecia publicamente.

Consciente desse amplo apoio, Silva Jardim só viu uma explicação para a sua derrota no congresso de maio: a conspiração de Quintino Bocaiuva com o intuito de "parar a revolução"[664]. No entanto, a escolha de Quintino Bocaiuva não deve ser entendida como um retorno ao evolucionismo, pois,

---

664. Para Silva Jardim, tanto o lugar escolhido para sediar o congresso quanto a forma de constituir a sua representação eram evidências das manobras de Quintino Bocaiuva para ganhar a presidência do partido. A essas acusações, Quintino Bocaiuva respondeu pela afirmação de que Silva Jardim tinha comparecido ao congresso e aceitado o seu formato. Na tentativa de dissipar as controvérsias em torno da sua eleição, Quintino Bocaiuva propôs a organização de um plebiscito que, no entanto, foi rejeitada por Silva Jardim (*Gazeta de Notícias*, 1º de junho de 1889).

como presidente do partido, ele "abriu concessões a possíveis tomadas de posições revolucionárias **se as condições assim o exigissem**" (PESSOA, 1983, p. 155 – grifo nosso)[665].

Ainda que as suas explicações não tenham sido suficientes para apaziguar os conflitos, Quintino Bocaiuva, em seu manifesto ao Partido Republicano brasileiro, de 1889, negou "divergência ou cisão", pois as "duas correntes", a "**evolutiva e a revolucionária**", "**[corriam] para o mesmo oceano**" (apud PESSOA, 1973, p. 159 – grifo nosso).

Além disso, é importante enfatizar que Quintino Bocaiuva recebeu não só a presidência do partido, como também o monopólio da deliberação sobre as medidas de "urgente aplicação" – "em todos os terrenos onde elas [tivessem] que operar" – a primeira delas, a escolha dos membros do conselho executivo (apud PESSOA, 1973, p. 147, 149). Inclusive, para Silva Jardim, essa tinha sido a única resolução acertada do congresso, já que era uma condição indispensável ao funcionamento de um partido revolucionário (*Gazeta de Notícias*, 30 de maio de 1889)[666]. Por último, numa deliberação sem precedentes, o partido previu um segundo congresso anual para dali a três meses.

Como dito várias vezes, o modelo de revolução, tanto para Silva Jardim quanto para Quintino Bocaiuva, era o da "Abdicação" de 1831. Apesar de investir na mobilização popular, Silva Jardim – assim como os demais ativistas – sabia que, sem o apoio do Exército, as chances seriam muito pequenas.

Aliás, na versão de Silva Jardim, a proximidade com os militares e a direção de *O Paiz* tinham sido os trunfos apresentados por Quintino Bocaiuva para convencer os seus correligionários sobre a sua competência para presidir o partido (*Gazeta de Notícias*, 1º de junho de 1889).

No intuito de amenizar a insatisfação dos grupos que, mesmo depois do congresso, continuaram apoiando a liderança de Silva Jardim, Quintino

---

665. Nesse ponto, acompanhamos a interpretação de Reynaldo Xavier, que também não entendeu a eleição de Quintino Bocaiuva como um retorno ao evolucionismo. Para confirmar a sua posição, o autor destacou alguns discursos do chefe republicano após a sua eleição, dentre eles, o proferido num banquete e publicado em *A Província de São Paulo* no dia 15 de maio de 1889: "Este processo evolutivo **não exclui, como já disse, nem a revolução nem o emprego de meios mais diretos e eficientes** para chegarmos ao advento da República" (grifo nosso). Dentre os autores que defendem essa posição, cf., também, Silva (1983).

666. Anteriormente, o conselho era escolhido no próprio congresso.

Bocaiuva declarou, em diferentes momentos do seu discurso num banquete em São Paulo, em homenagem à sua eleição e publicado em *A Província de São Paulo* no dia 15 de maio de 1889, que a sua liderança não excluía "nem a revolução nem o emprego de meios mais diretos e eficientes", porém que "a necessidade desses meios e **a oportunidade do seu emprego** [seriam] determinados, **não por nós, mas pelos nossos adversários**" (apud PESSOA, 1983, p. 155 – grifos nossos).

Quais fatores estariam sendo cogitados pelo novo presidente do partido como indicativos do momento oportuno? Se levarmos a sério a sua confiança na adesão do Exército e na sua capacidade de transformar *O Paiz* num órgão partidário, o que esperava Quintino Bocaiuva?

Claramente, a eventual morte do imperador era um desses fatores, pois, na sua opinião, a propaganda republicana tinha criado, "na alma nacional", o consenso de que "o termo da monarquia [devia] fatalmente coincidir com o termo do segundo reinado. Não devemos esquecer a posição do Partido Republicano Nacional no início da Terceira Regência, tampouco o editorial de Quintino Bocaiuva, que comentou a ida de Pedro II para a Europa:

> Do paquete *Gironde* pode-se dizer que neste momento representa de fato um esquife. Não leva o cadáver embalsamado de um homem, mas leva o cadáver de uma instituição. [...] A monarquia brasileira é a que hoje embarca para a Europa (*O Paiz*, 30 de junho de 1887).

No entanto, a volta do imperador, em agosto de 1888, parecia ter anulado esse caminho para se chegar à República "ainda no ano do centenário da Revolução Francesa".

Tendo em vista a sua afirmação de que o "momento oportuno" seria definido "**pelos adversários**", parece-nos plausível considerar que o cálculo de Quintino Bocaiuva para a "revolução sem a guerra civil" era indissociável da avaliação sobre a força política do isabelismo. Por ocasião do congresso republicano, o isabelismo era a única base de apoio do Gabinete 3 de Março[667], já que João Alfredo tinha se tornado alvo de denúncias de

---

667. Ferreira de Araújo comentou o isolamento do *Cidade do Rio*, que, nesse contexto, propunha a dissolução da câmara para manter o governo de João Alfredo. Apesar de, inicialmente, ter sustentado o governo, Ferreira de Araújo retirou o seu apoio, pois, ainda que tenha contado com "circunstâncias excepcionais", o governo teria "hesitado em fazer tudo que as circunstâncias lhe ofereceram", preferindo fortalecer o clericalismo, fornecer auxílios à lavoura e introduzir imigrantes nas grandes propriedades (*Gazeta de Notícias*, 3 de junho de 1889).

corrupção na "questão Loyo", num processo que, no século XIX, já era visto como um mecanismo estrutural para provocar a queda de governos.

Para Ferreira de Araújo, em lugar de se criticar um ministério "pelo que ele prometera e não cumprira", os homens políticos do país preferiam derrubá-lo pelas acusações de corrupção, mesmo sabendo da falsidade das denúncias, pois, desse modo, era possível ascender ao poder sem nenhum compromisso programático:

> O Parlamento [...] quer deitar abaixo o ministério pela questão Loyo. [...] No entanto, na consciência de todos os senadores, de todos os deputados, **está a convicção profunda da imaculada honestidade** do Sr. presidente do conselho, do mesmo modo que ninguém pôs em dúvida a de Cotegipe no caso das popelines, a de Rio Branco no das cambiais, a do Sr. Sinimbu na do Banco Nacional. [...] Por uma singular tendência de espírito dos nossos homens políticos, [...] é justamente nesse terreno que os adversários dos gabinetes preferem dar batalha. [...] Na questão Loyo, toda a gente sabe que o Sr. João Alfredo não usufruiu a mais insignificante vantagem. [...] Sabe-se disto, e isto repete-se **nos corredores das câmaras, e nas salas e nas ruas**. Mas, na imprensa e nas sessões parlamentares, quem dá cabo do ministério, é a tribo Loyo. [...] **Não se lhe pergunta pelo que ele prometeu e não cumpriu**. [...] **O que importa primeiro que tudo é que ele caia, não porque errou, mas para que dê lugar aos outros**. [...] Se o ministério cair por causa dos Loyo, o único compromisso que realmente herda o seu sucessor é de renegar os Loyos (*Gazeta de Notícias*, 20 de maio de 1889 – grifos nossos).

Essa era a mesma posição do jornal fundado por Pardal Mallet, em abril de 1889: "E assim compreendida a questão Loyo, é preciso encará-la, por conseguinte, como simples tramoia da oposição, destinada a provocar a demissão do ministério" (*A Rua*, 25 de maio de 1889 – grifos nossos).

Menos de um mês depois do congresso que elegeu Bocaiuva, a queda de João Alfredo trouxe José do Patrocínio de volta às fileiras republicanas com uma declaração pouco explorada pelos historiadores, que, em muitos casos, afirmam:

> Patrocínio apoiou a princesa Isabel quando se convenceu de que ela estava decidida a fazer a abolição. Durante um ano,

até a **Proclamação da República**, combateu os republicanos que defendiam a indenização dos proprietários (CARVALHO, 2011, p. 144 – grifo nosso)[668].

No entanto, com a volta dos liberais ao poder, o líder abolicionista assumiu publicamente o seu "erro político" como resultado da confiança depositada no imperador, que "simulara" adesão às reformas democráticas enquanto, "nas salas discretas do palácio", tramava contra o ministério. Na longa citação a seguir, José do Patrocínio – apesar de criar uma identidade entre a sua liderança e o abolicionismo – reconheceu a importância do republicanismo, arrependeu-se de ter provocado a cisão no campo republicano e se colocou como um mártir a serviço da revolução:

> O abolicionismo era, por assim dizer, o condensador revolucionário. [...] **Possuía poderosos elementos republicanos.** [...] Em paga da sanção que ele havia tornado invencível, **numa hora de generosidade, ele cedeu direitos de poder àquela que se recomendava pela própria fraqueza. Foi um tremendo erro: não se fazem galanteios com a pátria**. O Império viu o resultado que havia a tirar dessa **alucinação** produzida pelas justas alegrias do 13 de maio. [...] A **cisão do abolicionismo republicano e do republicanismo organizado em propaganda revolucionária é tão recente**, que ainda não houve tempo de cicatrizar as feridas recíprocas. O palácio não contou com **a abnegação dos mártires abolicionistas**; acreditou que eles não teriam a pungitiva **coragem de confessar alto que erraram e que estão dispostos a pagar a demora ao toque de clarim de seu partido com o mais pesado serviço da legião**, querendo apenas a honra de vestir o mesmo uniforme e de **tomar no combate as avançadas mais perigosas**. [...] É **impossível conter a indignação** e adiar por mais tempo o combate de todas as horas e de todos os momentos contra ela (*Cidade do Rio*, 10 de junho de 1889 – grifos nossos).[669]

---

668. De certo modo, a coletânea dos artigos de José do Patrocínio na campanha abolicionista induz a esse posicionamento, já que não analisa os artigos publicados após a queda do ministério de João Alfredo (PATROCÍNIO, 1996). Para análises que contemplam a mudança de posição de José do Patrocínio, cf. Brandão (2009).

669. A volta de José do Patrocínio às fileiras republicanas não significou a renúncia à sua visão sobre a importância de Isabel na abolição. Num texto posterior, em que comentou o aniversário da princesa, José do Patrocínio lamentou não poder, naquele momento, prestar-lhe as merecidas homenagens: **"Fazendo, como estamos, a propaganda da República, decididos a empenhar todas as pequenas forças para fazê-la triunfar. [...] Não nos julgamos desobrigados para com a santa**

É possível que Quintino Bocaiuva contasse com a volta de Patrocínio às fileiras republicanas? Em todo caso, depois dessa declaração, é perceptível o acolhimento tácito de José do Patrocínio pelas páginas de *O Paiz*, enquanto o *Cidade do Rio* reconheceu Quintino Bocaiuva como chefe do partido em detrimento de Silva Jardim[670].

O novo posicionamento de José do Patrocínio também funcionou como um sinal verde para a mobilização dos negros republicanos da Corte? Já estruturados em São Paulo, o Club Republicano dos Homens de Cor só foi criado na cidade do Rio de Janeiro em junho de 1889, por indivíduos "que até então passavam bem despercebidos nos comentários sobre abolicionistas e agitadores políticos negros" (PINTO, 2018, p. 335). Em razão da força do isabelismo no Rio de Janeiro, é possível que essas lideranças procurassem, deliberadamente, ofuscar o seu ativismo? Essa hipótese pareceu-nos plausível após, surpreendentemente, encontrar o nome de uma

---

mãe dos cativos [...] se conseguirmos vencer a monarquia por um bloqueio semelhante ao que venceu a escravidão; nós esperamos poder então **prestar a Isabel, a Redentora**, a homenagem que as paixões políticas de momento lhe negam. **Não se paga com o exílio, nem com a ameaça de morte; não se retribui com o banimento e a penúria a quem provou como Isabel, a Redentora, ser o maior cidadão nascido no Brasil**, o mais corajoso, o mais desinteressado, o mais humano. [...] O responsável por essa política não é nem Isabel, a Redentora, nem mesmo o Sr. D. Pedro II, é o Império; é a instituição monárquica" (*Cidade do Rio*, 29 de julho de 1889 – grifos nossos). Esse esforço de conciliação de José do Patrocínio é um dos aspectos que explica a sua preferência pela República de Quintino Bocaiuva em detrimento da República de Silva Jardim, como veremos em seguida.

670. No mês de agosto, o *Cidade do Rio* inaugurou uma seção "Caricaturas" em que apresentava as personalidades importantes naquele contexto – dentre elas, Quintino Bocaiuva. No seu perfil, destacou sobretudo a aversão do presidente do partido à violência política. "Tem muita semelhança com o seu rival coroado. **O mesmo horror ao sangue e a mesma política de contemporização**. Um dia qualificou aos republicanos exaltados, os profetas da República dos bobos alegres. [...] **Ninguém levantou mais alto o prestígio do jornalismo. Seu nome é a nossa honra no estrangeiro**" (*Cidade do Rio*, 5 de agosto de 1889 – grifos nossos). Na edição seguinte, o jornal trouxe a carta de Quintino Bocaiuva agradecendo os elogios. A preferência de José do Patrocínio pela liderança de Quintino Bocaiuva evidencia-se quando analisamos a opinião do jornal em relação a outros líderes mais radicais – dentre eles, Aristides Lobo –, como se vê no texto que acompanhou a sua caricatura: "O Sr. Bittencourt Sampaio acredita que o Sr. Aristides Lobo é **Robespierre reencarnado**. Nós somos da mesma opinião. [...] O Sr. Aristides Lobo é uma espécie de sentinela perdida da República, [...] não sabe nem transigir, nem perdoar. Faz da política um fanatismo. É capaz de odiar mortalmente um indivíduo só porque este discordou ou afastou-se do partido" (*Cidade do Rio*, 27 de agosto de 1889 – grifo nosso). De fato, apesar do seu discurso exaltado, José do Patrocínio sempre foi mais próximo da "revolução pelo alto" – sem risco de guerra civil – do que da revolução pela mobilização popular, com o risco de violência, tal como propugnada pelos grupos liderados por Silva Jardim naquele momento. No mesmo dia da ascensão de Afonso Celso, o *Cidade do Rio*, num artigo não assinado na página 2, posicionou-se contra Silva Jardim – que só apontava saída pela violência – e também contra Lopes Trovão e Aníbal Falcão, declarando apoio a Quintino Bocaiuva (*Cidade do Rio*, 7 de junho de 1889).

das principais lideranças do clube – Anacleto Alves de Freitas – na lista dos presos durante os conflitos do dia 30[671].

Na versão isabelista, o confronto tinha sido entre os "brancos republicanos" e os "negros monarquistas". Já nas memórias republicanas, o "operariado" fizera parte da base política de Silva Jardim, "sendo expressiva a dedicação de alguns homens de cor, de situações humildes, que, **acompanhando Anacleto de Freitas, se batiam, nas ruas, por ele, contra a Guarda Negra**" (MORAES, 1985, p. 20 apud PINTO, 2018, p. 336 – grifo nosso).

Ao fornecer uma nova base documental às memórias republicanas, Ana Flavia Magalhães Pinto (2018) transformou o ativismo de Anacleto Alves de Freitas numa chave importante para a compreensão dessa conjuntura política. A prisão de Anacleto de Freitas, nos conflitos do dia 30, é mais um indício da mobilização do republicanismo negro, que foi condenado ao esquecimento pelo isabelismo. Por sua vez, essa versão monarquista mantém-se sem contestação ou nuanças na interpretação de alguns cientistas políticos contemporâneos:

> A reação negativa da população negra à República manifestou-se antes mesmo da proclamação, através da Guarda Negra. […] Permanece o fato de que os republicanos não conseguiram a adesão do setor pobre da população, sobretudo dos negros. […] A simpatia dos negros pela monarquia reflete-se na conhecida ojeriza que Lima Barreto, o mais popular romancista do Rio, alimentava pela República (CARVALHO, 1987, p. 30-31).

Nesse sentido, o resgate das associações dos negros republicanos é fundamental para relativizar o caráter oligárquico da República pela alusão a um "republicanismo conservador e branco" em oposição ao "monarquismo democrático e negro". Acima de tudo, os conflitos entre essas associações

---

671. Na lista dos presos, nenhuma menção foi feita ao republicano Anacleto Alves de Freitas; ele era apenas mais um na relação de dez pessoas. A lista de presos está na edição da *Gazeta de Notícias* do dia 31 de dezembro de 1888. Os nomes dos outros presos são: Franco de Menezes Serpa, Euzébio José de Mattoso, Elias Antonio dos Anjos Biblia, Evaristo José Alves, Joaquim José Maria, Alberto Joaquim da Costa, Gregório Antonio da Silva, Boaventura Pereira da Silva e Jaques Lager. Resta saber se essas pessoas faziam parte do grupo de "cinquenta e cinco homens de cor" que participaram da reunião de fundação do clube, conforme informações recolhidas por Ana Flávia Magalhães Pinto (2018, p. 335).

devem ser compreendidos no quadro das divisões que, um pouco antes do 13 de maio, implodiram a frente abolicionista.

Coincidência ou não, em junho de 1889, no momento em que José do Patrocínio voltou ao republicanismo, o Club Republicano dos Homens de Cor foi fundado por Deocleciano Mártir e Anacleto de Freitas, no cargo de primeiro-secretário, com o objetivo de "combater em todos os terrenos contra as instituições vigentes" (*Gazeta da Tarde*, 3 de junho de 1889 apud PINTO, 2018, p. 334-335)[672].

* * *

Apesar das inúmeras divergências, a volta dos liberais reuniu, novamente, os republicanos. Se alguns historiadores concluíram que Silva Jardim "rompeu definitivamente" com o partido, após o congresso de maio de 1889, nenhum indício desse desligamento foi encontrado nesta pesquisa[673]. Pelo contrário. Apesar das suas declarações contra a liderança de Quintino Bocaiuva, Silva Jardim continuou atrelando o seu ativismo político ao partido, inclusive, aceitando os procedimentos evolucionistas.

Depois de ter sido escolhido pelo eleitorado republicano do 8º Distrito da Província de Minas Gerais, disputou as eleições de agosto de 1889 e, numa Circular ao Eleitorado, apresentou o seu programa, além de reafirmar o seu modelo de revolução: "Não direi que quero a guerra civil, mas sim uma propaganda ativa, constante, enérgica, que não ceda uma linha dos direitos do povo [...] e principalmente **operada nesta capital, como centro do Brasil** e sede da monarquia e que, a exemplo, de **7 de abril de 1831**, imponha, com o auxílio de todas as classes, a deposição da família imperial" (*Gazeta de Notícias*, 23 de agosto de 1889 – grifos nossos). Nessas eleições, alcançou o terceiro lugar, com 260 votos, enquanto o primeiro lugar alcançou 434 votos.

---

672. Além do primeiro objetivo, citado no texto, o livro da Ana Flávia Magalhães Pinto (2018, p. 334-335) traz os outros princípios anunciados pelo grupo no momento da sua fundação: "2º Assistir a todas as reuniões políticas que se realizarem nesta cidade e combater em seu favor. 3º Instituir-se uma caixa de beneficência e uma aula noturna. 4º Reconhecer como chefe o cidadão que for eleito pelo conselho federal. 5º Fazer a propaganda política com a raça preta e fazer crer a essa mesma raça que está sendo vítima do trono".

673. George Boehrer (2000, p. 216) dá a entender que Silva Jardim abandonou o partido após o congresso que elegeu Quintino Bocaiuva para a presidência, mas sem afirmá-lo categoricamente. Já Celso Castro (2013, p. 177) fala do "rompimento definitivo". Inclusive, essa afirmação faz parte da sua argumentação a respeito da desimportância do Partido Republicano na Proclamação da República apoiada em dois eixos principais: a "força eleitoral modesta" e as suas divisões internas insuperáveis. Além disso, para o autor, Quintino Bocaiuva teria conservado a sua posição evolucionista. Todas essas colocações foram contextualizadas e relativizadas ao longo deste trabalho.

Após os resultados, Silva Jardim, além de denunciar a corrupção e a violência empregada pelos liberais no processo eleitoral, prometeu "continuar atuando na capital, "a fim de alargar o número de **adesões ao nosso partido**" (*Gazeta de Notícias*, 25 de setembro de 1889 – grifo nosso). Além disso, Silva Jardim continuou recebendo várias declarações de apoio de clubes e partidos municipais, inclusive do Club Tiradentes, que, no dia 1º de setembro, organizou uma homenagem "em reconhecimento aos **serviços prestados ao Partido Republicano**" (*Gazeta de Notícias*, 23 de agosto e 1º de setembro de 1889 – grifo nosso).

Em outubro, após ter sido escolhido pelos eleitores do 8º Distrito, ele disputou as eleições para deputado da província do Rio de Janeiro (*Gazeta de Notícias*, 11 de outubro de 1889). Silva Jardim também integrou o corpo de redatores do jornal *Correio do Povo*, fundado por Sampaio Ferraz em julho de 1889. Em 1890, foi o orador oficial no evento do dia 21 de abril organizado pelo Club Tiradentes, que reuniu mais de vinte mil pessoas e contou com as principais lideranças do partido[674].

A união dos republicanos no combate ao "Afonso do Vintém" desdobrou-se numa série de conflitos que, por sua vez, reforçou a referência da imprensa – mesmo das folhas neutras – à iminência da revolução[675]. Quatro dias antes da ascensão de Afonso Celso, Ferreira de Araújo escreveu na sua seção "Coisas políticas":

> Ou a Nação é bastante paciente para usar dos meios pacíficos, e elege uma câmara republicana, que deporá a monarquia e o monarca, **ou impacienta-se, e, por um nada, pela mais insignificante fagulha, veremos atear-se o incêndio, que, como aquele que há cem anos projeta os seus clarões benéficos** sobre a humanidade inteira [...] e fará nadar em sangue [...] este país que acaba de dar ao mundo o espetáculo extraordinário de derrocar, entre flores e aplausos, uma outra, três vezes secular. [...] Só nos falta agora um homem de coragem que, não contra a monarquia, mas por amor dela, promova o

---

674. Os festejos organizados pelo clube, na primeira comemoração do Dia de Tiradentes sob o novo regime, tiveram ampla participação popular e reuniram as principais lideranças republicanas. Alguns jornais republicanos estimaram "em mais de vinte mil pessoas a multidão ali [Largo do Paço]" (*A Democracia*, 22 de abril de 1890).

675. Essa referência ao "Afonso do Vintém" é encontrada em diversos discursos republicanos, dentre eles, o do editorial da *Revista Ilustrada* depois da ascensão de Afonso Celso. Sobre a posição da *Revista Ilustrada* e do *A Rua* nessa conjuntura, cf. Santos (2015).

processo que resulte convencer o imperador de que está doente (*Gazeta de Notícias*, 3 de junho de 1889 – grifo nosso).

Após a composição do ministério, "sob a dupla feição clerical e militar", o jornalista acrescentou: "Atualmente, de uma única calamidade se pode arrecear esse país, **e essa é a guerra civil; no entanto ela é inevitável, se a composição do ministério tem a significação que se lhe tem atribuído**" (*Gazeta de Notícias*, 10 de junho de 1889 – grifo nosso).

Em relação à atuação da imprensa, é importante destacar um título com grande impacto nesse contexto, *A Rua*, fundado por Pardal Mallet, Olavo Bilac, Luiz Murat e Raul Pompeia em março de 1889. Além de se projetar no debate público pela "propaganda franca e deliberadamente socialista", *A Rua* – em todas as suas edições de abril a julho – referiu-se à "proximidade inevitável da revolução" (*A Rua*, 25 de maio de 1889)[676].

Dentre os vários acontecimentos que revelam o acirramento das tensões sociais, raciais e políticas nessa conjuntura, vamos aprofundar a análise de três episódios: as comemorações do 14 de julho, o atentado ao imperador e o "Caso Chrispim".

* * *

Mesmo com todas as precauções tomadas pelo governo, a comemoração do Centenário da Revolução Francesa organizada pelo Club Tiradentes "aglomerou muito povo"; gerou conflitos e envolveu os jovens da Escola Militar na defesa de Lopes Trovão e outros manifestantes[677]. Na reação aos ataques contra os ativistas – cuja responsabilidade foi atribuída à Guarda Negra –, reuniu-se todo o campo republicano, inclusive José do Patrocínio, que, numa demonstração clara do seu novo posicionamento, se distanciou

---

[676]. O jornal foi fundado após o rompimento do grupo com o isabelismo. Vários artigos do jornal fizeram referências ao processo revolucionário em curso, dentre os quais, "Em plena revolução", de 11 de maio de 1889, assinado por Souvarine, um dos pseudônimos usados por Pardal Mallet, provavelmente como referência ao Souvarine, anarquista russo, personagem do *Germinal*, de Émile Zola. Assim como *O Grito do Povo*, fundado por Polycarpo Ferreira, *A Rua* também foi título de um dos jornais do socialista francês da Comuna de 1871, Jules Vallès. Sobre Jules Vallès, cf. Winock (2006).

[677]. Dentre as medidas tomadas pelo governo, destaca-se o pedido ao consulado francês para que permanecesse fechado durante todo o dia 14. Cf. *Revista Ilustrada* (20 de julho de 1889). Para uma descrição detalhada dos eventos e dos conflitos, cf. *Gazeta de Notícias* (dias 14 e 15 de julho de 1889). Dentre as lideranças citadas pela imprensa, destacamos a presença de Lopes Trovão, Quintino Bocaiuva, Sampaio Ferraz, Vicente de Souza, Cyro de Azevedo e Anacleto de Freitas pelo Club Republicano dos Homens de Cor. Em relação ao envolvimento dos jovens militares, vale a pena destacar a presença de Aníbal e Saturnino Cardoso pela proximidade com os civis em vários outros eventos. Cf. Castro (2013).

da sua antiga versão sobre a associação. Agora, ele se recusava a acreditar que a iniciativa de "perturbar uma festa que tinha por fim honrar a memória da revolução" tivesse partido "dos homens de cor". Assim, as ocorrências só podiam demonstrar que os libertos estavam "sendo criminosamente explorados" (*Cidade do Rio*, 15 de julho de 1889).

Além de desencadear disputas em torno da participação política dos libertos, os eventos do dia 14 vieram reforçar as alusões a uma crise revolucionária em curso[678]. Um dia depois, o imperador foi alvo de um "atentado" perpetrado por um jovem caixeiro português, Adriano do Valle, de apenas vinte e um anos que, no seu interrogatório, declarou: "Imputam-me um crime que me é muito honroso. Se eu tivesse feito saltar os miolos a um desgraçado teria vergonha de mim mesmo, mas, tentando contra a vida do monarca, sinto-me orgulhoso e não me arrependo" (*Cidade do Rio*, 16 de julho de 1889). Além de atribuir uma conotação política ao seu crime, Adriano do Valle mencionou, no seu depoimento, a participação de um dos redatores do jornal *A Rua* e de outros republicanos, dentre eles, Plácido de Abreu, ameaçado de deportação após as manifestações contra a reforma eleitoral em 1881.

Dois dias antes de ser chamado a depor, Pardal Mallet analisou as ocorrências da seguinte forma: "Agora! Sim. **O pensamento revolucionário extravasou do cérebro dos tribunos para as agitações da praça pública**. E o povo, na sublimidade selvagem da sua retórica, fala a linguagem das balas pelo porta-voz dos canos do revólver. Os acontecimentos precipitam-se vertiginosamente naquela **fatalidade irresistível que faz as revoluções**" (*A Rua*, 18 de julho de 1889 – grifos nossos). Essa foi a última edição da sua folha socialista, *A Rua*[679].

Depois de ter sido citado nos depoimentos, Pardal Mallet procurou a *Gazeta de Notícias* para a publicação de dois artigos – "Em defesa de Adriano" – que, até certo ponto, relativizaram as suas afirmações anteriores. Por um lado, Pardal Mallet procurou refutar a ideia de "atentado", mas,

---

678. Sobre as disputas em torno da participação política dos libertos, cf. Pinto (2018); Gomes (2011); Albuquerque (2011).

679. Nessa última edição do jornal, é possível identificar divergências entre os redatores de *A Rua*. Pela primeira vez, Souvarine apareceu identificado a Pardal Mallet, autor do artigo mencionado anteriormente que, além de ver no atentado um episódio da "revolução em curso", ironizou as mensagens de apoio recebidas pelo imperador. Já "Timão de Atenas" se posicionou radicalmente contra o atentado e pelo imperador.

por outro, criticou, com veemência, a tentativa de desvincular o 15 de julho do "processo revolucionário em curso"[680].

De certo modo, o esforço dos contemporâneos para separar a ação de Adriano do Valle da crise política desdobrou-se numa certa indiferença da historiografia a respeito do "fato". Mesmo admitindo o caráter "individual" do "atentado", parece difícil negligenciar a sua estreita conexão com uma conjuntura marcada por referências cotidianas à revolução, apenas quatro meses antes da queda do regime.

Na produção do consenso sobre o caráter apolítico da ocorrência, colaboraram tanto monarquistas quanto republicanos[681]. Com o intuito de minimizar a crise política, era importante, para os monarquistas tratá-la como "tiro de um louco"[682]. Para o Partido Republicano, a tentativa de diminuir a sua relevância era indispensável não só para o prosseguimento da pro-

---

680. A ideia de que Adriano do Valle era a única vítima do acontecimento já estava presente no seu artigo do dia 18, mas ainda tratava o acontecimento como um atentado. Nos artigos posteriores, negou que a ocorrência pudesse ser entendida dessa forma. No seu depoimento, Adriano do Valle teria mencionado não só Pardal Mallet – acusado de ter disparado o tiro –, mas também Germano Hasslocher e Plácido de Abreu, que o teriam instigado. Nos seus depoimentos, todos negaram as acusações. Depois disso, Pardal Mallet iniciou uma "campanha para arregimentar simpatias em favor do Adriano", pois tudo não teria passado de uma "grande pilhéria": algum "gaiato", comentando os tiroteios do 14 de julho, talvez tivesse deixado escapar: "Se alguém matasse o Pedro II, [...] amanhã se fazia a República". Em contrapartida, o jornalista acreditava que ninguém tinha o direito de negar o clima revolucionário que estava levando a comportamentos exaltados. Nesse sentido, Adriano era apenas uma vítima. Cf. *Gazeta de Notícias* (21 de julho e, também, as edições de 23 e 29 de julho; 3, 6 e 7 de agosto de 1889). No relatório final do inquérito, todos os republicanos mencionados por Adriano do Valle foram inocentados. Antes disso, Adriano do Valle voltou atrás no seu depoimento sobre a participação dos republicanos e assumiu o atentado.

681. Numa carta de Afonso d'Escragnolle Taunay para André Rebouças, o monarquista propunha a elaboração de um Ofício da Sociedade Central de Imigração para repudiar a exploração em torno do "atentado" de 15 de julho, referindo-se a um ato isolado sem maiores implicações ("Ofício da Sociedade Central de Imigração ao Imperador, repudiando a exploração do atentado do 15 de julho", 17 de julho de 1889 – localizado na Seção de Manuscritos [I-48,17,28], Biblioteca Nacional). Alguns jornais, como o *Jornal do Commercio*, usaram a palavra "desacato" para se referir ao acontecimento. No entanto, apesar de isolar o atentado na pessoa do "estrangeiro" Adriano do Valle, o editorial do *Jornal do Commercio* de 17 de julho de 1889 referiu-se à crescente "exaltação" que estaria "se manifestando em várias classes da nossa sociedade".

682. Essa frase teria sido enunciada pelo imperador e foi transcrita posteriormente nos jornais consultados (*Cidade do Rio*, 17 de julho de 1889). A minimização do caráter conflituoso dessa conjuntura; da crise do regime e da importância da propaganda republicana foi acionada pela família dos Bragança e os seus próximos durante toda a década de 1880 e depois da Proclamação da República. Cf., por exemplo, as versões construídas pela Princesa Isabel, da Baronesa e do Barão de Muritiba, sobre a queda da monarquia (GRINBERG; MUAZE, 2019).

paganda, mas também para a realização de uma "segunda revolução sem conflitos e sem violência"[683].

Apesar da determinação em descontextualizar o "atentado", a sua dimensão política torna-se bastante evidente quando recuperamos a tensão entre os evolucionistas e os revolucionários, na história do Partido Republicano, desde o seu primeiro manifesto. Até mesmo para Quintino Bocaiuva, em seu manifesto de 1889 ao Partido Republicano, "o termo da monarquia devia **fatalmente** coincidir com o termo do segundo reinado" (apud PESSOA, 1973, p. 158 – grifo nosso).

Desse modo, o presidente do partido, tanto pela sua aversão à violência quanto por cálculos políticos, foi uma das personalidades mais enfáticas na condenação do ato e na refutação das suas pretensas motivações republicanas. Se havia uma "intenção subjacente" ao atentado era a de desprestigiar a ideia republicana e de "prestigiar os sentimentos monárquicos, apelando para o sentimentalismo do povo brasileiro" (SOUZA, 1977, p. 20)[684]. Em razão das suas declarações, o presidente do partido foi muito elogiado por José do Patrocínio (*Cidade do Rio*, 17 de julho de 1889).

No artigo do dia 16, o *Cidade do Rio* exprimira o seu receio de que houvesse envolvimento dos republicanos no atentado. No editorial do dia 17, intitulado "24 horas depois", José do Patrocínio disse que a possibilidade de que os "republicanos exaltados" tivessem alguma participação no ato já tinha sido "completamente descartada": "Está reconhecido que a deplorável ocorrência não se filia a um movimento político".

Entretanto, mesmo circunscrito a uma individualidade, o presidente do partido podia ignorar que a situação escapava ao seu controle? Aliás, a despolitização da violência não impediu que o Conselho de Estado recomendasse ao imperador, logo no dia seguinte, a "proibição de conferências de qualquer espécie e reuniões para qualquer fim". No mesmo dia, a resolução do conselho foi levada a Pedro II, que, apesar de ter enunciado a frase "não foi nada, foi um tiro de louco", deu o seu aval à decisão que proibiu não só as reuniões, mas também os "vivas à República, morras à monarquia, vivas

---

683. No dia 16, José do Patrocínio, ainda com receio de que os "republicanos exaltados" tivessem, de fato, algum papel no atentado, reiterou o seu modelo de revolução pela alusão às duas únicas armas utilizadas pelo abolicionismo, as "bênçãos e flores" (*Cidade do Rio*, 16 de julho de 1889).

684. Na passagem citada, a autora refere-se à posição de Quintino Bocaiuva em *O Paiz*, no dia 17 de julho de 1889 – "Os dois fatos" –, sobre o atentado.

ao partido republicano" ou qualquer outra "proferição de gritos e frases igualmente sediciosos"[685].

Inicialmente, o edital do chefe de Polícia foi legitimado pelos republicanos mais moderados, mas, logo em seguida, as medidas foram denunciadas como dispositivos de um regime de compressão. No editorial do dia 19 de julho, *O Paiz* justificou claramente as proibições relativas ao "viva à República; ao morra ou fora à monarquia", pois podia gerar novos conflitos (cf. Souza, 1977, p. 25). Mas, logo em seguida, as medidas tornaram-se objeto de contestação.

No dia 24 de julho de 1889, Saldanha Marinho assinou um artigo em *O Paiz* criticando a repressão, pois o "atentado" só existia para o governo, que aproveitava de um "simples ato de cerveja ou do *cognac*" para "motivar a perseguição aos republicanos". Nesse mesmo contexto, *O Paiz* noticiava a perseguição aos republicanos, não só na Corte, mas também nas demais províncias, com destaque para a prisão do médico Campos da Paz, que estava à frente da propaganda republicana em Bananal, São Paulo (cf. *O Paiz*, 20, 24 e 31 de julho de 1889).

Nessa conjuntura, José do Patrocínio exprimiu, mais uma vez, a sua adesão à presidência de Quintino Bocaiuva – em detrimento da liderança dos "revolucionários" – acompanhando-o na sua reavaliação sobre as medidas do governo. Se o edital de 17 de julho era justificável, a tentativa de aproveitá-lo para "aniquilar a propaganda" era inaceitável[686].

---

685. O edital na íntegra pode ser encontrado no *Cidade do Rio* de 18 de julho de 1889.

686. Logo após a publicação do edital, o governo decidiu proibir qualquer manifestação dos estudantes da Escola Politécnica, ameaçando com o fechamento da escola em caso de desobediência. José do Patrocínio colocou-se contra a medida, denunciando o empenho do governo em reprimir a propaganda na Corte, enquanto era "sabido que dos centros agrícolas [partira] a agitação republicana revolucionária [...] que **pediam cabeças de príncipes**". Na sua crítica, ficava evidente, mais uma vez, a sua oposição a Silva Jardim e a sua adesão à chefia de Quintino Bocaiuva em razão da sua recusa da violência. Já na Corte, "a ideia republicana se depura dia a dia na mais humana e mais patriótica das propagandas, onde **o chefe político é o primeiro a aplaudir as medidas razoáveis**. [...] Ainda hoje, *O Paiz*, **redigido pelo chefe supremo do partido republicano deu arras da sua subordinação à lei**. Por que motivo há de querer o Sr. presidente do conselho preferir uma atitude em que só poderá contar com a força material? É tempo de refletir: o terror não edifica impérios; ao contrário os destrói" (*Cidade do Rio*, 19 de julho de 1889 – grifos nossos). A partir do dia 19 de julho, Ferreira de Araújo também começou a criticar as medidas do governo na sua *Gazeta de Notícias*: "De exagero em exagero chegaremos a excessos que todos teremos de deplorar quando já não pudermos evitar". Entre os exageros, a referência ao fechamento das escolas, o reforço do policiamento com mais de sessenta praças e a prisão de pessoas que gritavam "o viva à República".

Apenas quatro dias depois, teve início o Segundo Congresso Republicano Federal, no ano de 1889, dessa vez em Minas Gerais, no mesmo momento em que o imperador partia em viagem pela província. Na década de 1950, George Boehrer afirmou que "pouco se sabia sobre o Congresso", já que "nenhum republicano contemporâneo ou historiador recente julgou-o digno de comentários" (BOEHRER, 2000, p. 220, nota 34).

Por sua vez, Cláudia Viscardi (2013), apesar de ressaltar a importância do republicanismo na província de Minas Gerais na segunda metade do século XIX, confirmou a mesma dificuldade encontrada por Boehrer em 1954, em relação ao Congresso de 1889: "Não dispomos de muitas informações disponíveis sobre esse evento. Apenas que contou com a presença de lideranças destacadas nacionalmente e que contou com numerosa representação de vários lugares do Brasil" (VISCARDI, 2013, *on-line*)[687]. As notícias desencontradas sobre o caráter público ou secreto das suas sessões e a ausência de depoimentos sobre o congresso – poucos dias depois do atentado ao imperador – são, justamente, o que chama a atenção nesse contexto[688]. Diferentemente dos congressos anteriores, que lançaram manifestos ou tiveram os seus temas discutidos pela imprensa, o Congresso de Juiz de Fora não teve nenhuma resolução ou discussão divulgada nos jornais consultados.

Se a organização de dois congressos federais num único ano já era indicativa da mobilização excepcional do partido, a antecipação do congresso, previsto para o mês seguinte, parece-nos um indício muito claro de que a conspiração republicana estava sendo construída na esfera partidária, na correlação estreita com a eclosão da violência política que culminou no atentado ao imperador.

Aliás, o caráter conspiratório do congresso republicano não escapou ao irônico Juvenal do *Cidade do Rio*:

---

687. Em relação a esse artigo, salientamos, ainda, a adesão da autora à mesma tese defendida neste trabalho sobre o protagonismo dos civis na Proclamação da República: "Gostaria de manifestar que dentre as várias abordagens existentes, compartilho das teses que compreendem a deflagração da República como um resultado de uma aliança entre militares e civis, com predomínio dos segundos sobre os primeiros".

688. O *Diário de Minas*, por exemplo, deu a notícia da primeira sessão do congresso no dia 21, como tendo sido realizada numa loja maçônica, às 20h, ressaltando o seu caráter secreto. No dia seguinte, numa pequena nota, reformulou a notícia dizendo que a sessão tinha sido pública, sem, no entanto, fornecer maiores informações (*Diário de Minas*, 21 e 22 de julho de 1889).

O edital do Sr. Bason proibindo conspirações reunidas contra a monarquia, autorizou as **conspirações dispersas**, que depois serão remetidas ao **Sr. Quintino Bocaiuva para apurar e proclamar a re...denção da pátria. República é que eu não escreverei.** [...] o Sr. Quintino Bocaiuva, **o republicano fundamentalmente obediente à monarquia** e mais instituições juradas, em cumprimento do citado edital Basson, foi para Juiz de Fora [...] coadjuvado em tudo e por tudo pelo Sr. **Cesário Alvim.** [...] **Desta sorte, a República, que aqui não pode e nem pode mais ser aclamada, acha-se à vontade em Minas**[689] (grifos nossos).

Quanto ao "coadjuvante" de Quintino Bocaiuva, foi dele um dos raros discursos que vieram a público, com o qual convocou a província de Minas Gerais "à luta contra o governo de privilégios **em qualquer terreno** que se possa ela oferecer" (*A Federação*, 12 de agosto de 1889 – grifo nosso)[690]. Cumpre adiantar que apenas dois governadores foram nomeados no mesmo dia da Proclamação da República, sendo um deles Cesário Alvim[691].

A partir de agosto – no âmbito das primeiras eleições sob o governo de Afonso Celso –, o presidente do Partido Republicano Brasileiro cumpriu a sua promessa de fazer de *O Paiz* um órgão republicano. Nesse sentido, compartilhamos da posição defendida por Teresinha Oliva de Souza de que, a partir da ascensão dos liberais, *O Paiz* tornou-se um jornal partidário em contraposição à ideia de que "nunca dera combate doutrinário ao Império" e de que era "mais abolicionista do que republicano". A afirmação procede para o período anterior, mas não para a conjuntura posterior à ascensão dos liberais (SOUZA, 1977, p. 17-18). Nos seus editoriais, a crítica ao sistema eleitoral serviu de base para uma nova análise de conjuntura, que passava a ser definida repetidamente como um **regime de compressão**.

Para Quintino Bocaiuva, o único propósito do gabinete liberal era aniquilar a propaganda republicana, por meio de uma "restauração" que só podia "produzir males funestíssimos e incalculáveis" (*O Paiz*, 21 de agosto

---

689. O artigo é datado de 27 de julho de 1889, apenas dois dias depois do encerramento do congresso.

690. O caráter excepcional desse congresso evidenciou-se, também, na demora do jornal gaúcho em noticiar o evento comparativamente a outros acontecimentos. Além disso, o jornal fazia referência ao caráter secreto das reuniões deliberativas. Apenas a reunião de abertura do congresso teria sido pública.

691. O outro foi Francisco Portella para o governo do Rio de Janeiro.

de 1889 apud SOUZA, 1977, p. 21). Mais uma vez, reencontramos José do Patrocínio defendendo a mesma posição. Por um lado, elogiava as lideranças republicanas que "por nenhum ato procuraram demonstrar a intenção de perturbar a ordem", por outro, alertava o governo sobre a "explosão" inevitável das suas medidas repressivas: "Será este o limite político do Gabinete 7 de Junho, se, ao mesmo tempo, que impede aos republicanos o recurso da expansibilidade pela palavra, tolerar reiteradas provocações contra eles" (*Cidade do Rio*, 22 de julho de 1889).

Apesar do repúdio à guerra civil, o presidente do Partido Republicano – com o poder de decidir sobre o momento oportuno para a "revolução" – alertava, insistentemente, sobre as consequências inevitáveis "da obstrução dos respiradouros da opinião e do abafamento da propaganda republicana" (*O Paiz*, 21 de agosto de 1889 apud SOUZA, 1977, p. 21). Se o principal meio para a mudança evolutiva da forma de governo estava sendo bloqueado, o recurso à revolução tornava-se legítimo e inevitável.

A vitória esmagadora dos liberais, nas eleições do 31 de agosto, repercutiu em todo o campo republicano como uma afronta. Numa crítica contundente à monarquia, o *Cidade do Rio* disparou, num mesmo artigo, contra o sistema eleitoral e a política indigenista, num claro indício de que a crise política era inseparável do debate de questões estruturais:

> Parece que tudo está morto. [...] Quem há que se interesse pela vida, neste grande cemitério de consciências, onde um coveiro de barbas brancas fez do cetro o cabo da enxada, com que anda revolvendo a terra sobre doze milhões de cadáveres? Quem vive ainda no país da morte? Manhã de cinzas, epílogo de meio século de destruição. Tudo está morto. [...] E, como ainda há covas que têm fome, é ainda preciso atirar-lhes o alimento. É preciso civilizar os índios. E o Sr. Lourenço de Albuquerque recomenda ao bispo do Pará que continue a catequese, "a serviço que tanto importa à salvação das almas e à civilização do país". Salvação das almas quer dizer – prostituição das consciências; civilização do país quer dizer – eleições de 31 de agosto (*Cidade do Rio*, 4 de setembro de 1889).[692]

---

692. Nesse mesmo contexto, o jornal trazia várias referências às demandas das mulheres pelo direito ao voto. Cf., por exemplo, edição de 7 de setembro de 1889.

Em setembro, um acontecimento, que em outros contextos talvez tivesse permanecido no âmbito privado, tornou-se o "Caso Chrispim", nas ruas de Recife e nos jornais da Corte, unificando o campo republicano e evidenciando, ao mesmo tempo, a participação política das camadas populares e a centralidade da questão racial[693]. Além disso, o Caso Chrispim pode ser visto como mais uma tentativa de se criar uma "questão militar".

Um "jovem de cor" e a filha de um grande negociante português foram morar juntos, e, por isso, o jovem foi preso. Na prisão, Chrispim foi forçado a "assentar praça", a vestir "a farda do Exército" para, em seguida, ser "deportado" para Fernando de Noronha. Entre os dias 17 e 21 de setembro, as ruas de Recife foram tomadas pelos "homens de cor", que "convocaram reunião para formular protesto". Percorreram os bairros, "manifestaram o seu ressentimento até as 10 horas da noite", numa sequência de acontecimentos que resultou no espancamento de portugueses, no fechamento do comércio, na morte de um republicano de origem portuguesa chamado Ricardo Guimarães e de um popular com tiros disparados pela polícia[694].

Se os republicanos de Pernambuco refutaram a acusação de que seriam os instigadores dos conflitos, os jornais do campo republicano, na Corte, fizeram questão de destacar os gritos de "viva a República" e a aclamação do povo ao líder republicano Martins Júnior, advogado de Chrispim[695]. Nessa conjuntura, o *Cidade do Rio* – exprimindo claramente o seu empenho em se recolocar no campo republicano – denunciou o tratamento que a monarquia reservava aos libertos e aos soldados, inclusive aderindo à crítica republicana contra o recrutamento, anteriormente tolerado pelo isabelismo:

> O Império acaba de dizer ao **homem de cor** que ele só lhe reserva os lugares degradados. Ontem era a escravidão; hoje, a farda de soldado, convertida pelo desrespeito às leis em penitenciária portátil. O **homem de cor fica sabendo que, no Império, a sua missão é simplesmente essa: trabalhar para enriquecer algumas famílias [...] e ser soldado para**

---

693. Além das várias associações de "homens de cor" em funcionamento nesse contexto, cumpre enfatizar as denúncias contra a discriminação racial, como no artigo "Preconceito racial", que denunciava a perseguição sofrida por Pedro Matheus Júnior (*Cidade do Rio*, 23 de agosto de 1889).

694. Cf. edições do *Cidade do Rio* nos dias 15, 16 e 17 de setembro de 1889. O jovem Ricardo Guimarães teria tomado partido dos manifestantes contra o grande comércio português.

695. Os jornais também indicaram a impotência dos liberais José Mariano e Joaquim Nabuco "em acalmar os manifestantes". Em 24 de setembro, a manifestação no Rio de Janeiro em "prol do povo de Recife" foi proibida.

guardar a fortuna desses senhores. [...] A síntese é esta: ou escravo ou soldado. Daí vem que **se ressuscita o recrutamento quando se faz a abolição da escravidão** (*Cidade do Rio*, 17 de setembro de 1889 – grifos nossos).

No entanto, diante da clara dimensão racial dos conflitos, o "homem de cor" José do Patrocínio pediu "aos seus irmãos" que evitassem tratar a questão de Recife como uma questão "de raça ou nacionalidade", pois toda a responsabilidade cabia ao Império pela degradação do Exército e do caráter nacional, pelo empenho em manter a escravidão e impedir a ascensão social dos negros (*Cidade do Rio*, 17 de setembro de 1889). Por isso, conclamava os "homens de cor" à República: "Organizemo-nos no país inteiro e **não nos prestemos mais a manter um trono, que acabamos de salvar e que tão covardemente nos avilta**" (cf. *Cidade do Rio*, 24 de setembro de 1889 – grifo nosso).

Nesse mesmo mês de setembro, *O Paiz* começou a insistir na questão militar, sobretudo pela crítica contundente à decisão do governo de fortalecer a Guarda Nacional em detrimento do Exército, no que foi acompanhado pelo *Cidade do Rio*. Enquanto o Exército representava o povo, pois era composto pelo "soldado brasileiro, que já uma vez [cortara] com a sua espada os grilhões da escravidão", a "Guarda Nacional não [era] do povo. [...] [Era] apenas um modo de ser da oligarquia, um dos muitos tentáculos do polvo que nos asfixia. Nós repetimos o grito de anteontem: Fora! Fora!" (*Cidade do Rio*, 9 de setembro de 1889)[696].

Nos meses de outubro e novembro, o investimento do governo na Guarda Nacional foi repudiado insistentemente em *O Paiz*, que denunciou a "conspiração" da monarquia para dissolver o Exército. A cinco dias da República, a questão militar, que justificaria o golpe final contra a monarquia, já estava estampada em *O Paiz*, já que, em "Planos governamentais", Quintino Bocaiuva revelava aos seus leitores o verdadeiro propósito por trás do reforço da Guarda Nacional: "Entre as medidas previamente **asseguradoras da instalação do Terceiro Reinado** consta-nos que será apresentado ao Parlamento pelo governo imperial um plano de desorganização do Exército" (*O Paiz*, 10 de novembro de 1889 – grifo nosso).

E se a política do governo era financiar a Guarda Nacional para garantir o Terceiro Reinado, era legítimo pedir ao Exército que viesse garantir os an-

---

696. Cf., também, as edições de 6 e 7 de setembro de 1889.

seios republicanos, assim como fizera em relação à aspiração abolicionista. Os "Planos governamentais" jogavam, necessariamente, os republicanos no combate "em todos os terrenos" contra o Terceiro Reinado.

Foi também a partir de setembro que a mocidade militar, "já bastante radicalizada", procurou a intervenção de Benjamim Constant para reacender a questão militar "e organizar a revolução republicana (cf. Castro, 2013, p. 161)[697]. Mera coincidência?

Mesmo considerando que a "questão militar" de 1889 foi forjada pela mocidade militar no intuito claro de organizar a revolução republicana, Celso Castro (2013) a isola completamente da mobilização dos civis pela mesma revolução[698]. Para o autor, nem mesmo pelos efeitos da propaganda o Partido Republicano merece ser considerado um protagonista na Proclamação da República, pois, além da sua fraqueza eleitoral e das suas profundas divisões, nem Benjamin Constant nem Deodoro tinham o menor vínculo com "o pessoal político republicano"[699].

---

[697]. Segundo Celso Castro (2013), após a morte de Senna Madureira, em janeiro de 1889, teria restado apenas Benjamim Constant dos "elementos mais ativos da questão militar". Mas "o discurso de Benjamim Constant em 1888 ainda era, no entanto, muito *light* para a mocidade militar". As tentativas dos alunos de criar uma nova questão militar intensificam-se, justamente, após a ascensão do governo liberal e, sobretudo, a partir de setembro de 1889, quando Deodoro, que estava desterrado em Mato Grosso, retornou à Corte. Nesse contexto, os alunos mobilizaram-se em torno do "incidente Carolino". Na sua visita ao Tesouro, o Visconde de Ouro Preto ordenou a prisão do Tenente Pedro Carolino, que não se encontrava no seu posto de comandante de guarda no momento em que o ministro passou pelo local. Apesar de não contar com a simpatia dos seus colegas, a prisão do oficial deflagrou o esforço da mocidade militar de gerar uma nova questão militar (CASTRO, 2013, p. 136, 141). Essa questão foi explorada por Quintino Bocaiuva em *O Paiz*, no editorial "Continuemos" do dia 21 de setembro de 1889.

[698]. Para Celso Castro (2013, p. 162), não existiu nenhuma continuidade entre a questão militar de 1886 e 1887 e a de 1889, pois, enquanto a primeira foi "fundamentalmente corporativa", a "questão" de "1889 é republicana e envolve, até poucos dias antes do golpe, uma parcela ainda menor do Exército". Sem negar o seu caráter corporativo, seria impossível negar o peso do ativismo republicano mesmo na primeira questão militar. A dimensão e os desdobramentos da "questão" são inseparáveis da imprensa republicana e das manifestações públicas dos civis.

[699]. Ao comentar a interpretação de George Boehrer sobre o protagonismo do Partido Republicano, Celso Castro (2013, p. 177) afirma: "Mesmo este papel atribuído aos efeitos da propaganda parece-me exagerado". Além disso, o autor argumenta que "o poder eleitoral do Partido Republicano era pequeno" e que era, "desde a sua fundação, em 1870, um partido dividido". Acreditamos que a documentação analisada nesse trabalho impossibilita a manutenção dessa tese sobre a desimportância do Partido Republicano em razão desses argumentos. Para embasar o argumento do "desconhecimento quase completo" que tanto Deodoro quanto Benjamin tinham "do pessoal político republicano", o autor cita o livro de Leoncio Correia, *A verdade histórica sobre o 15 de novembro*, que atribui essa frase ao próprio Quintino Bocaiuva. Publicada nesse livro de 1939, essa afirmação não pode ser desvinculada da disputa acirrada pela história da República num contexto – pós-1930 – em que a visão monarquista finalmente se impôs como versão vitoriosa, principalmente contra a versão de Quintino Bocaiuva, que defendeu, de maneira insistente, o protagonismo do Partido

No entanto, como argumenta o próprio Celso Castro (2013), foi a mocidade militar que, entre setembro e novembro de 1889, transformou Benjamim Constant no líder da conspiração, e não o contrário. Mesmo admitindo o controverso distanciamento de Benjamim Constant/Deodoro em relação ao "pessoal republicano", esse não era, certamente, o caso dos grandes expoentes da mocidade militar, dentre eles, Saturnino Cardoso e Capitão Serzedelo, que atuaram, claramente, ao lado dos civis em prol da revolução republicana.

No terreno movediço das memórias – que exige do historiador um esforço de contextualização ainda mais apurado –, utilizado, majoritariamente, para "comprovar" o caráter inesperado e militar do "golpe", vale destacar o artigo do Tenente Aníbal Cardoso, no jornal *Democracia*, no dia 16 de março de 1890. Contra o caráter inesperado da conspiração republicana, sem conexão com os civis, esse artigo relata o protagonismo de Saturnino Cardoso na organização da "revolução", dois anos antes do 15 de novembro: "Ele, que durante o período de quase dois anos preparou esse regimento, alma do movimento glorioso de 15 de novembro, que se ergueria inteiro à voz do Tenente Saturnino!".

Nesse mesmo terreno das memórias, o próprio Saturnino Cardoso, assumindo o seu protagonismo, desmentiu a versão de que a Proclamação da República já não tivesse sido decidida na conspiração. Apesar de enfatizar a importância dos civis, negou que Deodoro já não estivesse comprometido com a Proclamação da República (*Democracia*, 20 de junho de 1890). E em qual jornal Saturnino Cardoso defendeu a sua interpretação? No mesmo *Democracia*, que foi fundado em março de 1890, por Vicente de Souza, Saturnino e Aníbal Cardoso, com o objetivo de "proteger a República da reação monárquica", e é mais uma evidência da articulação entre civis e militares[700].

Na verdade, o combate pela história da proclamação começou no próprio dia 15 de novembro, desempenhando um papel central nas disputas políticas da Primeira República. Nesse combate, a versão enaltecedora do protagonismo republicano foi completamente derrotada.

Republicano. Além disso, esse pretenso desconhecimento parece-nos questionável em razão das diversas manifestações públicas abolicionistas que contaram com a presença dos dois militares.

700. A atuação conjunta da "mocidade militar" e dos civis, após a instauração da República, também é bastante documentada pelo próprio Celso Castro (2013) na conclusão do seu livro.

* * *

Nos dias 15 e 16 de novembro – apesar do silêncio sobre a participação na conspiração, mas já como membros do governo provisório –, Rui Barbosa, Bocaiuva e Aristides Lobo apresentaram narrativas e análises muito contrastantes. Ao compararmos essas visões àquelas produzidas fora do âmbito governamental, é possível contextualizar melhor as divergências, principalmente no que diz respeito a certos eixos principais: o protagonismo do povo e dos civis; o caráter mais ou menos indeterminado da instauração da República; e os acontecimentos e as individualidades com destaque nas narrativas.

Mais do que discutir a participação civil e popular ou a hesitação dos militares em assumir o caráter republicano da "rebelião", o nosso propósito é mostrar como essas questões estavam no centro de uma disputa entre diferentes projetos de República.

Quando analisamos certas ocorrências, fica difícil manter a versão de que a Proclamação da República já não tivesse sido determinada na conspiração que contou com a participação do presidente do Partido Republicano, mesmo considerando a possibilidade de que ela tivesse sido condicionada a uma maior ou menor resistência das forças leais à monarquia[701]. Como o propósito dos atores envolvidos era uma segunda revolução "sem sangue e sem violência", é possível que a organização de uma reação tivesse modificado o curso dos acontecimentos. Meras conjecturas que se conservarão nesse terreno[702].

De todo modo, a indeterminação sobre o caráter republicano da ação militar foi enfatizada em alguns jornais, nos dias 15 e 16, ao mesmo tempo que outros já divulgavam a composição do governo provisório com importantes "republicanos históricos"; a nomeação de Sampaio Ferraz e Júlio Diniz para os cargos de chefe de Polícia e de diretor do Diário Oficial, res-

---

701. "Pela quantidade de pontos estratégicos visados e providências a serem tomadas, vê-se que os golpistas imaginavam fossem encontrar forte resistência. Daí a necessidade que sentiam de contar com um militar importante e respeitado pela tropa, como Deodoro" (CASTRO, 2013, p. 186).

702. Se uma reação tal como a projetada por André Rebouças e Visconde de Taunay de interiorização da família real e da Corte tivesse ido adiante e encontrado apoio numa parcela do Exército ou da Armada, a história poderia ter sido diferente. Sobre os planos de resistência de André Rebouças e do Visconde de Taunay apresentados à Princesa Isabel, cf. Mesquita (2009).

pectivamente[703]; assim como os nomes dos governadores de Minas Gerais e do Rio de Janeiro que também estavam vinculados ao partido[704].

Apesar disso, era justamente a "indecisão" dos militares quanto ao caráter republicano da operação para destituir o governo que permitia realçar a importância da proclamação civil da República. Mais uma vez, encontramos Quintino Bocaiuva e José do Patrocínio juntos na construção de uma mesma versão, apesar das diferenças em relação ao protagonismo de cada republicano na execução dos grandes feitos.

O editorial de *O Paiz* do dia 16 ofereceu um verdadeiro artefato narrativo, que congregou os elementos da "revolução sem guerra civil" do presidente do partido e da "revolução popular" de Silva Jardim. Ao reunir o povo e o Exército para exigir a demissão do governo, o Campo da Aclamação foi o ponto de partida da ação revolucionária[705].

Povo, Exército e imprensa – principalmente representada por *O Paiz* – foram os protagonistas dessa "revolução", que, no seu desenrolar, repetiu os trajetos dos *meetings* e dos préstitos, percorrendo as ruas do Centro, passando pelas sedes dos jornais "onde oraram os republicanos" e culminando com a inédita ocupação da Câmara Municipal. Se o povo não tomou São Cristóvão, como projetara Silva Jardim, ele foi o ator principal da "tomada da Câmara Municipal" em que, de fato, a República tinha sido, enfim, proclamada.

Se o redator-chefe de *O Paiz*, presidente do Partido Republicano, secundou os militares durante todo o trajeto, a moção popular que impelira o Exército a "sancionar a iniciativa popular, fazendo decretar ime-

---

703. Nesse contexto, os dois faziam parte do jornal *Correio do Povo*, fundado em julho de 1889 e do qual também participaram Silva Jardim, Aníbal Falcão, Xavier da Silveira e Ubaldino do Amaral. Apesar de não integrarem o grupo fundador do Club Tiradentes, tanto Sampaio Ferraz quanto Júlio Diniz participaram de vários eventos do clube. No caso de Sampaio Ferraz, ele foi reconhecido como membro do clube pelo seu órgão de propaganda, o jornal *O Tiradentes*. Júlio Diniz foi um dos signatários do Termo de Compromisso de 1877. Ambos tiveram papel importante nos anos iniciais da República, principalmente Sampaio Ferraz, cuja biografia é bem conhecida.

704. *O Paiz* divulgou, na primeira página do dia 16, a composição do governo provisório: Deodoro (chefe), Aristides Lobo (Ministro do Interior), Rui Barbosa (Ministro da Fazenda e interinamente da Justiça), Benjamin Constant (Ministro da Guerra), Eduardo Wandenkolk (Ministro da Marinha), Quintino Bocaiuva (Ministro das Relações Exteriores e interinamente da Agricultura, Comércio e Obras públicas), Campos Salles (Ministro da Justiça) e Demétrio Ribeiro (Ministro da Agricultura). Dos oito membros do novo governo, quatro eram republicanos históricos. Francisco Portella foi nomeado para o governo do Rio de Janeiro, e Cesário Alvim, para o governo de Minas Gerais.

705. Enquanto *O Paiz* se referiu várias vezes ao Campo da Aclamação, a *Gazeta de Notícias* e o *Cidade do Rio* usaram mais o termo Campo de Sant'Anna.

diatamente a nova forma republicana do governo nacional", tinha sido obra das lideranças populares, principalmente de Silva Jardim e Aristides Lobo[706]. Com a proclamação civil da República, uma segunda revolução tinha sido **concluída** "sem qualquer conflito ou ferimento" (*O Paiz*, 16 de novembro de 1889)[707].

Em linhas gerais, a versão de José do Patrocínio repetia a sequência de acontecimentos com a mesma distribuição de papéis entre o povo, o Exército e a imprensa, numa revolução que culminara com a proclamação civil da República pela tomada da Câmara Municipal pelos populares. No entanto, estava em jogo a disputa pelo protagonismo, pois, enquanto *O Paiz* destacou o seu próprio feito – os discursos de Silva Jardim e de Aristides Lobo –, no *Cidade do Rio*, o principal proclamador civil da República tinha sido José do Patrocínio, acompanhado por João Clapp, Lopes Trovão, Aníbal Falcão e Pardal Mallet[708].

Antes de prosseguirmos na análise das versões produzidas pelos "conspiradores" – Rui Barbosa e Aristides Lobo –, é interessante acrescentar duas outras narrativas construídas fora da esfera governamental, no intuito de recuperar a importância política da referência à "proclamação civil da República" como ato conclusivo de uma revolução sem guerra civil.

Os únicos fatos do dia 15 noticiados pelo jornal conservador *A Nação* foram: uma sedição militar que exigia a demissão do governo, o ferimento

---

706. Mesmo com o destaque maior a essas duas lideranças, *O Paiz* também registrou a participação de José do Patrocínio: "Na Rua do Ouvidor discursaram brilhantemente de várias janelas os srs. Drs. Silva Jardim e Aristides Lobo e o nosso colega do *Cidade do Rio*, Sr. José do Patrocínio. [...] Cerca de três horas da tarde chegou ao edifício o Sr. Vereador José do Patrocínio acompanhado do povo e imediatamente foi votada a seguinte representação" (*O Paiz*, 16 de novembro de 1889). Apesar da ênfase de *O Paiz* na moção dirigida à Câmara municipal, José do Patrocínio não se sentiu reconhecido pelo partido, já que não foi nomeado para nenhum cargo ou função no governo: "Eu havia ferido os homens do partido republicano e não era de presumir que eles esquecessem o passado. Eu havia de ser considerado sempre, não o filho pródigo, que se recebe com festa, mas o renegado" (*Cidade do Rio*, 14 de dezembro de 1889).

707. A única violência registrada pelos jornais foi a do ferimento do Barão do Ladário. No dia 15, o *Cidade do Rio* chegou a noticiar a morte do Barão. Já *O Paiz*, na sua edição do dia 16, fez questão de informar que o Barão tinha recebido todos os cuidados médicos e que o boletim médico registrava o seu bom estado de saúde. O boletim tinha sido afixado na sede do jornal.

708. Ao contrário de *O Paiz*, da *Gazeta de Notícias*, do *Diário de Notícias*, do *Jornal do Commercio* e do *A Nação*, que só trouxeram informações sobre a proclamação no dia 16, o *Cidade do Rio*, na sua edição do dia 15, saiu à frente com notícias sobre os acontecimentos da noite do dia 14 para o dia 15 e do dia 15 até as 12h. Nessas primeiras notícias, destacamos a ênfase no patriotismo do Exército, na presença do povo, na proclamação civil da República por José do Patrocínio, além de referências rápidas aos discursos de Aristides Lobo e Silva Jardim.

de Ladário e os conselhos de Andrade Figueira para que os monarquistas resistissem em suas posições. Nessa edição do dia 16 – que foi a última do jornal –, reinou um completo silêncio sobre a "proclamação civil da República"[709].

Por sua vez, a *Gazeta de Notícias*, de Ferreira de Araújo, na sua edição do dia 16, também salientou o aspecto inconcluso da sedição militar, mas alertando que a República era a única solução aceitável, pois ela já tinha sido proclamada pelo povo nas ruas e na Câmara Municipal. Na citação a seguir, fica evidente a tentativa de atribuir ao povo um papel central no desenrolar dos acontecimentos:

> A hora em que traçamos essas linhas, **correm ainda boatos desencontrados sobre a solução que terá a questão**. [...] **Se fosse possível organizar ainda um ministério monarquista**, agora, ou depois de uma eleição, este dificilmente poderia governar a não ser pela violência. [...] Está nos intentos, de quantos dirigiram o movimento, usar de todas as deferências com o velho monarca e a sua família. [...] Disseram sempre que estavam dispostos a fazer **vontade do povo. Ora a vontade do povo parece ter-se manifestado ontem de modo a não deixar dúvidas**. [...] Ora, depois dos fatos de ontem, o único governo que pode garantir estabilidade é o governo francamente republicano. Tudo o mais será prolongar uma luta em que a Nação tem tudo a perder. [...] Extraordinário movimento agitou a **população fluminense**, desde o romper do dia. [...] **O povo invadiu as ruas e praças, em busca de notícias**. [...] **O Campo de Santana ficou todo ocupado pelo exército e pelo povo**, confraternizados. [...] Pela Rua do Ouvidor passavam de instante a instante **grupos de patriotas**, erguendo vivas à República brasileira. À passagem dos batalhões **o povo abria** alas e saudava o exército (*Gazeta de Notícias*, 16 de novembro de 1889 – grifos nossos).

---

709. Na Biblioteca Nacional Digital, o jornal intitulado *A Nação: Órgão Conservador* só está disponível a partir da 61ª edição, de 1º de outubro de 1889. Se consideramos a sua periodicidade diária, é provável que o jornal tenha sido fundado no mês de setembro, ou seja, logo após a ascensão dos liberais. Durante a sua curta duração (de setembro a novembro de 1889), o seu principal objetivo foi combater os liberais, que foram responsabilizados pela "sedição" do dia 15. No seu cabeçalho, o jornal trouxe a divisa "Unidade, autoridade e liberdade" em todas as suas edições, além das informações sobre preço (40 réis), assinaturas, endereço, mas não identificamos os proprietários, os gerentes ou os redatores.

Com a mesma narrativa do *Cidade do Rio*, a *Gazeta de Notícias* destacou, ainda, a liderança de José do Patrocínio na "proclamação civil da República":

> Foram proferidos discursos por distintos cidadãos, correspondendo **o povo** com entusiasmo vivas erguidos pelos oradores [...] José do Patrocínio, João Clapp, Aníbal Falcão, Luiz Murat, Campos da Paz, Olavo Bilac e Pardal Mallet. Penetrou no paço municipal, onde foram erguidos entusiásticos vivas à República (grifo nosso).[710]

Já a narrativa produzida por Rui Barbosa, à frente do *Diário de Notícias*, praticamente anulou a proclamação civil da República, atribuindo aos militares e, principalmente, a Deodoro todo o protagonismo. No entanto, na sua versão, tudo tinha sido concluído no dia 15. Inclusive, na edição do dia 16, o *Diário de Notícias* recomendava a ação repressiva a todos aqueles que viessem a acrescentar novos episódios à "revolução". Nesse sentido, Rui Barbosa ressaltou o seu caráter pacífico e definitivo, ao mesmo tempo que passou a propugnar a manutenção da ordem como a principal atribuição do governo provisório[711].

De certo modo, a famosa carta de Aristides Lobo, escrita no dia 15 de novembro e publicada no *Diário Popular* no dia 18, aproximava-se da perspectiva monarquista, na medida em que ignorava a proclamação civil da República, eliminava a participação popular e, sobretudo, chamava a atenção para a inconclusão do processo, como nos esclarece essa parte pouco explorada do seu discurso: "Eu quisera poder dar a essa data a denominação seguinte: 15 de novembro, primeiro ano da República; mas não posso infelizmente fazê-lo. O que se fez é um **degrau, talvez nem tanto,**

---

710. Nas descrições da *Gazeta de Notícias*, Quintino Bocaiuva praticamente não é citado, a não ser como membro do governo provisório.

711. O significado do termo "revolução", como um conjunto de grandes transformações, em todos os domínios, em vistas de um futuro completamente diferente do passado, foi constituído ao longo do processo revolucionário francês. Por sua vez, segundo Reinhard Koselleck (2023), a ideia de "revolução", no singular, como uma etapa do processo histórico rumo a um futuro de progresso, foi cristalizada na filosofia da história de Hegel. A partir da referência incontornável à revolução, as disputas políticas em torno dos seus significados acompanharam, inevitavelmente, os processos de mudanças institucionais durante todo o século XIX. Nesse sentido, as rupturas na forma ou nos sistemas de governo desdobraram-se em disputas em torno da conclusão ou da inconclusão do processo "revolucionário", dentre os grupos interessados no aprofundamento das reformas e daqueles empenhados em concluir o processo o mais rapidamente possível. No caso do Brasil, é interessante recuperar a análise de Marco Morel sobre as disputas políticas em torno do caráter definitivo ou inconcluso da "Revolução da Abdicação" em 1831. Cf. Morel (2005).

para o advento da grande era. [...] Estamos em presença de um esboço rude, incompleto, completamente amorfo" (grifo nosso). Diante do caráter "incompleto, amorfo" da República, Aristides Lobo, na mesma carta do dia 18, deu a seguinte orientação aos membros do governo provisório: "O que está feito, pode muito, se os homens que vão tomar a responsabilidade do poder tiverem juízo, patriotismo e sincero amor à liberdade".

Obviamente, as confluências entre as duas versões não são indicativas de convergências políticas, mas de posicionamentos antagônicos que, por sua vez, vão configurar um dos principais embates do novo regime entre os "subversivos" e os "radicais" da República[712]. Para os monarquistas, o caráter inesperado do "golpe militar" justificava a ação "subversiva" pela restauração, já que ele contrariava o sentimento monárquico do povo[713]. Já para Aristides Lobo, a República só seria instaurada, de fato, quando a participação popular fosse integrada ao sistema político, pois o povo não era bestializado e apolítico, mas tinha sido eliminado da conspiração republicana. A principal missão dos "verdadeiros republicanos" era incorporá-lo à República.

Apesar de ter participado da proclamação e ter aceitado um cargo no governo provisório, Aristides Lobo denunciou, desde o início, a ameaça dos "conspiradores contra a nova ordem" e, apenas três meses depois, em 10 de fevereiro de 1890, pediu a sua demissão e passou a organizar a oposição à República dos "adesistas"[714]. Nesse sentido, a sua carta sobre a proclama-

---

712. Fazemos referência aos excelentes livros de Maria de Lourdes Mônaco Janotti (1986) e Suely Robles de Queirós (1986) no sentido de mostrar que o embate entre os subversivos (monarquistas) e os radicais ("jacobinos") da República está se configurando na proclamação. Por sua vez, o "jacobinismo" – identificado como um movimento iniciado em 1893 – não pode ser compreendido sem a referência ao ativismo político que, ainda no Império, se consolidou em torno do Club Tiradentes.

713. Um aspecto central da versão monarquista sobre a proclamação é o seu pretenso caráter inesperado, de "total surpresa", em completa contradição com os comentários da imprensa (mesmo a neutra e conservadora) durante todo o ano de 1889 sobre a iminência da revolução. Numa análise das versões produzidas pela Princesa Isabel, pela Baronesa e pelo Barão de Muritiba, as historiadoras Keila Grinberg e Mariana Muaze (2019, p. 114) observaram: "Embora qualquer um que olhasse pela janela ou lesse os jornais soubesse dos riscos que a monarquia corria, os três preocupam-se em ressaltar a surpresa com a Proclamação da República. [...] A suposta surpresa revela uma das principais intencionalidades dos textos: a ênfase no caráter improvisado e caótico do movimento que gerou a República". Mais uma vez, cumpre enfatizar que essa versão monarquista sobre o "caráter inesperado" de um "golpe exclusivamente militar" e "sem a participação dos civis" foi incorporada por vários estudiosos contemporâneos, como Carvalho (1990); Castro (2013); Lemos (2009).

714. A expressão "conspiradores contra a nova ordem" foi utilizada na sua carta publicada no *Diário Popular* no momento em que apresentou o seu pedido de demissão. Ela foi transcrita no jornal

ção não era propriamente uma narrativa, mas uma análise de conjuntura que visava manter a mobilização dos republicanos contra os "antigos chefes monárquicos".

Mas se o principal objetivo de Aristides Lobo tinha sido manter os republicanos a postos, alguns dos seus correligionários logo constataram a importância do combate pela história na disputa política em curso e aderiram à versão de Quintino Bocaiuva sobre o protagonismo do partido. Nas disputas pelas versões sobre a Proclamação da República, Quintino Bocaiuva lutou, insistentemente, contra a tese do golpe militar e argumentou que as "questões militares" tinham sido parte da tática republicana para mobilizar o Exército contra o governo. Na historiografia, essa versão foi completamente rejeitada por José Murilo de Carvalho (1990, p. 51), que, na sua análise das narrativas produzidas, logo após o 15 de novembro, a considerou "no fundo insustentável" em função do "aspecto militar do evento e do caráter inesperado de sua eclosão"[715].

Por um lado, a grande projeção dos diferentes episódios da "questão militar" foi inseparável do ativismo republicano, principalmente a partir dos jornais *O Paiz* e *A Federação*. Por outro, além dos episódios, normalmente entendidos dentro da "questão militar", vários outros eventos foram constituídos dessa forma pela imprensa republicana. No período entre maio de 1888 e novembro de 1889, a análise da imprensa mostra, com muita nitidez, a tentativa do presidente do partido, Quintino Bocaiuva, de encontrar o "momento oportuno" para uma segunda "revolução" sem sangue, por meio de uma "questão militar". Nessa estratégia, a questão "construída" por *O Paiz*, a partir de setembro de 1889, desempenhou um papel importante. Além disso, no terreno das versões, não é possível eleger a versão de Aristides Lobo como verdadeira, em detrimento das outras, pois todas devem ser compreendidas pela referência às disputas entre os diferentes projetos de República.

De todo modo, no início de 1890, Vicente de Souza reuniu-se aos militares Saturnino Cardoso e Aníbal Cardoso para fundar o jornal *Democracia*, cuja primeira batalha foi refutar a versão de que a "força armada fizera a

---

Democracia, de Vicente de Souza, no dia 8 de março de 1890. Desde o início, um campo de disputas foi delimitado na oposição entre os "republicanos históricos" e os "adesistas".

715. Como prova para essa afirmação, o autor serve-se da célebre frase de Aristides Lobo, referendada por Arthur Azevedo.

República; não o Partido Republicano" (*Democracia*, 5 de março de 1890). Desde o início, o jornal *Democracia* considerou que o combate contra a "monarquização da República"[716] impunha o combate pela história.

Num dos seus artigos, Vicente de Souza ofereceu ao leitor uma das primeiras histórias da instauração da República, com ênfase no papel do partido e do ativismo dos republicanos populares, principalmente a partir do combate contra o Vintém. Para o *Democracia*, a tentativa de retirar o Partido Republicano da história era um dispositivo para retirá-lo, também, da direção do governo provisório. Além dos aspectos já indicados anteriormente, Vicente de Souza salientou a proximidade entre os civis e os militares no combate pela República, além de afirmar que a revolução tinha sido preparada no âmbito do partido.

> Aí estão os registros do **Club Popular, Club Tiradentes**, dos **clubs republicanos paroquiais**, de associações menos populares. [...] Quem é que haja militado, de longo tempo, de antiga data, nos nossos arraiais que não saiba que Frias Villar, o rememorado coronel Frias Villar, a vítima do Sr. Carlos Afonso, **fora eleito diretor do Partido Republicano**, ao lado de Saldanha Marinho, de Quintino, de Esteves Júnior, de Ubaldino do Amaral e de outros? [...] Podeis esquecer os nomes de Quintino Bocaiuva, a convicção, a tenacidade feita homem; o nome de Aristides Lobo, e lá, no Estado de São Paulo, maravilhosamente progressista, os registros de honra dos chefes do partido republicano? Julgais que colocando a vossa mão contra os vossos olhos, deixais de ver o sol porque o astro seja menor que as vossas mãos? Se assim é, não foi o Partido Republicano que fez a República. [...] **Quereis, talvez, declarar que o Partido Republicano era impotente para a luta armada, e por isso se socorreu da força nacional. Mas neste caso; a força operou de acordo com o partido popular; e a força era guiada por aqueles de tão alto e preclaro espírito que só poderiam ser republicanos.** Se assim foi, se assim é, compete a nós outros que nos havemos mantido, **soldados nas fileiras do grande partido da demo-**

---

716. O jornal *Democracia* foi fundado como um diário, no dia 3 de março de 1890, e circulou até maio de 1891. O seu principal objetivo, indicado desde o primeiro número, foi denunciar as manobras dos monarquistas para impedir que a República trouxesse as reformas desejadas. Além de Saturnino Cardoso e Aníbal Cardoso, que faziam parte da redação, também colaboraram com o jornal os militares Euclides da Cunha e Serzedelo Correia. Dentre os civis que colaboraram no jornal, temos Plácido de Abreu, Assis Brasil, Capitão Rosa de Senna, Gustavo de Lacerda e Ennes de Souza.

cracia radical, o voto de aplauso ou o direito de censura; a posição de amigos livres; a condição de cidadãos libérrimos e independentes **para dizermos quando e como o governo da República errou**; quando e como os diretores dos públicos negócios estiveram em aberta contradição com os princípios iniludíveis da democracia pura (artigo "A Luta", *Democracia*, 5 de março de 1890 – grifos nossos).

A essa altura, apenas quatro meses depois da proclamação, o governo provisório já não contava nem com Aristides Lobo nem com Demétrio Ribeiro, que passaram a liderar a oposição contra a República dos adesistas[717]. Na verdade, apenas um mês depois da Proclamação da República, esse campo republicano já estava mobilizado contra os "chefes monárquicos", "verdadeiros conspiradores disfarçados, salvo honrosas exceções, [...] só visam reconquistar as posições perdidas". A partir de abril de 1890, vários republicanos desse campo político, inclusive os militares Saturnino e Aníbal Cardoso, foram presos, acusados de conspiração contra o governo.

A instabilidade política que caracterizou os primeiros anos do novo regime mostra-nos que a tentativa de parar a "revolução", segundo as aspirações de Rui Barbosa, não foi bem-sucedida. Diga-se de passagem, Rui Barbosa foi um dos principais alvos dessa oposição republicana[718]. Um mês antes do primeiro aniversário da proclamação, Aristides Lobo conclamou os "verdadeiros" republicanos à continuidade da revolução para impedir que o governo continuasse a "monarquizar" a República:

> Há homens inventados agora que bem podiam figurar honradamente num presídio. [...] As ambições desordenadas, e deixe-me dizer indecorosas, foram até aí. [...] Pois bem. É

---

717. Demétrio Ribeiro demitiu-se no dia 31 de janeiro, e Aristides Lobo, no dia 10 de fevereiro de 1890.

718. Antes de tudo, Rui Barbosa era criticado por querer tomar decisões importantes apenas com o aval de Deodoro, sem a consulta e a discussão com os outros membros do Governo Provisório. Dentre essas decisões estava a sua política econômica, duramente combatida por todo esse campo republicano. Além disso, Rui Barbosa era atacado por atribuir cargos importantes da República a antigos monarquistas. A oposição ao ministro da Fazenda foi central no *Democracia* de Vicente de Souza e dos militares Aníbal e Saturnino Cardoso durante todo o ano de 1890. Dentre os jornais consultados, atuaram no mesmo campo: *Cidade do Rio*, de José do Patrocínio; *Diário de São Paulo*; e *A Federação*, do Rio Grande do Sul. Inclusive, a reforma financeira das emissões bancárias promovida por Rui Barbosa, sem consulta aos outros membros do governo e concretizada pelo decreto de 17 janeiro de 1890, teria sido o principal fator que levou Demétrio Ribeiro a se retirar do governo. Depois da sua saída, em 31 de janeiro, o jornal *A Federação* passou a liderar a campanha contra o governo e a política de Rui Barbosa, resistência que foi plenamente apoiada no Rio de Janeiro pelo *Democracia*, que, em 22 de maio de 1890, pediu, pela pena de Aníbal Cardoso, a renúncia de Rui Barbosa.

preciso que a Nação se prepare para **castigar severamente (olhem que eu digo castigar) essa prolongação do regime decaído** no seio da República. Nada de validismo, de filhotismo, de parentelas, nada. [...] **Bom, é por isso que me chamam de sanguinário**. Não posso me acomodar a certas misérias que vejo. Precisamos retomar o caminho do nosso ideal, custe o que custar. [...] A guerra é esta – tudo pelos bons e para os bons, **guerra de morte aos tratantes, aos ambiciosos e aos aventureiros** (grifos nossos).[719]

Se, a partir da Segunda Revolta da Armada, o jacobinismo passou a ser reconhecido como um movimento político, os "radicais da República" mobilizaram-se desde o início do novo regime[720]. Nessa história, reencontramos os mesmos ativistas que, durante as décadas de 1870-1880, lutaram pela abolição e pela República[721]. Um dos nossos objetivos na segunda parte deste projeto é mostrar que, apesar das diferenças em relação aos métodos, principalmente no contexto do atentado contra Prudente de Morais, o jacobinismo englobou a militância republicana que se estruturou em torno do Club Tiradentes, na continuidade com o ativismo pela abolição e pela República.

* * *

Por que o ativismo republicano pela abolição e pela República antioligárquica foi tão pouco explorado pela historiografia?

---

719. O *Democracia* do dia 9 de outubro de 1890 reproduz, no lugar do editorial, a "Carta do Rio", de Aristides Lobo, publicada no *Diário de São Paulo*.

720. Dá-se o nome de Primeira e Segunda Revoltas da Armada a dois movimentos de oposição a Floriano Peixoto, liderados por membros da Marinha. Após a renúncia de Deodoro, em 23 de novembro de 1891, o vice, Floriano Peixoto, assumiu o governo, mas, no dia 31 de março de 1892, treze oficiais do Exército e da Armada lançaram um manifesto questionando a sua legitimidade e exigindo novas eleições. Floriano Peixoto declarou o estado de sítio e procedeu à prisão dos militares e dos civis envolvidos na tentativa de derrubar o governo. Dentre os presos estavam José do Patrocínio, Pardal Mallet e Olavo Bilac, que se mantiveram fiéis a Deodoro e, principalmente, ao governador do Rio de Janeiro, Francisco Portella. A maioria dos outros republicanos analisados neste trabalho assumiu a defesa do Governo Floriano e tomou parte da resistência à Segunda Revolta da Armada, deflagrada em setembro de 1893. Trataremos desses contextos na segunda parte deste projeto.

721. A maioria dos republicanos abolicionistas está, desde o dia 16, nos Batalhões Acadêmicos e Patrióticos para defender a revolução do dia 15. Uma das primeiras manifestações públicas do novo regime foi a passeata cívica para comemorar a Revolta do Vintém (1º de janeiro), organizada por Aníbal Falcão, Vicente de Souza, Júlio do Carmo, Ernesto Senna, Ubaldino do Amaral, Saldanha Marinho, Cyro de Azevedo e Thomas Delfino. Cf. *Gazeta de Notícias* (18 e 20 de dezembro de 1889).

Os republicanos da década de 1870 diziam inspirar-se nas "lições da história" e, com referência à "Revolução de 1831", enunciaram a decisão de não cometer o mesmo erro: deviam manter-se coesos e desconfiar das alianças com os monarquistas para terem a chance de conduzir as reformas. Assim, o conhecimento sobre a "história dos derrotados" era indispensável à ação política.

Mesmo assim, a história repetiu-se em 1888. Em vez da unidade para a instauração da República, a guerra fratricida entre isabelistas e republicanos levou o partido a se decidir pela conspiração militar e a composição com os adesistas. Mas o resultado esperado não era, desde o início, a República oligárquica. Pelo contrário. Consciente do risco representado pela adesão superficial ao novo regime – como meio de evitar as reformas –, o ativismo republicano abolicionista colocou-se a postos para evitar a monarquização da República.

No entanto, a história desse combate foi repetidamente dissolvida para dar lugar à versão que, nos anos 1970, formou a minha geração. Nela, a escravidão, no Brasil, tinha sido extinta por meio de um conjunto de leis promulgadas, gradualmente, no âmbito parlamentar e pelo ato glorioso da Princesa Isabel[722]. Por sua vez, a República tinha sido proclamada pelos militares, com grande destaque para Deodoro. No culto a Isabel, ao imperador ou na exaltação a Deodoro, o importante, nessa história, é o desaparecimento completo da participação dos escravizados e dos populares nos movimentos sociais, que foram centrais em todo esse processo.

Essa versão ensina-nos que o povo brasileiro nunca participou da política e que, no Brasil, nunca houve movimentos sociais por reformas estruturais. De geração em geração, é como se, pela primeira vez, estivéssemos em cena para reivindicar reformas por uma sociedade menos desigual, sem saber que, desde 1831, algumas delas já estavam em pauta, dentre elas: a formação de pequenas propriedades e do pequeno comércio; o estímulo ao mercado interno; a efetiva federação com ênfase nas municipalidades para a expansão da participação política; o forte investimento na educação pública; a efetiva laicização do Estado; e o fim do preconceito racial.

---

722. Importante ressaltar que a referência à lei de 1831 foi praticamente extirpada dessa versão.

Sem o conhecimento sobre essas derrotas, é possível que a nossa história continue se repetindo como farsa cada vez mais trágica[723]. As mesmas estruturas socioeconômicas extremamente desiguais continuam produzindo uma competitividade, que perpassa todo o nosso cotidiano, desdobrando-se numa história política que é incapaz de conduzir as reformas necessárias para evitar que o Brasil continue sendo um dos países mais desiguais e violentos do mundo.

Do ponto de vista socioeconômico, apesar das enormes diferenças entre os séculos XIX, XX e XXI, o Brasil continua mantendo uma diminuta classe média que, por sua vez, se posiciona repetidamente no campo da oposição a essas reformas. Se, no século XIX, a pobreza se definia pela impossibilidade de possuir um escravizado, na sociedade atual – além de todas as exclusões no que se refere à segurança, à saúde e à educação –, o pobre é aquele que não pode ter "empregados". A "necessidade" de escravizados[724], que fez do Brasil o último país a abolir a escravidão, desdobrou-se na "dependência" dos "setores médios" de empregados/serviços e que, em razão disso, se rebela a cada aumento real do salário mínimo.

Mais próximas dos que recebem o salário mínimo – do ponto de vista da remuneração e do acesso à propriedade –, as classes médias unem-se aos super-ricos na resistência à tributação dos altos salários e das grandes fortunas e na oposição à reforma agrária, às políticas de pleno emprego, à expansão do mercado interno e de elevação dos salários. Na necessidade de se distinguirem das camadas populares, esses setores aliam-se às classes altas no desinteresse pela escola e pela saúde públicas, enxergando na violência policial contra os pobres a única forma de impedir a disseminação da violência contra a propriedade.

Desse modo, a cada retorno da pauta reformista, uma crise política configura-se pela repetição de vários componentes. Por um lado, a enorme resistência conservadora às reformas que, servindo-se do discurso da ordem

---

723. Referimo-nos à famosa frase de Marx, baseada em Hegel: "A história se repete, a primeira como tragédia, a segunda como farsa", que inicia a sua análise sobre o golpe de estado de Napoleão III, em 2 de dezembro de 1852, na comparação com o golpe de estado de Napoleão I, em 9 de novembro de 1799 (18 Brumário do ano VIII no calendário revolucionário francês) (MARX, 1978, p. 17).

724. Um dos aspectos que explicam a força e a longa permanência da instituição escravista no Brasil é a sua "elasticidade", já que ela se difundiu entre todos os setores sociais e por todas as regiões do país. Assim, era muito comum, principalmente antes de 1850, que pessoas pobres, incluindo libertas, também fossem proprietárias de pelo menos um escravo. Para uma discussão sobre esse aspecto, cf. Marquese (2006).

e da força policial, combate, violentamente, os movimentos sociais; declara guerra a comunistas e anarquistas; decreta exílios e estados de sítio; assassina impunemente lideranças políticas; e serve-se de denúncias de corrupção para a derrubada de governos. Por outro, a divisão dos setores reformadores que implode em guerras fratricidas, apesar da proximidade dos programas. Além disso, o recurso – explícito ou implícito – às Forças Armadas.

Enfim, como ingrediente importante dessa repetição, há uma história política que continua enaltecendo os monarquistas como "heróis da abolição", multiplicando as biografias de Joaquim Nabuco e de Pedro II, e ignorando a luta republicana contra a escravidão e pela República antioligárquica.

Na segunda parte deste projeto, a nossa intenção é analisar a instabilidade política do novo regime, até a Revolta da Vacina em 1904, por meio da referência à continuidade do ativismo republicano-abolicionista por uma sociedade menos desigual.

Bibliografia citada

ABREU, Martha. *O império do Divino*. Festas religiosas e cultura popular no Rio de Janeiro (1830-1900). Rio de Janeiro: Nova Fronteira, 1999.

ALBUQUERQUE, Wlamyra. É a paga! Rui Barbosa, os capangas e a herança abolicionista (1889-1910). *In*: GOMES, Flávio (org.). *Experiências da emancipação*: biografias, instituições e movimentos sociais no pós-abolição (1890-1980). São Paulo: Selo Negro, 2011.

ALONSO, Ângela. *Flores, votos e balas*. São Paulo: Companhia das Letras, 2015.

ALONSO, Ângela. *Ideias em movimento*. A geração 1870 na crise do Brasil-Império. São Paulo: Paz e Terra, 2002.

ARAÚJO, Rodrigo Cardoso Soares de. *Pasquins*: submundo da imprensa na corte imperial (1888-1883). Rio de Janeiro: Multifoco, 2012.

ARENDT, Hanna. *A condição humana*. Rio de Janeiro: Forense Universitária, 2001.

AZEVEDO, Célia Maria Marinho de. *Onda negra, medo branco*. São Paulo: Annablume, 1987.

AZEVEDO, Célia Maria Marinho de. Quem precisa de São Nabuco? *Estudos Afro-Asiáticos*, a. 23, n. 1, p. 85-97, 2001.

AZEVEDO, Elciene. *O direito dos escravos*. Campinas: Editora Unicamp, 2010.

AZEVEDO, Elciene. *Orfeu de Carapinha*. A trajetória de Luiz Gama na imperial cidade de São Paulo. Campinas: Editora da Unicamp, Cecult, 1999.

BARBOSA, Marialva. *História cultural da imprensa* (1800-1900). Rio de Janeiro: Mauad X, 2010.

BARMAN, Roderick. *Princesa Isabel do Brasil*: gênero e poder no século XIX. São Paulo: UNESP, 2005.

BARROS, Mariana Monteiro de; MOREL, Marco. *Palavra, imagem e poder*: o surgimento da imprensa no Brasil do século XIX. Rio de Janeiro: DP&A Editora, 2003.

BARROS, Surya Pombo de. Escravos, libertos, filhos de africanos livres, não livres, pretos, ingênuos: negros nas legislações educacionais do XIX. *Educação e Pesquisa*, São Paulo, v. 42, n. 3, p. 591-605, jul./set. 2016. Disponível em: https://doi.org/10.1590/S1517-9702201609141039. Acesso em: 12 abr. 2023.

BASILE, Marcello Otávio. *Ezequiel Corrêa dos Santos*. Um jacobino na corte imperial. Rio de Janeiro: FGV, 2001.

BASILE, Marcello Otávio. Inventário analítico da imprensa periódica do Rio de Janeiro na Regência: perfil dos jornais e dados estatísticos. *In*: CARVALHO, José Murilo de (org.). *Dimensões e fronteiras do Estado brasileiro no oitocentos*. Rio de Janeiro: EDUERJ, 2014.

BASILE, Marcello Otávio. O laboratório da Nação: a era regencial (1831-1840). *In*: GRINBERG, Keila; SALLES, Ricardo. *O Brasil Imperial*. Rio de Janeiro: Civilização Brasileira, 2009. v. II.

BASSO, Sílvia Eliane de Oliveira. *O debate sobre a educação no segundo reinado e a reforma Leôncio de Carvalho de 1879*. 2005. Dissertação (Mestrado em Educação) – Programa de Pós-graduação em Educação, Universidade Estadual de Maringá, Maringá, 2005.

BEIGUELMAN, Paula. *A crise do escravismo e a grande imigração*. São Paulo: Brasiliense, 1978.

BERSTEIN, Serge. A cultura política. *In*: RIOUX, Jean Pierre; SIRINELLI, Jean François. *Para uma história cultural*. Lisboa: Editorial Estampa, 1998.

BERSTEIN, Serge. Os partidos. *In*: RÉMOND, René (org.). *Por uma história política*. Rio de Janeiro: UFRJ/FGV, 1996.

BERSTEIN, Serge (dir.). *Le modele républicain*. Paris: PUF, 1992.

BLACKBURN, Robin. Por que segunda escravidão? *In*: MARQUESE, Rafael; SALLES, Ricardo. (org.). *Escravidão e capitalismo histórico no século XIX (Cuba, Brasil e Estados Unidos)*. Rio de Janeiro: Civilização Brasileira, 2016.

BOEHRER, George. *Da monarquia à República*: história do Partido Republicano no Brasil. Belo Horizonte: Itatiaia, 2000.

BOGÉA, Camila de Freitas Silva. *A Federação, O Paiz e A Província*: campanhas republicanas na imprensa (1884-1889). 2019. Tese (Doutorado em História) – Programa de Pós-graduação em História, Universidade Federal do Estado do Rio de Janeiro, Rio de Janeiro, 2019.

BRANDÃO, Iram Rubem Pereira. *Entre o turíbulo e o punhal, o verbo da utopia*. A trajetória sinuosa de José do Patrocínio, do Império à República. 2009. Dissertação (Mestrado em História Social) – Programa de Pós-graduação em História, Universidade Severino Sombra, Vassouras, 2009.

BRASIL, Eric; NASCIMENTO, Leonardo Fernandes. História digital: reflexões a partir da Hemeroteca Digital Brasileira e do uso de CAQDAS na reelaboração da pesquisa histórica. *Estudos Históricos*, Rio de Janeiro, v. 33, p. 196-219, 2020.

BRAUD, Philippe. *Violences politiques*. Paris: Seuil, 2004.

CARDOSO, Fernando Henrique. *Capitalismo e escravidão no Brasil meridional*. O negro na sociedade escravocrata do Rio Grande do Sul. São Paulo: Paz e Terra, 1977.

CARVALHO, José Murilo de. *A formação das almas*. O imaginário da República no Brasil. São Paulo: Companhia das Letras, 1990.

CARVALHO, José Murilo de. *D. Pedro II*. São Paulo: Companhia das Letras, 2007.

CARVALHO, José Murilo de. *Os bestializados*. São Paulo: Companhia das Letras, 1987.

CARVALHO, José Murilo de. *Repensando o Brasil do oitocentos*. Cidadania, política e liberdade. Rio de Janeiro: Civilização Brasileira, 2009.

CARVALHO, José Murilo de. República, democracia e federalismo (Brasil, 1870-1891). *Varia Historia*, Belo Horizonte, v. 27, n. 45, p. 141-157, jan./jun. 2011.

CARVALHO, José Pereira. *Primeiras linhas sobre o processo orfanológico*. Rio de Janeiro: B.L. Garnier Livreiro Editor, 1880.

CARVALHO, Maria Alice Rezende de. *O quinto século*: André Rebouças e a construção do Brasil. Rio de Janeiro: Revan, 1998.

CASTRO, Celso. *Os militares e a República*. Um estudo sobre cultura e ação política. Rio de Janeiro: Zahar, 2013.

CHALHOUB, Sidney. *Machado de Assis historiador*. São Paulo: Companhia das Letras, 2003.

CHALHOUB, Sidney. Precariedade estrutural: o problema da liberdade no Brasil escravista (século XIX). *História Social*, n. 19, segundo semestre de 2010.

CHALHOUB, Sidney. *Visões da liberdade*. São Paulo: Companhia das Letras, 1990.

CHARLE, Christophe. La prosopographie ou biographie collective. Bilan et perspectives. *Homo historicus. Réflexions sur l'histoire, les historiens et les sciences sociales*, Paris, p. 98-102, 2013. Disponível em: https://www.academia.edu/30190652/. Acesso em: 12 abr. 2023.

CHARLE, Christophe. *Le Siècle de la presse (1830-1839)*. Paris: Éditions du Seuil, 2004.

CHARLE, Christophe. *Les élites de la République*. Paris: Fayard, 1987.

CHARTIER, Roger. *Les origines culturelles de la Révolution Française*. Paris: Éditions du Seuil, 1991.

CHARTIER, Roger. *Origens culturais da Revolução Francesa*. São Paulo: UNESP, 2009.

CHEVALLIER, Pierre. *La séparation de l'Église et de l'École*: Jules Ferry et Léon XIII. Paris: Fayard, 1981.

CONRAD, Robert. *Os últimos anos da escravatura no Brasil, 1850-1888*. Rio de Janeiro: Civilização Brasileira, 1975.

COSTA, Emília Viotti. *A abolição*. São Paulo: UNESP, 2008.

COSTA, Emília Viotti. *Da monarquia à República* – Momentos decisivos. São Paulo: Brasiliense, 1985.

CREVELD, Martin Von. *Ascensão e declínio do Estado*. São Paulo: Martins Fontes, 2004.

CURY, Carlos Roberto Jamil. Direito à educação, escravatura e ordenamento jurídico no Brasil Império. *Cadernos de História da Educação*, v. 19, n. 1, p. 110-148, jan./abr. 2020. e-ISSN: 1982-7806. Disponível em: https://doi.org/10.14393/che-v19n1-2020-9. Acesso em: 12 abr. 2023.

DEBES, Célio. *O Partido Republicano na propaganda (1872-1889)*. São Paulo: [s.n.], 1975.

DELALANDE, Nicolas. *Les batailles de L'impôt*. Paris: Seuil, 2014.

ESTRADA, Osório Duque. *A abolição*. Brasília: Senado Federal, Conselho Editorial, 2005. Disponível em: http://www2.senado.leg.br/bdsf/handle/id/1118. Acesso em: 12 abr. 2023.

EWALD, François. La politique social des opportunistes (1879-1885). *In*: BERSTEIN, Serge (dir.). *Le modele républicain*. Paris: PUF, 1992.

FALCON, Francisco. História e poder. *In*: CARDOSO, Ciro Flamarion (org.). *Domínios da história*. Rio de Janeiro: Campus, 1997.

FERRARO, Alceu Ravanello. A negação do direito de voto aos analfabetos na Lei Saraiva (1881): uma exclusão de classe? *Revista de Educação, Ciência e Cultura*, Canoas, v. 13, p. 13-22, 2008.

FERRARO, Alceu Ravanello. Educação, classe, gênero e voto no Brasil imperial: Lei Saraiva (1881). *Educar em Revista*, Curitiba, n. 50, p. 181-206, out./dez. 2013.

FERREIRA DOS SANTOS, Marie José. *La Revue du Monde Latin et le Brésil (1883-1896)*. *Cahiers Du Brésil Contemporain*, n. 23-24, p. 77-92, 1994.

FERREIRA, Maria de Simone. *Da viagem aos museus e seus relatos*: imagens do Brasil na narrativa de Carl Von Koseritz (1883-1885). 2009. Dissertação (Mestrado em História) – Departamento de História, PUC-Rio, Rio de Janeiro, 2009.

FOUCAULT, Michel. *A arqueologia do saber*. Petrópolis: Vozes, 1972.

FOUCAULT, Michel. A ética do cuidado de si como prática da liberdade (entrevista com H. Becker, R. Fornet-Betancourt, A. Gomes-Muler, em 20 de janeiro de 1884). *In*: FOUCAULT, Michel. *Ditos e escritos* – Ética, sexualidade, política. Rio de Janeiro: Forense Universitária, 2004. v. V.

FOUCAULT, Michel. *As palavras e as coisas*. São Paulo: Martins Fontes, 2000.

FOUCAULT, Michel. *Microfísica do poder*. Org. e trad. Roberto Machado. Rio de Janeiro: Edições Graal, 1979.

FRICK, Jean-Paul. Le problème Du pouvoir chez A. Comte et La signification de as philosophie politique. *Revue Philosophique de la France et de l'étranger*, t. 178, n. 3, Auguste Comte (juillet-septembre 1988), p. 273-301. Disponível em: https://www.jstor.org/stable/41095815?seq=15. Acesso em: 12 abr. 2023.

GALDINO, Antônio Carlos. *Campinas, uma cidade republicana*: política e eleições no Oeste paulista (1870-188). 2006. Tese (Doutorado em História) – Instituto de Filosofia e Ciências Humanas, Universidade Estadual de Campinas, Campinas, 2006.

GERMANO, Emanoel da Cunha. *Entre realidades e dissoluções*: emancipação, imprensa republicana e abolicionismo em Pernambuco (1848-1875). 2020. Dissertação (Mestrado em História) – Programa de Pós-graduação em História, Universidade Federal Fluminense, Niterói, 2020.

GOMES, Ângela de Castro. *A invenção do trabalhismo*. 3. ed. Rio de Janeiro: Editora FGV, 2005.

GOMES, Flávio. No meio das águas turvas: raça, cidadania e mobilização política na cidade do Rio de Janeiro (1888-1889). *In*: GOMES, Flávio (org.). *Experiências da emancipação*: biografias, instituições e movimentos sociais no pós-abolição (1890-1980). São Paulo: Selo Negro, 2011.

GRAHAM, Richard. *Escravidão, reforma e imperialismo*. São Paulo: Perspectiva, 1979.

GRAHAM, Sandra. O motim do Vintém e a cultura política do Rio de Janeiro 1880. *In*: DANTAS, Mônica Duarte (org.). *Revoltas, motins e revoluções*. São Paulo: Alameda, 2011.

GRINBERG, Keila. Reescravização, direitos e justiças no Brasil do século XIX. *In*: LARA, Silvia Hunold; MENDONÇA, Joseli Maria Nunes (org.). *Di-*

reitos e justiças no Brasil. Ensaios de história social. Campinas: Editora da Unicamp, 2006.

GRINBERG, Keila; MUAZE, Mariana. *O 15 de novembro e a queda da monarquia*. São Paulo: Editora Chão, 2019.

GUIMARÃES, Lucia Maria Paschoal. Francisco Adolfo de Varnhagen: história geral do Brasil. *In*: MOTA, Lourenço Dantas (org.). *Introdução ao Brasil*: um banquete no trópico. São Paulo: Editora Senac, 2001. v. II.

HILL, Christopher. *O mundo de ponta-cabeça*. Ideias radicais durante a Revolução Inglesa de 1640. São Paulo: Companhia das Letras, 1987.

HOLANDA, Sérgio Buarque de. *História geral da civilização brasileira – O Brasil monárquico: do Império à República*. São Paulo: Difel, 1985. t. II, v. 5.

HOLLOWAY, Thomas H. The Defiant Life and Forgotten Death of Apulco de Castro: Race, Power, and Historical Memory. *E.I.A.L.*, v. 19, n. 1, 2008. Disponível em: http://www.snh2013.anpuh.org/resources/anais/27/1364657905_ARQUIVO_Republicanismo-Viscardi-Anpuh.pdf. Acesso em: 12 abr. 2023.

HÛ, Grégory. Resenha sobre o livro *Quand les socialistes inventarient l'avenir (1825-1860)*. Org. Thomas Bouchet, Vincent Bourdeau, Edward Castleton, Ludovic Frobert et François Jarrige. Paris: La Découverte, 2015. Disponível em: http://www.laviedesidees.fr/IMG/pdf/socialistes_et_avenir_26082015-2.pdf. Acesso em: 12 abr. 2023.

IANNI, Otávio. *As metamorfoses do escravo*. São Paulo: Hucitec, 1988.

ISRAEL, Jonathan Irvine. *Iluminismo radical*. A filosofia e a construção da Modernidade (1650-1750). São Paulo: Madras, 2009.

JAMES, Joll. *Anarquistas e anarquismo*. Lisboa: Dom Quixote, 1977.

JANOTTI, Maria de Lourdes Mônaco. *Os subversivos da República*. São Paulo: Brasiliense, 1986.

JESUS, Ronaldo Pereira. *Revolta do Vintém*. Visões da monarquia: escravos, operários e abolicionismo na corte. Belo Horizonte: Argvmentvm, 2009.

KOSELLECK, Reinhard. Révolution: du concept à La métaphore. *Écrirel'histoire. Révolution*, 18, 2018, p. 25-36. Disponível em: https://journals.openedition.org/elh/1358. Acesso em: 12 abr. 2023.

KOSELLECK, Reinhard. Uma história dos conceitos: problemas teóricos e práticos. *Estudos Históricos*, Rio de Janeiro, v. 5, n. 10, p. 134-146, 1992.

LEÃO, Michele. *A participação de Rui Barbosa na reforma eleitoral que excluiu os analfabetos do direito de voto no Brasil*. 2013. Dissertação (Mestrado em Educação) – Faculdade de Educação, Universidade Federal do Rio Grande do Sul, Porto Alegre, 2013.

LEMOS, Renato. A alternativa republicana e o fim da monarquia. *In*: GRINBERG, Keila; SALLES, Ricardo. *O Brasil Imperial*: 1870-1889. Rio de Janeiro: Civilização Brasileira, 2009. v. III.

LEVI, Darrell Erville. *A Família Prado*. São Paulo: Cultura 70, 1977.

LIMA, Henrique Espada. Sob o domínio da precariedade: escravidão e os significados da liberdade no século XIX. *Topoi*, v. 6, n. 11, p. 289-326, jul.--dez. 2005.

LIMA, Lana Lage da Gama. *Rebeldia negra e abolicionismo*. Rio de Janeiro: Achiamé, 1981.

LUSTOSA, Isabel. *Insultos impressos*. A guerra dos jornalistas na independência (1821-1823). São Paulo: Companhia das Letras, 2000.

LUZ, Nícia Villela. O papel das classes médias brasileiras no movimento republicano. *Revista de História*, v. 28, n. 57, p. 13-27, 1964. DOI: 10.11606/issn.2316-9141.rh.1964.122664. Disponível em: https://www.revistas.usp.br/revhistoria/article/view/122664. Acesso em: 24 ago. 2022.

MACHADO, Humberto. *Palavras e brados*. José do Patrocínio e a imprensa abolicionista do Rio de Janeiro. Niterói: Editora da UFF, 2014.

MACHADO, Maria Helena Pereira Toledo; GOMES, Flávio. Da abolição ao pós-emancipação: ensaiando alguns caminhos para outros percursos. *In*: CASTILHO, Celso Thomas; MACHADO, Maria Helena Pereira Toledo (org.). *Tornando-se livres*. Agentes históricos e lutas sociais no processo da abolição. São Paulo: Edusp, 2015.

MACHADO, Maria Helena Pereira Toledo. *O plano e o pânico*: os movimentos sociais na década da abolição. Rio de Janeiro: UFRJ; São Paulo: Edusp, 1994.

MAGALHÃES JÚNIOR, Raimundo. *A vida turbulenta de José do Patrocínio*. Rio de Janeiro: Sabiá, 1969.

MAMIGONIAN, Beatriz Gallotti. *Africanos livres*. A abolição do tráfico de escravos no Brasil. São Paulo: Companhia das Letras, 2017.

MARQUESE, Rafael de Bivar. A dinâmica da escravidão no Brasil: resistência, tráfico negreiro e alforrias, séculos XVII a XIX. *Novos Estudos CEBRAP*, n. 74, p. 107-123, 2006. Disponível em: https://doi.org/10.1590/S0101-33002006000100007. Acesso em: 12 abr. 2023.

MARTIN, Laurent. Les censures: une histoire ancienne, des formes nouvelles. *In*: MARTIN, Laurent (dir.). *Les censures dans le monde*. Rennes: Presse Universitaire de Rennes, 2016. Disponível em: https://books.openedition.org/pur/44936. Acesso em: 12 abr. 2023.

MARTIN, Laurent. Penser les censures dans l'histoire. *In*: MARTIN, Laurent (dir.). *Les censures dans le monde*. Rennes: Presse Universitaire de Rennes, 2016. Disponível em: https://books.openedition.org/pur/44936. Acesso em: 12 abr. 2023.

MARTINS, Ana Luiza; LUCA, Tânia Regina de (org.). *História da imprensa no Brasil*. São Paulo: Contexto, 2015.

MARX, Karl. *O 18 Brumário e Cartas a Kugelmann*. Rio de Janeiro: Paz e Terra, 1978.

MATTOS, Hebe. *Das cores do silêncio*: os significados da liberdade no sudeste escravista. 3. ed. Campinas: Editora da Unicamp, 2013.

MATTOS, Ilmar Rohloff de. *O tempo saquarema*. São Paulo: Hucitec, 1990.

MATTOS, Marcelo Badaró. *Escravizados e livres*. Rio de Janeiro: Bom Texto, 2008.

MELLO, Maria Tereza Chaves de. *A República consentida*. Rio de Janeiro: Editora FGV, 2007.

MESQUITA, Maria Luísa. *O "Terceiro Reinado"*: Isabel de Bragança, a Imperatriz que não foi. 2009. Dissertação (Mestrado em História Social) – Programa de Pós-graduação em História Social, Universidade Severino Sombra, Vassouras, 2009.

MIRANDA, Bruno da Fonseca. *O Vale do Paraíba contra a Lei do Ventre Livre (1865-1871)*. 2018. Dissertação (Mestrado em História Social) – Faculdade de Filosofia, Letras e Ciências Humanas, Universidade de São Paulo, São Paulo, 2018.

MONNERAT, Tanize do Couto Costa. *Abolicionismo em ação*. O jornal "Vinte e Cinco de Março" em Campos dos Goytacazes (1884-1888). Campos dos Goytacazes: Essentia Editora, 2015.

MORAES, Renata Figueiredo. Os diferentes 13 de maio. História, memória e festa da abolição. *Revista Opsis*, v. 7, n. 9, jul.-dez. 2007.

MOREL, Marco. *As transformações do espaço público*. Imprensa, atores políticos e sociabilidades na Cidade Imperial (1820-1840). São Paulo: Hucitec, 2005.

MOREL, Marco (org.). *Cipriano Barata*. Sentinela da liberdade e outros escritos (1821-1835). São Paulo: Edusp, 2008.

MOTTA, Márcia; SANTOS, Cláudia. Um retrato do Império. Abolição e propriedade na trajetória de Henrique Beaurepaire Rohan. *Ler História*, n. 58, p. 181-199, 2010.

MOURA, Clóvis. *Brasil*: as raízes do protesto negro. São Paulo: Global, 1983.

NAQUET, Emmanuel. La Ligue des Droits de l'homme et l'école de La République dans la première moitié Du XX esiècle. *Histoire Politique. Politique, culture, Société*, n. 9, septembre-décembre 2009. Disponível em: www.histoire-politique.fr. Acesso em: 12 abr. 2023.

NEPOMUCENO, Eric Brasil. *Carnavais da abolição* – Diabos e cucumbis no Rio de Janeiro (1879-1888). 2011. Dissertação (Mestrado em História Social) – Programa de Pós-graduação em História, Universidade Federal Fluminense, Niterói, 2011.

NOGUEIRA, Emília Costa. O movimento republicano de Itu: os fazendeiros do Oeste Paulista e os pródomos do movimento republicano. *Revista de História*, n. 20, 1954.

NUNES, Tássia Toffoli. *Liberdade de imprensa no Império brasileiro*. Os debates parlamentares (1820-1840). 2010. Dissertação (Mestrado em História Social) – Programa de Pós-graduação em História Social, Universidade de São Paulo, São Paulo, 2010.

OTSUKA, Alexandre Ferro. *Antônio Bento*: discurso e prática abolicionista na província de São Paulo da década de 1880. 2015. Dissertação (Mestrado em História Social) – Faculdade de Filosofia, Letras e Ciências Humanas, Universidade de São Paulo, São Paulo, 2015.

PARRON, Tâmis. *A política da escravidão no Império do Brasil (1826-1865)*. Rio de Janeiro: Civilização Brasileira, 2011.

PESSANHA, Andréa Santos da Silva. *Da abolição da escravidão à abolição da miséria*: a vida e as ideias de André Rebouças. Rio de Janeiro: Uniabeu, 2005.

PESSANHA, Andréa Santos da Silva. *O Paiz e a Gazeta Nacional*: imprensa republicana e abolição (1884-1888). 2006. Tese (Doutorado em História) – Programa de Pós-graduação em História, Universidade Federal Fluminense, Niterói, 2006.

PESSOA, Reynaldo Carneiro. *A ideia republicana no Brasil através dos documentos*. São Paulo: Editora Alfa-Ômega, 1973.

PESSOA, Reynaldo Carneiro. O discurso de Silva Jardim no Congresso do Partido Republicano Paulista de 1888. *Revista de História*, n. 52, 103:701, set. 1975.

PESSOA, Reynaldo Carneiro. *O ideal republicano e seu papel histórico no segundo reinado (1870-1889)*. São Paulo: Edições Arquivos do Estado de São Paulo, 1983.

PIGENET, Michel; TARTAKOWSKY, Danielle (dir.). *Histoire des mouvements sociaux en France*. De 1814 à nos jours. Paris: La Découverte, 2012.

PINHEIRO, Paulo Sérgio. Classes médias urbanas: formação, natureza, intervenção na vida política. In: HOLANDA, Sérgio Buarque. *História geral da civilização brasileira* – O Brasil Republicano. Rio de Janeiro: Bertrand Brasil, 1994. t. 3, v. 9.

PINTO, Ana Flávia Magalhães. *Escritos de liberdade*. Campinas: Unicamp, 2018.

POPKIN, Jeremy. *La presse de La révolution*. Journaux e Journalistes (1789-1799). Paris: Odile Jacob, 2011.

QUEIRÓS, Suely Robles Reis da. *Os radicais da República*. Jacobinismo: ideologia e ação (1893-1897). São Paulo: Brasiliense, 1986.

QUEIRÓS, Tatiane Rocha de. *A conformação da identidade política dos regressistas nas páginas de O Cronista e do Brasil (1836-1841)*. 2020. Tese (Doutorado em História) – Programa de Pós-graduação em História, Universidade Federal do Estado do Rio de Janeiro, Rio de Janeiro, 2020.

REIS, João José. Quilombos e revoltas escravas no Brasil. *Revista USP*, São Paulo, n. 28, p. 14-39, dez./fev. 1995/1996.

RÉMOND, René (org.). *Por uma história política*. Rio de Janeiro: UFRJ/FGV, 1996.

RESENDE, Gustavo Monteiro de. *Abolicionismo popular na corte (1878-1888)*. 2009. Dissertação (Mestrado em História) – Programa de Pós-graduação em História, Universidade Estadual do Rio de Janeiro, São Gonçalo, 2009.

RIBEIRO, José Alcides. Aspectos da gênese textual da vertente de crônicas de crítica ao contexto no Brasil. *Cadernos do CNLF*, Rio de Janeiro, v. XVII, n. 03, CIFEFIL, 2013.

RIOUX, Jean Pierre. Associações em política. *In*: RÉMOND, René (org.). *Por uma história política*. Rio de Janeiro: UFRJ/FGV, 1996.

RIOUX, Jean Pierre; SIRINELLI, Jean François. *Para uma história cultural*. Lisboa: Editorial Estampa, 1998.

RODRIGUES, Igor Soares. *Revista Typográfica*: uma classe ilustrada em tempos confusos (1888-1890). 2020. Dissertação (Mestrado em História) – Instituto de Filosofia e Ciências Humanas, Universidade do Estado do Rio de Janeiro, Rio de Janeiro, 2020.

ROSANVALLON, Pierre. *La société dês égaux*. Paris: Seuil, 2011.

ROSANVALLON, Pierre. *Le capitalismo utopique*. Histoire de l'idée de marché. Paris: Seuil, 1999.

ROSANVALLON, Pierre. *Le sacre du citoyen*. Paris: Gallimard, 1992.

ROSANVALLON, Pierre. Por uma história conceitual do político. *Revista Brasileira de História*, São Paulo, v. 15, n. 30, p. 9-22, 1995.

SALLES, Ricardo. Abolição no Brasil: resistência escrava, intelectuais e política (1870-1888). *Revista das Índias*, v. LXXI, n. 251, 2011. Disponível em: https://core.ac.uk/download/pdf/267885458.pdf. Acesso em: 12 abr. 2023.

SALLES, Ricardo. *E o Vale era o escravo*. Vassouras século XIX. Senhores e escravos no coração do Império. Rio de Janeiro: Civilização Brasileira, 2008.

SALLES, Ricardo. *Joaquim Nabuco, um pensador do Império*. Rio de Janeiro: Topbooks, 2002.

SALLES, Ricardo. *Nostalgia imperial*. Rio de Janeiro: Topbooks, 1996.

SALLES, Ricardo. Resistência escrava e abolição na província do Rio de Janeiro. O partido do abolicionismo. *In*: GRINBERG, Keila; REIS, Daniel Aarão (org.). *Instituições nefandas*. Rio de Janeiro: Fundação Casa Rui Barbosa, 2018. E-book.

SANTOS, Cláudia. Abolicionismo e desigualdades sociais. *In*: MOURA, Ana Maria. *Rio de Janeiro*: tempo, espaço e trabalho. Rio de Janeiro: Leddes/UERJ, 2002.

SANTOS, Cláudia. Abolicionismo e visões de liberdade. *Revista do Instituto Histórico e Geográfico Brasileiro*, a. 168, n. 436, p. 319-334, 2007.

SANTOS, Cláudia. A questão fundiária na "transição" da monarquia para a República. *In*: MOTTA, Márcia (org.). *Direito às avessas*. Rio de Janeiro: Eduff/Unicentro, Coleção Terra, 2011.

SANTOS, Cláudia. Imprensa. *In*: GUIMARÃES, Elione; MOTTA, Márcia. *Propriedades e disputas*. Fontes para a história do oitocentos. Guarapuava: Unicentro; Niterói: Eduff, 2011.

SANTOS, Cláudia. Na rua, nos jornais e na tribuna: a Confederação Abolicionista do Rio de Janeiro, antes e depois da abolição. *In*: MACHADO, Maria Helena Pereira Toledo; CASTILHO, Celso Thomas (org.). *Tornando-se livre*: agentes históricos e lutas sociais no processo de abolição. São Paulo: Edusp, 2015.

SANTOS, Cláudia. *Narrativas de viagem e escrita da história*: os franceses no processo abolicionista brasileiro (1850-1899). Rio de Janeiro: 7Letras, 2013.

SANTOS, Cláudia. O ativismo político da Confederação Abolicionista antes e depois do 13 de maio de 1888. *In*: LIMA, Ivana Stolze; GRINBERG, Keila; REIS, Daniel Aarão (org.). *Instituições nefandas*. Rio de Janeiro: Fundação Casa Rui Barbosa, 2018. *E-book*.

SANTOS, Cláudia. Projetos sociais abolicionistas: ruptura ou continuísmo? *In*: REIS FILHO, Daniel Aarão (org.). *Intelectuais, história e política*: séculos XIX e XX. Rio de Janeiro: 7Letras, 2000.

SANTOS, Joel Rufino. O caso do jornalista Apulcho de Castro. *Anais da Biblioteca Nacional – Abolição e abolicionismo*, Rio de Janeiro, v. 116, 1996.

SANTOS, José Maria dos. *Os republicanos paulistas e a abolição*. São Paulo: Livraria Martins, 1942.

SANTOS, Marcelo Monteiro dos. *Visões da modernidade*: atividade política e intelectual na imprensa do Vale do Paraíba oitocentista (1873-1896). 2018. Tese (Doutorado em História) – Programa de Pós-graduação em História, Universidade do Estado do Rio de Janeiro, Rio de Janeiro, 2018.

SANTOS, Mário Márcio de Almeida. *Um homem contra o Império*: Antônio Borges da Fonseca. João Pessoa: A União, 1994.

SCHUELER, Alessandra Frota Martinez de; RIZZINI, Irma. Trabalho escolarização urbana: o curso noturno para jovens e adultos trabalhadores na Escola Municipal de São Sebastião, Rio de Janeiro (1872-1893). *Revista Brasileira de História da Educação*, Maringá, v. 17, n. 1 (44), jan./mar. 2017.

SCHWARCZ, Lilian. *Retrato em branco e negro*: jornais, escravos e cidadãos em São Paulo no final do século XIX. São Paulo: Companhia das Letras, 1987.

SCOTT, Joan. Gênero: uma categoria útil para análise histórica. *Educação e Realidade*, 20(2): 71-99, jul./dez. 1995. Disponível em: https://seer.ufrgs.br/index.php/educacaoerealidade/article/view/71721. Acesso em: 12 abr. 2023.

SEVCENKO, Nicolau. *Literatura como missão*. Tensões sociais e criação cultural na Primeira República. São Paulo: Brasiliense, 1985.

SILVA, Ciro. *Quintino Bocaiuva, o Patriarca da República*. Brasília: Editora da UNB, 1983.

SILVA, Eduardo. *As Camélias do Leblon e a abolição da escravatura*. Uma investigação de História Cultural. São Paulo: Companhia das Letras, 2003.

SILVA, Eduardo. *Dom Obá II d'África, O príncipe do povo*. Vida, tempo e pensamento de um homem livre de cor. São Paulo: Companhia das Letras, 1997.

SILVA, Roger Aníbal Lambert. *Em nome da ordem*: o Jornal do Commercio e as batalhas políticas da abolição. Niterói: Eduff, 2021.

SIRINELLI, Jean-François. *Intellectuels et passions françaises*. Manifestes et pétitions au XXe siècle. Paris: Gallimard, 1996.

SKINNER, Quentin. *Visões da política*. Sobre os métodos históricos. Rio de Janeiro: Difel, 2005.

SOARES, Rodrigo Goyena. Estratificação profissional, desigualdade econômica e classes sociais na crise do Império. Notas preliminares sobre as classes imperiais. *Topoi*, Rio de Janeiro, v. 20, n. 41, p. 446-489, maio/ago. 2019. Disponível em: www.revistatopoi.org. Acesso em: 12 abr. 2023.

SODRÉ, Nelson Werneck. *A República*. Uma revisão histórica. Porto Alegre: Editora da UFRGS, 1989.

SODRÉ, Nelson Werneck. *História da imprensa no Brasil*. Rio de Janeiro: Mauad, 1999.

SOUZA, Teresinha Oliva. A ideia republicana nos editoriais de "O Paiz". *Clio Revista de Pesquisa Histórica*, v. 1, n. 1, 1977. Disponível em: https://periodicos.ufpe.br/revistas/revistaclio/article/view/24970. Acesso em: 12 abr. 2023.

TEIXEIRA, Francisco Carlos. Terra e política no Rio de Janeiro na época da abolição. *In*: SILVA, Jaime (org.). *Cativeiro e liberdade*. Rio de Janeiro: UERJ, 1989.

TILLY, Charles; TARROW, Sidney. Traduit de l'anglais (EUA) par Rachel Bouyssou. *Politique Du Conflit. De La grève à La révolution*. Paris: Presses de SciencesPo, 2008.

TODOROV, Tzvetan. *Le jardin imparfait*. La pensée humaniste en France. Paris: Bernard Grasset, 1998.

URRUZOLA, Patrícia. *Mães e filhos tutelados*: família, trabalho e liberdade no pós-abolição (Vassouras-Rio de Janeiro 1880-1900). 2019. Tese (Doutorado em História) – Programa de Pós-graduação em História, Universidade Federal do Estado do Rio de Janeiro, Rio de Janeiro, 2019.

VISCARDI, Cláudia. O republicanismo mineiro. *In*: SIMPÓSIO NACIONAL DE HISTÓRIA, 27., 2013, Natal. *Anais eletrônicos* […]. Marília: Associação Nacional de História (ANPUH), 2013. Disponível em: http://www.snh2013.anpuh.org/resources/anais/27/1364657905_ARQUIVO_Republicanismo-Viscardi-Anpuh.pdf. Acesso em: 15 maio 2023.

WINOCK, Michel. As ideias políticas. *In*: RÉMOND, René (org.). *Por uma história política*. Rio de Janeiro: UFRJ/FGV, 1996.

WINOCK, Michel. *As vozes da liberdade*. Escritores engajados no século XIX. Rio de Janeiro: Bertrand Brasil, 2006.

WINOCK, Michel. *O século dos intelectuais*. Lisboa: Terramar, 2000.

Fontes citadas

Periódicos (com respectivos locais e período consultado)

A Democracia. Folha Popular, SP (1879)

A Federação, RS (1884-1889)

A Nação: Órgão Conservador, RJ (1889)

A Pátria. Folha da Província do Rio de Janeiro, RJ (1881)

A Província de São Paulo, SP (1878-1889)

A República: Propriedade do Club Republicano, RJ (1870-1874)

A Revolução. Folha de Propaganda Democrata, RJ (1878-1879)

A Rua, RJ (1889)

A Semana, RJ (1885)

Abolicionista. Órgão da Sociedade contra a Escravidão, RJ (1880-1881)

Almanak Administrativo, Mercantil e Industrial do Rio de Janeiro, RJ (1843-1889)

Atirador Franco: Propriedade de uma Sociedade Anônima, RJ (1881)

Brazil. Órgão do Partido Conservador, RJ (1883-1885)

Carbonário. Órgão do Povo, RJ (1881-1889)

Cidade do Rio, RJ (1887-1902)

Correio Paulistano, SP (1878-1888)

Corsário. Periódico crítico, satyrico e chistoso, RJ (1880-1883)

Democracia. Órgão de Orientação republicana, RJ (1890-1891)

Diário de Minas, MG (1889)

Diário de Notícias, RJ (1872-1889)

Diário de São Paulo, SP (1878-1879)

Diário do Brazil, RJ (1881)

Diário Popular, SP (1884)

Fluminense, RJ (1878; 1883)

Folha Nova, RJ (1883)

Franklin Jornal, RJ (1888)

Gazeta da Noite, RJ (1879-1880)

Gazeta da Tarde, RJ (1880-1889)

Gazeta de Campinas. Publicação diária, SP (1877)

Gazeta de Notícias, RJ (1875-1905)

Gazeta Nacional. Órgão Republicano, RJ (1887-1889)

Jornal da Noite, RJ (1881-1882)

Jornal do Agricultor: Princípios Práticos de Economia Rural, RJ (1884)

Jornal do Commercio, RJ (1827-1889)

Jornal de Recife, PE (1884)

Lincoln. Periódico do Club Gutemberg, RJ (1883)

Mercantil de Petrópolis (1883)

Monitor Campista (1888)

O Combate. RJ (1880-1881)

O Cruzeiro, RJ (1878)

O Espinho (1882)

O Globo (1881)

O Grito do Povo (1887-1889)

O Mequetrefe (1875)

O Paiz (1884-1905)

O Republicano (1875)

O Socialista (1878)

O Tiradentes. Órgão do Club Tiradentes (1882-1899)

Revista Americana (1917)

Revista Ilustrada (1888-1890)

Revista Mensal da Sociedade Ensaios Literários (1863-1874)

Obras impressas

CARMO, Júlio do. A propaganda republicana. *Livro de Ouro comemorativo do Centenário da Independência do Brasil*. Rio de Janeiro: Edição do Anuário do Brasil, Acervo da Biblioteca Nacional, 1922.

COUTY, Louis. *L'Esclavage au Brésil*. Paris: Guillaumin et Cia. Editeurs, 1881.

CUNHA, Euclides da. *Os sertões*. Mogul Classics, Edição digital, 2015.

FIGUEIREDO, Cândido. *Novo Dicionário da Língua Portuguesa*. Lisboa: Livraria Clássica, 1913.

FREIRE, Felisbelo. *Históric Constitucional da República dos Estados Unidos do Brasil*. Rio de Janeiro: Typographia Moreira Maximino & C., 1894.

JARDIM, Silva. *Carta politica ao paiz e ao Partido Republicano Silva Jardim*. Rio de Janeiro: Mont'alverne, 1889.

MORAES, Evaristo de. *A campanha abolicionista*: 1879-1888. Brasília: Editora da Universidade de Brasília, 1986.

MORAES, Evaristo de. *Da monarquia à República (1870-1889)*. 2. ed. Brasília: Editora UNB, 1985.

NABUCO, Joaquim. *Minha formação*. Brasília: Editora da Universidade de Brasília, 1981.

NABUCO, Joaquim. *O abolicionista*. Rio de Janeiro: Nova Fronteira, 2000.

NABUCO, Joaquim. *Um estadista do Império*. São Paulo: Nova Aguilar, 1975

PATROCÍNIO, José do. *Campanha abolicionista*: coletânea de artigos. Introdução de José Murilo de Carvalho; notas de Marcus Vinício T. Ribeiro. Rio de Janeiro: Fundação Biblioteca Nacional, 1996.

PESSOA, Reynaldo Carneiro. *Manifesto de Quintino Bocaiuva ao Partido Republicano brasileiro*, 1889.

PESSOA, Reynaldo Carneiro. *Manifesto Republicano de 1870*.

RIBEYROLLES, Charles. *Le Brésil Pittoresque*. Paris: Lemercier, 1861.

SOUZA, Francisco Belizário Soares de. *O sistema eleitoral no Império*. Brasília: Senado Federal, 1979.

VON KOSERITZ, Carl. *Imagens do Brasil*. Belo Horizonte: Itatiaia, 1980.

Manuscritos

"Ofício da Sociedade Central de Imigração ao Imperador, repudiando a exploração do atentado do 15 de julho", 17 de julho de 1889 – localizado na Seção de Manuscritos (I-48,17,28), Biblioteca Nacional.

Conecte-se conosco:

facebook.com/editoravozes

@editoravozes

@editora_vozes

youtube.com/editoravozes

+55 24 2233-9033

www.vozes.com.br

Conheça nossas lojas:
www.livrariavozes.com.br

Belo Horizonte – Brasília – Campinas – Cuiabá – Curitiba
Fortaleza – Juiz de Fora – Petrópolis – Recife – São Paulo

EDITORA VOZES LTDA.
Rua Frei Luís, 100 – Centro – Cep 25689-900 – Petrópolis, RJ
Tel.: (24) 2233-9000 – E-mail: vendas@vozes.com.br